Die Stiftung in Krise, Sanierung und Insolvenz

Bochumer Studien zum Stiftungswesen

Herausgegeben von Karlheinz Muscheler

Band 18

Zur Qualitätssicherung und Peer Review der vorliegenden Publikation

Die Qualität der in dieser Reihe erscheinenden Arbeiten wird vor der Publikation durch externe, von der Herausgeberschaft benannte Gutachter geprüft.

Notes on the quality assurance and peer review of this publication

Prior to publication, the quality of the work published in this series is reviewed by external referees appointed by the editorship.

Raphael Arndt

Die Stiftung in Krise, Sanierung und Insolvenz

PETER LANG

Bibliografische Information der Deutschen Nationalbibliothek
Die Deutsche Nationalbibliothek verzeichnet diese Publikation in der Deutschen Nationalbibliografie; detaillierte bibliografische Daten sind im Internet über http://dnb.d-nb.de abrufbar.

Zugl.: Bochum, Univ., Diss., 2021

Gedruckt auf alterungsbeständigem, säurefreiem Papier.

D294
ISSN 1864-936X
ISBN 978-3-631-86771-6 (Print)
E-ISBN 978-3-631-87291-8 (E-PDF)
E-ISBN 978-3-631-87292-5 (EPUB)
DOI 10.3726/b19497

PL Academic Research ist ein Imprint der Peter Lang GmbH.

Peter Lang – Berlin · Bern · Bruxelles · New York · Oxford · Warszawa · Wien

Diese Publikation wurde begutachtet.

www.peterlang.com

Für meine Familie

Vorwort

Die vorliegende Arbeit wurde im Sommersemester 2021 von der Juristischen Fakultät der Ruhr-Universität Bochum als Dissertation angenommen. Tag der mündlichen Prüfung war der 23. August 2021. Gesetzgebung, Rechtsprechung und Literatur konnten bis einschließlich September 2021 Berücksichtigung finden; spätere Veröffentlichungen wurden ausschließlich punktuell nachgetragen.

Zuvörderst gebührt mein besonderer Dank Herrn Prof. Dr. Karlheinz Muscheler, der diese Arbeit betreut und in kürzester Zeit das Erstgutachten erstellt hat. Hervorheben möchte ich den mir eingeräumten Freiraum bei Erstellung der Arbeit und das persönliche Engagement während der Betreuung, welches ganz entscheidend zum Gelingen meines Promotionsstudiums beigetragen hat. Die Unterstützung durch Prof. Dr. Karlheinz Muscheler als Doktorvater war stets vorbildlich. Ebenfalls bedanken möchte ich mich bei Herrn Prof. Dr. Bernd Andrick für die Übernahme und die ebenfalls zügige Anfertigung des Zweitgutachtens. Großer Dank gilt sodann auch meinem guten Freund Dr. Yun Huh, der mir während der Promotion immer mit Rat und Hilfe zur Seite stand.

Meine Eltern haben mich zu jeder Zeit meiner Ausbildung mit bemerkenswerter Geduld unterstützt. Dafür danke ich ihnen von ganzem Herzen. Insbesondere meiner Mutter danke ich für die uneingeschränkte Förderung auf meinem bisherigen Lebensweg. Auch mein Bruder, Marcel Arndt, stand mir mit fachlichem Rat zur Seite und hat das Geschriebene mit enormer Sorgfalt durchgesehen.

Schließlich gilt der größte Dank meiner lieben Ehefrau Delia Arndt – meiner härtesten Kritikerin und konstruktivsten Förderin zugleich. Sie hat mich zu jeder Zeit bedingungslos unterstützt und mit viel Geduld und Toleranz begleitet. Ihr liebevoller Zuspruch hat mich über so manches „schöpferisches" Tief getragen. Mit der Geburt unseres Sohnes Moritz machte sie mir am 4. Januar 2020 das größte Geschenk meines Lebens. Für das und vieles mehr: Danke!

Wuppertal, im Dezember 2021
Raphael Arndt

Inhaltsübersicht

Inhaltsverzeichnis

Abkürzungsverzeichnis

a.A.	anderer Ansicht
Abs.	Absatz
AcP	Archiv für die civilistische Praxis
AEAO	Anwendungserlass zur Abgabenordnung
AEUV	Vertrag über die Arbeitsweise der Europäischen Union
a.F.	alte Fassung
AG	Aktiengesellschaft, Die Aktiengesellschaft, Amtsgericht
AGG	Allgemeines Gleichbehandlungsgesetz
AktG	Aktiengesetz
allg.	allgemein
AllgPersönlR	Allgemeines Persönlichkeitsrecht
Alt.	Alternative
a.M.	am Main, anderer Meinung
AnfG	Anfechtungsgesetz
Anh.	Anhang
AO	Abgabenordnung
Art.	Artikel
AT	Allgemeiner Teil
Aufl.	Auflage
BayObLG	Bayerisches Oberstes Landesgericht
BayStiftG	Bayerisches Stiftungsgesetz
BayVGH	Bayerischer Verwaltungsgerichtshof
BB	Betriebs-Berater
b&b	bilanz & buchhaltung
BbgStiftG	Stiftungsgesetz für das Land Brandenburg
Bd.	Band
Begr.	Begründer
Beschl.	Beschluss
BFH	Bundesfinanzhof
BFHE	Entscheidungssammlung des Bundesfinanzhofs
BFuP	Betriebswirtschaftliche Forschung und Praxis
BGB	Bürgerliches Gesetzbuch
BGBl.	Bundesgesetzblatt
BGH	Bundesgerichtshof
BGHSt	Entscheidungen des Bundesgerichtshofs in Strafsachen

BGHZ	Entscheidungen des Bundesgerichtshofs in Zivilsachen
BKA	Bundeskriminalamt
BlnStiftG	Berliner Stiftungsgesetz
BMF	Bundesministerium der Finanzen
BMJV	Bundesministerium der Justiz und für Verbraucherschutz
BR-Drucks.	Drucksache des Deutschen Bundesrates
BremStiftG	Bremisches Stiftungsgesetz
bspw.	beispielsweise
BStBl.	Bundessteuerblatt
BT-Drucks.	Drucksache des Deutschen Bundestages
BVerfG	Bundesverfassungsgericht
BVerfGE	Entscheidungen des Bundesverfassungsgerichts
BVerwG	Bundesverwaltungsgericht
BVerwGE	Entscheidungen des Bundesverwaltungsgerichts
BvL	Aktenzeichen des BVerfG (konkrete Normenkontrolle nach Art. 100 Abs. 1 GG)
BWStiftG	Stiftungsgesetz für Baden-Württemberg
bzw.	beziehungsweise
ca.	circa
CDU	Christlich Demokratische Union Deutschlands
CISG	United Nations Convention on Contracts for the International Sale of Goods
Co.	Compagnie
COMI	centre of main interests
COVID-19	Corona Virus Disease 2019
CR	Computer und Recht
CSU	Christlich-Soziale Union in Bayern e.V.
d.	der
DB	Der Betrieb
DDR	Deutsche Demokratische Republik
DGVZ	Deutsche Gerichtsvollzieher Zeitung
d.h.	das heißt
Diss.	Dissertation
DJT	Deutscher Juristentag
DM	Deutsche Mark
DNotZ	Deutsche Notar-Zeitschrift
D&O	Directors and Officers
DÖV	Die öffentliche Verwaltung

DrittelbG	Gesetz über die Drittelbeteiligung der Arbeitnehmer im Aufsichtsrat
DS-GVO	Datenschutz-Grundverordnung
DStR	Deutsches Steuerrecht
DStRE	Deutsches Steuerrecht-Entscheidungsdienst
DStZ	Deutsche Steuer-Zeitung
DVBl.	Deutsches Verwaltungsblatt
DWB	Deutsches Wörterbuch
DZWIR	Deutsche Zeitschrift für Wirtschaftsrecht
EFG	Entscheidungen der Finanzgerichte
EGBGB	Einführungsgesetz zum Bürgerlichen Gesetzbuche
EGGmbHG	Einführungsgesetz zum GmbHG
EGInsO	Einführungsgesetz zur Insolvenzordnung
e.K.	eingetragener Kaufmann
ErbR	Zeitschrift für die gesamte erbrechtliche Praxis
ErbStG	Erbschaftsteuer- und Schenkungsteuergesetz
EStG	Einkommensteuergesetz
EU	Europäische Union
EuGH	Europäischer Gerichtshof
EuInsVO	Verordnung des Rates der Europäischen Union über Insolvenzverfahren
EuZW	Europäische Zeitschrift für Wirtschaftsrecht
e.V.	eingetragener Verein
f.	folgend
FAQ	frequently asked questions
FBP	Fortbestehensprognose(n)
FDP	Freie Demokratische Partei
ff	folgende
ff.	folgende
FG	Festgabe, Finanzgericht
FGO	Finanzgerichtsordnung
FK	Frankfurter Kommentar
Fn.	Fußnote
FR	Finanz-Rundschau
FS	Festschrift
GenG	Genossenschaftsgesetz
GewStG	Gewerbesteuergesetz
GG	Grundgesetz
GmbH	Gesellschaft mit beschränkter Haftung

GmbHG	Gesetz betreffend die Gesellschaft mit beschränkter Haftung
GmbHR	GmbH-Rundschau
grds.	grundsätzlich
GrStG	Grundsteuergesetz
GS	Gedächtnisschrift
GwG	Geldwäschegesetz
h.A.	herrschende Ansicht
Habil.-Schr.	Habilitationsschrift
HbgStiftG	Hamburgisches Stiftungsgesetz
HeStiftG	Hessisches Stiftungsgesetz
HGB	Handelsgesetzbuch
Hk	Handkommentar
HKK	Historisch-kritischer Kommentar
h.M.	herrschende Meinung
HRG	Handwörterbuch zur deutschen Rechtsgeschichte
HRI	Handbuch Restrukturierung in der Insolvenz
Hrsg.	Herausgeber
hrsgg.	herausgegeben
https	Hypertext Transfer Protocol Secure
IDW	Institut der Wirtschaftsprüfer
IDW PS	Prüfungsstandards des IDW
IDW RS HFA	Stellungnahmen des Hauptfachausschusses des IDW zur Rechnungslegung
i.e.S.	im engeren Sinne
InsO	Insolvenzordnung
InsVV	Insolvenzrechtliche Vergütungsverordnung
InsVZ	Zeitschrift für Insolvenzverwaltung und Sanierungsberatung
i.S.	im Sinne
i.S.d.	im Sinne der/des
ISR	Internationale Steuer-Rundschau
i.S.v.	im Sinne von
IT	Informationstechnologie
i.Ü.	im Übrigen
i.V.m.	in Verbindung mit
IZPR	Internationales Zivilprozessrecht
JherJb	Jahrbücher für die Dogmatik des heutigen römischen und deutschen Privatrechts
Jhdt.	Jahrhundert
JöR	Jahrbuch des öffentlichen Rechts der Gegenwart

JR	Juristische Rundschau
Jura	Juristische Ausbildung
JuS	Juristische Schulung
JW	Juristische Wochenschrift
JZ	JuristenZeitung
KAGB	Kapitalanlagegesetzbuch
Kap.	Kapitel
KG	Kammergericht, Kommanditgesellschaft
KGaA	Kommanditgesellschaft auf Aktien
KHD	Klöckner-Humboldt-Deutz
KonTraG	Gesetz zur Kontrolle und Transparenz im Unternehmensbereich
KStG	Körperschaftsteuergesetz
KTS	Zeitschrift für Insolvenzrecht
KWG	Gesetz über das Kreditwesen
lat.	lateinisch
led.	lediglich
LG	Landgericht
lit.	litera (Buchstabe)
LOG	Landesorganisationsgesetz
Ltd.	Limited
LT-Drucks.	Landtagsdrucksache
MAH	Münchener Anwalts-Handbuch
Mio.	Million(en)
MitbestG	Gesetz über die Mitbestimmung der Arbeitnehmer
MittRhNotK	Mitteilungen der Rheinischen Notarkammer
Mrd.	Milliarden
MüKo	Münchener Kommentar
Münch.Hdb.GesR	Münchener Handbuch des Gesellschaftsrechts
MVStiftG	Stiftungsgesetz des Landes Mecklenburg-Vorpommern
m.w.N.	mit weiteren Nachweisen
Nachdr.	Nachdruck
n.Chr.	nach Christus
NdsStiftG	Niedersächsisches Stiftungsgesetz
n.F.	neue Fassung
NJW	Neue Juristische Wochenschrift
NJW-RR	Rechtsprechungs-Report Zivilrecht
NK	NomosKommentar
NPO	Nonprofit-Organisation

npoR	Zeitschrift für das Recht der Non Profit Organisationen
Nr.	Nummer
NRW	Nordrhein-Westfalen
NRWGO	Gemeindeordnung für das Land Nordrhein-Westfalen
NRWStiftG	Stiftungsgesetz für das Land Nordrhein-Westfalen
NVersZ	Neue Zeitschrift für Versicherung und Recht
NVwZ	Neue Zeitschrift für Verwaltungsrecht
NVwZ-RR	Rechtsprechungs-Report Verwaltungsrecht
NW	Nordrhein-Westfalen
NWB	Neue Wirtschaftsbriefe
NWVBl.	Nordrhein-Westfälische Verwaltungsblätter
NZA	Neue Zeitschrift für Arbeitsrecht
NZBau	Neue Zeitschrift für Baurecht und Vergaberecht
NZG	Neue Zeitschrift für Gesellschaftsrecht
NZI	Neue Zeitschrift für Insolvenz- und Sanierungsrecht
OECD	Organisation for Economic Co-operation and Development
OLG	Oberlandesgericht
OVG	Oberverwaltungsgericht
p.a.	per annum (pro Jahr)
passim	im angegebenen Werk da und dort verstreut
PDF	Portable Document Format
PKS	Polizeiliche Kriminalstatistik des BKA
PrAGBGB	Preußisches Ausführungsgesetz zum Bürgerlichen Gesetzbuch
ProstG	Prostitutionsgesetz
PublG	Gesetz über die Rechnungslegung von bestimmten Unternehmen und Konzernen
PWW	Prütting/Wegen/Weinreich, BGB-Kommentar
Quaderni fiorentini	Quaderni fiorentini per la storia del pensiero giuridicio moderno
RFH	Reichsfinanzhof
RG	Reichsgericht
RGRK	Reichsgerichtsrätekommentar
RGZ	Entscheidungen des Reichsgerichts in Zivilsachen
RhPfStiftG	Stiftungsgesetz für das Land Rheinland-Pfalz
Rn.	Randnummer
RNotZ	Rheinische Notar-Zeitschrift
Rpfleger	Der Deutsche Rechtspfleger

RPflG	Rechtspflegergesetz
RStBl.	Reichssteuerblatt
S.	Satz, Seite
SaarStiftG	Saarländisches Stiftungsgesetz
SächsStiftG	Sächsisches Stiftungsgesetz
SanInsFoG	Sanierungs- und Insolvenzrechtsfortentwicklungsgesetz
SARSCov-2	lat. severe acute respiratory syndrome coronavirus 2
SAStiftG	Stiftungsgesetz Sachsen-Anhalt
SchlHStiftG	Stiftungsgesetz für das Land Schleswig-Holstein
SE	Societas Europaea (Europäische Aktiengesellschaft)
SGB	Sozialgesetzbuch
sog.	sogenannt
Sp.	Spalte
SPD	Sozialdemokratische Partei Deutschlands
spez.	speziell
SpruchG	Spruchgesetz
SpuRt	Zeitschrift für Sport und Recht
S&S	Stiftung&Sponsoring
St.	Sankt
StaRUG	Unternehmensstabilisierungs- und -restrukturierungsgesetz
StGB	Strafgesetzbuch
StiftG	Stiftungsgesetz
StiftRspr.	Stiftungen in der Rechtsprechung
StuW	Steuer und Wirtschaft
teilw.	teilweise
ThürStiftG	Thüringer Stiftungsgesetz
u.a.	und andere
UmwG	Umwandlungsgesetz
USA	United States of America (Vereinigte Staaten von Amerika)
UStG	Umsatzsteuergesetz
v	vor
v.	vom, von, vor
VAG	Versicherungsaufsichtsgesetz
vgl.	vergleiche
VJSchrStFR	Vierteljahresschrift für Steuer- und Finanzrecht
Vorb	Vorbemerkung
Vorbem	Vorbemerkung
VorstAG	Gesetz zur Angemessenheit der Vorstandsvergütung
VwGO	Verwaltungsgerichtsordnung

VwVfG	Verwaltungsverfahrensgesetz
wistra	Zeitschrift für Wirtschafts- und Steuerstrafrecht
WM	Wertpapier-Mitteilungen IV (Zeitschrift für Wirtschafts- und Bankrecht)
WPg	Die Wirtschaftsprüfung
WRV	Weimarer Reichsverfassung
www	world wide web
z.B.	zum Beispiel
ZCG	Zeitschrift für Corporate Governance
ZErb	Zeitschrift für die Steuer- und Erbrechtspraxis
ZEV	Zeitschrift für Erbrecht und Vermögensnachfolge
ZfB	Zeitschrift für Betriebswirtschaft
ZfbF	Schmalenbachs Zeitschrift für betriebswirtschaftliche Forschung
ZGR	Zeitschrift für Unternehmens- und Gesellschaftsrecht
ZHR	Zeitschrift für das gesamte Handelsrecht und Wirtschaftsrecht
ZInsO	Zeitschrift für das gesamte Insolvenz- und Sanierungsrecht
ZIP	Zeitschrift für Wirtschaftsrecht
ZPO	Zivilprozessordnung
ZRG (GA)	Zeitschrift der Savigny-Stiftung für Rechtsgeschichte (Germanistische Abteilung)
ZRG (KA)	Zeitschrift der Savigny-Stiftung für Rechtsgeschichte (Kanonistische Abteilung)
ZRP	Zeitschrift für Rechtspolitik
ZSt	Zeitschrift zum Stiftungswesen
ZStV	Zeitschrift für Stiftungs- und Vereinswesen
zugl.	zugleich
ZVG	Gesetz über die Zwangsversteigerung und die Zwangsverwaltung
ZVI	Zeitschrift für Verbraucher- und Privat-Insolvenzrecht
ZWeR	Zeitschrift für Wettbewerbsrecht

Kapitel 1: Einleitung

§ 1 Einführung in die Thematik

Es gehört zu den fundamentalen Prinzipien des Stiftungsrechts, dass eine Stiftung ihrem ureigenen Wesen entsprechend grundsätzlich „für die Ewigkeit" errichtet wird. Dementsprechend stehen die Stiftungen auch wie kaum eine sonstige Institution für Beständigkeit, für Kontinuität und zudem für Dauerhaftigkeit. Und in der Tat existieren für jene Dauerhaftigkeit äußerst beachtenswerte Exemplare: So gilt etwa die schon vor dem Jahr 950 nach Christus gegründete Hospital-Stiftung im bayerischen Wemding als älteste heutzutage noch bestehende Stiftung in der gesamten Bundesrepublik Deutschland. Da sie mit einem Forstbesitz über ein offenkundig nachhaltiges sowie inflationsresistentes Vermögen verfügt, ist sie von sämtlichen Finanz- und Währungskrisen aus den vorherigen Jahrhunderten unberührt geblieben.[1]

Folgt man allerdings der gemeinsamen menschlichen Erfahrung, dass alles Irdische sowie Menschliche vergänglich ist, so wird sehr schnell ersichtlich, dass solch ein Beispiel für ein *ewiges* stifterisches Agieren viel mehr eine Ausnahme denn die Regel ist und dass der Ewigkeitsanspruch der Stiftung auch nicht im wörtlichen Sinne existieren kann.[2] Verfolgt man sodann Meldungen in der nationalen Presse und in sonstigen Medien über die ökonomische Entwicklung in Deutschland, so fällt es spürbar auf, dass Insolvenzen nun nicht mehr nur Randerscheinungen sind. Im Jahr 2015 etwa haben sie Schäden in Höhe von 19,6 Mrd. Euro verursacht; 225.000 Arbeitsplätze wurden auf diese Weise gefährdet oder sogar komplett zerstört. Die Zahl ausgeführter Insolvenzverfahren ist beständig angewachsen. Betroffen waren dabei vor allem kleine oder auch mittelständische Unternehmen, im Übrigen machte indes eine Insolvenz selbst vor Konzernen in der Größe der *Arcandor AG* oder der Firma *Anton Schlecker e.K.* (§ 17 HGB) – um zwei spektakuläre Fälle anzuführen – keinen Bogen mehr. Zwar befinden sich unter all den Wirtschaftseinheiten bislang bloß wenige Stiftungen, gleichwohl kann diese zunächst sehr wohltuende Feststellung prinzipiell keinerlei Sicherheit für eine selbst in der Zukunft von Insolvenzen befreite Stiftungslandschaft in Deutschland bedeuten. So trifft beispielsweise die aktuelle Entwicklung der internationalen Finanzmärkte generell auch die

---

1 Siehe dazu etwa *Anheier*, in: Bertelsmann Handbuch, 43, 72; *Strachwitz*, Handbuch, 13.

2 Vgl. *Strachwitz*, npoR 2016, 16, 18. Kritisch zum Ewigkeitsanspruch der Stiftung indes *Neuhoff*, Die Stiftung – Jahreshefte zum Stiftungswesen 2 (2008), 11, 12 ff.

bestehenden Stiftungen und dabei in erster Linie die Kapitalstiftungen ähnlich wie die weiteren Gesellschaftsarten. Denn eine allgemeine Handlungsfähigkeit – hier bestimmt als die Fähigkeit einer Stiftung, ihren Satzungszweck zu fördern – ist von der Ertragskraft des Stiftungsvermögens abhängig. Letztere folgt indes in der Regel nicht aus einer unternehmerischen Tätigkeit, sondern meist aus der rentierlichen Anlage des Stiftungsvermögens ergänzt um freizügige Zuwendungen Dritter. Das Ausfallen einzelner Zuwendungen durch die Finanzkrise mag wahrnehmbar sein; die Lebensfähigkeit der Stiftung wird damit hingegen nicht direkt gefährdet. Anders verhält es sich aber bei den Auswirkungen dieser internationalen Finanz- und Wirtschaftskrise auf das „Grundstockvermögen" vieler Kapitalstiftungen. Wurde das Grundstockvermögen nicht sorgfältig sowie endlich auch hinreichend diversifiziert angelegt, können der Abschwung an den Börsen und ferner die niedrigen Zinsen einer Stiftung schmerzlich zu schaffen machen. Die Folgerung ist, dass viele Stiftungen wegen ausbleibender Erträge ihren Zweck nicht mehr dauerhaft verfolgen können.[3]

Außerdem haben viele Stiftungen teilweise enorme Abschreibungen auf ihre gehaltenen Wertpapiere und auf ihre sonstigen Finanzanlagen vornehmen müssen. Sind die Wertpapiere und auch die Finanzanlagen nicht konservativ, sondern mehr spekulativ angelegt, können Verluste aus diesen Investments manche Stiftung handlungsunfähig machen. Letzte Option ist dann oftmals ein Insolvenzverfahren. Kommt ein Insolvenzverfahren allerdings mangels einer zureichenden Masse nicht mehr in Betracht, so kann eine betroffene Stiftung gewöhnlich auch noch liquidiert werden. Aber nicht allein eine individuelle Anlagestrategie, sondern genauso die Krise einer „Tochtergesellschaft" kann der Auslöser für die anschließende Insolvenz einer *unternehmensverbundenen Stiftung* werden. Durch die Kursverluste an den Börsen sind ferner zahlreiche Vermögen bisweilen außerordentlich geschrumpft. Verschont blieben hiervon auch nicht die Vermögen von Privatpersonen. Da die weit überwiegende Zahl der Stifter in Deutschland jedoch zu den Privatpersonen zählt, besteht in Krisenzeiten oftmals eine große Gefahr, dass auch die Kapitalausstattung neu zu errichtender Stiftungen sinken wird, dass überdies erforderliche Zuwendungen an Stiftungen ausbleiben oder dass von vornherein weniger Stiftungen errichtet werden können.[4] Ein weiterer Grund für die hohe Zahl unterkapitalisierter deutscher Stiftungen liegt in der großzügigen Anerkennungspraxis der jeweiligen Aufsichtsbehörden einzelner Bundesländer.

---

3 Siehe bereits *Sauer/Schwarz*, StiftungsBrief 2010, 228; vgl. darüber hinaus auch noch: *Foerste*, Insolvenzrecht, Rn. 2; *Neuhoff*, NZI 2004, 486.

4 Vgl. *Sommer*, ZInsO 2013, 1715, 1716.

Ziel der vorliegenden Arbeit ist es nun darzustellen, wie sich die gegenwärtige Krisensituation auf eine Stiftung auswirken kann und welche Instrumente das geltende Recht für den Umgang mit solchen „notleidenden" Stiftungen bereithält. Die Stiftungsinsolvenz stellt sich indessen noch immer als ein Desiderat der deutschen Rechtswissenschaft dar. Darum kann durch diese Untersuchung weiteres Licht in das wenig beleuchtete Feld der Stiftungsinsolvenzen gebracht werden.[5]

§ 2 Zum Gang der Untersuchung

Im nachfolgenden Kapitel werden zunächst die wesentlichen Grundlagen und auch Strukturen der Stiftung veranschaulicht. Es gilt die Rechtsnormen und auch die Stiftungsformen insoweit zu beleuchten, wie es zur Durchdringung der weiteren Untersuchung erforderlich und darüber hinaus auch angemessen erscheint. Daran anschließend folgt dann eine betriebswirtschaftliche Definition der Krise. Nach der eingehenden Beschreibung verschiedener Krisenursachen wird alsdann die grundsätzliche Krisenanfälligkeit der Stiftung abgehandelt. Dabei wird besonderer Wert gelegt auf die Vermögensausstattung und ferner auf einen stiftungsspezifischen Rahmen für die Vermögensverwaltung. Zudem sind präventive und genauso repressive Aufsichtsmittel der Stiftungsbehörden zu untersuchen. Ein weiterer Abschnitt dieser Arbeit wird endlich dazu verwendet, unterschiedliche Maßnahmen zur Bewältigung einer eingetretenen Krisensituation zu erörtern. So wird der Blick auf mehrere außergerichtliche Vorgehensweisen zur Bewältigung der Krisensituation gelenkt. Auch die Umwandlung sowie zudem die Aufhebung einer „notleidenden" Stiftung werden Berücksichtigung finden. Weiter sollen auch die Haftungsrisiken nicht unbeachtet bleiben, welche mit der nicht sachgemäßen Bewirtschaftung eines Stiftungsvermögens einhergehen. Danach folgt die Betrachtung des Insolvenzverfahrens bei einer Stiftung. Insbesondere werden dabei stiftungsspezifische Eigenheiten gegenüber den sonstigen anerkannten Rechtsfiguren herausgearbeitet. Der Schwerpunkt dieser Untersuchung liegt stets auf der selbstständigen Stiftung des bürgerlichen Rechts. Hierauf aufbauend werden jedoch Spezifika anderer Stiftungsformen erörtert. Abschließend folgt zudem noch ein Ausblick auf die künftigen Entwicklungen und zudem die konstanten Herausforderungen.[6]

---

5 Siehe bloß *Hüttemann/Rawert*, ZIP 2013, 2136, 2137; *Prütting*, in: Non Profit Law Yearbook 2002, 137, 139.

6 Beachte zur gesamten Thematik insbesondere auch *Bach*, Insolvenz, *passim*; *Stingl*, Vermögensverfall, *passim*.

Kapitel 2: Die Stiftung als Gegenstand der Untersuchung

§ 1 Zur selbstständigen Stiftung bürgerlichen Rechts

A. Zu dem Begriff der Stiftung

Der Begriff der „Stiftung“ – entstanden aus dem althochdeutschen *stiftunga* – ist ungefähr seit dem 14. Jhdt. geläufig.[7] Während der Stiftungsbegriff im herkömmlichen Sprachgebrauch mit unterschiedlichem Bedeutungsgehalt verwendet wird,[8] beschreibt Stiftung im Rechtssinne nur eine durch Vermögenswidmung geschaffene Institution.[9] In der Praxis existieren Stiftungen in diversen Rechts- und Gestaltungsformen. Hauptgegenstand dieser Arbeit ist die selbstständige Stiftung bürgerlichen Rechts – als gesetzliches Stiftungsleitbild fixiert in den §§ 80–88 BGB oder den Landesstiftungsgesetzen.[10] Sie wird gesetzlich nicht definiert. Man versteht unter ihr jedoch nach herrschender Auffassung eine auf die Ausstattung mit Vermögen angelegte, nicht aus einem Personenverband bestehende, ungebundene juristische Person zur Verfolgung eines

---

7 Siehe diesbezüglich etwa: *v. Campenhausen*, in: Bertelsmann Handbuch, 19, 22; *Grimm/Grimm*, DWB Bd. 18, Sp. 2900 ff. (Begriff: Stiftung); *Schlüter/Stolte*, Stiftungsrecht, Kap. 1 Rn. 4 ff.; *Schulze*, in: HRG IV, Sp. 1980; Werner/Saenger/Fischer/*Lingelbach*, Stiftung, § 1 Rn. 57.

8 Beachte in Bezug darauf insbesondere auch *OLG Stuttgart* NJW 1964, 1231 f.; Bamberger/Roth-BGB/*Backert*, § 80 Rn. 3; Deutsches Rechts-Lexikon III, 3993 f. (Begriff: Stiftung [Privatrecht]); *Ebersbach*, Handbuch, 15; Münch.Hdb.GesR V/*Beuthien*, § 77 Rn. 13; *Schulte*, Staat und Stiftung, 5 ff.; Soergel-BGB/*Neuhoff*, Vor § 80 Rn. 2; *Strickrodt*, Stiftungsrecht, 21; *Wahrig*, Deutsches Wörterbuch, 1418 (Begriff: Stiftung).

9 Siehe v. Campenhausen/Richter/*v. Campenhausen/Stumpf*, Handbuch, § 1 Rn. 6; *Ebersbach*, Handbuch, 15; Staudinger-BGB[13]/*Rawert*, Vorbem zu §§ 80 ff Rn. 3; Werner/Saenger/Fischer/*O. Werner*, Stiftung, § 1 Rn. 14.

10 Vgl. etwa v. Campenhausen/Richter/*v. Campenhausen/Stumpf*, Handbuch, § 2 Rn. 1; NK-BGB/*Schiffer/Pruns*, Vor §§ 80 ff Rn. 1 ff.; *Rawert*, in: Stiftungsrecht in Europa, 109 f.; Soergel-BGB/*Neuhoff*, Vor § 80 Rn. 7 ff.; *Strickrodt*, Stiftungsrecht, 23; Stumpf/Suerbaum/Schulte/Pauli-Stiftungsrecht/*Stumpf*, Kap. A Rn. 11. In puncto des internationalen Stiftungsrechts siehe: Staudinger-BGB/*Hüttemann/Rawert*, Vorbem zu §§ 80 ff Rn. 419 ff.

dauernden Stiftungszwecks, den allein der Stifter (Gründer) gemäß seinem Willen bestimmt.[11]

Diese Deutung skizziert die (Rechtsform) Stiftung formal, das heißt einerseits durch den Gegensatz zu den Körperschaften und andererseits durch den Gegensatz zu den fiduziarischen und *unselbstständigen* Beziehungen.[12] Anders als bei den Körperschaften besteht das Substrat der Stiftung gerade nicht in einer mitgliedschaftlichen Organisation, sondern vielmehr in einer zweckgewidmeten Vermögensmasse.[13] Eine Körperschaft wird vom wandelbaren Willen aller Mitglieder getragen.[14] Im Gegensatz dazu bleibt die Stiftung – in den Worten des BGH – eine simple Verwaltungsorganisation;[15] die Zweckbestimmung vonseiten des Stifters bleibt in aller Regel unabänderlich (beachte dazu § 87 BGB).[16]

---

11 So oder ähnlich die ganz h.M. Vgl. hierzu etwa: *BVerwG* NJW 1998, 2545, 2546; *BayObLG* NJW 1973, 249; aus der Literatur beachte: *Andrick/Suerbaum*, Stiftung und Aufsicht, § 2 Rn. 5; Bamberger/Roth-BGB/*Backert*, § 80 Rn. 3; v. Campenhausen/Richter/*v. Campenhausen/Stumpf*, Handbuch, § 1 Rn. 6; *Ebersbach*, Handbuch, 15; *Enneccerus/Nipperdey*, AT I, 716 f.; Erman-BGB/*Wiese*, Vor § 80 Rn. 1 ff.; Hk-BGB/*Dörner*, Vor §§ 80–88 Rn. 1 ff.; Meyn/Richter/Koss/*Meyn*, Stiftung, Rn. 38 ff.; MüKo-BGB/*Weitemeyer*, § 80 Rn. 1; Münch.Hdb.GesR V/*Schwake*, § 79 Rn. 2 ff.; Palandt-BGB/*Ellenberger*, Vorb v § 80 Rn. 5; *Pues/Scheerbarth*, Gemeinnützige Stiftungen, 1 f.; RGRK-BGB/*Steffen*, Vor § 80 Rn. 1 ff.; Staudinger-BGB/*Hüttemann/Rawert*, Vorbem zu §§ 80 ff Rn. 1; *Wolf/Neuner*, AT, § 18 Rn. 1. In der Sache genauso auch: BT-Drucks. 14/8765, 10.

12 Siehe Staudinger-BGB/*Hüttemann/Rawert*, Vorbem zu §§ 80 ff Rn. 2.

13 Vgl. dazu auch *Flume*, AT I/2, 131; MüKo-BGB/*Weitemeyer*, § 80 Rn. 1; Werner/Saenger/Fischer/*O. Werner*, Stiftung, § 1 Rn. 14.

14 Siehe bspw. Bamberger/Roth-BGB/*Backert*, § 80 Rn. 3; v. Campenhausen/Richter/*v. Campenhausen/Stumpf*, Handbuch, § 1 Rn. 7; *Ebersbach*, Handbuch, 21; *Flume*, AT I/2, 131; *Rawert*, in: Stiftungsrecht in Europa, 109, 110; Soergel-BGB/*Neuhoff*, Vor § 80 Rn. 38.

15 Vgl. dazu etwa *BGH* NJW 1987, 2364, 2365; Bamberger/Roth-BGB/*Backert*, § 80 Rn. 3; RGRK-BGB/*Steffen*, Vor § 80 Rn. 1 ff.; Scherer/*Feick*, MAH-Erbrecht, § 38 Rn. 3; Staudinger-BGB/*Hüttemann/Rawert*, Vorbem zu §§ 80 ff Rn. 2; Sudhoff/*Froning*, Unternehmensnachfolge, § 50 Rn. 2.

16 Beachte dazu etwa: Bamberger/Roth-BGB/*Backert*, § 80 Rn. 3; *Ebersbach*, Handbuch, 21; *Flume*, AT I/2, 131; *Jakob*, Schutz der Stiftung, 43; Münch.Hdb.GesR V/*Schwake*, § 79 Rn. 3; *Rawert*, in: Stiftungsrecht in Europa, 109, 110; *Roth*, JherJb 1 (1857), 189, 205; Werner/Saenger/Fischer/*O. Werner*, Stiftung, § 1 Rn. 2.

Von fiduziarischen Rechtsverhältnissen hebt sich die Stiftung durch ihre volle Rechtsfähigkeit und die allgemeine Handlungsfähigkeit ab.[17]

Nach Maßgabe von § 80 Abs. 1 BGB entsteht eine Stiftung durch Stiftungsgeschäft und staatliche Anerkennung. Das Stiftungsgeschäft kann als Verfügung von Todes wegen oder als Rechtsgeschäft unter Lebenden gestaltet sein.[18] – Es besteht nach h.M. aus zwei Teilen: einem organisationsrechtlichen, welcher auf die Entstehung einer neuen juristischen Person gerichtet ist, und einem vermögensrechtlichen, welcher die Vermögensausstattung betrifft.[19] Infolge des Stiftungsgeschäfts muss die Stiftung eine Satzung erhalten, die entsprechend den gesetzlichen Anforderungen in § 81 Abs. 1 S. 3 BGB den Namen, den Sitz, den Zweck, das Vermögen und die Bildung des Vorstands regelt. Rechtliche

---

17 Vgl. dazu etwa *Ebersbach*, Handbuch, 24; Erman-BGB/*Wiese*, Vor § 80 Rn. 10; *Liermann*, in: Deutsches Stiftungswesen 1948–1966, 229; Palandt-BGB/*Ellenberger*, Vorb v § 80 Rn. 10; *Rawert*, in: Stiftungsrecht in Europa, 109, 110; Soergel-BGB/*Neuhoff*, Vor § 80 Rn. 21; *Westebbe*, Stiftungstreuhand, 38.

18 Es handelt sich bei dem Stiftungsgeschäft unter Lebenden um ein einseitiges Rechtsgeschäft, d.h. alle insoweit geltenden Normen, etwa über die Geschäftsfähigkeit und Willensmängel sowie über die Stellvertretung, finden entsprechend Anwendung. Gemäß § 81 Abs. 1 S. 1 BGB bedarf das Stiftungsgeschäft unter Lebenden stets der Schriftform (vgl. dazu §§ 126, 126a BGB). An der einfachen Schriftform ändert es nach h.A. auch nichts, wenn sich der Stifter im Stiftungsgeschäft verpflichtet, der Stiftung ein Grundstück zu übereignen. Beachte: *Burgard*, Gestaltungsfreiheit, 77; v. Campenhausen/Richter/*Hof*, Handbuch, § 9 Rn. 55; Erman-BGB/*Wiese*, § 81 Rn. 5; *Wigand/Haase-Theobald/Heuel/Stolte*, Stiftungen, Kap. 3 Rn. 18. A.A. aber: Palandt-BGB/*Ellenberger*, § 81 Rn. 3 sowie *Schwarz*, DStR 2002, 1718, 1721. Bis zur Anerkennung einer Stiftung ist der Stifter jederzeit zum Widerruf des Stiftungsgeschäfts berechtigt (§ 81 Abs. 2 S. 1 BGB). Ist aber die Anerkennung beantragt, so muss der Widerruf gemäß § 81 Abs. 2 S. 2 BGB gegenüber der zuständigen Behörde erklärt werden. Nach dem Tod des Stifters geht das Widerrufsrecht auf seine Erben über (§ 1922 BGB), ist jedoch unter den Bedingungen von § 81 Abs. 2 S. 3 BGB ausgeschlossen. – Für das *Stiftungsgeschäft durch letztwillige Verfügung* gelten die allgemeinen erbrechtlichen Vorschriften (§§ 1922 ff. BGB). Vgl. dazu unter anderem *Schewe*, Stiftung, *passim*.

19 Siehe diesbezüglich beispielsweise Bamberger/Roth-BGB/*Backert*, § 80 Rn. 40; *Burgard*, Gestaltungsfreiheit, 79; *Ebersbach*, Handbuch, 44; Erman-BGB/*Wiese*, § 81 Rn. 2; MüKo-BGB/*Weitemeyer*, § 81 Rn. 3; Münch.Hdb.GesR V/*Schwake*, § 79 Rn. 141; *Schlüter*, Privatautonomie, 52; Soergel-BGB/*Neuhoff*, § 80 Rn. 3; Staudinger-BGB/*Hüttemann/Rawert*, § 81 Rn. 18 f. Beachte darüber hinaus auch noch: *v. Gierke*, Deutsches Privatrecht I, 651 ff.; *Stintzing*, AcP 88 (1898), 392, 439. A.A. hingegen insbesondere *Muscheler*, ZEV 2003, 41, 44 sowie fernerhin 48 Fn. 58 (dort: einaktiges Rechtsgeschäft).

Selbstständigkeit erlangt die Stiftung nicht durch eine Registereintragung, sondern durch eine staatliche Anerkennung. Die zuständige Behörde entscheidet über die Anerkennung mit gebundenem Verwaltungsakt (vgl. § 80 Abs. 2 BGB).[20]

Ein fundamentaler Grundgedanke des Stiftungsrechts in Deutschland ist die behördliche Aufsicht über die Stiftung.[21] Da die Stiftung nicht mitgliedschaftlich organisiert ist, fehlt es an einer funktionierenden Prüfung der geschäftlichen Aktivitäten durch an der Stiftung beteiligte natürliche Personen. Um diese „Bedrohungslage" zu kompensieren, unterliegt die Verwaltung einer laufenden Staatsaufsicht.[22] Diese ist landesgesetzlich geregelt und eine reine Rechtskontrolle; eine Stiftungsbehörde darf keine eigenen Zweckmäßigkeitserwägungen hierbei treffen.[23] Kernfunktion der behördlichen Stiftungsaufsicht ist die Durchsetzung des im Stiftungsgeschäft zum Ausdruck kommenden Stifterwillens (Schutz- und Garantiefunktion).[24]

---

20 Siehe *Bach/Knof*, ZInsO 2005, 729, 730. Beachte auch die Gesetzesbegründung in BT-Drucks. 14/8277, 5.

21 Siehe dazu Staudinger-BGB/*Hüttemann/Rawert*, Vorbem zu §§ 80 ff Rn. 123; *Toepke*, Staatsaufsicht, 20.

22 Vgl. hierzu BGHZ 68, 142, 146; BVerwGE 40, 347, 350; *OVG Berlin* StiftRspr. III, 152, 153 f.; *OVG Bremen* StiftRspr. IV, 127, 129; *OVG Lüneburg* NJW 1985, 1572 f.; *Achilles*, Aufsicht, 66 ff.; *Andrick*, Staatsaufsicht, 101 f.; Bamberger/Roth-BGB/*Backert*, § 80 Rn. 29; *Ebersbach*, Handbuch, 125 ff.; *v. Hippel*, Grundprobleme, 282 ff.; *Jakob*, Schutz der Stiftung, 95 f., 258 f.; *Liermann*, in: Deutsches Stiftungswesen 1948–1966, 211, 215; RGRK-BGB/*Steffen*, Vor § 80 Rn. 12; *Schulte*, DÖV 1996, 497, 499; Soergel-BGB/*Neuhoff*, Vor § 80 Rn. 78; Staudinger-BGB/*Hüttemann/Rawert*, Vorbem zu §§ 80 ff Rn. 123 ff.; *Strickrodt*, Stiftungsrecht, 98 und *Toepke*, Staatsaufsicht, 62 ff. Siehe außerdem auch Bund-Länder-Arbeitsgruppe, Bericht v. 19.10.2001, Abschnitt I.III.

23 Siehe etwa *BGH* NJW 1987, 2364, 2365; BVerwGE 40, 347, 350 sowie 352; *Andrick/Suerbaum*, Stiftung und Aufsicht, § 4 Rn. 12 f.; Bamberger/Roth-BGB/*Backert*, § 80 Rn. 30; v. Campenhausen/Richter/*Hof*, Handbuch, § 10 Rn. 8; MüKo-BGB/*Weitemeyer*, § 80 Rn. 69.; Palandt-BGB/*Ellenberger*, Vorb v § 80 Rn. 14; Soergel-BGB/*Neuhoff*, Vor § 80 Rn. 82; Staudinger-BGB/*Hüttemann/Rawert*, Vorbem zu §§ 80 ff Rn. 130.

24 Beachte hierzu etwa BGHZ 68, 142, 146; *OVG Berlin* NVwZ-RR 2003, 323, 324; *OVG Bremen* StiftRspr. IV, 127, 129; *OVG Lüneburg* NJW 1985, 1572; MüKo-BGB/*Weitemeyer*, § 80 Rn. 68; *Suerbaum*, NVwZ 2005, 160, 161. Insgesamt kritisch zur staatlichen Aufsicht: *Muscheler*, ZRP 2000, 390, 391 ff.

B. Allgemeine Vorbemerkungen

I. *Geschichte der Stiftung – ein Überblick*

Die Historie der Stiftung reicht zurück bis in die römische Spätantike. Mit dem Aufstieg des frühen Christentums unter *Konstantin dem Großen* entwickelten sich auf dem Grundstock christlicher Nächstenliebe die rechtshistorischen Grundlagen eines modernen Stiftungswesens in Deutschland.[25] Bahnbrechend für die Ausbildung des Stiftungsgedankens waren die Lehren der Kirchenväter vom sog. Sohnesteil Christi (*portio Christi*).[26] Um für das Glück der eigenen Seele zu sorgen, sollte jeder Christ einen Teil seines Vermögens durch letztwillige Verfügung für kirchlich-soziale Zwecke hinterlassen (*donatio pro salute animae*).[27] Bereits im römischen Recht der Spätantike – in der Hauptsache im *Codex Iustinianus* (6. Jhdt. n.Chr.) – finden sich vereinzelte (stiftungsrechtliche) Rechtsvorschriften über die Privilegierung oder die Sicherung solcher Vermögenszuwendungen.[28] Auf diese Weise entwickelte sich unter kirchlicher Obhut eine institutionalisierte Grundform für die rechtsgeschäftliche Widmung eines Vermögens zur dauernden und beständigen Realisierung einer kirchlich-sozialen Zwecksetzung (***pia causa***).[29]

Nach dem Zusammenbruch des *Römischen Reiches* wurden die antiken Grundprinzipien über die Verfügungen ad pias causas im kanonischen Recht fortentwickelt.[30] Das aufblühende Stiftungswesen im Mittelalter bildete sich

25 So *Borgolte*, ZRG (KA) 74 (1988), 71, 80 f.; *Liermann*, Geschichte, 24; *Reicke*, ZRG (GA) 53 (1933), 247 ff.; *Schulte*, Staat und Stiftung, 23; *Schulze*, in: Stiftungsrecht in Europa, 55, 57; Seifart/v. Campenhausen/*Coing*, Handbuch, § 5 Rn. 4; Staudinger-BGB/*Hüttemann*/*Rawert*, Vorbem zu §§ 80 ff Rn. 63.

26 Siehe *v. Campenhausen*, in: Bertelsmann Handbuch, 19, 23; *Liermann*, Geschichte, 42; *Schulze*, in: HRG IV, Sp. 1981; Staudinger-BGB/*Hüttemann*/*Rawert*, Vorbem zu §§ 80 ff Rn. 63. Dazu *Bruck*, Kirchenväter, 76 ff.

27 Siehe hierzu insbesondere *v. Campenhausen*, in: Bertelsmann Handbuch, 19, 23 f.; *Liermann*, Geschichte, 42; *Schulze*, in: Stiftungsrecht in Europa, 55, 58; Staudinger-BGB/*Hüttemann*/*Rawert*, Vorbem zu §§ 80 ff Rn. 63; Werner/Saenger/Fischer/*Lingelbach*, Stiftung, § 1 Rn. 52. Beachte auch *Schmid*, in: Gedächtnis, 51 ff.

28 HKK-BGB/*Pennitz*, §§ 80–89 Rn. 9; *Reicke*, ZRG (GA) 53 (1933), 247, 253; *Schulte*, Staat und Stiftung, 23; *Schulze*, in: Stiftungsrecht in Europa, 55, 58; Seifart/v. Campenhausen/*Coing*, Handbuch, § 5 Rn. 6.

29 Zur rechtlichen Stellung der Pia Causa siehe *Hagemann*, Piae Causae, *passim*.

30 Siehe HKK-BGB/*Pennitz*, §§ 80–89 Rn. 10; *Schulte*, Staat und Stiftung, 24; Seifart/v. Campenhausen/*Coing*, Handbuch, § 5 Rn. 11; Werner/Saenger/Fischer/*Lingelbach*, Stiftung, § 1 Rn. 55. Zum Einfluss der antiken Traditionen auf das frühe Mittelalter beachte etwa *Siems*, in: Itinera Fiduciae, 57 ff.

infolgedessen im Rahmen der kirchlichen Anstalten aus, vor allem in Gestalt des klösterlichen Spitals.[31] Seit dem 13. Jahrhundert entwickelte sich in den Städten auch ein immer mehr bürgerliches Stiftungswesen, das institutionell außerhalb der Kirche stand.[32] Anstelle von Klerikern übernahmen im Wesentlichen Laien und städtische Behörden die Verwaltungsaufgaben in Bezug auf die Stiftung.[33] Häufig handelte es sich dabei um Stiftungen mit den herkömmlichen kirchlich-sozialen Zwecken – hinzu traten jedoch auch erste „privatnützige" Stiftungen, welche den Unterhalt bedürftiger Angehöriger bezweckten.[34]

In den darauffolgenden Jahrhunderten versuchten weltliche Obrigkeiten vermehrt in das Stiftungswesen einzugreifen.[35] Die Zentralisation der Stiftungsverwaltung war ein Mittel, um die Stiftungen unter Fortdauer ihres Bestandes in die Hand zu bekommen.[36] Ferner wachte der Staat vehement darüber, dass untergeordnete Stellen die Stiftungen nicht für eigene Vorhaben missbrauchten; dies hatte bald eine staatliche Kontrolle zur Folge.[37] Im Zuge der Reformation waren schließlich zahlreiche Kultusstiftungen in ihrer jeweiligen Zweckvorgabe überholt, ihre Vermögen wurden umgewidmet oder eingezogen – eine Entwicklung, die sich nicht lange auf protestantische Bereiche begrenzte.[38] Zur

---

31 Siehe insbesondere *v. Campenhausen*, in: Bertelsmann Handbuch, 19, 26; *Schulze*, in: HRG IV, Sp. 1982 f.; Werner/Saenger/Fischer/*Lingelbach*, Stiftung, § 1 Rn. 52.

32 Eine sehr wesentliche Ursache für die Verweltlichung der Stiftung war die Amortisationsgesetzgebung in den Städten. Beachte etwa HKK-BGB/*Pennitz*, §§ 80–89 Rn. 11; *Liermann*, Geschichte, 159; *Pleimes*, Geschichte, 52 ff. Siehe weiterführend hierzu auch *Germann*, in: HRG I, Sp. 204 ff.

33 Siehe *v. Campenhausen*, in: Bertelsmann Handbuch, 19, 27; HKK-BGB/*Pennitz*, §§ 80–89 Rn. 11; *Liermann*, Geschichte, 93 f. und 124; *Reicke*, ZRG (GA) 53 (1933), 247, 274; *Schulte*, Staat und Stiftung, 24 f.; *Schulze*, in: Stiftungsrecht in Europa, 55, 60; *Siegmund-Schultze*, in: FS Geiger, 671, 674; *Toepke*, Staatsaufsicht, 36 ff.; Werner/Saenger/Fischer/*Lingelbach*, Stiftung, § 1 Rn. 56.

34 Siehe *v. Campenhausen*, in: Bertelsmann Handbuch, 19, 27; *Frommhold*, AcP 117 (1919), 87, 135; *Schulze*, in: Stiftungsrecht in Europa, 55, 60.

35 Seifart/v. Campenhausen/*Coing*, Handbuch, § 5 Rn. 33 f.

36 *Liermann*, Geschichte, 126.

37 Vgl. *Liermann*, Geschichte, 131; *Schiller*, Stiftungen im gesellschaftlichen Prozeß, 28; *Schulte*, Staat und Stiftung, 25; *Toepke*, Staatsaufsicht, 43 ff.; Werner/Saenger/Fischer/*Lingelbach*, Stiftung, § 1 Rn. 60.

38 Siehe *Liermann*, Geschichte, 132; *Schulte*, Staat und Stiftung, 26; Seifart/v. Campenhausen/*Coing*, Handbuch, § 5 Rn. 34; Staudinger-BGB/*Hüttemann*/*Rawert*, Vorbem zu §§ 80 ff Rn. 64; *Toepke*, Staatsaufsicht, 48 f.; Werner/Saenger/Fischer/*Lingelbach*, Stiftung, § 1 Rn. 59.

endgültigen Lösung von den geistlichen Ursprüngen des Stiftungsgedankens führte indessen die Phase der Aufklärung;[39] die zur Verewigung eines Vermögens früher wesentlichen piae causae traten derweilen hinter der utilitas publica zurück (auch: utilitas populi).[40] Doch selbst den Stiftungen für das Gemeinwohl stand die Aufklärung im Allgemeinen eher ablehnend gegenüber.[41] Die Kritik gründete auf der Unvernunft privater Wohltätigkeit, die durch staatliche Fürsorge zu ersetzen sei.[42] Zusätzlich erschien die Bindung von Vermögenswerten an die „tote Hand" des Stifters als gesellschaftsschädlich;[43] vor diesem Hintergrund weiteten sich die Eingriffsrechte der Landesherrschaft aus,[44] es folgte am Schluss die staatliche Einziehung sowie Nutzung („Säkularisation") bedeutender Stiftungsvermögen.[45]

Nachdem das Zeitalter der Aufklärung auf dem Gebiet des Stiftungswesens ein enormes Trümmerfeld hinterlassen hatte,[46] erwies sich das 19. Jahrhundert

---

39 *Schulze*, in: HRG IV, Sp. 1986; Staudinger-BGB/*Hüttemann*/*Rawert*, Vorbem zu §§ 80 ff Rn. 65.

40 Siehe *v. Campenhausen*, in: Bertelsmann Handbuch, 19, 31; MüKo-BGB/*Weitemeyer*, § 80 Rn. 14; *Schulte*, Staat und Stiftung, 29; *Schulze*, in: Stiftungsrecht in Europa, 55, 63 f.; Staudinger-BGB/*Hüttemann*/*Rawert*, Vorbem zu §§ 80 ff Rn. 65. Vgl. auch noch *K. Schmidt*, Stiftungswesen, 19.

41 Siehe hierzu vor allem *Andrick*/*Suerbaum*, Stiftung und Aufsicht, § 1 Rn. 4; *Liermann*, Geschichte, 169 ff.; Seifart/v. Campenhausen/*Coing*, Handbuch, § 5 Rn. 36; *Toepke*, Staatsaufsicht, 48.

42 *v. Campenhausen*, in: Bertelsmann Handbuch, 19, 31; *Schulze*, in: Stiftungsrecht in Europa, 55, 63; Staudinger-BGB/*Hüttemann*/*Rawert*, Vorbem zu §§ 80 ff Rn. 65; Werner/Saenger/Fischer/*Lingelbach*, Stiftung, § 1 Rn. 63.

43 Siehe *v. Campenhausen*, in: Bertelsmann Handbuch, 19, 32; *Liermann*, Geschichte, 173; *Ogris*, in: HRG V, Sp. 281 f.; *Schulze*, in: Stiftungsrecht in Europa, 55, 64. Vgl. auch *Kant*, Metaphysik der Sitten, 238.

44 Siehe etwa *v. Campenhausen*, in: Bertelsmann Handbuch, 19, 31; *Schulte*, Staat und Stiftung, 26 f.; *Schulze*, in: HRG IV, Sp. 1986; *Toepke*, Staatsaufsicht, 44 ff.

45 So zum Beispiel die Aufhebung zahlreicher Klöster unter Joseph II. in Österreich, die Nationalisierung des Kirchengutes während der Französischen Revolution sowie der Reichsdeputationshauptschluss im Jahr 1803 in Deutschland. Vgl. diesbezüglich unter anderem auch: *v. Campenhausen*, in: Bertelsmann Handbuch, 19, 31; HKK-BGB/*Pennitz*, §§ 80–89 Rn. 14; *Liermann*, Geschichte, 183; *Schulze*, in: HRG IV, Sp. 1987. Siehe hierzu insbesondere auch noch die eingehenden Ausführungen von *Graf Strachwitz*, Stiftung, 81 ff.

46 *Liermann*, Geschichte, 230.

als die Phase des Umbruchs sowie der Neubegründung des Stiftungsrechts.[47] Unter rechtsdogmatischen Aspekten ist diese fortschrittliche Weiterentwicklung in erster Linie durch die wissenschaftliche Diskussion über den sogenannten ***Städelschen Erbfall***[48] bestimmt worden.[49] – In Abkehr von mittelalterlichen Traditionen und Vorstellungen[50] kreierte die Rechtswissenschaft mit Hilfe der Fiktionstheorie einen neuen Stiftungsbegriff, welcher die Stiftung als eine ungebundene juristische Person der Korporation entgegensetzte.[51] Ebenso wie die Personenvereinigung konnte selbst ein Inbegriff von Vermögenswerten in Verknüpfung mit einer Zweckvorgabe mit eigener Selbstständigkeit ausgestattet werden.[52] Aufgrund der fiktiven Übertragung der rechtlichen Unabhängigkeit war die Gründung einer solchen Stiftung jedoch an das Erfordernis einer staatlichen Genehmigung gebunden.[53] Mit der Entmaterialisierung des Begriffs der

---

47 Vgl. hierzu: *v. Campenhausen*, in: Bertelsmann Handbuch, 19, 33; *Richter*, Stiftung, 40; *Schulze*, in: Deutsches Stiftungswesen 1977–1988, 29, 52.

48 Der Frankfurter Kaufmann *Johann Friedrich Städel* (1728–1816) hatte zu Beginn des 19. Jahrhunderts durch Testament das Städelsche Kunstinstitut als Stiftung errichtet (heutiges *Städel*-Museum). Er setzte die Stiftung zur Universalerbin ein. Daraufhin entbrannte eine Gutachterschlacht unter den bekanntesten zeitgenössischen Pandektisten (es galt Gemeines Recht). Insgesamt ging es in dem Fall um drei Rechtsfragen: (1) Zunächst war problematisch, ob eine reine Kulturstiftung rechtlich möglich war. (2) Sodann war fraglich, ob die Errichtung der Stiftung einer staatlichen Genehmigung bedurfte. (3) Und schließlich war umstritten, ob eine noch gar nicht existierende Stiftung als Universalerbin eingesetzt werden konnte. Zum Städelschen Erbfall beachte darüber hinaus insbesondere auch: *Becker*, in: FS Hübner, 21 ff.; *Kiefner*, Quaderni fiorentini 11/12 (1982/83), 339 ff.; *Liermann*, Geschichte, 243 ff.; *Muscheler*, DNotZ 2003, 661, 685 f.; *Richter*, Stiftung, 49 ff.

49 *Andrick/Suerbaum*, Stiftung und Aufsicht, § 1 Rn. 9; *Liermann*, Geschichte, 232; *Schulte*, Staat und Stiftung, 27; *Schulze*, in: Deutsches Stiftungswesen 1977–1988, 29, 52.

50 Nach mittelalterlicher Vorstellung konstituierte die Stiftung einen Personenverband, durch den der Stifter über seinen Tod hinaus in einer fortbestehenden Beziehung zu den Lebenden verblieb. Siehe *Borgolte*, ZRG (KA) 74 (1988), 71, 85 ff.; *v. Campenhausen*, in: Bertelsmann Handbuch, 19, 26; HKK-BGB/*Pennitz*, §§ 80–89 Rn. 12; *Reicke*, ZRG (GA) 53 (1933), 247, 251; *Schulze*, in: Stiftungsrecht in Europa, 55, 59 f. Weiterführend hierzu insbesondere *Brunner*, Rechtsgeschichte II, 279–358; *Oexle*, in: Death in the middle ages, 19 ff.

51 Siehe dazu insbesondere *Heise*, Grundriss, 25 und 27; *Mühlenbruch*, Rechtliche Beurtheilung des Städelschen Beerbungsfalles, 77; *v. Savigny*, System II, 243 f.

52 *Mühlenbruch*, Rechtliche Beurtheilung des Städelschen Beerbungsfalles, 77 f.

53 Vgl. *Mühlenbruch*, Rechtliche Beurtheilung des Städelschen Beerbungsfalles, 152; *Roth*, JherJb 1 (1857), 189, 207; *v. Savigny*, System II, 277 f. Darüber hinaus wurde

Stiftung sind die Begrenzungen des früheren Rechts, welches im Allgemeinen allein Stiftungen für kirchliche und soziale Zwecke kannte, hinweggefallen.[54] Die Stiftung hatte sich von der Bindung an die *pia causa* gelöst, das grundlegende Gebot der sogenannten ***„gemeinwohlkonformen Allzweckstiftung"*** bildete sich letztendlich heraus.[55] Das BGB vom 18. August 1896 nahm diese Grundentscheidungen auf.[56]

II. Zur Bedeutsamkeit des Stiftungswesens

Sowohl in geschichtlicher Perspektive wie auch heute ist die *Stiftung* vor allem ein rechtliches Gestaltungsinstrument eines nachhaltigen, bürgerschaftlichen Engagements für das Wohl der Allgemeinheit.[57] Stiftungen sind ein wichtiger Bestandteil des Dritten Sektors.[58] Sie ergänzen den Wohlfahrtsstaat bei der Wahrnehmung öffentlicher Aufgaben (Ergänzungsfunktion);[59] die massiven staatspolitischen Vorbehalte des historischen Gesetzgebers gegenüber einer privaten Gemeinwohlfürsorge sind inzwischen überholt.[60] Darüber hinaus ist

---

die Genehmigungsbedürftigkeit (heute: Anerkennung) der Stiftungserrichtung auf rechtspolitische sowie auf staatswirtschaftliche Gründe gestützt.

54 Beachte in diesem Zusammenhang vor allem: HKK-BGB/*Pennitz*, §§ 80–89 Rn. 23; *Mühlenbruch*, Rechtliche Beurtheilung des Städelschen Beerbungsfalles, 60; MüKo-BGB/*Weitemeyer*, § 80 Rn. 15; *Roth*, JherJb 1 (1857), 189, 202; *v. Savigny*, System II, 244; Staudinger-BGB/*Hüttemann*/*Rawert*, Vorbem zu §§ 80 ff Rn. 67.

55 HKK-BGB/*Pennitz*, §§ 80–89 Rn. 23; *Schulze*, in: Stiftungsrecht in Europa, 55, 67.

56 *Schulze*, in: Deutsches Stiftungswesen 1977–1988, 29, 56.

57 Vgl. hierzu etwa Meyn/Richter/Koss/*Meyn*/*Richter*, Stiftung, Rn. 10. Zu den verschiedenen Typen von Stiftern und den jeweiligen Beweggründen für die Stiftungserrichtung siehe in erster Linie Bundesverband Deutscher Stiftungen, Zahlen, Daten, Fakten, 25 ff. Vgl. dazu auch *Allgäuer*, Motive, *passim*; *Timmer*, Stiften in Deutschland, *passim*.

58 So zum Beispiel auch *Mecking*, in: Stiftungsrecht in Europa, 33. Der „Dritte Sektor" (auch Nonprofit-Bereich) umfasst dem allgemeinen Wohl dienende, nicht gewinnorientierte Organisationen jenseits von Markt und Staat. Beachte im Hinblick darauf etwa *Adloff*, Philantropisches Handeln, 86 ff.; *Seibel*, in: Lexikon des Sozial- und Gesundheitswesens, 455 ff.; *Zimmer*/*Priller*/*Anheier*, in: Handbuch der Nonprofit-Organisation, 15 ff. Beachte darüber hinaus auch *Anheier*/*Seibel*, The nonprofit sector in Germany, *passim*.

59 Vgl. *Anheier*, in: Bertelsmann Handbuch, 43, 46 f.; *Flitner*, Stiftungsprofile, 41 f.; *Toepler*, Stiftungswesen, 74 ff. Zur Krise des Wohlfahrtsstaates siehe *Dettling*, Politik und Lebenswelt, 131 ff.

60 Deutschland gehört heute zu den stiftungsfreundlichsten Ländern in Europa. Durch mehrere Gesetzesreformen ist das stifterische Engagement seit der Jahrtausendwende wiederholt gefördert worden. Vgl. dazu etwa: Gesetz zur weiteren steuerlichen

die Stiftung infolge ihrer weitgehenden Unabhängigkeit[61] ein äußerst relevanter Förderer gesellschaftlicher Innovation (Innovationsfunktion).[62] Eine nicht zu vernachlässigende Funktion der Stiftung ist der Einsatz im Rahmen der Unternehmens- sowie Vermögensnachfolge (Vermögenssicherung).[63]

Gemäß Angaben des Bundesverbandes Deutscher Stiftungen existierten in Deutschland zum Ende des Jahres 2020 exakt 23.876 Stiftungen,[64] der deutsche Stiftungssektor zählt damit insgesamt zu den größten auf der Welt.[65] In den vergangenen Jahren ist in der Bundesrepublik Deutschland eine Gründungswelle von Stiftungen zu verzeichnen,[66] in ganz Europa erlebt das Stiftungswesen nun eine Art Renaissance.[67] Das Gesamtvermögen aller deutschen Stiftungen wird auf rund 110 Mrd. Euro geschätzt (Stand: März 2021).[68] Die weit überwiegende

---

Förderung von Stiftungen v. 14.7.2000 (BGBl. I, 1034), Gesetz zur Modernisierung des Stiftungsrechts v. 15.7.2002 (BGBl. I, 2634), in gleicher Weise auch das Gesetz zur weiteren Stärkung des bürgerschaftlichen Engagements v. 10.10.2007 (BGBl. I, 2332), sowie an letzter Stelle genauso das Gesetz zur Stärkung des Ehrenamtes v. 21.3.2013 (BGBl. I, 556).

61 Das Engagement einer Stiftung ist gemeinhin nicht auf die öffentliche Überzeugung angewiesen und auch nicht von bestimmten Interessengruppen abhängig. Darüber hinaus agiert die Stiftung bei der Inanspruchnahme ihrer sachlichen und personellen Mittel grundsätzlich frei von Einschränkungen öffentlich-rechtlicher Haushalte und meist ohne wirtschaftlichen Erfolgsdruck. Eingehend hierzu *Anheier*, in: Bertelsmann Handbuch, 43, 47; *Flory*, Forschungssystem, 20 ff.; Meyn/Richter/Koss/*Meyn*/*Richter*, Stiftung, Rn. 13.

62 Siehe dazu unter anderem auch *Anheier*, in: Bertelsmann Handbuch, 43, 47; *Ebersbach*, Handbuch, 81; *Flitner*, Stiftungsprofile, 42 ff.; *Toepler*, Stiftungswesen, 77 ff. Siehe zusätzlich in diesem Zusammenhang: *W. Schmidt*, in: Bertelsmann Handbuch, 87 ff.

63 Beachte hierzu: Berndt/Götz/*Berndt*, Unternehmen, Rn. 1621 ff.; *R. Werner*, ZEV 2006, 539 ff.; *Wochner*, in: Vermögensnachfolge, 141 ff. Zu den gesellschaftlichen Funktionen von Stiftungen im Allgemeinen vgl. *Adloff*, Philantropisches Handeln, 374 ff.

64 Bundesverband Deutscher Stiftungen, Zahlen, Daten, Fakten, 10.

65 Beachte *Anheier*, in: Bertelsmann Handbuch, 43, 76 und 79; *Mecking*, S&S 2/2005, Rote Seiten, 18; *Toepler*, Stiftungswesen, 119; *Zimmer*/*Priller*/*Anheier*, in: Handbuch der Nonprofit-Organisation, 15, 26.

66 Vgl. *Anheier*, in: Bertelsmann Handbuch, 43, 46 und 74. Drei Viertel aller heute bestehenden Stiftungen sind nach 1990 errichtet worden. Siehe dazu Bundesverband Deutscher Stiftungen, Zahlen, Daten, Fakten, 12 f. Zu den Gründen für diesen „Stiftungsboom" siehe *Mecking*, S&S 2/2005, Rote Seiten, 5.

67 Siehe Bundesverband Deutscher Stiftungen, Zahlen, Daten, Fakten, 13.

68 Siehe Bundesverband Deutscher Stiftungen, Zahlen, Daten, Fakten, 10. Die Vermögenswerte der Stiftungen in Deutschland sind allerdings höchst ungleich verteilt; eine kleine Zahl von Stiftungen verfügt über einen großen Teil des finanziellen Gewichts.

Zahl der Stiftungen beabsichtigt in erster Linie die Förderung des Gemeinwohls,[69] die ungefähren Ausgaben für satzungsgemäße Zwecke lagen im Jahre 2020 insgesamt bei ca. 17 Mrd. Euro.[70]

C. Wesensmerkmale der Stiftung

Nachfolgend werden die wesentlichen Merkmale der Stiftung behandelt. Zu den konstitutiven Bestandteilen des Stiftungsbegriffs der herrschenden Meinung zählen: (I.) der von dem Stifter festgelegte *Stiftungszweck*, (II.) das *Vermögen*, welches der Stiftung zur Erfüllung des Zwecks zugewiesen wird, sowie (III.) eine aus dem Stiftungsgeschäft folgende *Stiftungsorganisation*.[71]

I. Der Zweck der Stiftung

Der Zweck einer Stiftung ist das zentrale Element unter den drei Wesensmerkmalen des Stiftungsbegriffs.[72] Er beeinflusst in besonderer Art und Weise die Identität einer Stiftung und legt die Leitlinien ihrer Tätigkeit fest.[73] Sowohl Vermögen als auch Organisation nehmen ihm gegenüber nur eine untergeordnete

---

Vgl. Bundesverband Deutscher Stiftungen, Zahlen, Daten, Fakten, 16 f. Siehe ferner auch *Anheier*, in: Bertelsmann Handbuch, 43, 61.

69 Zu den bedeutungsvollsten Förderbereichen deutscher Stiftungen gehören: (1) Soziale Dienste, (2) Bildung und Erziehung, (3) Kunst und Kultur, (4) Wissenschaft und Forschung sowie (5) Umweltschutz. Beachte dazu etwa Bundesverband Deutscher Stiftungen, Zahlen, Daten, Fakten, 34.

70 Vgl. Bundesverband Deutscher Stiftungen, Zahlen, Daten, Fakten, 23. Zu der Erwirtschaftung dieser Haushaltsvolumina siehe Bundesverband Deutscher Stiftungen, Zahlen, Daten, Fakten, 22.

71 So Bamberger/Roth-BGB/*Backert*, § 80 Rn. 3; v. Campenhausen/Richter/*v. Campenhausen/Stumpf*, Handbuch, § 1 Rn. 6; *Ebersbach*, Handbuch, 16; Erman-BGB/*Wiese*, Vor § 80 Rn. 1; Palandt-BGB/*Ellenberger*, Vorb v § 80 Rn. 5 ff.; Staudinger-BGB/*Hüttemann/Rawert*, Vorbem zu §§ 80 ff Rn. 4.

72 H.M. Vgl. unter anderem: *OVG NRW* NWVBl. 1994, 393; v. Campenhausen/Richter/*v. Campenhausen/Stumpf*, Handbuch, § 1 Rn. 9; *Ebersbach*, Handbuch, 16 f.; Soergel-BGB/*Neuhoff*, Vor § 80 Rn. 10 und 13; Staudinger-BGB/*Hüttemann/Rawert*, Vorbem zu §§ 80 ff Rn. 5; *Strickrodt*, Stiftungsrecht, 26; kritisch dagegen allerdings *Burgard*, Gestaltungsfreiheit, 115 f.; *Kronke*, Stiftungstypus, 57. Vgl. dazu auch *v. Ihering*, Zweck I, Titelblatt.

73 Vgl. etwa v. Campenhausen/Richter/*v. Campenhausen/Stumpf*, Handbuch, § 1 Rn. 9; *Rawert*, in: Stiftungsrecht in Europa, 109, 115. Die Verwirklichung des Stiftungszwecks ist die Kernaufgabe der Stiftung.

Rolle ein.[74] Mit Recht bezeichnet man den Stiftungszweck demzufolge als das „Herzstück" oder die „Seele" einer Stiftung.[75] Nach § 81 Abs. 1 S. 2 BGB bestimmt sich der Zweck der Stiftung einzig nach dem Willen des Stifters. Die Festlegung der Zweckvorgabe erfolgt im Wege des Stiftungsgeschäfts. Zwingend ist zudem auch die Angabe des Stiftungszwecks in der Satzung; § 81 Abs. 1 S. 3 Nr. 3 BGB.[76] Mit der Zwecksetzung soll den Organen einer Stiftung ein deutlicher sowie klar umgrenzter Auftrag gegeben werden, um Rechtsunsicherheit, Willkür durch Stiftungsorgane oder ein Verzetteln der Stiftungsleistungen zu verhüten (sog. Bestimmtheitsgebot).[77] – Von der Zweckbestimmung zu unterscheiden sind die Motive für die Errichtung einer Stiftung.[78] Zwar können Zweck sowie Motiv im Einzelfall durchaus auch übereinstimmen. Steht hinter der Stiftungsgründung hingegen das Streben nach persönlicher Wertschätzung oder die Vorstellung, einen festgelegten Namen zu verewigen, so gehen die inneren Beweggründe eines Stifters über den tatsächlichen Stiftungszweck hinaus.[79]

Der Zweck der Stiftung muss stets auf Dauer angelegt sein, wobei Dauerhaftigkeit nicht zwingenderweise mit Ewigkeit gleichzusetzen ist.[80] Der Stifter ist in gewisser Weise sogar berechtigt, die Lebensdauer der Stiftung zu beschränken (*Zeitstiftung*); ein bloß zeitweiliger Zweck, der sich nach einer bestimmten Zeit

---

74 So unter anderem auch: *OVG NRW* NWVBl. 1994, 393; *Andrick/Suerbaum*, Stiftung und Aufsicht, § 2 Rn. 7; *Ebersbach*, Handbuch, 16; *Rawert*, in: Stiftungsrecht in Europa, 109, 115; *Schwarz*, DStR 2002, 1718, 1722; Soergel-BGB/*Neuhoff*, Vor § 80 Rn. 10; *Strickrodt*, Stiftungsrecht, 26.

75 Siehe hierzu Bamberger/Roth-BGB/*Backert*, § 80 Rn. 4; v. Campenhausen/Richter/*Hof*, Handbuch, § 7 Rn. 1; *Hüttemann*, in: FS Reuter, 121; *Liermann*, in: Deutsches Stiftungswesen 1948–1966, 153, 154.

76 Die Regelungen der Satzung über den Zweck der Stiftung ergänzen die grundsätzliche Zweckbestimmung im eigentlichen Stiftungsakt. Neben dem Zweck i.e.S. gehören auch Angaben über die Art der Verwirklichung des Stiftungsziels zum notwendigen Inhalt der Stiftungssatzung. Vgl. BT-Drucks. 14/8765, 10.

77 So BGHZ 68, 142, 148; *Ebersbach*, Handbuch, 81; *Hüttemann*, in: FS Reuter, 121, 127 ff.

78 Siehe *BayVGH* StiftRspr. I, 76, 79; Bamberger/Roth-BGB/*Backert*, § 80 Rn. 4; Erman-BGB/*Wiese*, Vor § 80 Rn. 2; Staudinger-BGB/*Hüttemann*/*Rawert*, Vorbem zu §§ 80 ff Rn. 6.

79 Vgl. etwa v. Campenhausen/Richter/*Hof*, Handbuch, § 7 Rn. 3; HKK-BGB/*Pennitz*, §§ 80–89 Rn. 1; *Kronke*, Stiftungstypus, 56; Staudinger-BGB/*Hüttemann*/*Rawert*, Vorbem zu §§ 80 ff Rn. 6.

80 Beachte hierzu etwa Erman-BGB/*Wiese*, Vor § 80 Rn. 2; MüKo-BGB/*Weitemeyer*, § 80 Rn. 138; Palandt-BGB/*Ellenberger*, Vorb v § 80 Rn. 6; RGRK-BGB/*Steffen*, Vor § 80 Rn. 3; *Röthel*, S&S 4/2004, 21.

erledigt, steht der Stiftungsgründung gemeinhin nicht entgegen.[81] Maßgeblich ist aber, dass eine rechtliche Verselbstständigung der Zweckerfüllung in einer juristischen Person notwendig erscheint und der Bestand der Stiftung für eine angemessene Zeit gewährleistet ist.[82] Ungeeignet ist die Gründung einer Stiftung also zur Verfolgung eher kurzfristiger Zwecke, welche auch durch die einmalige Hingabe oder durch den unmittelbaren Verbrauch eines Vermögens verwirklicht werden können – insofern unterscheidet sich die Stiftung von einer einfachen Spende und von einem Sammelvermögen; hierzu § 1914 BGB.[83]

Der Stifter wird bei seiner Zweckbestimmung nicht darauf beschränkt, bloß eine einzige Zielsetzung vorzugeben. Er kann den Aktionsradius der Stiftung erweitern und eine Mehrzahl von Stiftungszwecken bestimmen.[84] Diese können gleichberechtigt nebeneinander stehen oder in Haupt- und Nebenzwecke abgestuft werden. Darüber hinaus kommt die Anordnung zeitlich hintereinander geschalteter Zwecke in Betracht (sog. Sukzessivstiftung).[85] Im Hinblick auf die inhaltliche Ausgestaltung der Zweckvorgabe ist der Stifter grundsätzlich frei. Mit dem Gesetz zur Modernisierung des Stiftungsrechts vom 15.7.2002 hat der Gesetzgeber den bereits vorher allgemein anerkannten Grundsatz einer gemeinwohlkonformen Allzweckstiftung ausdrücklich in das BGB aufgenommen; § 80 Abs. 2 BGB.[86] Eine dem gesetzlichen Leitbild entsprechende Stiftung ist jedoch nicht auf die Förderung des Gemeinwohls beschränkt.[87] Generell kann jede

---

81 Vgl. nur Bamberger/Roth-BGB/*Backert*, § 80 Rn. 4; *Burgard*, Gestaltungsfreiheit, 122; *Ebersbach*, Handbuch, 80 f.; Erman-BGB/*Wiese*, Vor § 80 Rn. 2; *Jakob*, Schutz der Stiftung, 59; MüKo-BGB/*Weitemeyer*, § 80 Rn. 136; *Nissel*, Stiftungsrecht, Rn. 101; NK-BGB/*Schiffer*/*Pruns*, § 80 Rn. 38; Palandt-BGB/*Ellenberger*, Vorb v § 80 Rn. 6; *Schwarz*, DStR 2002, 1718, 1724 f.; Soergel-BGB/*Neuhoff*, Vor § 80 Rn. 13 f.; Staudinger-BGB/*Hüttemann*/*Rawert*, § 81 Rn. 54; eingeschränkt in gleicher Weise auch *Muscheler*, in: FS O. Werner, 129, 134 ff. Beachte darüber hinaus auch noch: BT-Drucks. 14/8765, 8.

82 Siehe hierzu Bamberger/Roth-BGB/*Backert*, § 80 Rn. 4; *Ebersbach*, Handbuch, 16; *Hüttemann*, in: FG Flume, 59, 87 f.; MüKo-BGB/*Weitemeyer*, § 80 Rn. 138. Ähnlich *Strickrodt*, Stiftungsrecht, 79.

83 Vgl. unter anderem: *Ebersbach*, Handbuch, 81; Münch.Hdb.GesR V/*Schwake*, § 79 Rn. 36. Siehe allerdings im Hinblick hierauf auch noch: *Erb*, Sammelvermögen, 146.

84 Siehe Bamberger/Roth-BGB/*Backert*, § 80 Rn. 4; v. Campenhausen/Richter/*Hof*, Handbuch, § 7 Rn. 8.

85 Siehe hierzu: Bamberger/Roth-BGB/*Backert*, § 80 Rn. 4; v. Campenhausen/Richter/*Hof*, Handbuch, § 7 Rn. 8; Staudinger-BGB/*Hüttemann*/*Rawert*, § 81 Rn. 48.

86 BT-Drucks. 14/8765, 9.

87 Vgl. hierzu bspw. v. Campenhausen/Richter/*Hof*, Handbuch, § 7 Rn. 65; Münch.Hdb. GesR V/*Schwake*, § 79 Rn. 35; NK-BGB/*Schiffer*/*Pruns*, § 80 Rn. 50; Staudinger-BGB/

Zielsetzung als Stiftungszweck angeordnet werden, solange diese das gemeine Wohl nicht gefährdet.[88] Nach der richtigen Ansicht der vorherrschenden Lehre ist eine solche Gefährdung erst dann anzunehmen, wenn das Vorhaben der Stiftung gegen die Rechtsordnung verstößt.[89]

Trotz der grundsätzlichen Zweckneutralität des deutschen Stiftungsrechts erschließt sich aus dem Gesetz, dass der Zweck einer Stiftung zumindest aus Sicht des Stifters uneigennützigen Charakter haben muss. Nicht anerkennungsfähig ist dementsprechend eine Stiftung, die einzig dem Stifter selbst zugute kommt (sog. Stiftung für den Stifter).[90] Das folgt nicht bloß aus dem Stiftungsbegriff, der regelmäßig die Übertragung von Vermögenswerten auf einen vom Stifter verschiedenen Rechtsträger voraussetzt. Es folgt in gleicher Weise aus Gedanken des Verkehrsschutzes: Eine Zulässigkeit eigennütziger Stiftungen würde es ermöglichen, dem eigenen Wohl dienende Sondervermögen zu formen, die mangels pfändbarer Mitgliedschafts- sowie Destinatärsrechte gegen Gläubigerzugriffe immunisiert wären – ein nicht hinnehmbarer Widerspruch zu

---

Hüttemann/Rawert, Vorbem zu §§ 80 ff Rn. 7; Werner/Saenger/Fischer/*Fischer/Nissel*, Stiftung, § 7 Rn. 9. Beachte ferner auch noch BT-Drucks. 14/8765, 9.

88 Siehe unter anderem *Andrick/Suerbaum*, Stiftung und Aufsicht, § 2 Rn. 9; *Burgard*, Gestaltungsfreiheit, 117; Erman-BGB/*Wiese*, § 81 Rn. 15; *Hüttemann*, ZHR 167 (2003), 35, 57; Münch.Hdb.GesR V/*Schwake*, § 79 Rn. 35; NK-BGB/*Schiffer/Pruns*, § 80 Rn. 48 ff.; *Schwarz*, DStR 2002, 1767. Kritisch zu dem Merkmal der Gemeinwohlgefährdung insbesondere: *Muscheler*, NJW 2003, 3161 ff.; Staudinger-BGB/*Hüttemann/Rawert*, § 80 Rn. 39 ff.; *Volkholz*, Privatautonomie, 184 ff.

89 So Bamberger/Roth-BGB/*Backert*, § 80 Rn. 6; *Burgard*, NZG 2002, 697, 700; v. Campenhausen/Richter/*Hof*, Handbuch, § 7 Rn. 65, 74; Hk-BGB/*Dörner*, § 80 Rn. 4; Münch.Hdb.GesR V/*Schwake*, § 79 Rn. 34; NK-BGB/*Schiffer/Pruns*, § 80 Rn. 48 ff.; Otto/*Geißer*, Handbuch, 343; Palandt-BGB/*Ellenberger*, § 80 Rn. 6; Schauhoff/*Schauhoff*, Gemeinnützigkeit, § 3 Rn. 57 f. sowie *Schlüter/Stolte*, Stiftungsrecht, Kap. 1 Rn. 48 und Kap. 2 Rn. 47 ff. Weitergehend: BT-Drucks. 14/8765, 9 im Anschluss an die Rechtsprechung zur sogenannten Republikaner-Stiftung (*BVerwG* NJW 1998, 2545 ff. und *OVG Münster* NVwZ 1996, 913 ff.).

90 H.M. Beachte *Andrick*, DVBl. 2003, 1246, 1250; Bamberger/Roth-BGB/*Backert*, § 80 Rn. 6; *Hüttemann*, ZHR 167 (2003), 35, 56 ff.; *Jakob*, Schutz der Stiftung, 51; *Leisner*, in: Deutsches Stiftungswesen 1966–1976, 119, 122; MüKo-BGB/*Weitemeyer*, § 80 Rn. 126; *Muscheler*, ZSt 2003, 67, 68; *Rawert*, in: Stiftungsrecht in Europa, 109, 116 f.; *Riehmer*, Körperschaften, 21 f.; *Schlüter*, Privatautonomie, 330; Soergel-BGB/*Neuhoff*, Vor § 80 Rn. 8; *Strickrodt*, Stiftungsrecht, 166. A.A. aber: *Burgard*, Gestaltungsfreiheit, 132 ff.; *Kronke*, Stiftungstypus, 140 und 225; *Schewe*, Stiftung, 108 ff. Unstreitig zulässig sind dagegen „privatnützige" Zwecke.

Wertungen des Haftungs- und Anfechtungsrechts.[91] Ähnliches gilt sodann für eine Stiftung, die lediglich den Erhalt oder die Vermehrung des eigenen Vermögens bezweckt (sog. Selbstzweckstiftung). Der Charakter einer Stiftung verlangt, dass das Stiftungsvermögen nicht bloß sich selbst sowie der eigenen Perpetuierung, sondern vielmehr einem außerhalb der Stiftung liegenden Zweck gewidmet ist; beachte hierzu insbesondere: § 81 Abs. 1 S. 2 BGB.[92]

Im Anschluss an die behördliche Anerkennung der Rechtspersönlichkeit der Stiftung ist die satzungsgemäße Zweckvorgabe grundsätzlich sowohl der Disposition des Stifters als auch einem Zugriff der Stiftungsorgane entzogen.[93] Zweckänderungen sind nur unter äußerst engen Voraussetzungen möglich (vgl. etwa § 87 BGB). Dies verleiht der Stiftung eine eigentümliche Fixiertheit, die einerseits die beharrliche Fortgeltung des Stifterwillens garantiert, andererseits hingegen auch den Spielraum für eine Anpassung an veränderte Umstände drastisch einengt.[94]

II. Das Vermögen der Stiftung

Für die Verwirklichung ihres Zwecks benötigt die Stiftung stets ein mehr oder weniger großes Stiftungsvermögen (vgl. § 81 Abs. 1 S. 2 BGB). Anders als die mitgliedschaftlich organisierte Körperschaft, welche ihre Ziele bisweilen auch ohne den Einsatz eines Vermögens realisieren kann,[95] ist eine Stiftung

---

91 MüKo-BGB/*Weitemeyer*, § 80 Rn. 126; Staudinger-BGB/*Hüttemann*/*Rawert*, Vorbem zu §§ 80 ff Rn. 8 f.

92 Ganz h.M. Vgl. *Andrick*, ZSt 2003, 3, 10; Bamberger/Roth-BGB/*Backert*, § 80 Rn. 6; *Burgard*, Die Stiftung – Jahreshefte zum Stiftungswesen 3 (2009), 31, 36 f.; Erman-BGB/*Wiese*, Vor § 80 Rn. 26; *Flume*, AT I/2, 133 Fn. 146; *Hüttemann*, ZHR 167 (2003), 35, 60 f.; *Jakob*, Schutz der Stiftung, 52; *Muscheler*, ErbR 2008, 174, 177; *Rawert*, Genehmigungsfähigkeit, 15; *Reuter*, AcP 207 (2007), 1, 19 ff.; *Schlüter*, in: Stiftungen in Theorie, Recht und Praxis, 315, 318 f.; *K. Schmidt*, DB 1987, 261 ff.; *Schwintek*, Vorstandskontrolle, 33; *Schwintowski*, NJW 1991, 2736, 2740; Soergel-BGB/*Neuhoff*, Vor § 80 Rn. 70; *Trops*, AG 1970, 367, 368; Werner/Saenger/Fischer/*Fischer*/*Nissel*, Stiftung, § 7 Rn. 5; *Wochner*, MittRhNotK 1994, 89, 93. Siehe dazu außerdem noch: Bund-Länder-Arbeitsgruppe, Bericht v. 19.10.2001, Abschnitt G.I. Kritisch in dieser Angelegenheit aber namentlich *Kronke*, Stiftungstypus, 140; Münch.Hdb.GesR V/*Beuthien*, § 77 Rn. 31; *Schewe*, Stiftung, 106 ff.; differenzierend hingegen v. Campenhausen/Richter/*Hof*, Handbuch, § 7 Rn. 61 ff.

93 Vgl. Bamberger/Roth-BGB/*Backert*, § 80 Rn. 4; v. Campenhausen/Richter/*Hof*, Handbuch, § 7 Rn. 4.

94 Vgl. *Pues*/*Scheerbarth*, Gemeinnützige Stiftungen, 33.

95 Siehe *K. Schmidt*, Gesellschaftsrecht, 6.

als institutionalisierter Zweck immer auf die Bereitstellung sachlicher Mittel angewiesen.[96] Obwohl das Stiftungsvermögen gegenüber dem Stiftungszweck lediglich eine untergeordnete Rolle einnimmt, ist die Vermögenszuwendung dennoch ein erforderliches Wesenselement der Stiftung.[97] Begrifflich enthält das Stiftungsvermögen sämtliche Vermögenswerte, welche sich im Eigentum einer Stiftung befinden: das Grundstockvermögen (Stiftungsvermögen i.e.S.), Erträge des Grundstockvermögens, Zustiftungen sowie Spenden.[98]

Das Grundstockvermögen ist der finanzielle Unterbau einer jeden Stiftung. Es setzt sich zusammen aus der Gesamtheit aller einer Stiftung im Rahmen ihrer Gründung von dem Stifter zugewendeten materiellen Werte (sog. Erstausstattung).[99] – Vorbehaltlich einer abweichenden Satzungsgestaltung ist das Grundstockvermögen ungeschmälert zu bewahren; der Grundstock ist regelmäßig nicht für den Verbrauch bestimmt (Vermögenserhaltung).[100] Die Förderung des Stiftungszwecks kann in der Regel nur durch die Erträge des Grundstockvermögens finanziert werden. – Erträge sind die Früchte (§ 99 BGB) und Nutzungen (§ 100 BGB), welche aus dem bestimmungsgemäßen Gebrauch des Grundstockvermögens resultieren.[101] Diese sind generell (zeitnah) für die Förderung des

96 Vgl. hierzu *Burgard*, Gestaltungsfreiheit, 471; v. Campenhausen/Richter/*v. Campenhausen/Stumpf*, Handbuch, § 1 Rn. 12; *Ebersbach*, Handbuch, 17; *Jakob*, Schutz der Stiftung, 61; MüKo-BGB/*Weitemeyer*, § 80 Rn. 5; *Rawert*, in: Stiftungsrecht in Europa, 109, 125; *Roth*, JherJb 1 (1857), 189, 204 f. und 214.

97 Beachte hierzu auch: v. Campenhausen/Richter/*v. Campenhausen/Stumpf*, Handbuch, § 1 Rn. 12; Staudinger-BGB/*Hüttemann/Rawert*, Vorbem zu §§ 80 ff Rn. 10. A.A. offenbar *Kronke*, Stiftungstypus, 9.

98 Vgl. diesbezüglich insbesondere Bamberger/Roth-BGB/*Backert*, § 80 Rn. 8; *Burgard*, Gestaltungsfreiheit, 471; v. Campenhausen/Richter/*Hof*, Handbuch, § 9 Rn. 4; *Friedrich*, Anlage des Stiftungsvermögens, 28 f.; *Jakob*, Schutz der Stiftung, 63; Münch. Hdb.GesR V/*Schwake*, § 79 Rn. 45; Soergel-BGB/*Neuhoff*, Vor § 80 Rn. 15.

99 Bamberger/Roth-BGB/*Backert*, § 80 Rn. 8; *Burgard*, Gestaltungsfreiheit, 472; v. Campenhausen/Richter/*Hof*, Handbuch, § 9 Rn. 5; Münch.Hdb.GesR V/*Schwake*, § 79 Rn. 45. Als „Grundstockvermögen" kommen Güter sowie Rechte jeder Art in Betracht, insbesondere Bargeld, Wertpapiere, Grundstücke, einklagbare Forderungen sowie Unternehmensanteile und Unternehmen. Vgl. *Hof*, DStR 1992, 1587.

100 Art. 6 Abs. 2 BayStiftG, § 3 BlnStiftG, § 7 Abs. 1 BremStiftG, § 7 Abs. 2 BWStiftG, § 4 Abs. 2 HbgStiftG, § 6 Abs. 1 HeStiftG, § 6 Abs. 1 NdsStiftG, § 4 Abs. 2 NRWStiftG, § 7 Abs. 2 RhPfStiftG, § 6 Abs. 1 SaarStiftG, § 4 Abs. 3 SächsStiftG, § 7 Abs. 2 SAStiftG, § 4 Abs. 2 SchlHStiftG, § 8 Abs. 2 ThürStiftG.

101 Vgl. Bamberger/Roth-BGB/*Backert*, § 80 Rn. 8; *Ebersbach*, Handbuch, 116; *Hof*, in: Stiftungsrecht in Europa, 301, 308; *Hüttemann*, in: FG Flume, 59, 78; Münch. Hdb.GesR V/*Schwake*, § 79 Rn. 45; *Pues/Scheerbarth*, Gemeinnützige Stiftungen, 59;

Stiftungszwecks zu verwenden. Stiftungen sind nicht befugt, die Erträge ihres Vermögens anhaltend uneingeschränkt einzubehalten (Admassierungsverbot).[102]

Nach Errichtung der Stiftung kann das Grundstockvermögen mit Hilfe von Zustiftungen erweitert werden. Hierbei handelt es sich um Vermögenszuwendungen, die der Stiftung von außen (durch den Stifter oder durch Dritte) zugeführt werden, und die dazu bestimmt sind, der Stiftungsarbeit dauerhaft zugute zu kommen.[103] Von jenen Zustiftungen zu unterscheiden sind bloße Spenden an die Stiftung. – Letztere dienen gerade nicht der nachträglichen Stärkung des Grundstockvermögens. Spenden sind dem stiftungsrechtlichen Ertragsbegriff zuzuordnen und daher sofort für die Erfüllung des Stiftungszwecks zu verbrauchen.[104] Ob eine Zustiftung oder eine Spende erfolgen soll, richtet sich zuerst nach dem Willen des Gebers. Trifft dieser jedoch keine Entscheidung, obliegt eine Einordnung, abhängig von einer etwaigen Regelung in der Stiftungssatzung, dem *Vertretungsorgan* jener Stiftung.[105]

III. Die Organisation der Stiftung

Im Unterschied zu den anderen juristischen Personen des privaten Rechts ist die Stiftung nicht verbandsmäßig („körperschaftlich") aufgegliedert. Sie hat keine Mitglieder, sondern allenfalls sogenannte Destinatäre (bloße Nutznießer des Stiftungsvermögens).[106] Gleichwohl bedarf die Stiftung eines personalen Elements, um ihren Zweck erfüllen und am Rechtsleben teilnehmen zu können.[107]

Schwarz, DStR 2002, 1718, 1724; *Schwintek*, Vorstandskontrolle, 34; *Seifart*, BB 1987, 1889, 1893; Werner/Saenger/Fischer/*Fritz*, Stiftung, § 14 Rn. 24.

102 Art. 6 Abs. 3 BayStiftG, § 7 Abs. 3 BremStiftG, § 4 Abs. 3 HbgStiftG, § 6 Abs. 3 HeStiftG, § 6 Abs. 2 NdsStiftG, § 4 Abs. 3 NRWStiftG, § 7 Abs. 3 RhPfStiftG, § 6 Abs. 2 SaarStiftG, § 7 Abs. 3 SAStiftG, § 4 Abs. 3 SchlHStiftG, § 8 Abs. 3 ThürStiftG.

103 Siehe hierzu etwa: *Hof*, in: Stiftungsrecht in Europa, 301, 308; Münch.Hdb.GesR V/*Schwake*, § 79 Rn. 45; Schauhoff/*Schauhoff*, Gemeinnützigkeit, § 3 Rn. 64; *Schwarz*, DStR 2002, 1718, 1723.

104 Vgl. etwa: v. Campenhausen/Richter/*Hof*, Handbuch, § 9 Rn. 22; Münch.Hdb.GesR V/*Schwake*, § 79 Rn. 46; *Schlüter*/*Stolte*, Stiftungsrecht, Kap. 2 Rn. 93; Werner/Saenger/Fischer/*A. Werner*, Stiftung, § 15 Rn. 3. Siehe in diesem Zusammenhang insbesondere auch *Rawert*, in: Non Profit Law Yearbook 2005, 165 ff.

105 Vgl. *Ebersbach*, Handbuch, 116 f.; *Pues*/*Scheerbarth*, Gemeinnützige Stiftungen, 59.

106 Vgl. diesbezüglich *Andrick*/*Suerbaum*, Stiftung und Aufsicht, § 2 Rn. 13; *Ebersbach*, Handbuch, 20; Palandt-BGB/*Ellenberger*, Vorb v § 80 Rn. 8.

107 Beachte dazu etwa v. Campenhausen/Richter/*Hof*, Handbuch, § 8 Rn. 3; *Ebersbach*, Handbuch, 97; Soergel-BGB/*Neuhoff*, Vor § 80 Rn. 17; Staudinger-BGB/*Hüttemann*/*Rawert*, Vorbem zu §§ 80 ff Rn. 12.

Hierfür bedient sie sich natürlicher Personen, entweder direkt oder durch eine sonstige juristische Person vermittelt.[108] – Die Beziehungen jener Personen untereinander und ihre jeweiligen Verbindungen mit der Stiftung konstituieren die Stiftungsorganisation.[109]

Vornehmlich bestimmt sich die Organisation der Stiftung nach der auf dem Willen ihres Stifters beruhenden Satzung, subsidiär finden aber die §§ 80 ff. BGB und die Stiftungsgesetze der Länder Anwendung (siehe § 85 BGB). Bei der Gestaltung des organisatorischen Rahmens wird sich der Stifter vernünftigerweise an Funktion, Zweck und Vermögensausstattung seiner Stiftung orientieren.[110] Mindestanforderung bleibt nach § 86 S. 1 i.V.m. § 26 Abs. 1 S. 1 BGB allein die Einsetzung eines Vorstands, der gewöhnlich ohne Drittbeeinflussung und in völliger Eigenständigkeit dem Stifterwillen Wirkung verschafft.[111] Gemäß § 81 Abs. 1 S. 3 Nr. 5 BGB muss die Satzung Regelungen über die Bildung des Vorstands enthalten. Dies sind namentlich die Bestimmungen über das Bestellungs- oder Abberufungsverfahren und über die Anzahl der Vorstandsmitglieder.[112] Der Vorstand vertritt eine Stiftung gerichtlich und außergerichtlich; er hat die Stellung eines gesetzlichen Vertreters (§ 86 S. 1 i.V.m. § 26 Abs. 1 S. 2 BGB). Mit der Satzung kann der Umfang der Vertretungsmacht mit Wirkung gegen Dritte begrenzt werden, § 86 S. 1 i.V.m. § 26 Abs. 1 S. 3 BGB.[113] Aus der Beschränkung

---

108 Siehe hierzu auch *Burgard*, Gestaltungsfreiheit, 223; *Hof*, in: Stiftungsrecht in Europa, 301, 309; Staudinger-BGB/*Hüttemann*/*Rawert*, § 86 Rn. 5; eingehend hierzu *Rawert*, in: FS O. Werner, 119 ff.

109 Siehe *Hof*, in: Stiftungsrecht in Europa, 301, 309.

110 Vgl. hierzu *Burgard*, NZG 2002, 697, 699; v. Campenhausen/Richter/*v. Campenhausen*/*Stumpf*, Handbuch, § 1 Rn. 13; Staudinger-BGB/*Hüttemann*/*Rawert*, Vorbem zu §§ 80 ff Rn. 12.

111 Siehe *BGH* NJW 1987, 2364, 2365. Unerheblich ist, ob der Stifter dieses Organ als Vorstand bezeichnet oder ihm einen anderen Namen gibt, z.B. Direktorium oder Verwaltungsrat. Vgl. BT-Drucks. 14/8765, 11.

112 Beachte hierzu Bamberger/Roth-BGB/*Backert*, § 81 Rn. 12; Palandt-BGB/*Ellenberger*, § 81 Rn. 9; Staudinger-BGB/*Hüttemann*/*Rawert*, § 81 Rn. 73. Vgl. dazu auch: BT-Drucks. 14/8765, 11. Weitere Anordnungen können sein: Vergütungen der Organmitglieder, Amtsdauer, die Einschränkung auf natürliche Personen, Altersgrenzen, Regelungen über die Beschlussfassung sowie die Ermächtigung zum Erlass einer Geschäftsordnung.

113 Nach zutreffender Ansicht wirkt die Beschränkung der Vertretungsmacht auch gegenüber gutgläubigen Dritten. H.M. Vgl. Bamberger/Roth-BGB/*Backert*, § 86 Rn. 3; *Burgard*, Gestaltungsfreiheit, 249; *Jakob*, Schutz der Stiftung, 203; *Luth*, Vertretungsbefugnis, 92; MüKo-BGB/*Weitemeyer*, § 86 Rn. 16; Palandt-BGB/*Ellenberger*, § 86 Rn. 1; *Schwintek*, Vorstandskontrolle, 185; Staudinger-BGB/*Hüttemann*/*Rawert*, § 86 Rn. 18;

des Stiftungszwecks können allerdings zur Sicherheit des Rechtsverkehrs grundsätzlich keine Einschränkungen der Vertretungsmacht hergeleitet werden.[114] – Soweit keine abweichenden Festlegungen getroffen werden, gelten für die Geschäftsführung eines Vorstands auch die Normen des Auftragsrechts entsprechend (beachte dazu § 86 S. 1 i.V.m. § 27 Abs. 3 S. 1 BGB). Inhaltlich beschränkt sich die Geschäftsführungstätigkeit im Wesentlichen auf die ordnungsgemäße Bewirtschaftung des Stiftungsvermögens sowie die optimale Förderung des Stiftungszwecks. Neben dem Vorstand kann der Stifter auch weitere Organe vorsehen (vgl. § 86 S. 1 i.V.m. § 30 BGB). In der Praxis finden sich regelmäßig Kontrollgremien oder Beratungsgremien (etwa Kuratorien, Beiräte).[115]

Umstritten ist die Frage, in welchem Umfang sich körperschaftliche Elemente durch die Schaffung von Mitbestimmungsrechten für Spender, Zustifter, Mitarbeiter oder Destinatäre in der Stiftungsorganisation begründen lassen. Ausgeschlossen ist in jedem Fall, dass eine Satzung Mitwirkungsrechte festlegt, welche zu einer dem Primat des Stifterwillens entgegenstehenden Willensbildung führen, der Wille der Stiftung also autonom und losgelöst vom ursprünglichen Stifterwillen gebildet wird.[116] Mischformen aus einer Körperschaft und einer Stiftung sind mit dem privatrechtlichen „numerus clausus" der Rechtsformen nicht vereinbar – die Stiftung darf also keine verbandsmäßige Verfassung

---

Wernicke, ZEV 2003, 301, 302. A.A. indes *Hof*, in: Stiftungsrecht in Europa, 301, 310; *Pues/Scheerbarth*, Gemeinnützige Stiftungen, 42; *Wachter*, Stiftungen, B Rn. 72.

114 Beachte hierzu etwa: Bamberger/Roth-BGB/*Backert*, § 86 Rn. 3; *Burgard*, Gestaltungsfreiheit, 247; Erman-BGB/*Wiese*, § 86 Rn. 2; *Hof*, in: Stiftungsrecht in Europa, 301, 310; *Jakob*, Schutz der Stiftung, 202 f.; *Kronke*, Stiftungstypus, 111; MüKo-BGB/*Weitemeyer*, § 86 Rn. 15 ff.; Schauhoff/*Schauhoff*, Gemeinnützigkeit, § 3 Rn. 108; *Schwintek*, Vorstandskontrolle, 181 f.; Staudinger-BGB/*Hüttemann/Rawert*, § 86 Rn. 18; *Wernicke*, ZEV 2003, 301, 302. A.A. in dieser Hinsicht jedoch *BGH* NJW 1957, 708; *Ebersbach*, Handbuch, 108; *Luth*, Vertretungsbefugnis, 101 ff.; Palandt-BGB/*Ellenberger*, § 86 Rn. 1; RGRK-BGB/*Steffen*, § 86 Rn. 3; *Stengel*, Personengesellschaft, 123 ff.; *Wachter*, Stiftungen, B Rn. 72.

115 Beachte v. Campenhausen/Richter/*v. Campenhausen/Stumpf*, Handbuch, § 1 Rn. 13; *Schulte*, DÖV 1996, 497, 500 f.; Staudinger-BGB/*Hüttemann/Rawert*, § 81 Rn. 74. Die konkrete Benennung des Organs steht dem Stifter frei; eine festgelegte Terminologie existiert nicht. Vgl. *BGH* NJW 1982, 2369 ff.

116 Bamberger/Roth-BGB/*Backert*, § 80 Rn. 11; v. Campenhausen/Richter/*v. Campenhausen/Stumpf*, Handbuch, § 1 Rn. 13; Staudinger-BGB/*Hüttemann/Rawert*, § 85 Rn. 11 ff. Beachte auch *OVG Bremen* StiftRspr. IV, 127 ff. Kritisch *Burgard*, in: Non Profit Law Yearbook 2005, 95, 98 ff.

erhalten.[117] Ähnliches gilt für die Rolle eines lebenden Stifters. – Soll die Stiftung nicht zu einer „*Quasi-Einmann-GmbH*" verkümmern, so muss die Rechtsposition des Stifters exakt den gleichen Grenzen unterliegen, die auch für fremde Dritte bestehen.[118] Vor allem ist der Stifter nicht befugt, seinen gegenwärtigen subjektiven Willen an die Stelle des in der Satzung verobjektivierten Willens (ursprünglicher Stifterwille) zu setzen.[119]

D. Besondere Anwendungsformen der Stiftung

Abgesehen von der Regelung des § 80 Abs. 3 BGB unterscheidet das Bürgerliche Gesetzbuch nicht zwischen den unterschiedlichen Anwendungsformen einer Stiftung. Den §§ 80–88 BGB liegt der Grundgedanke der „Einheitsstiftung" zugrunde. Im Landesrecht und auch im stiftungsrechtlichen Schrifttum haben hingegen mehrere Sonderformen der Stiftung Beachtung gefunden. Deren wichtigste sind die *kirchliche Stiftung* (dazu I.), die *kommunale Stiftung* (II.), die *Familienstiftung* (III.), sodann die *unternehmensverbundene Stiftung* (IV.).[120]

I. Die kirchliche Stiftung

Als kirchliche Stiftungen des staatlichen Rechts gelten solche Stiftungen, die einzig und allein oder überwiegend kirchliche Zwecke verfolgen und die eine besondere organisatorische Nähe zu einer Kirche aufweisen.[121] Im Stiftungsrecht

---

117 Vgl. Bamberger/Roth-BGB/*Backert*, § 85 Rn. 4; *Jeß*, Verhältnis, 40 f.; Staudinger-BGB/*Hüttemann*/*Rawert*, § 85 Rn. 11. Siehe auch *K. Schmidt*, Gesellschaftsrecht, 96 ff.

118 Vgl. *Jakob*, Schutz der Stiftung, 208 ff.; MüKo-BGB/*Weitemeyer*, § 85 Rn. 35 f.; *Pues*/*Scheerbarth*, Gemeinnützige Stiftungen, 41; *Rawert*, in: Stiftungsrecht in Europa, 109, 130.

119 Vgl. *Jeß*, Verhältnis, 130 f.; *Rawert*, in: Stiftungsrecht in Europa, 109, 130.

120 Siehe Bamberger/Roth-BGB/*Backert*, § 80 Rn. 12; *Jakob*, Schutz der Stiftung, 72; *Rawert*, in: Stiftungsrecht in Europa, 109, 110. Zur Typologie der Stiftungen *Hof*, in: Bertelsmann Handbuch, 765 ff.

121 Vgl. dazu Art. 21 Abs. 1 BayStiftG, § 2 Abs. 1 BbgStiftG, § 16 Abs. 1 BremStiftG, § 22 BWStiftG, § 2 Abs. 3 HbgStiftG, § 20 Abs. 1 HeStiftG, § 11 Abs. 1 MVStiftG, § 20 Abs. 1 NdsStiftG, § 13 NRWStiftG, § 3 Abs. 6 RhPfStiftG, § 19 Abs. 1 SaarStiftG, § 14 Abs. 1 SächsStiftG, § 3 Abs. 2 SAStiftG, § 18 Abs. 1 SchlHStiftG, § 3 Abs. 6 ThürStiftG. Den kirchlichen Stiftungen gleichgestellt sind die Stiftungen sonstiger Religions- und Weltanschauungsgemeinschaften, sofern diese den Status einer Körperschaft des öffentlichen Rechts besitzen. Siehe dazu Art. 140 GG i.V.m. Art. 137 Abs. 5 und 7 WRV. Von der kirchlichen Stiftung staatlichen Rechts ist die Stiftung des Kirchenrechts zu unterscheiden. Wegen Einzelheiten siehe bspw. *Achilles*, Aufsicht, 35 ff.; *Kästner*/*Couzinet*, Rechtsstatus, 8 f.; *Menges*, Identität, 31 ff.

wird der Begriff des kirchlichen Zwecks nicht auf Kultuszwecke beschränkt. Er umfasst in gleichem Maße die Einrichtung und Unterhaltung kirchlicher Bauwerke, die Verwaltung des Kirchenvermögens, die Besoldung und Versorgung von Kirchenamtsinhabern sowie Erziehungs-, Unterrichts- oder Wohlfahrtszwecke, soweit sie durch den geistlichen Auftrag der Kirche bestimmt sind.[122] Eine organisatorische Verbindung zwischen Kirche und Stiftung liegt häufig vor, wenn die Stiftung nach dem Willen des Stifters von kirchlichen Organen verwaltet oder beaufsichtigt wird oder wenn ein institutionalisierter Einfluss der Kirche auf die Vergabe der Stiftungsämter besteht.[123] Zu ihrer Entstehung bedarf eine kirchliche Stiftung neben der staatlichen Anerkennung stets auch der Anerkennung durch die zuständige kirchliche Stelle (siehe § 80 Abs. 3 BGB); gegen ihren Willen kann der Kirche keine Stiftung aufgedrängt werden.[124] Für die Rechtsverhältnisse einer kirchlichen Stiftung ist vornehmlich Kirchenrecht maßgebend; die Kirchen sind insbesondere berechtigt, Vorschriften über Satzungsanforderungen, Verwaltung und Aufsicht zu bestimmen – weltliches Recht wird insoweit abgedrängt.[125] Nur sofern die Teilnahme am Rechtsverkehr

---

122 H.M.: BVerfGE *24*, 236, 246; *46*, 73, 85 ff.; *Achilles*, Aufsicht, 7 ff.; *Andrick/Suerbaum*, Stiftung und Aufsicht, § 3 Rn. 47; Bamberger/Roth-BGB/*Backert*, § 80 Rn. 13; v. Campenhausen/Richter/*v. Campenhausen/Stumpf*, Handbuch, § 23 Rn. 14; *Ebersbach*, Handbuch, 249 f.; *Kästner/Couzinet*, Rechtsstatus, 31 f.; *Menges*, Identität, 17; MüKo-BGB/*Weitemeyer*, § 80 Rn. 162; Münch.Hdb.GesR V/*Schwake*, § 79 Rn. 99; *Risch*, ZSt 2006, 21, 23; *Saenger/Veltmann*, ZSt 2006, 16; *Schiffer*, ZSt 2005, 199, 201; *Schlüter/Stolte*, Stiftungsrecht, Kap. 1 Rn. 72; Staudinger-BGB/*Hüttemann/Rawert*, Vorbem zu §§ 80 ff Rn. 293; *Strickrodt*, Stiftungsrecht, 130.

123 Beachte hierzu: BVerfGE 46, 73, 87 ff.; v. Campenhausen/Richter/*v. Campenhausen/Stumpf*, Handbuch, § 23 Rn. 22 ff.; *Ebersbach*, Handbuch, 250; *Kästner/Couzinet*, Rechtsstatus, 38 ff.; *Risch*, ZSt 2006, 21, 23 f.; *Schiffer*, ZSt 2005, 199, 201; Staudinger-BGB/*Hüttemann/Rawert*, Vorbem zu §§ 80 ff Rn. 295.

124 Vgl. diesbezüglich etwa *Achilles*, Aufsicht, 42; *Alscher*, Stiftung des öffentlichen Rechts, 84; Bamberger/Roth-BGB/*Backert*, § 80 Rn. 13; *Baumann-Gretza*, Die Stiftung – Jahreshefte zum Stiftungswesen 3 (2009), 79, 82; v. Campenhausen/Richter/*v. Campenhausen/Stumpf*, Handbuch, § 23 Rn. 25; *Ebersbach*, Handbuch, 258 f.; *Koss/Koß*, in: Stiftungen in Theorie, Recht und Praxis, 351, 352 f.; Palandt-BGB/*Ellenberger*, § 80 Rn. 7; *Pues/Scheerbarth*, Gemeinnützige Stiftungen, 7; *Reuter*, in: GS Walz, 539, 552; *Risch*, ZSt 2006, 21, 26 f.; *Schiffer*, ZSt 2005, 199 f.; Staudinger-BGB/*Hüttemann/Rawert*, Vorbem zu §§ 80 ff Rn. 297.

125 Beachte: *Ebersbach*, Handbuch, 254 f.; *Reuter*, in: GS Walz, 539, 540; Staudinger-BGB/*Hüttemann/Rawert*, Vorbem zu §§ 80 ff Rn. 303. Vgl. auch Art. 140 GG i.V.m. Art. 137 Abs. 3 WRV.

betroffen ist, unterstehen die kirchlichen Stiftungen den Vorschriften des BGB und der Landesstiftungsgesetze.[126]

II. Die kommunale Stiftung

Die kommunale Stiftung (sowie örtliche Stiftung) ist in den meisten deutschen Bundesländern geregelt.[127] Sie ist dadurch gekennzeichnet, dass sie einer „kommunalen Gebietskörperschaft" zuzuordnen ist, ihr Zweck zu den öffentlichen Aufgaben dieser Körperschaft gehört und sie in der Regel auch durch die Organe dieser Körperschaft verwaltet wird.[128] Eine Besonderheit der kommunalen Stiftung liegt in ihrer umfassenden Eingliederung in das Gefüge der öffentlichen Verwaltung.[129] – Charakteristisch ist in dieser Hinsicht die Verbindung stiftungsrechtlicher und kommunalrechtlicher Elemente. Insbesondere eine Beaufsichtigung der kommunalen Stiftung geschieht nach den Normen des Kommunalrechts, ergänzt durch spezifisch stiftungsrechtliche Aspekte. Entsprechende Verweisungsnormen finden sich prinzipiell in den Landesgesetzen.[130]

III. Die Familienstiftung

Eine weitere besondere Anwendungsform der Stiftung ist die sogenannte Familienstiftung; sie gilt zumeist als Prototyp einer privatnützigen Stiftung. Dem BGB ist der Begriff der Familienstiftung grundsätzlich fremd. In Anlehnung an Art. 1 § 1 Abs. 1 PrAGBGB ist unter einer Familienstiftung eine Stiftung zu verstehen, die gemäß dem Stiftungsgeschäft oder der Satzung überwiegend dem materiellen oder auch immateriellen Wohl der Mitglieder einer oder mehrerer bestimmter

---

126 Siehe *Achilles*, Aufsicht, 42; *Ebersbach*, Handbuch, 255; MüKo-BGB/*Weitemeyer*, § 80 Rn. 169; Staudinger-BGB/*Hüttemann*/*Rawert*, Vorbem zu §§ 80 ff Rn. 303.

127 Vgl. dazu Art. 20 BayStiftG, § 3 BbgStiftG, § 31 BWStiftG, § 18 HeStiftG, § 10 MVStiftG, § 19 NdsStiftG, § 100 NRWGO, § 3 Abs. 5 wie auch § 11 RhPfStiftG, § 20 SaarStiftG, § 13 SächsStiftG, § 17 SchlHStiftG, § 3 Abs. 5 und § 15 ThürStiftG.

128 Siehe etwa *Alscher*, Stiftung des öffentlichen Rechts, 83; *Andrick*/*Suerbaum*, Stiftung und Aufsicht, § 3 Rn. 51; Bamberger/Roth-BGB/*Backert*, § 80 Rn. 14; v. Campenhausen/Richter/*v. Campenhausen*/*Stumpf*, Handbuch, § 30 Rn. 7; *Ebersbach*, Handbuch, 219 f.; *Jakob*, Schutz der Stiftung, 76; *Kämmerer*, in: Non Profit Law Yearbook 2004, 59, 60 ff.; MüKo-BGB/*Weitemeyer*, § 80 Rn. 174; *Schlüter*/*Krüger*, DVBl. 2003, 830, 832 f.; *Schulte*, ZSt 2005, 160; Staudinger-BGB/*Hüttemann*/*Rawert*, Vorbem zu §§ 80 ff Rn. 313 ff.; *Strickrodt*, Stiftungsrecht, 146; *Twehues*, Rechtsfragen, 12 ff.

129 Vgl. dazu unter anderem Hüttemann/Richter/Weitemeyer/*Martini*, Landesstiftungsrecht, Rn. 31.1 ff.; *Twehues*, Örtliche Stiftungen, 27 ff., 35 ff., 40 f.

130 Vgl. hierzu etwa § 19 Abs. 2 S. 3 NRWStiftG.

Familien dient.[131] – Als Familie wird in diesem Zusammenhang die durch Ehe oder Verwandtschaft (§§ 1297 ff. oder §§ 1589 ff. BGB) verbundene Gemeinschaft von Personen bezeichnet.[132] An ein allgemeines Diskriminierungsverbot aus Art. 3 Abs. 1 GG ist ein Stifter nicht gebunden; ein Ausschluss männlicher sowie weiblicher Familienmitglieder vom Nutzen der Stiftung ist zulässig.[133] Von der staatlichen Aufsicht ist eine Familienstiftung nach den Gesetzen einzelner Bundesländer ganz oder teilweise befreit.[134] Begründet wird dies im Wesentlichen damit, dass an der Tätigkeit von bloß privatnützigen Familienstiftungen kein besonderes öffentliches Interesse existiere; im Übrigen garantierten der körperschaftsähnliche Aufbau der Familienstiftung sowie das Eigeninteresse der Familienmitglieder an den Erträgen eine satzungsgemäße Verwirklichung des Stifterwillens.[135] Im stiftungsrechtlichen Schrifttum wird der Verzicht auf die Aufsicht über die Familienstiftung überwiegend kritisch beurteilt.[136]

Teilweise ist die Zulässigkeit der Familienstiftung in Frage gestellt worden. Vereinzelte kritische Stimmen in der Literatur wiesen darauf hin, dass eine Konstituierung

---

131 Siehe: § 2 Abs. 2 BbgStiftG, § 10 Abs. 1 BlnStiftG, § 17 BremStiftG, § 21 Abs. 1 HeStiftG, § 19 SchlHStiftG; aus dem Schrifttum: v. Campenhausen/Richter/*Richter*, Handbuch, § 13 Rn. 3; *Ebersbach*, Handbuch, 29 f.; *Kronke*, in: Stiftungsrecht in Europa, 159, 160; *Lehleiter*, Familienstiftung, 40 ff.; *Muscheler*, Beiträge, 318 f.; *Sorg*, Familienstiftung, 28 f. Familienstiftungen sind in der Praxis nur von mäßiger Bedeutung. Der Anteil der Familienstiftungen an der Gesamtzahl der Stiftungen bürgerlichen Rechts wird auf etwa 6 % geschätzt.

132 Siehe dazu etwa *Deischl*, Familie, 13; *Ebersbach*, Handbuch, 30; *Frommhold*, AcP 117 (1919), 87, 95; *Sorg*, Familienstiftung, 50 f. Für die Qualifikation als Familienstiftung ist dagegen nicht ausschlaggebend, ob die Stiftung durch Familienmitglieder errichtet oder geleitet wird. Vgl. Meyn/Richter/Koss/*Meyn*, Stiftung, Rn. 46.

133 BGHZ 70, 313, 324 ff. Siehe auch *Burgard*, Gestaltungsfreiheit, 460; MüKo-BGB/*Weitemeyer*, § 85 Rn. 47.

134 Siehe Art. 10 Abs. 1 S. 1 BayStiftG, § 4 Abs. 3 S. 2 BbgStiftG, § 10 Abs. 2 BlnStiftG, § 17 S. 2 BremStiftG, § 5 Abs. 1 S. 2 HbgStiftG, § 21 Abs. 2 HeStiftG, § 10 Abs. 2 NdsStiftG, § 6 Abs. 3 NRWStiftG, § 9 Abs. 1 S. 3 RhPfStiftG, § 10 Abs. 3 SaarStiftG, § 19 S. 2 SchlHStiftG. Eingehend dazu *Seyfarth*, ZSt 2008, 145 ff.

135 Vgl. Bund-Länder-Arbeitsgruppe, Bericht v. 19.10.2001, Abschnitt I.III.; NRW LT-Drucks. 13/5987, 14.

136 Vgl. dazu etwa *Achilles*, Aufsicht, 70; *Andrick*, ZSt 2005, 187, 191 f.; *Burgard*, Gestaltungsfreiheit, 212 ff.; *Hüttemann/Rawert*, ZIP 2002, 2019, 2021; *Muscheler*, Beiträge, 351 f.; *Schwarz*, ZEV 2003, 306, 308 ff.; *Schwintek*, Vorstandskontrolle, 216; *Suerbaum*, Die Stiftung – Jahreshefte zum Stiftungswesen 2 (2008), 89, 101 ff.; Werner/Saenger/Fischer/*Saenger*, Stiftung, § 5 Rn. 30. A.A. *Seyfarth*, ZSt 2008, 145 ff.

eines dauerhaft familiär gebundenen Sondervermögens der Dogmatik im Bürgerlichen Recht nahezu gänzlich unbekannt sei. Eine solche Vermögensbindung verstoße gegen die erbrechtlichen Regelungen der §§ 2044 Abs. 2, 2109, 2162 f. und 2210 BGB; außerdem entspreche eine Familienstiftung nahezu völlig dem abgeschafften Familienfideikommiss.[137] Seit Inkrafttreten des Gesetzes zur Modernisierung des Stiftungsrechts ist der Streit über die Zulässigkeit von Familienstiftungen überholt. Forderungen nach einem Verbot oder einer Einschränkung privatnütziger Stiftungen konnten sich im Gesetzgebungsverfahren nicht durchsetzen.[138] Mit der ganz h.M. ist demnach auch von der (uneingeschränkten) Anerkennungsfähigkeit der Familienstiftung auszugehen.[139]

Mit Einführung der Erbersatzsteuer durch das Gesetz zur Reform des Erbschaftsteuer- und Schenkungsteuerrechts v. 17.4.1974[140] wurde den Einwänden gegen eine steuerrechtliche Privilegierung von Familienstiftungen Rechnung getragen. Sofern eine Stiftung wesentlich im Interesse einer Familie errichtet ist, unterliegt ihr Vermögen in Zeitabständen von je 30 Jahren der Erbschaftsteuer (vgl. § 1 Abs. 1 Nr. 4 ErbStG).[141] Verfassungsrechtliche Zweifel an dieser Bestimmung[142] wurden im Jahr 1983 durch das Bundesverfassungsgericht zurückgewiesen.[143]

---

137 Vgl. hierzu *Däubler*, JZ 1969, 499, 500 f.; *Hüttemann*, ZHR 167 (2003), 35, 63; *Reuter*, in: GS Eckert, 677, 686 ff.; Staudinger-BGB[13]/*Rawert*, Vorbem zu §§ 80 ff Rn. 132 ff. Siehe zu den Fideikommissen auch *Eckert*, Familienfideikommisse, *passim*.

138 Vgl. etwa den Gesetzentwurf von BÜNDNIS 90/DIE GRÜNEN v. 1.12.1997, BT-Drucks. 13/9320.

139 Bamberger/Roth-BGB/*Backert*, § 80 Rn. 16; *Burgard*, NZG 2002, 697, 700; *Deischl*, Familie, 117; *Ebersbach*, Handbuch, 151 ff.; Erman-BGB/*Wiese*, Vor § 80 Rn. 18; *Freundl*, DStR 2004, 1509, 1510; *Kronke*, Stiftungstypus, 59 ff.; *v. Löwe*, Nachfolgegestaltung, 17 f.; *Muscheler*, Beiträge, 349 ff.; *Nissel*, Stiftungsrecht, Rn. 170; NK-BGB/*Schiffer/Pruns*, § 80 Rn. 81 ff.; *v. Oertzen/Hosser*, ZEV 2010, 168, 169 und 174; Palandt-BGB/*Ellenberger*, § 80 Rn. 8; *Richter/Sturm*, NZG 2005, 655, 656; *Schwarz*, ZEV 2003, 306, 307 f.; Soergel-BGB/*Neuhoff*, Vor § 80 Rn. 57 ff.; *Sorg*, Familienstiftung, 33; Werner/Saenger/Fischer/*Saenger*, Stiftung, § 5 Rn. 30; *R. Werner*, ZEV 2006, 539, 540. So auch Bund-Länder-Arbeitsgruppe, Bericht v. 19.10.2001, Abschnitt H.II.

140 BGBl. I, 933.

141 Beachte hierzu ausführlich Münch.Hdb.GesR V/*Gummert*, § 80 Rn. 132 ff.; *Schiffer*, in: FS Spiegelberger, 1358, 1361 ff. Vgl. darüber hinaus auch *Binz/Sorg*, DB 1988, 1822 ff.; *Flämig*, DStZ 1986, 11 ff.; *Jülicher*, StuW 1995, 71 ff.; *Laule/Heuer*, DStZ 1987, 495 ff.; *Meincke*, StuW 1982, 169 ff.

142 Siehe statt vieler: *Sorg*, Familienstiftung, 76 ff. m.w.N. Die Zweifel lassen sich im Wesentlichen dahingehend zusammenfassen, dass die Erbersatzsteuer die Familienstiftung in ihrer Eigentumsgarantie verletze, gegen den Gleichheitssatz verstoße und dem Rechtsstaatsprinzip zuwiderlaufe.

143 BVerfGE 63, 312 ff.

IV. Die unternehmensverbundene Stiftung

Zuletzt ist die unternehmensverbundene Stiftung zu beschreiben.[144] Sie stellt ebenso wie auch die Familienstiftung eine praktische Anwendungsform der (Rechtsform) Stiftung bürgerlichen Rechts dar. Es gibt grundsätzlich zwei Formen von unternehmensverbundenen Stiftungen: die Unternehmensträger- sowie die Beteiligungsträgerstiftung.[145] Die Unternehmensträgerstiftung führt unter ihrer Rechtsform selbst ein Unternehmen, die Beteiligungsträgerstiftung ist als Gesellschafterin einzig an einer Personen- oder an einer Kapitalgesellschaft beteiligt.[146]

Im Hinblick auf die Funktion, welche das Unternehmen in Bezug zu den Stiftungszielen einnimmt, lassen sich zwei Tatbestände unterscheiden.[147] Beim Zweckverwirklichungsbetrieb steht das Unternehmen in einer derart engen Beziehung zum Stiftungszweck, dass dieser ohne das konkrete Unternehmen nicht verwirklicht werden kann. Ein Beispiel dafür bildet das einer Stiftung übertragene Seniorenheim, das mit eigenen sachlichen sowie personellen Mitteln den Stiftungszweck der Altenpflege realisiert. Austauschbare Dotationsquelle ist ein

---

144 Häufig ist auch die Rede von Unternehmensstiftungen, unternehmensbezogenen Stiftungen oder gewerblichen Stiftungen. Ausführlich zur Terminologie: *Rawert*, Genehmigungsfähigkeit, 22 ff. Normative Relevanz ist mit den einzelnen Begriffen allerdings nicht verbunden. Vgl. hierzu etwa *Strickrodt*, Stiftungsrecht, 226.

145 Vgl. Bamberger/Roth-BGB/*Backert*, § 80 Rn. 17; *Hennerkes/Binz/Sorg*, DB 1986, 2217, 2219 f.; *Ihle*, RNotZ 2009, 557, 562; *Muscheler*, ErbR 2008, 134, 135; Palandt-BGB/*Ellenberger*, § 80 Rn. 9; *Richter/Sturm*, ZErb 2006, 75, 76; *Schiffer*, ZSt 2003, 252 f.; *K. Schmidt*, Gesellschaftsrecht, 175; *Schwarz*, BB 2001, 2381, 2382; Staudinger-BGB/*Hüttemann/Rawert*, Vorbem zu §§ 80 ff Rn. 193. Siehe eingehend auch *Pavel*, Betrieb, 29 ff.; *Wiederhold*, Spannungsverhältnis, 48 ff.

146 Die Zahl der in Deutschland bestehenden Unternehmensstiftungen ist schwierig festzustellen; Schätzungen gehen davon aus, dass ihr Anteil unter allen Stiftungen bei unter 5 % liegt. Vgl. Bund-Länder-Arbeitsgruppe, Bericht v. 19.10.2001, Abschnitt H.III.1. Prominente Beispiele für gewerbliche Stiftungen sind etwa die Lidl Stiftung & Co. KG und die Kaufland Stiftung & Co. KG. Siehe dazu auch *Brandmüller/Lindner*, Gewerbliche Stiftungen, 18 ff.; *Muscheler*, ErbR 2008, 134, 136 ff. Vgl. darüber hinaus *Hennerkes/Binz/Sorg*, DB 1986, 2217, 2219; *Schiffer*, ZSt 2003, 252, 253.

147 Grundlegend in dieser Angelegenheit insbesondere: *Trops*, AG 1970, 367 f. Beachte darüber hinaus auch noch Bamberger/Roth-BGB/*Backert*, § 80 Rn. 18; *Burgard*, Die Stiftung – Jahreshefte zum Stiftungswesen 3 (2009), 31, 32 f.; v. Campenhausen/Richter/*v. Campenhausen/Stumpf*, Handbuch, § 2 Rn. 16; *Muscheler*, ErbR 2008, 134; *Rawert*, Genehmigungsfähigkeit, 25 ff.; *Schlüter*, in: Stiftungen in Theorie, Recht und Praxis, 315, 316; Soergel-BGB/*Neuhoff*, Vor § 80 Rn. 69; Werner/Saenger/Fischer/*Saenger*, Stiftung, § 5 Rn. 43.

Unternehmen hingegen, wenn es allein zur Erzielung von Gewinnen eingesetzt wird, welche die Stiftung für die Verfolgung ihres vom konkreten Unternehmen unabhängigen Stiftungszwecks benötigt.[148]

Gegen eine (voraussetzungslose) Anerkennungsfähigkeit der unternehmensverbundenen Stiftung sind vielfältige Einwände erhoben worden.[149] Eine frühere Mindermeinung[150] in der Literatur setzte sich etwa dafür ein, in entsprechender Anwendung der §§ 21, 22 BGB zwischen logisch genehmigungsfähigen „Idealstiftungen" und niemals genehmigungsfähigen „wirtschaftlichen" Stiftungen zu unterscheiden. Seit der Novellierung der §§ 80 ff. BGB durch das Reformgesetz von 2002 lässt sich die Forderung nach einer entsprechenden Anwendung von §§ 21, 22 BGB auf die unternehmensbezogene Stiftung nicht mehr aufrechterhalten. Es fehlt schlicht an einer planwidrigen Regelungslücke,[151] da der Gesetzgeber scheinbar bewusst auf Sonderregelungen für Unternehmensstiftungen verzichtet hat (siehe: § 86 BGB). Auch eine gewerbliche Stiftung zählt zu den gemeinwohlkonformen Allzweckstiftungen und ist folglich gesetzlich zulässig.[152]

Nach richtiger Meinung gilt das Verbot der Selbstzweckstiftung auch für den Sonderfall der sog. Unternehmensselbstzweckstiftung, bei der alleiniges Ziel der Stiftung die Bewahrung eines speziellen Wirtschaftsunternehmens ist.[153]

---

148 Siehe dazu v. Campenhausen/Richter/*v. Campenhausen/Stumpf*, Handbuch, § 2 Rn. 16; *Muscheler*, ErbR 2008, 134; Staudinger-BGB/*Hüttemann/Rawert*, Vorbem zu §§ 80 ff Rn. 209 f.

149 Vgl. etwa die Zusammenstellung bei *Künnemann*, Unterordnungs-Konzern, 55 ff.

150 Vgl. *Rawert*, Genehmigungsfähigkeit, 115 f.; *Reuter*, Perpetuierung, 449 ff.

151 Siehe dazu und weiterführend *Canaris*, Feststellung von Lücken, 19 ff.; *Engisch*, Einführung, 235 ff.; *Larenz*, Methodenlehre, 370 ff.

152 Siehe hierzu etwa Bamberger/Roth-BGB/*Backert*, § 80 Rn. 19; *Brandmüller/Lindner*, Gewerbliche Stiftungen, 13; Erman-BGB/*Wiese*, Vor § 80 Rn. 26; *Flume*, AT I/2, 133 f. Fn. 146; *Goerdeler*, in: FS Heinsius, 169, 174 ff.; *Hushahn*, Rechtsvergleich, 72; *Kunze*, in: FS Barz, 171, 178 f.; Palandt-BGB/*Ellenberger*, § 80 Rn. 9; RGRK-BGB/*Steffen*, Vor § 80 Rn. 11; *Richter/Sturm*, ZErb 2006, 75, 80 ff.; *Schiffer*, ZEV 1999, 424, 425; *Schwarz*, ZEV 2003, 306, 310; Soergel-BGB/*Neuhoff*, Vor § 80 Rn. 65 ff. So inzwischen auch *Rawert*, in: Non Profit Law Yearbook 2003, 1, 5 f. Siehe außerdem noch MüKo-BGB/*Weitemeyer*, § 80 Rn. 202. Ebenso Bund-Länder-Arbeitsgruppe, Bericht v. 19.10.2001, Abschnitt H.III.

153 H.M. Siehe *Andrick*, Staatsaufsicht, 55; Bamberger/Roth-BGB/*Backert*, § 80 Rn. 19; Erman-BGB/*Wiese*, Vor § 80 Rn. 26; *Flume*, AT I/2, 133 Fn. 146; *Härtl*, Stiftungsrecht, 122 f.; *Hennerkes/Binz/Sorg*, DB 1986, 2269; *Heuel*, Unternehmensträgerstiftung, 147 f.; *Hüttemann*, ZHR 167 (2003), 35, 60 ff.; *Jakob*, Schutz der Stiftung, 52 ff.; *Künnemann*, Unterordnungs-Konzern, 75 ff.; *Muscheler*, ErbR 2008, 174, 177 ff.; *Rawert*,

Rechtfertigen lassen sich derartige Stiftungen auch nicht mit dem Hinweis, die Unternehmensführung diene dem übergeordneten Zweck der Erhaltung sowie Beschaffung von Arbeitsplätzen oder der Erwirtschaftung von Sozialabgaben und Steuern, da diese Gesichtspunkte einzig Reflexe einer jeden mit Gewinnerzielungsabsicht vollzogenen unternehmerischen Tätigkeit sind. Die von der Unternehmensselbstzweckstiftung erbrachten Leistungen verlassen die Sphäre der Stiftung nicht.[154] – Keine Selbstzweckstiftung ist jedoch die verdeckte Unternehmensselbstzweckstiftung; ihre offizielle Zwecksetzung reicht über die Perpetuierung ihres eigenen Vermögens hinaus. Ob eine derartige Stiftung anerkennungsfähig ist, hängt hauptsächlich davon ab, ob die Erträge auch für den festgelegten Zweck genügen.[155]

E. Verfassungsrechtliche Aspekte

Stifter im Sinne der §§ 80 ff. BGB können nach ganz h.M. natürliche und juristische Personen in gleichem Maße sein.[156] In der stiftungsrechtlichen Literatur hat sich inzwischen die Ansicht etabliert, dass eine Gründung der Stiftung als Wahrnehmung von Grundrechten eines privaten Stifters anzusehen ist (sog. Grundrecht auf Stiftung).[157] Lediglich der gesetzliche Ansatzpunkt der „Stifterfreiheit"

Genehmigungsfähigkeit, 79 f.; *Reuter*, AcP 207 (2007), 1, 19 ff.; *Schauhoff*, Die Stiftung – Jahreshefte zum Stiftungswesen 3 (2009), 121, 131; *Schlüter*, in: Stiftungen in Theorie, Recht und Praxis, 315, 318; *K. Schmidt*, DB 1987, 261; *Schuck*, Doppelstiftung, 42 f.; *Schwintowski*, NJW 1991, 2736, 2740; Soergel-BGB/*Neuhoff*, Vor § 80 Rn. 70; *Stengel*, Personengesellschaft, 40 f.; *Trops*, AG 1970, 367, 368. Beachte auch Bund-Länder-Arbeitsgruppe, Bericht v. 19.10.2001, Abschnitt H.III.1. A.A. hierbei indes *Brandmüller/Lindner*, Gewerbliche Stiftungen, 70; v. Campenhausen/Richter/*Hof*, Handbuch, § 7 Rn. 58 ff.; *Kronke*, Stiftungstypus, 140; genauso NK-BGB/*Schiffer/Pruns*, § 80 Rn. 96; RGRK-BGB/*Steffen*, Vor § 80 Rn. 11; *Schwarz*, BB 2001, 2381, 2382.

154 Siehe hierzu im Besonderen *Hüttemann*, ZHR 167 (2003), 35, 61; *Muscheler*, ErbR 2008, 174, 177; *Rawert*, in: Non Profit Law Yearbook 2003, 1, 8. Zu dem Argument der Erhaltung von Arbeitsplätzen siehe bereits *Reuter*, GmbHR 1973, 241, 245 ff.

155 Beachte *Burgard*, Die Stiftung – Jahreshefte zum Stiftungswesen 3 (2009), 31, 45; *Ihle*, RNotZ 2009, 621, 623; *Muscheler*, ErbR 2008, 174, 178. A.A. hierbei etwa MüKo-BGB/*Weitemeyer*, § 80 Rn. 210 f.; *Rawert*, in: Non Profit Law Yearbook 2003, 1, 9 ff.

156 Siehe v. Campenhausen/Richter/*Hof*, Handbuch, § 6 Rn. 5; *Kronke*, Stiftungstypus, 15; MüKo-BGB/*Weitemeyer*, § 81 Rn. 4; *Schlüter/Stolte*, Stiftungsrecht, Kap. 2 Rn. 34; Staudinger-BGB/*Hüttemann/Rawert*, § 81 Rn. 6 und Rn. 7. A.A. jedoch: *Muscheler*, ZSt 2003, 67, 69.

157 Siehe etwa *Frowein*, Grundrecht, 12 ff.; *Ipsen*, in: Deutsches Stiftungswesen 1977–1988, 151, 153 ff.; *Jakob*, Schutz der Stiftung, 108 ff.; *Rawert*, in: FS Reuter, 1323 ff.; *Reuter*,

bleibt noch immer umstritten. Gemäß der wohl richtigen Auffassung wird die Stiftungserrichtung selbst, also der auf die Erschaffung einer juristischen Person gerichtete Organisationsakt, mit Art. 2 Abs. 1 GG gewährleistet; das Zuwendungsversprechen allerdings fällt als Verfügung über Vermögenswerte unter den Schutzbereich von Art. 14 Abs. 1 GG.[158]

Auch ein „verfassungsrechtlicher Grundrechtsschutz" der Stiftung selbst ist mittlerweile grundsätzlich anerkannt.[159] Über Art. 19 Abs. 3 GG ist die Stiftung wie jede andere juristische Person des Privatrechts grundrechtsfähig und somit durch die Grundrechte insofern geschützt, als diese ihrem Wesen nach auf eine Stiftung anwendbar sind.[160] Diese Stiftungsautonomie gewährt der Stiftung

---

in: Stiftungsrecht in Europa, 139, 144 ff.; *Saenger/Arndt*, ZRP 2000, 13, 17 f.; *Schröder*, DVBl. 2007, 207, 208 ff.; *Walz*, ZSt 2004, 133, 140. Ebenso der Modernisierungsgesetzgeber, vgl. dazu BT-Drucks. 14/8765, 8. A.A. hingegen: *BVerwG* ZStV 2015, 59; *Ballerstedt/Salzwedel*, Gutachten 44. DJT I/5, 67 f.; *Manssen*, Privatrechtsgestaltung, 217 ff.; *Sachs*, in: FS Leisner, 955, 957 ff. Vgl. daneben auch noch *Muscheler*, in: Grenzen der Instrumentalisierung, 139, 151.

158 Beachte hierzu auch: *Büermann*, in: Bertelsmann Handbuch, 835, 839 f.; *Burgard*, Gestaltungsfreiheit, 42 ff.; Münch.Hdb.GesR V/*Schwake*, § 79 Rn. 12; *Rawert*, in: FS Reuter, 1323, 1333; *Richter*, Stiftung, 403.

159 Siehe BVerfGE *46*, 73, 83; *57*, 220, 240; *70*, 138, 160; BVerwGE 40, 347, 348 f.; *Andrick/Suerbaum*, Stiftung und Aufsicht, § 5 Rn. 26 ff.; *Bethge*, Grundrechtsberechtigung, 25 ff.; *Burgard*, Gestaltungsfreiheit, 47; Dreier-GG/*Dreier*, Art. 19 III Rn. 45 ff.; *Ipsen*, in: Deutsches Stiftungswesen 1977–1988, 151, 155 f.; Jarass/Pieroth-GG/*Jarass*, Art. 19 Rn. 17; *Maser*, Grundrechte, 19 ff.; *Muscheler*, NJW 2003, 3161, 3164 f.; *v. Mutius*, Jura 1983, 30, 37 f.; Sachs-GG/*Sachs*, Art. 19 Rn. 61; *Schmidt-Jortzig*, in: Stiftungen in Theorie, Recht und Praxis, 55, 56; *Schulte*, Staat und Stiftung, 52; Staudinger-BGB/*Hüttemann/Rawert*, Vorbem zu §§ 80 ff Rn. 48; *Stern*, Staatsrecht III/1, 1119; Werner/Saenger/Fischer/*O. Werner*, Stiftung, § 2 Rn. 28.

160 Anwendbar sind insbesondere die folgenden Grundrechte: Art. 2 Abs. 1 GG, Art. 3 Abs. 1 GG, Art. 4 Abs. 1 und 2 GG, Art. 5 Abs. 1 und 3 GG, Art. 7 Abs. 4 GG, Art. 11 GG, Art. 12 Abs. 1 GG, Art. 13 Abs. 1 GG, Art. 14 Abs. 1 GG, Art. 101 Abs. 1 und 2 GG sowie Art. 103 GG. Für kirchliche Stiftungen gilt darüber hinaus Art. 140 GG i.V.m. Art. 137 Abs. 3 WRV. Ausführliche Belege etwa bei: Staudinger-BGB/*Hüttemann/Rawert*, Vorbem zu §§ 80 ff Rn. 52. Weil das Gebot des Schutzes von Ehe und Familie seinem Wesen nach einzig auf natürliche Personen anwendbar ist, können sich Familienstiftungen nicht auf Art. 6 Abs. 1 GG berufen. Siehe diesbezüglich etwa BVerfGE 13, 290, 298; *Bethge*, Grundrechtsberechtigung, 38; *Häberle*, Verfassungsschutz, 31 Fn. 104; *Maser*, Grundrechte, 61; *Schulte*, Staat und Stiftung, 55 und Staudinger-BGB/*Hüttemann/Rawert*, Vorbem zu §§ 80 ff Rn. 53. A.A. hingegen *Leisner*, in: StiftRspr. III, 162, 165; *Strickrodt*, Stiftungsrecht, 116.

die Selbstbestimmung im Rechtsleben und Freiheit vor der Einflussnahme Dritter.[161]

§ 2 Andersartige Erscheinungsformen der Stiftung

A. Öffentlich-rechtliche Stiftungen

Neben den Stiftungen des bürgerlichen Rechts bestehen (öffentlich-rechtliche) Stiftungen, die durch Gesetz oder einen auf gesetzlicher Grundlage aufbauenden staatlichen Organisationsakt gegründet worden sind (vgl. § 89 BGB). Soweit es, gerade bei sehr alten Stiftungen, an einem unverkennbaren Entstehungstatbestand fehlt, kann sich der öffentlich-rechtliche Charakter der Stiftung im Wege einer Gesamtbetrachtung ergeben, namentlich aus einer Eingliederung jener Stiftung in das staatliche Verwaltungssystem.[162] Eine Stiftung ist meist dann dem öffentlichen Recht zuzuordnen, wenn sie seit jeher („Unvordenklichkeit") als öffentlich-rechtliche Stiftung behandelt worden ist.[163] Möglich ist auch die spätere Umwidmung einer Stiftung bürgerlichen Rechts in eine Stiftung öffentlichen Rechts durch diesbezüglichen Hoheitsakt.[164] Beispiele für öffentlich-rechtliche Stiftungen sind die Conterganstiftung für behinderte Menschen sowie die Stiftung Preußischer Kulturbesitz.[165] – Die vorliegende Arbeit konzentriert sich besonders auf privatrechtliche Erscheinungsformen der Stiftung;

---

161 Vgl. *Burgard*, Gestaltungsfreiheit, 36; *Muscheler*, ZSt 2003, 67, 76.

162 Vgl. hierzu etwa BVerfGE 15, 46, 66; *BGH* WM 1975, 198, 200; Bamberger/Roth-BGB/*Backert*, § 80 Rn. 23; v. Campenhausen/Richter/*v. Campenhausen/Stumpf*, Handbuch, § 16 Rn. 5; *Ebersbach*, Stiftung öffentlichen Rechts, 41; *Forsthoff*, Verwaltungsrecht AT, 507; Münch.Hdb.GesR V/*Schwake*, § 79 Rn. 60 ff.; *Nebinger*, Verwaltungsrecht AT, 158 f.; Palandt-BGB/*Ellenberger*, Vorb v § 80 Rn. 9; *Pues/Scheerbarth*, Gemeinnützige Stiftungen, 4; *Strickrodt*, NJW 1962, 1480, 1481; ferner auch: *Wolff/Bachof/Stober/Kluth*, Verwaltungsrecht II, § 87 Rn. 13. Beachte dazu auch schon *Mugdan*, Materialien I, 658.

163 Vgl. *Ebersbach*, Stiftung öffentlichen Rechts, 40 f.; Palandt-BGB/*Ellenberger*, Vorb v § 80 Rn. 9. Definition der „unvordenklichen Verjährung" bei BGHZ 16, 234, 238.

164 Siehe BVerfGE 15, 46, 65; Bamberger/Roth-BGB/*Backert*, § 80 Rn. 23; Münch.Hdb. GesR V/*Schwake*, § 79 Rn. 61; *Thalmessinger*, Stiftung des öffentlichen Rechts, 57; *Weber*, Körperschaften, 28.

165 Vgl. hierzu: Gesetz über die Conterganstiftung für behinderte Menschen v. 13.10.2005 (BGBl. I, 2967), Gesetz zur Errichtung einer Stiftung „Preußischer Kulturbesitz" und zur Übertragung von Vermögenswerten des ehemaligen Landes Preußen auf die Stiftung v. 25.7.1957 (BGBl. I, 841). Siehe auch *Puhl*, Budgetflucht, 90; Staudinger-BGB/*Hüttemann/Rawert*, § 89 Rn. 21.

öffentlich-rechtliche Stiftungen stehen nicht im Vordergrund. Auf instruktive Eigenheiten wird aber eventualiter hinzuweisen sein.[166]

B. Stiftungsartige Körperschaften

Nicht Gegenstand dieser Untersuchung sind diejenigen Rechtsgebilde, die zwar als „Stiftung" bezeichnet werden, tatsächlich jedoch eine andere Rechtsform haben. Diese Ersatzformen für rechtsfähige Stiftungen sind verbreitet: eingetragene Vereine, Gesellschaften mit beschränkter Haftung oder Aktiengesellschaften.[167] – Prominente Beispiele hierfür sind einzelne Parteistiftungen (in Gestalt eines e.V.)[168] und die Robert Bosch Stiftung GmbH. Die Motive für die Wahl einer Körperschaft als Stiftungsersatzform liegen in der fehlenden Anerkennungsnotwendigkeit, der Freiheit von der Staatsaufsicht sowie den Einflussmöglichkeiten, die dem Stifter zu Lebzeiten verbleiben.[169] – Stiftungskörperschaften können grundsätzlich den Begriff „Stiftung" in ihrem Namen führen, weil dieser nicht den staatlich anerkannten Stiftungen vorbehalten ist; um eine Verwechselung auszuschließen, muss die Rechtsform der juristischen Person allerdings durch einen Zusatz gekennzeichnet sein; § 18 Abs. 2 HGB analog.[170] Zudem

---

166 Beachte hierzu im Übrigen auch *Bach*, Insolvenz, 144 ff.

167 Siehe *Rawert*, Die Stiftung – Jahreshefte zum Stiftungswesen 5 (2011), 27, 32; *Schlüter*, in: Non Profit Law Yearbook 2006, 75, 78; *K. Schmidt*, in: Stiftungsrecht in Europa, 175, 190 ff.; Werner/Saenger/Fischer/*Saenger*, Stiftung, § 5 Rn. 12; *Wochner*, Rpfleger 1999, 310, 311. Umfassendes Rechtstatsachenmaterial auch bei *Riehmer*, Körperschaften, 217 ff.; *Römer*, Stiftungs-GmbH, 128 ff.

168 Friedrich-Ebert-Stiftung e.V. (SPD), Hanns-Seidel-Stiftung e.V. (CSU), Heinrich-Böll-Stiftung e.V. (Grüne), Konrad-Adenauer-Stiftung e.V. (CDU) und die Rosa-Luxemburg-Stiftung Gesellschaftsanalyse und politische Bildung e.V. (Die Linke). Hingegen ist die Friedrich-Naumann-Stiftung für die Freiheit (FDP) tatsächlich eine rechtsfähige Stiftung des privaten Rechts. Siehe hierzu auch *Beise*, in: Bertelsmann Handbuch, 205 ff.; *Merten*, NWVBl. 1997, 44 ff.; *v. Vieregge*, Parteistiftungen, *passim*.

169 Vgl. hierzu *Priester*, GmbHR 1999, 149, 156; *Rawert*, Die Stiftung – Jahreshefte zum Stiftungswesen 5 (2011), 27, 28 ff.; *Römer*, Stiftungs-GmbH, 21 f.; *Saenger*, in: FS O. Werner, 165, 167; *Schlüter*, in: Non Profit Law Yearbook 2006, 75, 77; *Wochner*, DStR 1998, 1835.

170 So die ganz h.M.: grundlegend *BayObLG* NJW 1973, 249; *OLG Stuttgart* NJW 1964, 1231, 1232. Siehe hierzu im Übrigen auch noch: Bamberger/Roth-BGB/*Backert*, § 80 Rn. 26; v. Campenhausen/Richter/*Hof*, Handbuch, § 6 Rn. 149; *Ebersbach*, Handbuch, 74; Palandt-BGB/*Ellenberger*, Vorb v § 80 Rn. 12; *Schlüter*, in: Non Profit Law Yearbook 2006, 75, 82 f.; Staudinger-BGB/*Hüttemann*/*Rawert*, Vorbem zu §§ 80 ff Rn. 401; *Stöber*/*Otto*, Vereinsrecht, Rn. 168; *Wochner*, Rpfleger 1999, 310, 311. Kritisch

muss eine Gesellschaft (sowie der Verein) stiftungsähnlich ausgestaltet sein. Hierzu gehören ein auf Dauer angelegter Zweck, eine stiftungsgemäße Organisation sowie eine ausreichende Vermögensausstattung.[171]

§ 3 Exkurs: Gemeinnützigkeits- sowie Spendenrecht

A. Verfolgung steuerbegünstigter Zwecke

Gewöhnlich unterliegt eine Stiftung uneingeschränkt der Besteuerung.[172] Maßgebend sind die Einzelsteuergesetze (hierzu etwa KStG, ErbStG); von einem eigentlichen Stiftungssteuerrecht kann man nicht sprechen. Verfolgt dagegen eine Stiftung nach Satzung und Geschäftsführung in selbstloser Weise ausschließlich und unmittelbar gemeinnützige, mildtätige oder kirchliche Zwecke i.S.d. §§ 51–68 AO, gewähren die Einzelsteuergesetze Vergünstigungen, in der Regel die Befreiung von der betreffenden Steuer.[173] Da sich der Staat zunehmend

---

diesbezüglich aber *Liermann*, in: Deutsches Stiftungswesen 1948–1966, 173, 176 ff.; *Saenger*, in: FS O. Werner, 165, 174 ff.

171 Beachte mit Bezug hierauf unter anderem *OLG Frankfurt* NJW-RR 2002, 176, 177; *OLG Köln* NJW-RR 1997, 1531, 1532; *Milatz/Kemcke/Schütz*, Stiftungen, 29 f.; Palandt-BGB/*Ellenberger*, Vorb v § 80 Rn. 12; *Schlüter*, in: Bertelsmann Handbuch, 866, 879.

172 Dies gilt insbesondere hinsichtlich der Erbschaft- und Schenkungsteuer, der Körperschaft- und Gewerbesteuer sowie der Umsatzsteuer. Für Stiftungen des öffentlichen Rechts gelten jedoch besondere Grundsätze; siehe im Einzelnen dazu etwa: Staudinger-BGB/*Hüttemann/Rawert*, Vorbem zu §§ 80 ff Rn. 456.

173 Vgl. hierzu z.B. § 5 Abs. 1 Nr. 9 KStG, § 3 Nr. 6 GewStG, § 13 Abs. 1 Nr. 16 ErbStG, § 3 Abs. 1 Nr. 3 GrStG, § 12 Abs. 2 Nr. 8 UStG. Die Regelungen des steuerlichen Gemeinnützigkeitsrechts beschränken sich nicht auf Stiftungen, sie gelten einheitlich für alle Körperschaften, Personenvereinigungen und Vermögensmassen; siehe namentlich § 51 Abs. 1 AO in Verbindung mit § 1 Abs. 1 KStG. – Schätzungen zufolge sind mehr als 95 % der deutschen Stiftungen steuerbefreit; siehe hierzu lediglich Wallenhorst/Halaczinsky/*Wallenhorst*, Besteuerung, Kap. C Rn. 20. § 51 Abs. 2 AO macht bei Zweckverwirklichung im Ausland zur Voraussetzung, dass entweder natürliche Personen, die ihren Wohnsitz oder gewöhnlichen Aufenthaltsort im Geltungsbereich der AO haben, gefördert werden oder die Tätigkeit zur Förderung des Ansehens der Bundesrepublik Deutschland im Ausland beitragen kann (sog. struktureller Inlandsbezug). Siehe hierzu AEAO Nr. 7 zu § 51 AO. Vgl. ausführlich hierzu *Droege*, StuW 2012, 256 ff.; *Fischer*, FR 2007, 361 ff.; *Förster*, BB 2011, 663 ff.; *Heintzen*, FR 2008, 737 ff.; *v. Hippel*, EuZW 2006, 614 ff.; *Hüttemann/Helios*, DB 2006, 2481 ff.; *Jachmann*, BB 2006, 2607 ff.; *Köster*, DStZ 2012, 195 ff.; *Lissner*, Grundfreiheiten, 259 ff.; *Martini*, ISR 2015, 97, 99 f.; *Neumann*, FR 2008, 745 ff.; *Schauhoff/Kirchhain*, DStR 2012, 261 ff.; *Schult/Meining*, FR 2005, 977, 978 ff.; *Unger*, DStZ 2010, 154, 160; *Winheller/Klein*,

aus angestammten Tätigkeitsbereichen zurückzieht, ist es vernünftig, freiwilliges bürgerschaftliches Engagement mit Mitteln des Steuerrechts anzuregen und zu honorieren (Gedanke der Staatssubstitution).[174]

Eine Stiftung dient gemeinnützigen Zwecken i.e.S. von § 52 Abs. 1 S. 1 AO, sofern ihre Tätigkeit darauf ausgerichtet ist, die Allgemeinheit auf materiellem, geistigem oder sittlichem Gebiet zu fördern.[175] Nach § 52 Abs. 1 S. 2 AO ist eine Förderung dieser Allgemeinheit nicht gegeben, sofern der Kreis der geförderten Personen fest abgeschlossen ist, zum Beispiel durch die Zugehörigkeit zu einer Familie sowie zu der Belegschaft eines Unternehmens, oder wegen seiner Abgrenzung, insbesondere nach räumlichen oder nach beruflichen Merkmalen, dauernd nur klein sein kann.[176] – Welche Zwecke gemäß den Voraussetzungen

---

DStZ 2009, 193, 195. In § 51 Abs. 3 AO wird geklärt, dass die Förderung verfassungs- sowie ausländerfeindlicher Ziele zum Erlöschen der Steuerbefreiung führt. Eingehend: *Jäschke*, DStR 2009, 1669 ff.

174 Vgl. hierzu *Buchna/Leichinger/Seeger/Brox*, Gemeinnützigkeit, 19; *Droege*, Steuerstaat, 316; *Felix*, FR 1961, 236; *Fischer*, in: FS Lang, 281, 282 f.; *Gmach*, FR 1996, 308, 313; *Hardorp*, BB 1986, 2341, 2342; *Hey*, StuW 2000, 467, 468; *Hüttemann*, Gemeinnützigkeitsrecht, Rn. 1.8; *Isensee*, in: FS Dürig, 33, 58; *Jachmann*, Die Stiftung – Jahreshefte zum Stiftungswesen 4 (2010), 131, 146 ff.; Koch/Scholtz-AO/*Scholtz*, vor § 51 Rn. 5; Koenig-AO/*Koenig*, § 51 Rn. 2; *Kröger*, DStZ 1986, 419; *Lang*, StuW 1987, 221, 222 f.; *Leisner-Egensperger*, in: FS Isensee, 895, 897 ff.; *Riewald*, BB 1954, 385; *Seer/Wolsztynski*, Steuerrechtliche Gemeinnützigkeit, 76; Wallenhorst/Halaczinsky/*Wallenhorst*, Besteuerung, Kap. C Rn. 12. Beachte diesbezüglich ferner Unabhängige Sachverständigenkommission, Gutachten, 93. Zu den historischen Anfängen des Gemeinnützigkeitsrechts siehe insbesondere: *Hammer*, StuW 2001, 19 ff.; *Kraft*, VJSchrStFR 1932, 315 ff. Beachte wegen der Anforderungen an die Satzung und das steuerliche Verfahren unter anderem: *Schlüter/Stolte*, Stiftungsrecht, Kap. 7 Rn. 224 ff.

175 Das Gesetz bezeichnet mit dem Begriff der „steuerbegünstigten" Zwecke (§ 51 AO) gemeinnützige Zwecke im engeren Sinne, mildtätige und kirchliche Zwecke. Gleichwohl wird in der Praxis oftmals von Gemeinnützigkeit (im weiteren Sinne) gesprochen, also unter Einbeziehung von mildtätigen und kirchlichen Zwecken.

176 Bei dem Begriff der Allgemeinheit handelt es sich um einen unbestimmten Rechtsbegriff. Der Sinngehalt wird im Wesentlichen geprägt durch die herrschende Staatsverfassung, wie sie der Bundesrepublik Deutschland als einem demokratischen und sozialen Bundesstaat durch das Grundgesetz gegeben ist, durch die sozialethischen und religiösen Prinzipien, wie sie gelehrt und praktiziert werden, durch die bestehende geistige und kulturelle Ordnung, durch Forschung, Wissenschaft und Technik, wie sie aufgrund ihrer Entwicklungen dem neueren Wissens- und Erkenntnisstand entsprechen, durch die vorhandene Wirtschaftsstruktur und die wirtschaftlichen und sozialen Verhältnisse, ferner durch die Wertvorstellungen und Anschauungen der Bevölkerung. Vgl. dazu insbesondere auch *BFH* BStBl. II 1979, 482, 484 ff. – Im

des § 52 Abs. 1 AO als Förderung der Allgemeinheit anerkannt werden, hat der Gesetzgeber inzwischen abschließend mit dem Katalog des § 52 Abs. 2 S. 1 AO bestimmt.[177] Jedoch soll eine Öffnungsklausel dafür sorgen, dass auch sonstige Zwecke, die nicht unter den Katalog fallen, aber die Allgemeinheit ebenso fördern, als „gemeinnützig" anerkannt werden können (hierzu § 52 Abs. 2 S. 2 AO).[178]

Mildtätig ist eine Stiftung (siehe § 53 AO), sofern sie Personen unterstützt, die aufgrund ihrer körperlichen, geistigen oder seelischen Lage auf die Hilfe anderer angewiesen sind oder die unter den Grundbedingungen von § 53 Nr. 2 AO wirtschaftlich hilfsbedürftig sind, da ihre Bezüge das Vierfache (beim Alleinstehenden oder beim Alleinerziehenden das Fünffache) des Regelsatzes der Sozialhilfe im Sinne des § 28 SGB XII nicht übersteigen.[179] Im Gegensatz zur Gemeinnützigkeit nach § 52 AO setzt die Verfolgung von mildtätigen Zwecken die Förderung der Allgemeinheit nicht voraus.[180] Mithin kann ein unterstützter Kreis von Personen sogar fest abgeschlossen sein oder dauernd nur klein sein. Eine Stiftung, zu deren Satzungszwecken eine Förderung von hilfsbedürftigen Verwandten des Stifters gehört, kann dessen ungeachtet nicht als mildtätig anerkannt werden.[181] Dagegen ist es im Allgemeinen unschädlich, sofern eine

---

Übrigen liegt eine Förderung der Allgemeinheit nicht allein deswegen vor, weil eine Stiftung ihre Mittel der öffentlichen Hand zuführt; hierzu § 52 Abs. 1 S. 3 AO.

177 Siehe hierzu Schauhoff/*Schauhoff*, Gemeinnützigkeit, § 6 Rn. 51. Folgende Zwecke sind von außerordentlicher praktischer Relevanz: Kunst und Kultur, öffentliches Gesundheitswesen, Bildung und Erziehung, Wissenschaft und Forschung, Wohlfahrtspflege, Altenhilfe, Natur- und Umweltschutz.

178 Die Zuständigkeit für die Entscheidung, ob ein Nicht-Katalogzweck als gemeinnützig anzuerkennen ist, liegt jeweils bei einer besonderen, durch die obersten Finanzbehörden der Länder zu bestimmenden Stelle. Bei ihrer Entscheidung verfügt diese Stelle über kein Ermessen; siehe diesbezüglich *Hüttemann*, DB 2007, 2053, 2055.

179 Völlige Unentgeltlichkeit der mildtätigen Zuwendung ist hierbei allerdings nicht erforderlich; eine mildtätige Zuwendung darf jedoch nicht „des Entgelts wegen" erfolgen. Vgl. hierzu AEAO Nr. 2 zu § 53 AO.

180 Ganz h.M. Vgl. diesbezüglich nur: *RFH* RStBl. 1940, 190; *Buchna/Leichinger/Seeger/Brox*, Gemeinnützigkeit, 105; *Hüttemann*, FR 2002, 1337, 1338; Klein-AO/*Gersch*, § 53 Rn. 1; Koenig-AO/*Koenig*, § 53 Rn. 6; *Kröger*, DStZ 1990, 79, 80; *Pues/Scheerbarth*, Gemeinnützige Stiftungen, 128; Schauhoff/*Schauhoff*, Gemeinnützigkeit, § 6 Rn. 81; Schiffer/*Schiffer*, Beraterpraxis, § 9 Rn. 12; *Wachter*, Stiftungen, B Rn. 114; Wallenhorst/Halaczinsky/*Halaczinsky*, Besteuerung, Kap. D Rn. 6.

181 So die Finanzverwaltung in AEAO Nr. 3 zu § 53 AO. Kritisch hierzu jedoch *Hof/Bianchini-Hartmann/Richter*, Stiftungen, 320; *Hüttemann*, Gemeinnützigkeitsrecht, Rn. 3.161; *Kirchhain*, Gemeinnützige Familienstiftung, 46 ff.; *W.G. Leisner*, DB 2005,

Stiftung bei ihrer tatsächlichen Geschäftsführung auch hilfsbedürftige Angehörige des Stifters unterstützt, sofern die Unterstützung nicht von der Verwandtschaft zu dem Stifter abhängt.[182]

Kirchliche Zwecke sind zu bejahen, wenn eine Religionsgemeinschaft, die Körperschaft des öffentlichen Rechts ist, gefördert wird; § 54 Abs. 1 AO. Bei Religionsgemeinschaften, die nicht Körperschaften öffentlichen Rechts sind, kann indes wegen Förderung der Religion eine Anerkennung als gemeinnützige Stiftung in Frage kommen.[183] Beispiele für kirchliche Zwecke sind besonders: die Errichtung, Ausschmückung und Unterhaltung von Gotteshäusern oder kirchlichen Gemeindehäusern, die Erteilung von Religionsunterricht, die Ausbildung, die Besoldung, ferner die Alters- und Behindertenversorgung von Geistlichen; § 54 Abs. 2 AO.[184]

B. Modalitäten der Zweckverfolgung

Für die Gewährung der Steuerbefreiung kommt es nicht allein auf den in der Stiftungssatzung festgelegten steuerbegünstigten Zweck an. Vielmehr muss die Stiftung auch in einer bestimmten Weise (ausschließlich, unmittelbar und selbstlos) tätig werden.[185] Ausschließlichkeit im Sinne des § 56 AO besagt, dass eine Stiftung allein ihren steuerbegünstigten sowie satzungsmäßigen Zweck erfüllen darf.[186] Sofern mehrere Zwecke durch eine Stiftung erfüllt werden, muss jeder steuerbegünstigt sein und der Stiftungssatzung entsprechen.[187] Nach dem

---

2434, 2435 f.; *Milatz/Kemcke/Schütz*, Stiftungen, 73 f.; Schauhoff/*Schauhoff*, Gemeinnützigkeit, § 6 Rn. 81; *Schiffer*, DStR 2003, 14, 18.

182 Beachte im Hinblick hierauf ebenfalls AEAO Nr. 3 zu § 53 AO.

183 Vgl. AEAO zu § 54 AO. Siehe dazu auch *BFH* BStBl. III 1951, 148, 149. Umfassend zu kirchlichen Stiftungen *Koss/Koß*, in: Stiftungen in Theorie, Recht und Praxis, 409 ff.

184 Diese Aufzählung ist nicht abschließend; siehe v. Campenhausen/Richter/*Richter*, Handbuch, § 43 Rn. 45.

185 Bestimmte Tätigkeiten, die den steuerrechtlichen Grundprinzipien der Ausschließlichkeit, Unmittelbarkeit oder der Selbstlosigkeit *zuwiderlaufen*, sind jedoch aufgrund der Regelung des § 58 AO ausnahmsweise unschädlich für die Steuerbefreiung. Beachte dazu ausführlich: *Buchna/Leichinger/Seeger/Brox*, Gemeinnützigkeit, 195 ff.

186 Zur Ausschließlichkeit siehe Wallenhorst/Halaczinsky/*Wallenhorst*, Besteuerung, Kap. C Rn. 38 ff.

187 Vgl. hierzu *BFH* BStBl. II 1979, 496, 497. Soll ein weiterer, nicht in der Satzung enthaltener steuerbegünstigter Zweck erfüllt werden, ist eine Satzungsänderung erforderlich, die den Anforderungen des § 60 AO entsprechen muss (hierzu AEAO Nr. 2 zu § 56 AO). Etwaige Überschreitungen führen zur vollständigen Besteuerung; eine Aufteilung in eine steuerbefreite und eine steuerpflichtige Tätigkeit ist nicht möglich.

gesetzlichen Prinzip der Unmittelbarkeit (sog. „Selbstverwirklichung") muss die Stiftung ihren steuerbegünstigten Satzungszweck selbst erfüllen; beachte dazu § 57 Abs. 1 S. 1 AO.[188] Allerdings kann das auch durch sogenannte Hilfspersonen erfolgen, sofern deren Tätigkeit wie eine eigene Tätigkeit der Stiftung zu werten ist; § 57 Abs. 1 S. 2 AO.[189] Selbstloses Handeln liegt vor, falls die Stiftung nicht in erster Linie eigenwirtschaftliche Ziele beabsichtigt und falls die gesetzlich normierten Anforderungen an Vermögensbindung sowie Mittelverwendung befolgt werden (§ 55 AO).[190]

Dieses Aufteilungsverbot betrifft aber lediglich den Endzweck der Stiftung (Einkommensverwendung), nicht die Maßnahmen zu dessen Erreichung (Einkommenserzielung); siehe hierzu v. Campenhausen/Richter/*Richter*, Handbuch, § 43 Rn. 85 ff.; *Droege*, Steuerstaat, 181 f.; *Hüttemann*, Gemeinnützigkeitsrecht, Rn. 4.6 ff. Zu Einzelfällen zum Grundsatz der Ausschließlichkeit siehe insbesondere Klein-AO/*Gersch*, § 56 Rn. 4; Koenig-AO/*Koenig*, § 56 Rn. 5.

188 Die Tätigkeiten der Stiftung müssen darauf abzielen, die steuerbegünstigten satzungsmäßigen Zwecke *direkt* zu erfüllen, ohne dass weitere Aktivitäten oder Personen zwischengeschaltet werden.

189 Voraussetzung ist, dass die Stiftung jederzeit rechtlich und tatsächlich auf das Wirken der Hilfsperson Einfluss nehmen kann. Nach Auffassung der Finanzverwaltung (beachte AEAO Nr. 2 zu § 57 AO) kann jede natürliche oder juristische Person Hilfsperson sein. Entscheidend ist, dass die Hilfsperson nach *Weisung* der *Stiftung* einen konkreten Auftrag ausführt. Dabei soll die Weisungsabhängigkeit gegenüber dem Finanzamt durch Vorlage der entsprechenden Vereinbarung nachgewiesen werden; eine Stiftung muss dokumentieren können, dass sie Inhalt sowie Umfang der Tätigkeit der Hilfsperson im Innenverhältnis festlegen kann. Die eigene Steuerbefreiung der Hilfsperson ist im Übrigen nicht ausgeschlossen, sofern mit der Hilfspersonentätigkeit in gleicher Weise eigene steuerbegünstigte Satzungszwecke erfüllt werden (*Kooperationen*). Für sogenannte Dach- und Spitzenverbände fingiert § 57 Abs. 2 AO die Unmittelbarkeit. Siehe zu Einzelfällen etwa auch: Koenig-AO/*Koenig*, § 57 Rn. 7.

190 Eine Stiftung verfolgt in erster Linie eigenwirtschaftliche Zwecke, falls die Tätigkeit *vorrangig* und somit nicht bloß nebenbei darauf gerichtet ist, Vermögen oder Einkünfte zu vermehren. Maßgebend ist (nunmehr) allein (*Aufgabe der Geprägetheorie*), ob die (dominante oder nicht dominante) Tätigkeit funktional der Erfüllung der steuerbegünstigten Zwecke dient. Alle erlangten Mittel müssen für die steuerbegünstigten Zwecke der Stiftung verwendet werden; vergleiche hierzu auch § 55 Abs. 1 Nr. 1 S. 1 AO. Gemäß § 55 Abs. 1 Nr. 1 S. 2 AO dürfen der Stifter und seine Erben keine Zuwendungen aus Mitteln der Stiftung erhalten. Eine weitere Ausprägung des Grundsatzes der Selbstlosigkeit ist die Pflicht zur vollständigen sowie zeitnahen Verwendung sämtlicher Mittel für die steuerbegünstigten Zwecke; siehe § 55 Abs. 1 Nr. 5 AO (beachte aber auch: § 62 AO). Ferner darf keine Person durch Ausgaben, die dem Zweck der Stiftung fremd sind, oder durch überhöhte Vergütungen begünstigt

C. Wirtschaftliche Betätigung der Stiftung

Im Grundsatz schließen die Einzelsteuergesetze die Steuerbefreiung aus, wenn und soweit ein wirtschaftlicher Geschäftsbetrieb (dazu § 14 AO) geführt wird.[191] Die Steuerbefreiung entfällt daher (lediglich) für die Besteuerungsgrundlagen, die einem wirtschaftlichen Geschäftsbetrieb zugeordnet sind; vergleiche § 64 Abs. 1 AO.[192] Das hat seinen Grund insbesondere darin, dass eine Ungleichbehandlung durch den Steuergesetzgeber im Rahmen des (marktwirtschaftlichen) Wettbewerbs weitgehend verhindert werden soll; dazu Art. 3 Abs. 1 GG.[193] – Ein wirtschaftlicher Geschäftsbetrieb wird im Gesetz beschrieben als eine selbstständige nachhaltige Aktivität, mit der Einnahmen erzielt werden und die über den Rahmen einer „Vermögensverwaltung" hinausgeht.[194] Ob zudem die Absicht

---

werden; beachte § 55 Abs. 1 Nr. 3 AO. Bei Auflösung und Aufhebung der Stiftung oder bei Zweckwegfall darf das angesammelte Vermögen der Stiftung nur für steuerbegünstigte Zwecke verwendet werden (sog. Grundsatz der Vermögensbindung); § 55 Abs. 1 Nr. 4 AO. Zum Ganzen beachte *Leisner-Egensperger*, DStZ 2008, 292 ff.

191 Siehe § 5 Abs. 1 Nr. 9 S. 2 KStG, § 3 Nr. 6 S. 2 GewStG, § 12 Abs. 2 Nr. 8 lit. a S. 2 UStG. Beispiele für einen wirtschaftlichen Geschäftsbetrieb sind: Basare, Flohmärkte, sonstige Verkaufsaktivitäten (etwa Museumsshop), Restauration, Karnevalsbälle, entgeltliche Dienstleistungen (wie beispielsweise die Veranstaltung einer Tagung für andere), der Verkauf von Karnevalsorden. Siehe dazu etwa Schiffer/*Schiffer*, Beraterpraxis, § 9 Rn. 122.

192 Es kommt zu einer „partiellen" Besteuerung; i.Ü. bleibt die Steuerbefreiung bestehen. Besteuerungsgrundlagen sind, wie das Gesetz klarstellt, insbesondere Einkünfte, Umsätze sowie Vermögen (vergleiche des Weiteren die Legaldefinition in § 199 Abs. 1 AO). Siehe dazu auch *Kümpel*, DStR 1999, 1505, 1506 ff.

193 Siehe hierzu *BFH* BStBl. II 1986, 831, 832; *Buchna/Leichinger/Seeger/Brox*, Gemeinnützigkeit, 280; *Droege*, Steuerstaat, 214 ff.; *Franz*, Besteuerung, 54 ff.; *Hüttemann*, Wirtschaftliche Betätigung, 116 ff.; *Knobbe-Keuk*, BB 1982, 385, 388; Koenig-AO/*Koenig*, § 64 Rn. 2; *Scholtz*, in: FS L. Schmidt, 707, 717; *Seer/Wolsztynski*, Steuerrechtliche Gemeinnützigkeit, 87 ff.; Unabhängige Sachverständigenkommission, Gutachten, 152; vgl. in allen Einzelheiten *Walz*, in: Non Profit Law Yearbook 2001, 197 ff. A.A. jedoch *Herbert*, Geschäftsbetrieb, 28; *Trzaskalik*, StuW 1986, 219, 225 f. Grundlegend zum Wettbewerb auch: *Di Fabio*, ZWeR 2007, 266 ff.

194 Mehrere wirtschaftliche Geschäftsbetriebe gelten nach § 64 Abs. 2 AO als ein wirtschaftlicher Geschäftsbetrieb (Saldierungsprinzip); dies ermöglicht die Vornahme eines Verlustausgleichs. Sofern die Einnahmen aus einem wirtschaftlichen Geschäftsbetrieb insgesamt 35.000 Euro im Jahr nicht übersteigen, unterliegen diese nicht der Körperschaftsteuer und Gewerbesteuer (Bagatellgrenze: beachte diesbezüglich auch § 64 Abs. 3 sowie 4 AO).

besteht, Gewinne zu erwirtschaften, spielt keine Rolle.[195] Eine Vermögensverwaltung liegt nach der gesetzlichen Umschreibung im Allgemeinen dann vor, wenn eigenes Vermögen genutzt wird, auch wenn dabei eine Rendite erzielt wird.[196] Das Gesetz nennt als Beispiele für eine Vermögensverwaltung vor allem die verzinsliche Anlage von Kapitalvermögen oder eine Überlassung von unbeweglichem Vermögen gegen Entgelt; vergleiche hierzu § 14 S. 3 AO.[197]

Handelt es sich bei dem wirtschaftlichen Geschäftsbetrieb jedoch um einen sogenannten Zweckbetrieb (siehe §§ 65 bis 68 AO), so bleibt die Steuerbefreiung (trotz Wirtschaftlichkeit) ausnahmsweise auch insoweit erhalten.[198] Ein Zweckbetrieb ist nach der generalklauselartigen Begriffsregelung in § 65 AO nur gegeben, wenn der wirtschaftliche Geschäftsbetrieb in seiner Gesamtausrichtung dazu dient, steuerbegünstigte Zwecke zu erfüllen, wenn diese einzig durch einen solchen erfüllt werden können und wenn der von dem wirtschaftlichen

---

195 Vgl. § 14 S. 2 AO.

196 Nach überwiegender Auffassung sollen für die Auslegung des Begriffs Vermögensverwaltung die allgemeinen „einkommensteuerlichen Grundsätze" zur Abgrenzung der Einkünfte aus Gewerbebetrieb von Einkünften aus Kapitalvermögen beziehungsweise Vermietung und Verpachtung anwendbar sein. Hierzu: *BFH* BStBl. II 2001, 449, 450 f.; *Buchna/Leichinger/Seeger/Brox*, Gemeinnützigkeit, 284; *Dißars/Berssenbrügge*, BB 1999, 1411, 1413; *Franz*, Besteuerung, 187; *Herbert*, Geschäftsbetrieb, 73 ff.; *Kiefer*, Abgrenzung, 78; Koenig-AO/*Koenig*, § 14 Rn. 22; *Pues/Scheerbarth*, Gemeinnützige Stiftungen, 161 f.; Schauhoff/*Schauhoff*, Gemeinnützigkeit, § 7 Rn. 61; *Scholtz*, in: FS L. Schmidt, 707, 715. Kritisch dazu: *Hüttemann*, Gemeinnützigkeitsrecht, Rn. 6.116 ff.; *Seer*, DStR 1997, 436, 440. Zur Abgrenzung im Einkommensteuerrecht ausführlich: L. Schmidt-EStG/*Wacker*, § 15 Rn. 46 ff. und Tipke/Lang/*Hey*, Steuerrecht, Rn. 8.417 m.w.N. Eine ABC-Übersicht der wirtschaftlichen Geschäftsbetriebe findet sich unter anderem bei: *Buchna/Leichinger/Seeger/Brox*, Gemeinnützigkeit, 303 ff.

197 Damit sind typische Fälle der „Vermögensverwaltung" genannt; um eine abschließende Aufzählung handelt es sich nicht. Vgl. Koenig-AO/*Koenig*, § 14 Rn. 22 ff. (auch zu weiteren Einzelfällen).

198 Beachte hierzu § 64 Abs. 1 AO; zum Beihilfencharakter im Sinne von Art. 107 AEUV siehe etwa *Hüttemann*, DB 2006, 914 ff. Gesetzgeberisches Leitmotiv für eine Normierung der Zweckbetriebe war der Ausgleich des Wertungskonflikts zwischen der Förderung steuerbegünstigter Aktivitäten auf der einen Seite und dem Schutz des (freien) Wettbewerbs auf der anderen Seite. Hierin liegt die sachliche Rechtfertigung für den Eingriff in die von Art. 3 Abs. 1 GG gebotene „Wettbewerbsneutralität" des Steuerrechts; beachte diesbezüglich BVerfGE 43, 58, 70; *Droege*, Steuerstaat, 235 ff.; *Riewald*, BB 1954, 385, 387; Unabhängige Sachverständigenkommission, Gutachten, 159 f. und 167 f. Zur steuerlichen Behandlung von Zweckbetrieben vgl. *Kümpel*, DStR 1999, 93 ff.

Geschäftsbetrieb ausgehende Wettbewerb auf das unvermeidbare Maß begrenzt ist.[199] Alle genannten Kriterien müssen „kumulativ" vorliegen.[200] § 65 AO wird ergänzt um die unzähligen Sondertatbestände in §§ 66–68 AO; diese haben möglicherweise (rechtssystematischen) Vorrang vor § 65 AO.[201]

D. Steuerlicher Sonderausgabenabzug

Nach § 10b EStG dürfen Zuwendungen zur Förderung steuerbegünstigter Zwecke im Rahmen von Höchstbeträgen als Sonderausgaben von der Bemessungsgrundlage der Einkommensteuer abgezogen werden.[202] Voraussetzung für den Abzug ist zunächst, dass diese Zuwendungen an einen geeigneten Zuwendungsempfänger geleistet werden. Hierzu zählen Stiftungen des privaten Rechts, sofern sie nach § 5 Abs. 1 Nr. 9 KStG steuerbefreit sind.[203] Abzugsfähig sind Zuwendungen einheitlich bis zur Höhe von insgesamt 20 % des Gesamtbetrags der Einkünfte oder 4 ‰ der Summe der gesamten Umsätze plus der im Kalenderjahr aufgewendeten Löhne und Gehälter (§ 10b Abs. 1 S. 1 EStG). Über diese Höchstbeträge hinaus sind Zuwendungen an Stiftungen i.S.d. § 10b Abs. 1a EStG obendrein bis zu einem Betrag von 1 Mio. Euro über zehn Jahre verteilt

---

199 Eine Vielzahl von Beispielen, in denen Finanzverwaltung sowie Rechtsprechung diese Voraussetzungen bejaht haben, findet sich in *Buchna/Leichinger/Seeger/Brox*, Gemeinnützigkeit, 327 ff. Behandelt die Finanzbehörde den wirtschaftlichen Geschäftsbetrieb nicht als *Zweckbetrieb*, kann die betroffene Stiftung ihren Steuerbescheid anfechten; hierzu § 40 Abs. 1 Alt. 1 FGO. Verletzt die Finanzbehörde § 65 AO zum wettbewerblichen Nachteil eines Dritten, kann dieser die sogenannte Konkurrentenklage erheben und auf Beseitigung der Steuerbefreiung klagen (siehe: *Sinewe/Frase*, BB 2011, 1567 ff.). Vorgelagert besitzt der Konkurrent zur Gewährung effektiven Grundrechtsschutzes einen verfassungsunmittelbaren Auskunftsanspruch; dazu: *BFH* BStBl. II 2012, 541, 543.

200 Siehe *BFH* BStBl. II 1990, 1012, 1013; Koenig-AO/*Koenig*, § 65 Rn. 2.

201 Vgl. hierzu etwa *BFH* BStBl. II 1991, 157, 160 f.; *Dehesselles*, DStR 2003, 537, 539. Siehe weiterführend dazu insbesondere auch: *Hüttemann/Schauhoff*, DB 2011, 319 ff.

202 Eine fast gleichlautende Abzugsregelung findet sich auch in § 9 Abs. 1 Nr. 2 KStG für Körperschaften, ebenso im Gewerbesteuerrecht (siehe hierzu § 9 Nr. 5 GewStG). Keine Zuwendungen im Sinne des § 10b EStG liegen vor, wenn es sich bei den Zuwendungen um *Betriebsausgaben* handelt. Dies ist gemeinhin der Fall, soweit sich der Zuwendende wirtschaftliche Vorteile verspricht, die auch in der Sicherung oder Erhöhung seines Ansehens oder auch im Werbeeffekt begründet sein können (sog. „Sponsoring"); dazu etwa *BFH* BStBl. II 2003, 438 ff.

203 Der Kreis der geeigneten Zuwendungsempfänger ist in § 10b Abs. 1 S. 2 EStG, § 9 Abs. 1 Nr. 2 S. 2 KStG und in § 9 Nr. 5 S. 2 GewStG genau festgelegt.

abzugsfähig.[204] *Zusammen* veranlagte Ehegatten (§§ 26, 26b EStG) können den erweiterten Abzugsbetrag sogar in Höhe von bis zu 2 Mio. Euro in Anspruch nehmen.[205]

204 Körperschaften und Gewerbebetriebe können diesen erweiterten Abzugsbetrag nicht geltend machen. Siehe zu dem steuerlichen Stiftungsbegriff etwa: *Schlüter/Stolte*, Stiftungsrecht, Kap. 7 Rn. 5 ff. Zur allgemeinen Kritik hierzu beachte jedoch *Thiel*, DB 2000, 392, 395 f.; siehe allerdings diesbezüglich auch *BFH* DB 2011, 1198 ff.

205 Beachte auch § 2 Abs. 8 EStG bei eingetragener Lebenspartnerschaft.

Kapitel 3: Die selbstständige Stiftung in der Krise

§ 1 Begriffsbildung und Krisenhintergrund

A. Zur betriebswirtschaftlichen Definition

Das Wort „Krise" (nachweisbar seit dem 16. Jhdt.) leitet sich aus dem altgriechischen „*krísis*" (κρίσις) ab, womit die schwierige Entwicklungsphase einer Krankheit und die Zuspitzung einer Handlung im antiken Drama beschrieben wurde.[206] In der betriebswirtschaftlichen Lehre wird als Krise allgemein derjenige Zustand eines Schuldners angesehen, der seine (wirtschaftliche) Lebensfähigkeit in Frage stellt, das heißt seine Existenz bedroht.[207] Nicht alle unerwünschten und bewältigungsbedürftigen Probleme können deswegen als „Krise" bezeichnet werden; eine Krise liegt beispielsweise nicht bereits vor, wenn Zwangsvollstreckungsmaßnahmen einzelner Gläubiger erfolgen.[208] Existenzbedrohung bedeutet dabei nicht Existenzvernichtung, vielmehr ist die Möglichkeit für die Wende zum Positiven – nach *Krystek* – wesensbestimmend für den Krisenbegriff der Betriebswirtschaftslehre.[209]

---

206 Siehe hierzu *Kluge*, Etymologisches Wörterbuch, 542 f. (Begriff: Krise). Vgl. auch: *Pohl*, Krisen, 17 ff.; *Witte*, in: Unternehmenskrisen, 7, 9 ff. Gemeint ist mit der Krise eine an einen Wendepunkt gebundene Situation, von der eine Existenzbedrohung abhängt. Vgl. diesbezüglich insbesondere auch noch *Duden*, Universalwörterbuch, 1070 (Begriff: Krise).

207 Beachte zu dem Krisenbegriff der Betriebswirtschaftslehre: *Berg/Treffert*, ZfB 1979, 459, 460; *Böckenförde*, Unternehmenssanierung, 16; *Brandstätter*, Sanierungsfähigkeit, 5; Gottwald/Haas/*Drukarczyk/Schöntag*, Handbuch, § 2 Rn. 1 ff.; *Groß*, Sanierung, 3; Hess/*Hess/Groß*, Sanierungshandbuch, Kap. 1 Rn. 25 f.; *Höhn*, Unternehmen, 1 ff.; *Krystek*, Unternehmungskrisen, 4 ff.; *Müller*, Krisenmanagement, 33; *Picot/Aleth*, Unternehmenskrise, 3; *Uhlenbruck*, Gläubigerberatung, 1; *Witte*, in: Unternehmenskrisen, 7, 9 ff. Siehe hierzu aus der Rechtsprechung im Besonderen ebenfalls noch: BGHZ 198, 64, 74 f. Die entsprechende Verwendung des Krisenbegriffes in der wirtschaftswissenschaftlichen Lehre hat das Kriterium der Existenzbedrohung aus der Sprache der Medizin und das Kriterium der entscheidenden Wendung aus der Dramatik übernommen. Vgl. dazu etwa auch *Pohl*, Krisen, 17 ff.; K. Schmidt/Uhlenbruck/*Sinz*, GmbH, Rn. 1.1.

208 Siehe hierzu *Uhlenbruck*, GmbH & Co. KG, 78.

209 Vgl. dazu *Krystek*, Unternehmungskrisen, 6. Sofern von vornherein feststeht, dass die Bedrohung unheilbar zur Existenzvernichtung führt, kann nicht von einer

Mittlerweile besteht grundsätzlich Übereinkunft darin, dass im Ganzen vier verschiedene Stadien einer Krise identifiziert werden können: eine strategische Krise, die über die Erfolgskrise bis zur Liquiditätskrise führt und zum Schluss mit der *Insolvenz eines Schuldners* enden kann. – Von einer strategischen Krise spricht man in der Regel dann, wenn die langfristigen Erfolgsfaktoren gestört oder zerstört werden; die Nachteile einer strategischen Krise sind zumeist nicht sofort spürbar. Eine Erfolgskrise liegt vor, wenn Verluste das Eigenkapital aufzehren. Sind Gegenmaßnahmen nicht erfolgreich, so kann es zur Liquiditätskrise kommen. Typisch für eine derartige Liquiditätskrise ist eine Entwicklung, die die Gefahr der Illiquidität mit sich bringt, beispielshalber Rückstände bei Gläubigern.[210]

B. Ursachen der krisenhaften Entwicklung

I. Generelle Beobachtungen zum Krisenursprung

Krisen treten in der Regel nicht plötzlich „über Nacht" ein, sondern sind zumeist das Ergebnis einer oft schleichenden Entwicklung und vielfältiger Ursachen, die zusammenwirken und sich somit häufig verstärken können (*„Pleiten fallen nicht vom Himmel"*). Wie bei einer Krankheit kündigt sich der Zusammenbruch einer Unternehmung über einen bestimmten Zeitraum durch eine große Vielzahl von „Symptomen" an.[211] Krisensymptome (so etwa Unterbilanzen) sind die Erkennungsmerkmale für jüngstens eingetretene Krisensituationen, allerdings nicht kausal für deren Eintritt.[212] Im Gegensatz zu den Krisensymptomen sind Krisenursachen diejenigen Aspekte, welche tatsächlich zur Entstehung einer

---

„Krise" gesprochen werden; es handelt sich in diesem Fall um den Anfang vom Ende. Ebenso soll der Krisenbegriff vermieden werden, wenn von Beginn an klar ist, dass der Fortgang der Ereignisse – auch ohne tiefgreifende Eingriffe – zu einem positiven Ausgang führt. Vgl. in Bezug auf jene Angelegenheit etwa K. Schmidt/Uhlenbruck/*Sinz*, GmbH, Rn. 1.3; *Seefelder*, Unternehmenssanierung, 86 ff.; *Witte*, in: Unternehmenskrisen, 7, 11.

210 Vgl. etwa Buth/Hermanns/*Kraus*, Restrukturierung, § 4 Rn. 8 ff.; *Crone/Werner*, Sanierungsmanagement, 5 ff.; Gottwald/Haas/*Drukarczyk/Schöntag*, Handbuch, § 2 Rn. 10 ff.; *Groß*, DStR 1991, 1572.

211 Siehe auch *Seefelder*, Unternehmenssanierung, 86.

212 Vgl. etwa: *Crone/Werner*, Sanierungsmanagement, 11 f.; *Gless*, Unternehmenssanierung, 21; *Groß*, Sanierung, 4 f.; *Rödl*, Kreditrisiken, 53; K. Schmidt/Uhlenbruck/*Sinz*, GmbH, Rn. 1.24.

Krise führen können.[213] Ohne eine fundierte „Krisenursachenanalyse“ bleibt ein Sanierungskonzept („Bewältigung“) reine Glückssache.[214]

II. Auslöser – endogene sowie exogene Umstände

Traditionell lassen sich Krisenursachen in interne (endogene) und externe (exogene) Faktoren untergliedern.[215] ***Endogene Faktoren*** sind jene Einflussfaktoren, die innerhalb der Sphäre der Unternehmung liegen – unter ihnen dominieren insbesondere Fehler des Managements und zu geringe Eigenkapitalausstattung.[216] ***Exogene Krisenursachen*** wirken hingegen von außen auf die Unternehmung ein; hierzu zählen beispielsweise Veränderungen der konjunkturellen Lage (*Rezession*), Einflüsse politischer Art, Zinsschwankungen. Endogene sowie exogene Faktoren der Krisenverursachung sind letztlich schwer voneinander zu trennen – sie bilden in Wahrheit gemeinsam die Bestandteile individueller Krisenverursachung, die mit ganz unterschiedlichen Anteilen zur Induzierung des *überlebenskritischen* Prozesses beitragen (Zusammenwirken).[217]

---

213 Vgl. auch noch: *Böckenförde*, Unternehmenssanierung, 27; Buth/Hermanns/*Kraus*, Restrukturierung, § 4 Rn. 4; *Fleege-Althoff*, Unternehmung, 83.

214 So auch schon *Müller*, Krisenmanagement, 346. Vgl. dazu etwa auch Buth/Hermanns/*Kraus*, Restrukturierung, § 4 Rn. 4; *Groß*, Sanierung, 27; *Krystek*, Unternehmungskrisen, 32 f.

215 Beachte hierzu *Böckenförde*, Unternehmenssanierung, 18; Buth/Hermanns/*Wilden*, Restrukturierung, § 2 Rn. 4; *Fleege-Althoff*, Unternehmung, 84 sowie 91 ff.; *Groß*, Sanierung, 27 f.; Hess/*Hess*/*Groß*, Sanierungshandbuch, Kap. 3 Rn. 83 ff.; Kübler/*Zabel*, HRI, § 3 Rn. 36; K. Schmidt/Uhlenbruck/*Sinz*, GmbH, Rn. 1.20 ff.

216 Siehe *Krystek*, Unternehmungskrisen, 68. Bei den endogenen Krisenursachen können endogen konstitutive und endogen prozessuale Krisenursachen differenziert werden. Als endogen konstitutiv können alle Krisenursachen bezeichnet werden, die sich aus konstituierenden Merkmalen einer Unternehmung wie Größe, Aufbau, Branche und so weiter ergeben; es wird angenommen, dass jene Merkmale bei ungünstiger Ausprägung erhöhte Risiken im Hinblick auf Unternehmungskrisen darstellen. Endogen prozessual können indes diejenigen Krisenursachen genannt werden, die sich aus den Aktivitäten (Führungs- sowie Durchführungsaktivitäten) einer Unternehmung ableiten lassen, wie etwa Managementfehler oder Streiks. Vgl. dazu auch *Fleege-Althoff*, Unternehmung, 91 ff.

217 Vgl. *Ahrendt*, in: Stiftungen in Theorie, Recht und Praxis, 748, 749; *Krystek*, Unternehmungskrisen, 67 ff.

C. Typische Szenarien der Krisensituation

Aufgrund des gegenwärtig bereits langfristig bestehenden niedrigen Zinsniveaus werden viele deutsche Stiftungen vor enorme Herausforderungen gestellt.[218] Mit konservativen Investments können in aller Regel kaum noch ausreichende Erträge für eine angemessene Realisierung der Satzungszwecke erwirtschaftet werden.[219] Aus diesem Grund wird inzwischen immer mehr in risikoreichere Anlageformen, beispielsweise in Aktien, investiert, mit der Gefahr eines daraus analog resultierenden erhöhten Verlustpotenzials.[220] Gerade für kleine und mittlere Stiftungen mit einem (Grundstock-)Vermögen von weniger als einer Million Euro, und das sind ungefähr drei Viertel der Stiftungen in Deutschland, spitzen sich die finanziellen Probleme häufig zu.[221]

§ 2 Zur Krisenanfälligkeit von Stiftungen

Ihre eigene Finanzverfassung macht die Stiftung bislang zu der am wenigsten krisenanfälligen Rechtsform des deutschen Wirtschaftsrechts.[222] Grund hierfür ist in erster Linie die Existenz des Grundstockvermögens, das umfassender als das Haftungskapital bei Kapitalgesellschaften gegen Ausschüttungen geschützt

---

218 Siehe *Hirte*, in: FS O. Werner, 222, 223; *Malcharek*, Die Stiftung – Jahreshefte zum Stiftungswesen 10 (2016), 23, 25; *Schiffer/Sommer*, NWB 2010, 3046 ff.; *Schriever*, npoR 2017, 111, 112 f.; *Stürner*, DStR 2015, 1628.

219 Für Stiftungen ist es eine große Herausforderung, auch unter schwierigen Rahmenbedingungen ihre Effektivität aufrecht zu erhalten oder sogar zu steigern. Eine Möglichkeit ist das *Mission Investing*. Dieses zweckbezogene „Investieren" definiert sich als eine Anlageform, bei der das Vermögen der Stiftung in Finanzanlagen investiert wird, die (1) zum Zweck einer Stiftung positiv beitragen und (2) mindestens das angelegte Kapital erhalten und möglichst eine Rendite erwirtschaften. Siehe hierzu etwa: *Weber/Voigt de Oliveira/Becker*, npoR 2012, 115 ff.

220 Siehe *Leichinger*, npoR 2015, 237; *Richter*, S&S 3/2006, Rote Seiten, 2; *Rödel*, NZG 2004, 754, 755 ff.

221 Vgl. in Bezug hierauf auch *Benke/Maucher*, S&S 3/2007, 29, 30 ff.; *Hüttemann/Rawert*, ZIP 2013, 2136, 2137; *Sauer/Schwarz*, StiftungsBrief 2010, 228; *Weitemeyer/Wrede*, npoR 2017, 91.

222 Beachte dazu etwa: *Müller*, ZIP 2010, 153; *Passarge*, NZG 2008, 605; *Röthel*, Deutsche Stiftungen 3/2003, 48; *Roth/Knof*, KTS 2009, 163, 164; *Schulz*, ZSt 2005, 137 ff.; *Sommer*, ZInsO 2013, 1715, 1716.

ist, weil es gemeinhin noch nicht einmal für die unmittelbare Verwirklichung des satzungsmäßigen Zwecks der Stiftung *planmäßig verzehrt* werden darf.[223]

A. Ausstattung der Stiftung mit einem Vermögen

I. Unterteilung: Kapitalstiftung oder Anstaltsstiftung

Nach der Art ihrer Vermögensausstattung lassen sich besonders zwei Grundtypen der Stiftung unterscheiden, die sogenannte ***Kapitalstiftung***, zuweilen auch Hauptgeldstiftung genannt, und die ***Anstaltsstiftung***.[224] Kennzeichnend für die Kapitalstiftung ist, dass sie die Förderung ihrer Ziele aus den Erträgen des Grundstockvermögens bestreitet.[225] Bei einer Anstaltsstiftung wird der Stiftungszweck idealtypisch durch den Einsatz der Vermögenssubstanz - zum Beispiel bei Kunstsammlungen oder bei Forschungsinstituten - realisiert.[226] Die Unterscheidung zwischen den zwei Stiftungsarten lässt sich bis in das späte Mittelalter zurückverfolgen.[227] In der Praxis kommt besonders der Typus der Anstaltsstiftung inzwischen selten in Reinform vor, vielmehr bedarf es zur Sicherung des unmittelbar dem Zweck dienenden Stiftungsvermögens hier eines ***gewissen Kapitalstocks***, aus dem Unterhaltung und fortwährender Betrieb getragen werden.[228]

---

223 Siehe *Roth/Knof*, KTS 2009, 163, 164; ähnlich: *Bockamp/Tesfaiesus*, ZSt 2008, 124, 126. Vgl. aber zum Risiko eines Vermögensverfalls auch noch v. Campenhausen/Richter/*Hof*, Handbuch, § 9 Rn. 213.

224 Vgl. etwa *Achilles*, Aufsicht, 36 f.; v. Campenhausen/Richter/*v. Campenhausen/Stumpf*, Handbuch, § 2 Rn. 18; *Ebersbach*, Handbuch, 32 f.; Werner/Saenger/Fischer/*Saenger*, Stiftung, § 5 Rn. 27.

225 Beachte dazu: v. Campenhausen/Richter/*Hof*, Handbuch, § 7 Rn. 33; *Rawert*, in: Stiftungsrecht in Europa, 109, 111; Schauhoff/*Schauhoff*, Gemeinnützigkeit, § 3 Rn. 25.

226 Siehe v. Campenhausen/Richter/*v. Campenhausen/Stumpf*, Handbuch, § 2 Rn. 18; *Ebersbach*, Handbuch, 16 f.; *Hof*, DStR 1992, 1549; Werner/Saenger/Fischer/*Saenger*, Stiftung, § 5 Rn. 27.

227 Näher dazu *v. Pölnitz*, in: Deutsches Stiftungswesen 1948–1966, 1, 6. Beachte auch noch: *Pleimes*, Geschichte, 30 ff. und 58 ff.

228 Siehe hierzu etwa: v. Campenhausen/Richter/*Hof*, Handbuch, § 7 Rn. 37; Staudinger-BGB/*Hüttemann/Rawert*, Vorbem zu §§ 80 ff Rn. 186; Werner/Saenger/Fischer/*Saenger*, Stiftung, § 5 Rn. 27.

II. Lebensfähigkeitsprüfung gemäß § 80 Abs. 2 BGB

1. Zweckadäquanz als Maßstab der Lebensfähigkeit

Gemäß § 80 Abs. 2 BGB setzt die Anerkennung einer Stiftung als rechtsfähig voraus, dass die dauernde und nachhaltige Zweckverwirklichung aus dem Ertrag des (Grundstock-)Vermögens gesichert erscheint. Dieses vermögensrechtliche Anerkennungserfordernis soll zum einen zum Schutz des rechtsgeschäftlichen Verkehrs eine dauerhafte Lebensfähigkeit der mitgliederlosen juristischen Person „Stiftung" sicherstellen. Zum anderen trägt es dem Aspekt Rechnung, dass Stiftungen ihrem Wesen nach grundsätzlich auf eine unbegrenzte *Dauer* ausgerichtet sind.[229]

2. Prognoseentscheidung sowie gerichtliche Prüfung

§ 80 Abs. 2 BGB fordert einzig und allein, dass die dauernde und nachhaltige Verwirklichung der verschiedenartigen Zweckfestlegungen gesichert erscheint. Mit dieser Formulierung sollte klargemacht werden, dass im Anerkennungsverfahren lediglich eine Prognoseentscheidung zu treffen ist.[230] Da sich die Vorschrift des § 80 Abs. 2 BGB einzig an die Anerkennungsbehörde richtet, ist es deren Prognoseentscheidung, nicht etwa die des Stifters.[231]

---

229 Siehe hierzu etwa: BT-Drucks. 14/8765, 8; *Schwake*, NZG 2008, 248. Dem Merkmal „nachhaltig" kommt nach der Gesetzesbegründung keine eigenständige Bedeutung zu, es ergänzt und untermauert nur das Erfordernis der „dauernden" Zweckerfüllung. Folglich ist für *Zweckmäßigkeitserwägungen* der Stiftungsbehörde dahin gehend, ob die Stiftung ihre Zwecke nachhaltig im Sinne von besonders intensiv sowie wirkungsvoll erfüllen wird, kein Raum (klarstellend BT-Drucks. 14/8765, 15). Die Stiftungsbehörde kann daher die Anerkennung einer Stiftung nicht einfach deshalb ablehnen, weil sie zum Beispiel der Auffassung ist, es bedürfe neben dem Vorstand eines zusätzlichen Beratungsgremiums. Darüber hinaus ist davon auszugehen, dass sich das Merkmal der „dauernden und nachhaltigen Erfüllung des Stiftungszwecks" zu Recht bloß auf die Angemessenheit der Kapitalausstattung in Relation zum Stiftungszweck bezieht, nicht aber auf andere Faktoren. Ohne eine solche Einschränkung wäre die Anerkennungsentscheidung mit kaum justitiablen Prognoseentscheidungen belastet, wodurch das Ziel eines eindeutigen Rechtsanspruchs des Stifters „vereitelt" würde. Zum Ganzen: *Hüttemann*, ZHR 167 (2003), 35, 55.

230 Vgl. hierzu etwa Staudinger-BGB/*Hüttemann*/*Rawert*, § 80 Rn. 23. Siehe auch BT-Drucks. 14/8765, 9.

231 Vgl. Bamberger/Roth-BGB/*Backert*, § 80 Rn. 49; *Burgard*, NZG 2002, 697, 699; Erman-BGB/*Wiese*, § 80 Rn. 11; Münch.Hdb.GesR V/*Schwarz van Berk*, § 102 Rn. 10; Palandt-BGB/*Ellenberger*, § 80 Rn. 5; *Schwake*, NZG 2008, 248, 249. Siehe auch BT-Drucks. 14/8765, 9. Anders aber MüKo-BGB/*Weitemeyer*, § 80 Rn. 131 („gerichtlich voll überprüfbare Grenzkontrolle der Prognose des Stifters").

Allerdings ist diese Prognoseentscheidung gerichtlich vollumfassend kontrollierbar; ein von jeder richterlichen Kontrolle befreiter sogenannter Beurteilungsspielraum steht der Anerkennungsbehörde mithin gerade nicht zu. Durch eine derartige Kontrolle wird das sogenannte Grundrecht auf *Stiftung* gewahrt.[232]

III. Zuwendungsversprechen vonseiten des Stifters

1. Vermögenszusage und Stiftungsgeschäft

Schon vor der Modernisierung des Stiftungszivilrechts im Jahre 2002 war weithin anerkannt, dass eine letztwillige Vermögenszuwendung des Stifters ein *zwingendes Element* des Stiftungsgeschäfts von Todes wegen bildet; für das Stiftungsgeschäft unter Lebenden sollte allerdings ebenso die (zuverlässige) *Inaussichtstellung* einer Vermögenszuwendung ausreichen.[233] Letztere Position hat sich nunmehr mit der Einfügung des (neuen) § 81 Abs. 1 S. 2 BGB erledigt, folglich muss das Stiftungsgeschäft unter Lebenden auch die Verpflichtung des Stifters zur Hingabe eigenen Vermögens enthalten.[234] Stifter kann demzufolge einzig sein, wer selbst Vermögen widmet.[235]

---

232 Hinsichtlich gerichtlich eingeschränkt überprüfbarer Beurteilungsspielräume wurden durch die Rechtsprechung abschließende Fallgruppen herausgearbeitet; vgl. etwa die Darstellung bei Kopp/Ramsauer-VwVfG/*Ramsauer*, § 40 Rn. 85 ff. – Hierzu gehören zwar auch behördliche Prognoseentscheidungen; diese jedoch einzig unter der Voraussetzung, dass der Gesetzgeber der Verwaltung einen (wirklichen) Spielraum gewähren wollte, der durch *Elemente wertender Erkenntnis* zu füllen ist (BVerfGE 88, 40, 60 f.). Ausdrücklich wurde durch das Gesetz zur Modernisierung des Stiftungsrechts die Stifterfreiheit gehörig gestärkt, ein gerichtsfreier Beurteilungsspielraum der Stiftungsbehörde würde den gesetzgeberischen Zielsetzungen daher gerade nicht gerecht werden.

233 Beachte *Ebersbach*, Handbuch, 18 sowie 45; *Enneccerus/Nipperdey*, AT I, 719; *Flume*, AT I/2, 140 f.; *Schewe*, Stiftung, 151; *Stintzing*, AcP 88 (1898), 392, 400 f.; *v. Tuhr*, AT I, 597; *Wochner*, BB 1999, 1441, 1443.

234 Ebenso *Backert*, ZSt 2003, 129; *Burgard*, Gestaltungsfreiheit, 79; *Gantenbrink*, Die Stiftung – Jahreshefte zum Stiftungswesen 2 (2008), 59; *Muscheler*, JR 2003, 441, 442; *Nissel*, Stiftungsrecht, Rn. 111. A.A. (und dadurch den Wortlaut des § 81 Abs. 1 S. 2 BGB verkennend): *Freundl*, DStR 2004, 1509, 1510; *Hüttemann*, ZHR 167 (2003), 35, 48 ff.; Palandt-BGB/*Ellenberger*, § 81 Rn. 4; *Petersen*, Jura 2007, 277, 279; Schauhoff/*Schauhoff*, Gemeinnützigkeit, § 3 Rn. 24; *Schwarz*, DStR 2002, 1718, 1721.

235 Vgl. hierzu etwa auch Bamberger/Roth-BGB/*Backert*, § 81 Rn. 4; *Jakob*, Schutz der Stiftung, 149; *Muscheler*, JR 2003, 441, 442. A.A. hingegen *Hüttemann*, in: FS O. Werner, 85, 88.

2. Erwartungen an die Vermögensausstattung

Kontrovers wird im (stiftungsrechtlichen) Schrifttum allerdings die Frage beantwortet, ob sich aus § 81 Abs. 1 S. 2 BGB die Notwendigkeit ergibt, dass ein Stifter überdies ein zur Erfüllung des von ihm festgelegten Zwecks *ausreichendes* Vermögen widmet. Die Stellungnahmen zum modernisierten Stiftungsrecht lehnen dies mehrheitlich ab; als Anknüpfungspunkt kommt eine Passage aus der amtlichen Begründung zu § 80 Abs. 2 BGB in Frage, in der es heißt, es könne nicht nur die Vermögensausstattung im Zeitpunkt der anstehenden Anerkennung entscheidend sein, sondern es sei ebenso zu berücksichtigen, wenn sonstige *ausreichende Zustiftungen* oder auch *Zuwendungen mit einer gewissen Sicherheit zu erwarten sind.*[236] Zeichnet sich allerdings ab, dass im Moment der Anerkennung noch überhaupt keine Zweckverfolgung möglich ist, ist eine Stiftung nicht anzuerkennen. Dass das mit dem Stiftungsgeschäft zugesicherte Vermögen schon mit Anerkennung jedenfalls für eine eingeschränkte oder auch teilweise Verfolgung des Stiftungszwecks ausreichen muss, ergibt sich aus der hohen Relevanz des Stiftungsvermögens als notwendiges Merkmal der Stiftung und aus der finanziellen Verbindung mit der Förderung des Stiftungszwecks, wie sie in § 81 Abs. 1 S. 2 BGB bestimmt ist.[237] Weil eine Stiftung ihren Zweck durch Nutzung eines Vermögens verwirklicht, ist sie von Anfang an auf ein zumindest für ein Minimum an Zweckverwirklichung hinlängliches *Grundstockvermögen* angewiesen.[238]

Nicht anerkennungsfähig ist die *Vorratsstiftung*, die vom Stifter zu Lebzeiten mit einem im Hinblick auf ihren Zweck nicht angemessenen Grundstockvermögen ausgestattet wird und der ihre endgültige, hinreichende Vermögensdotation erst mit dem Tod des Stifters durch eine letztwillige Verfügung zufallen soll.[239] Eine entsprechende Stiftung, die infolge ihrer geringen Kapitalausstattung bis zum Tod des Stifters praktisch zur Passivität verdammt wäre, verstieße gegen das Strukturmerkmal der Loslösung des Stiftungsvermögens aus der Verfügungsgewalt eines Stifters. Weil das (eigentliche) Stiftungsvermögen einer

236 Siehe BT-Drucks. 14/8765, 8.

237 Vgl. *Backert*, ZSt 2003, 129 f.; v. Campenhausen/Richter/*Hof*, Handbuch, § 6 Rn. 28 ff.; *Nissel*, Stiftungsrecht, Rn. 111. Im Übrigen wollte der Gesetzgeber vor allem auf die Zulässigkeit der *Bürgerstiftungen* hinweisen, die den Stiftungszweck mit der anfänglichen Vermögensausstattung nur noch nicht vollständig realisieren können.

238 So auch Bamberger/Roth-BGB/*Backert*, § 80 Rn. 49.

239 Beachte MüKo-BGB/*Weitemeyer*, § 81 Rn. 19; Münch.Hdb.GesR V/*Helios*/*Friedrich*, § 95 Rn. 11; *Muscheler*, JR 2003, 441, 442; Staudinger-BGB/*Hüttemann*/*Rawert*, § 80 Rn. 30.

Vorratsstiftung erst nach Jahren oder sogar Jahrzehnten übertragen würde, wäre eine Vorratsstiftung dem „Risiko“ stifterlicher Entscheidungsgewalt ausgesetzt und ihre rechtliche Existenz nicht fortwährend abgesichert.[240]

Ebenfalls unzulässig ist die reine *Einkommensstiftung*, ergo diejenige Stiftung, die ihren Zweck mittels laufender Zuwendungen ohne durchsetzbaren Rechtsanspruch und nicht mittels der Erträge ihres eigenen Vermögens verfolgt.[241] Soweit die öffentliche Hand privatrechtliche Stiftungen begründet, welche ihre Zwecke durch laufende Zuwendungen aus Haushaltsmitteln finanzieren, ist die Anerkennungsfähigkeit wegen des Haushaltsvorbehalts sehr zweifelhaft.[242]

Bloße *Sammelstiftungen*, die ihre Tätigkeit mit einem „niedrigen“ Grundstockvermögen aufnehmen sollen, um im Nachhinein um weitere Zustiftungen zu werben, sind richtigerweise nur anerkennungsfähig, wenn bereits das Anfangsvermögen eine dauerhafte Zweckverfolgung gewährleistet.[243] Problematisch erscheint es erst recht, eine Sammelstiftung bloß aufgrund der „Prominenz“ ihres Stifters – aufgrund von Statusdenken – für anerkennungsfähig zu halten.[244]

IV. Übertragung der zugesicherten Vermögenswerte

1. Zum Erwerb des Vermögens aufseiten der Stiftung

Mit der Anerkennung ihrer Rechtsfähigkeit erhält die durch Stiftungsgeschäft unter Lebenden hervorgebrachte Stiftung einen schuldrechtlichen Anspruch gegen den Stifter auf Übertragung des ihr zugesicherten Vermögens.[245] Die

---

240 So zutreffend: Staudinger-BGB/*Hüttemann/Rawert*, § 80 Rn. 30; *Stengel*, Personengesellschaft, 95. Vgl. hierzu auch *Gantenbrink*, Die Stiftung – Jahreshefte zum Stiftungswesen 2 (2008), 59, 61 ff.

241 Vgl. etwa *Dewald*, Instrument, 72 ff.; *Gantenbrink*, Die Stiftung – Jahreshefte zum Stiftungswesen 2 (2008), 59, 64 f.; *Thomsen*, Autonomie, 23.

242 Siehe: *Muscheler*, ZSt 2003, 99, 101; *Scholz/Langer*, Verfassung, 116 ff.; Staudinger-BGB/*Hüttemann/Rawert*, § 80 Rn. 31. Ausführlich zur Vermögensausstattung (privatrechtlicher) Einkommensstiftungen der öffentlichen Hand: *Reuter*, in: FS Mestmäcker, 387, 397 ff.

243 Zurückhaltend in gleichem Maße auch: Bamberger/Roth-BGB/*Backert*, § 80 Rn. 49; *Härtl*, Stiftungsrecht, 117; *Muscheler*, JR 2003, 441, 442; Staudinger-BGB/*Hüttemann/Rawert*, § 80 Rn. 29. Anders: *Burgard*, NZG 2002, 697, 698.

244 Vgl. *Gantenbrink*, Die Stiftung – Jahreshefte zum Stiftungswesen 2 (2008), 59, 65. Anders jedoch *Burgard*, Gestaltungsfreiheit, 168.

245 Vgl. § 82 S. 1 BGB. Ein Vermögenserwerb von Gesetzes wegen wie z.B. bei der Erbfolge (§ 1922 BGB) findet dabei nicht statt; Staudinger-BGB/*Hüttemann/Rawert*, § 82 Rn. 2. § 82 BGB ist auf das Stiftungsgeschäft unter Lebenden zugeschnitten und findet auf die

Erfüllung vollzieht sich grundsätzlich durch einzelne „Übertragungsakte“ nach den allgemeingültigen Vorschriften.[246] Gemäß § 82 S. 2 BGB gehen Rechte, zu deren Übertragung ein (formloser) Abtretungsvertrag genügt, ausnahmsweise kraft Gesetzes – ipso iure – mit der hoheitlichen Anerkennung der Stiftung als rechtsfähig auf diese über, sofern sich aus dem Stiftungsgeschäft nicht eine andersartige entgegengesetzte Intention des Stifters ergibt.[247] Rechte nach § 82 S. 2 BGB sind etwa Forderungs-, Mitgliedschafts- und gewerbliche Schutzrechte mit Ausnahme der gemeinhin nicht übertragbaren Urheberrechte.[248]

2. *Haftung aus einem Siftungsgeschäft und Widerruf*

Erst mit Wirksamwerden der Anerkennung beginnt gemäß herrschender Meinung die Haftung des Stifters. Eine Rückwirkung auf den Zeitpunkt der Vornahme des Stiftungsgeschäfts findet nur statt, wenn sie vom Stifter gewollt ist.[249] Umstritten ist indes, ob es von diesem Grundsatz Ausnahmen gibt. Während die vormalig vorherrschende Auffassung dies verneinte, begründet die Einreichung eines Antrags auf Anerkennung nach jüngerer Lehre eine bedingungsähnliche Bindung, die eine analoge Geltung der §§ 160 ff. BGB zur Folge hat. Befreite man den Stifter auch von einer Haftung für die Vermögenszusage, wenn er einen Antrag auf die Anerkennung bereits eingereicht, den Widerruf gemäß § 81 Abs. 2 S. 2 BGB jedoch nicht erklärt hat, würde die Behörde gegebenenfalls eine

---

Stiftung von Todes wegen keine Anwendung. Für die Stiftung durch eine Verfügung von Todes wegen erfolgt die Übertragung des Vermögens nach den allgemeinen erbrechtlichen Grundsätzen; beachte in diesem Zusammenhang insbesondere auch noch *Schewe*, Stiftung, *passim*.

246 Ausdrücklich bei Grundstücken: *BayObLG* NJW-RR 1987, 1418 f.

247 Für die Anwendbarkeit von § 82 BGB ist es irrelevant, ob die Stiftung vor oder erst nach dem Tode des Stifters anerkannt wird. Nach § 84 BGB gilt die Stiftung dann für Zuwendungen des Stifters als schon vor seinem Tode entstanden. Allerdings bedarf es hier ebenso einer Einzelrechtsübertragung, es findet anders als bei der Stiftung von Todes wegen keine Gesamtrechtsnachfolge statt. Soweit hingegen § 82 S. 2 BGB eingreift, gehören die der Stiftung zugewandten Rechte nicht zum Nachlass; zwischenzeitliche Verfügungen des Erben sind Verfügungen durch einen Nichtberechtigten. Vgl. zu dieser Angelegenheit insbesondere auch noch: *Muscheler*, DNotZ 2003, 661, 672 f.; Staudinger-BGB/*Hüttemann*/*Rawert*, § 82 Rn. 5.

248 Vgl. MüKo-BGB/*Weitemeyer*, § 82 Rn. 2; Palandt-BGB/*Ellenberger*, § 82 Rn. 1; Soergel-BGB/*Neuhoff*, § 82 Rn. 5; Staudinger-BGB/*Hüttemann*/*Rawert*, § 82 Rn. 3.

249 Hierzu: Bamberger/Roth-BGB/*Backert*, § 82 Rn. 3; Staudinger-BGB/*Hüttemann*/*Rawert*, § 82 Rn. 6. Vgl. auch *Mugdan*, Materialien I, 420; *Muscheler*, Die Stiftung – Jahreshefte zum Stiftungswesen 11 (2017), 169, 183 ff.

Stiftung als rechtsfähig anerkennen müssen, obgleich das für sie anfangs vorgesehene Vermögen nicht mehr übertragen werden kann.[250] Nach Erteilung der Anerkennung kann also die Stiftung, wenn der Stifter, ohne allerdings gegenüber der Behörde widerrufen zu haben, über die gewährten Vermögensgegenstände verfügt, den Schadensersatz gemäß § 160 BGB (analog) fordern.[251] Etwaige Zwischenverfügungen des Stifters, die Rechte angehen, die ipso iure auf die Stiftung übergehen, sind nach § 161 BGB *analog* unwirksam.[252]

Ungeklärt ist nach wie vor die Rechtsnatur des vermögensrechtlichen Bewidmungsaktes (Vermögenszusage) des Stifters gemäß § 81 Abs. 1 S. 2 BGB.[253] Nach überwiegender Ansicht sollen hier die Regelungen über die Schenkung – namentlich aufgrund der Freigebigkeit eines jeweiligen Stifters – durchweg Anwendung finden.[254] Dagegen ist aber einzuwenden, dass die

---

250 Vgl. auch Bamberger/Roth-BGB/*Backert*, § 82 Rn. 3; *Burgard*, Gestaltungsfreiheit, 85; *Ebersbach*, Handbuch, 69 f.; *Jacke*, Haftung, 16 ff.; Meyn/Richter/Koss/*Meyn*, Stiftung, Rn. 189 f.; MüKo-BGB/*Weitemeyer*, § 82 Rn. 5; *Muscheler*, JR 2003, 441, 446; NK-BGB/*Schiffer/Pruns*, § 82 Rn. 5 ff.; *Schlüter/Stolte*, Stiftungsrecht, Kap. 2 Rn. 110; Soergel-BGB/*Neuhoff*, § 82 Rn. 2; Staudinger-BGB/*Hüttemann/Rawert*, § 82 Rn. 7 ff.; *Stintzing*, AcP 88 (1898), 392, 420; *v. Tuhr*, AT I, 608. A.A. dagegen noch bei: *Flume*, AT I/2, 139; RGRK-BGB/*Steffen*, § 82 Rn. 3; *Seyboth*, Haftung, 19 ff.; *Strickrodt*, Stiftungsrecht, 46 f.

251 Grundlegend: Staudinger-BGB/*Hüttemann/Rawert*, § 82 Rn. 8. Vgl. auch noch Bamberger/Roth-BGB/*Backert*, § 82 Rn. 3; v. Campenhausen/Richter/*Hof*, Handbuch, § 6 Rn. 42. Eine Verfügung über bestimmte, der Stiftung zugesagte Vermögensgegenstände kann ausschließlich dann als konkludenter Widerruf – ohne Auslösung einer Haftungsfolge – angesehen werden, wenn die Stiftungsbehörde darüber informiert wird. Hierzu *Schlüter/Stolte*, Stiftungsrecht, Kap. 2 Rn. 109; Staudinger-BGB/*Hüttemann/Rawert*, § 82 Rn. 8.

252 Ausführlich Staudinger-BGB/*Hüttemann/Rawert*, § 82 Rn. 8. Siehe Bamberger/Roth-BGB/*Backert*, § 82 Rn. 3; MüKo-BGB/*Weitemeyer*, § 82 Rn. 5 und *Muscheler*, Die Stiftung – Jahreshefte zum Stiftungswesen 11 (2017), 169, 180 ff.

253 Vor Inkrafttreten des Bürgerlichen Gesetzbuchs ging das Reichsgericht (in einer Entscheidung) davon aus, dass Schenkungsrecht anzuwenden sei (RGZ 5, 138, 141 ff.). Während der 1. Entwurf eines BGB noch ausdrücklich die Geltung von Schenkungsrecht für die Gewährleistung eines Stifters bestimmte, sah die 2. Kommission zum BGB von einer derartigen Festsetzung bewusst ab, um diese Frage der Rechtsprechung sowie der Wissenschaft zu überlassen. Beachte diesbezüglich insbesondere auch *Mugdan*, Materialien I, 662.

254 Beachte dazu etwa auch *Flume*, AT I/2, 141; *Medicus*, in: FS Heinrichs, 381, 395; *Muscheler*, AcP 203 (2003), 469, 496 ff.; Palandt-BGB/*Ellenberger*, § 82 Rn. 1; RGRK-BGB/*Steffen*, § 82 Rn. 4; *Röthel*, ZEV 2006, 8, 9 f.; Soergel-BGB/*Neuhoff*, § 82 Rn. 3; Staudinger-BGB/*Hüttemann/Rawert*, § 81 Rn. 27 ff.; *Tolksdorf*, Schenkung, 282; *O.*

stiftungsrechtliche Vermögenszusage als Geschäftsgrundlage der (hoheitlichen) Anerkennung zu qualifizieren ist; dies allerdings verlangt dann keineswegs eine nach schenkungsrechtlichen Regelungen begrenzte, sondern eine besonders intensive Verbindlichkeit.[255] Die Stiftung wird von der zuständigen Behörde nicht zuletzt in Ansehung der zugesagten Vermögensausstattung als juristische Person anerkannt.[256] Damit unterscheidet sich die Stiftung vom herkömmlichen Schenkungsempfänger; ihr Schutzbedürfnis (Bestandsschutz) übersteigt nämlich zweifelsohne die *Interessen* des Stifters, dem es zumutbar ist, gegen Schenkerrisiken Vorsorge zu treffen.[257]

Werner, ZSt 2005, 83, 85 f. Nach der heute ganz herrschenden Meinung ist die Vermögenszusage eines Stifters als Rechtsgeschäft *sui generis* zu qualifizieren; beachte dazu: *Flume*, AT I/2, 141; *Jakob*, ZSt 2005, 99, 101; *Saenger*, ZSt 2004, 183, 187; Staudinger-BGB/*Hüttemann*/*Rawert*, § 81 Rn. 27; *Strickrodt*, Stiftungsrecht, 46 f.; *Wachter*, Stiftungen, B Rn. 54; *O. Werner*, ZSt 2005, 83, 85.

255 Vgl. dazu etwa auch: v. Campenhausen/Richter/*Hof*, Handbuch, § 6 Rn. 36; *Jakob*, Schutz der Stiftung, 118 ff.; MüKo-BGB/*Weitemeyer*, § 81 Rn. 21; *Saenger*, ZSt 2004, 183, 187. Es gilt somit nicht nur, die relativ wenig schutzwürdige Aussicht auf den unentgeltlichen Erwerb zu gewährleisten, sondern auch und in erster Linie, die „Geschäftsgrundlage" der behördlichen Anerkennung zu erfüllen. Das dagegen erfordert eine Haftung, die sich an genau den Maßstäben orientiert, die auch für Vereinsmitglieder hinsichtlich der Erfüllung ihrer wesentlichen Pflichten gelten. Denn hier wie dort geht es darum, die zweckentsprechende (selbstständige) „Lebensfähigkeit" der juristischen Person zu garantieren, so dass der rechtsgeschäftliche Verkehr nicht durch verkehrsuntaugliche Teilnehmer gestört wird. So wie die Mitglieder eines Vereins mit altruistischer Zwecksetzung für die Erfüllung ihrer Beitragspflicht selbstverständlich nicht nach Schenkungsregeln, sondern nach normalen schuldrechtlichen Normen haften, müssen dies in ebenderselben Weise auch die Stifter. Das gleiche gilt auch für Zustifter, soweit ihre Zuwendungen bereits im Stiftungsgeschäft fixiert und aufgrund dessen auch in die hoheitliche Prüfung der stiftungsrechtlichen Anerkennungsfähigkeit gemäß § 80 Abs. 2 BGB einbezogen worden sind. Vgl. hierzu auch insbesondere noch *Burgard*, Gestaltungsfreiheit, 584 ff.; v. Campenhausen/Richter/*Hof*, Handbuch, § 6 Rn. 36; *Jakob*, Schutz der Stiftung, 126 f.; MüKo-BGB/*Weitemeyer*, § 82 Rn. 4.

256 Beachte hierzu auch: *Aigner*, Schutz, 37; MüKo-BGB/*Weitemeyer*, § 82 Rn. 4; *Rawert*/*Katschinski*, ZEV 1996, 161, 163 Fn. 18. Siehe auch v. Campenhausen/Richter/*Hof*, Handbuch, § 6 Rn. 38; *Muscheler*, AcP 203 (2003), 469, 496 ff.; *Neuhoff*, ZSt 2004, 90 f. Das Haftungsrisiko des Stifters kann dadurch verringert werden, dass etwa bei der Einbringung von Aktien nicht der Kurswert, sondern eine Stückzahl im Stiftungsgeschäft zugesichert wird.

257 So v. Campenhausen/Richter/*Hof*, Handbuch, § 6 Rn. 37; MüKo-BGB/*Weitemeyer*, § 82 Rn. 4. Unabhängig von der Art der juristischen Konstruktion ist allerdings, dass

Ist die „lebzeitige" Stiftung noch vor dem Ableben des Stifters als rechtsfähig anerkannt worden, ist aber eine Übertragung des der Stiftung versprochenen Vermögens nicht erfolgt, so gehen die ursprünglichen Verpflichtungen des verstorbenen Stifters nach § 1967 BGB auf den Erben über. Seine Haftung entspricht der Haftung des Stifters. Insoweit gelten demnach keine typisch stiftungsrechtlichen Besonderheiten.[258] – Wird die Stiftung (unter Lebenden) erst nach dem Tode des Stifters als rechtsfähig anerkannt, so gelten die oben genannten Gedanken unter Anwendung von § 84 BGB mutatis mutandis.[259] Gefährdet aber der Erbe durch sein Verhalten die Übertragung des versprochenen Vermögens und ist er selbst nicht mehr zum Widerruf des Stiftungsgeschäfts berechtigt, so wird die Fürsorge analog §§ 1912, 1913 BGB erforderlich.[260]

---

die Gläubiger eines Stifters durch eine Absichtsanfechtung gemäß § 133 InsO oder § 3 AnfG Zugriff auf das Vermögen der Stiftung bekommen können. Das ist besonders unbefriedigend, da auf diese Weise die Stiftungsautonomie gegenüber dem allgemeinen Gläubigerschutz völlig das Nachsehen erhält. Entgegen der allgemeinen Meinung ist eine Schenkungsanfechtung nach § 134 InsO und nach § 4 AnfG jedoch nicht möglich, da der Stifter keine schon bestehende Person bereichert, sondern in einem mehrteiligen Konstitutivakt eine (neue) Rechtsperson schafft; siehe hierzu auch: v. Campenhausen/Richter/*Hof*, Handbuch, § 6 Rn. 38; *Hinz*, Verbindlichkeiten, 127; *Jakob*, ZSt 2005, 99, 103 f. Zumindest nicht ohne Zweifel ist die Frage zu beantworten, ob die Regelung über den Pflichtteilsergänzungsanspruch gemäß § 2325 BGB auf Stiftungsgeschäfte entsprechend anwendbar ist. Tatsächlich wäre eine Stiftung mit erheblichen Schwierigkeiten belastet, wenn man sie noch bis zu zehn Jahre lang nach ihrer Anerkennung der Gefahr einer Konfrontation mit Pflichtteilsergänzungsansprüchen infolge des Ablebens des Stifters aussetzen würde. Für eine Stiftung stellt die Vermögensausstattung gerade eine Existenzvoraussetzung dar; dementsprechend erscheint die Ablehnung einer analogen Anwendung des Pflichtteilsergänzungsrechts grundsätzlich vorzugswürdig. Siehe hierzu insbesondere die Ausführungen in: Stumpf/Suerbaum/Schulte/Pauli-Stiftungsrecht/*Stumpf*, Kap. B § 80 BGB Rn. 29.

258 Hierzu *Burgard*, Gestaltungsfreiheit, 587; Erman-BGB/*Wiese*, § 82 Rn. 1; MüKo-BGB/*Weitemeyer*, § 82 Rn. 7; NK-BGB/*Schiffer*/*Pruns*, § 82 Rn. 14; Soergel-BGB/*Neuhoff*, § 82 Rn. 7; Staudinger-BGB/*Hüttemann*/*Rawert*, § 82 Rn. 13; Stumpf/Suerbaum/Schulte/Pauli-Stiftungsrecht/*Stumpf*, Kap. B § 82 BGB Rn. 10.

259 Siehe hierzu *Burgard*, Gestaltungsfreiheit, 587; *Damrau*, ZEV 2010, 12 f.; Erman-BGB/*Wiese*, § 82 Rn. 1; Palandt-BGB/*Ellenberger*, § 84 Rn. 1; Soergel-BGB/*Neuhoff*, § 82 Rn. 6; Staudinger-BGB/*Hüttemann*/*Rawert*, § 82 Rn. 14. Kritisch hingegen *Muscheler*, DNotZ 2003, 661 ff.

260 Siehe hierzu: *Jacke*, Haftung, 32 f.; Staudinger-BGB/*Hüttemann*/*Rawert*, § 82 Rn. 14. Zum Widerruf nach dem Tod des Stifters siehe auch Staudinger-BGB/*Hüttemann*/*Rawert*, § 81 Rn. 87 f.

V. Notwendigkeit eines nominalen Mindestkapitals?

Schon im Jahre 1968 hat sich die Studienkommission des 44. Deutschen Juristentags in ihrem Bericht über Vorschläge zur Reform des Stiftungsrechts gegen ein bestimmtes Mindestkapital für Stiftungen ausgesprochen.[261] Sie stellte etwa klar, dass die Mittel für die Durchsetzung der Stiftungszwecke in einer Vielzahl von Fällen erst im Anschluss an die Errichtung der Stiftung aufgetrieben oder beschafft werden könnten. Zudem seien sogar Stiftungen möglich, für deren Realisierung es keiner (nennenswerten) Mittel bedürfe. Ein Mindestkapital hätte dann allein den Sinn eines Ordnungs- oder Seriositätstests, was jedoch als ein nur formaler Gesichtspunkt nicht zu akzeptieren sei. Auch im Zuge der Modernisierung des Stiftungsrechts im Jahre 2002 wurde die Frage nach einem Mindestkapital aufgeworfen. Im Bürgerlichen Gesetzbuch und in den einzelnen Landesstiftungsgesetzen ist kein fester Betrag eines Mindeststiftungsvermögens vorgeschrieben, doch in der Praxis wird in der Regel eine Vermögensausstattung von weniger als 50.000 Euro als Unterkapitalisierung gewertet.[262] Hierzu sei gesagt, dass eine Stiftung, die ausschließlich von ihren Kapitalerträgen leben soll, tendenziell eher ein Grundstockvermögen von über 500.000 Euro benötigen wird, um ein angemessenes Verhältnis zwischen den Kosten für die Verwaltung und den erforderlichen Aufwendungen für die Erfüllung des satzungsmäßigen

---

261 Siehe Deutscher Juristentag, Stiftungsrecht, 22. Siehe zudem *Kirmse*, in: Grenzen der Instrumentalisierung, 27, 36 f.; *Schwake*, NZG 2008, 248; *Schwalme*, Vermögensverwaltung, 132 f. – Die Literatur lehnt das Erfordernis einer fixen Mindestkapitalausstattung für Stiftungen ebenfalls ganz überwiegend ab; vgl. *Andrick*, DVBl. 2003, 1246, 1249; *Burgard*, NZG 2002, 697, 699; *Kronke*, Stiftungstypus, 101; *Schwarz*, DStR 2002, 1718, 1724; Soergel-BGB/*Neuhoff*, Vor § 80 Rn. 16. Vorbehalte wegen der Stifterfreiheit finden sich zudem insbesondere auch noch bei v. Campenhausen/Richter/*Hof*, Handbuch, § 6 Rn. 179.

262 Vgl. hierzu etwa Bamberger/Roth-BGB/*Backert*, § 80 Rn. 50; *Freundl*, DStR 2004, 1509, 1510; *Nietzer/Stadie*, NJW 2000, 3457, 3460; Palandt-BGB/*Ellenberger*, § 80 Rn. 5; Scherer/*Feick*, MAH-Erbrecht, § 38 Rn. 59 ff.; *Schlüter/Stolte*, Stiftungsrecht, Kap. 1 Rn. 50 zudem Kap. 5 Rn. 1 ff.; *K. Schmidt*, in: Stiftungen in Deutschland und Europa, 229, 241; *Schwarz*, DStR 2002, 1718, 1724; Staudinger-BGB/*Hüttemann/Rawert*, § 80 Rn. 27 ff.; Sudhoff/*Froning*, Unternehmensnachfolge, § 50 Rn. 19. Vgl. hierzu insbesondere auch noch die Darstellungen bei *Damrau/Wehinger*, ZEV 1998, 178, 179; *Härtl*, Stiftungsrecht, 114 f. A.A. allerdings: *Burgard*, NZG 2002, 697, 699; *Schwake*, NZG 2008, 248, 250.

Stiftungszwecks zu erreichen.[263] Dies gilt im Besonderen in Zeiten *niedriger* Kapitalerträge.[264]

B. Rechtlicher Rahmen für die Vermögensanlage

I. Vermögensverwaltungspflicht der Organe

Während die ordnungsgemäße sowie hinreichende Ausstattung der Stiftung mit Vermögen die (erste) Aufgabe des Stifters ist, fällt dem Stiftungsvorstand die Vermögensbewirtschaftung als vorrangige Geschäftsführungsangelegenheit zu. Bei Anstaltsstiftungen ist die Bewirtschaftung des Vermögens unmittelbar durch die Erfordernisse des Stiftungszwecks vorgeschrieben (zum Beispiel durch Betrieb einer Krankenanstalt); im Vergleich dazu verfügen die Stiftungsorgane einer Kapitalstiftung grundsätzlich über einen erheblich größeren Handlungsspielraum bei der Anlage des Grundstockvermögens. Die Frage, welche genuin stiftungsrechtlichen Anforderungen die Vorstände von Kapitalstiftungen bei der

---

263 Vgl. hierzu insbesondere auch noch: *Benke*, S&S 4/2006, 30, 31; *Schlüter/Stolte*, Stiftungsrecht, Kap. 1 Rn. 50; *Schwalme*, Vermögensverwaltung, 137. Ein nominales Mindestkapital erscheint in der Hauptsache im Hinblick auf die besondere Anwendungsform der unternehmensverbundenen Stiftung angemessen, um eine fortdauernde Existenz der mitgliederlosen juristischen Person Stiftung sicherzustellen; durch unternehmerische Risiken kann eine Stiftung auch sehr kurzlebig sein, so dass diese Risiken stets in der notwendigen Vermögensausstattung zu berücksichtigen sind. Daher sollte die Aufsichtsbehörde im Anerkennungsverfahren anfangs prüfen, ob aus den zu erzielenden Erträgen des Grundstockvermögens die satzungsgemäßen Zweckbestimmungen der Stiftung auf Dauer zu erfüllen sind. Wird dieses bejaht, so ist in einem zweiten Schritt zu klären, dass zusätzlich wenigstens ein Grundstockvermögen analog § 7 AktG in Höhe von 50.000 Euro zur Verfügung steht. Mit einem derartigen vorgeschriebenen Risikokapital ginge gleichermaßen einher, dass lediglich solche Stiftungen ins Leben gerufen werden können, welche über eine stabile Finanzbasis verfügen. Betrachte dazu insbesondere auch noch *Kirmse*, in: Grenzen der Instrumentalisierung, 27, 38 f.; *Kronke*, Stiftungstypus, 85 f.; *Nietzer/Stadie*, NJW 2000, 3457, 3460 und 3461; *Rawert*, in: Stiftungsrecht in Europa, 109, 125 ff.; *Schwake*, NZG 2008, 248, 251 f.; *Schwalme*, Vermögensverwaltung, 138 ff.; *Schwarz*, BB 2001, 2381, 2388; *Wochner*, MittRhNotK 1994, 89, 100.

264 Siehe hierzu etwa auch *Benke*, S&S 4/2006, 30, 31; *Hüttemann/Rawert*, ZIP 2013, 2136, 2140; *Malcharek*, Die Stiftung – Jahreshefte zum Stiftungswesen 10 (2016), 23, 24 ff.; *Sauer/Schwarz*, StiftungsBrief 2010, 228 ff.; *Schlüter/Stolte*, Stiftungsrecht, Kap. 1 Rn. 50; *Schriever*, npoR 2017, 111 ff.; *Siebeck/Hesse*, npoR 2018, 253, 255 ff.; *Sommer*, ZInsO 2013, 1715, 1716; *Weitemeyer/Wrede*, npoR 2017, 91.

Bewältigung des Anlageproblems zu befolgen haben, wird – speziell seit den Finanzkrisen der vergangenen Jahre – diskutiert.[265]

Die Regelungen des Bundesstiftungsrechts (§§ 80–88 BGB) enthalten keine eindeutigen Maßstäbe im Hinblick auf die Verwaltung des Grundstockvermögens. Spezielle Vorgaben für die Vermögensverwaltung finden sich auch nicht in der Vorschrift über den Stiftungsvorstand (§ 86 BGB), die bezüglich der Rechtsstellung des Vorstands auf vereinsrechtliche Regelungen verweist, welche ihrerseits wiederum auf die für den „Auftrag" geltenden gesetzlichen Regeln der §§ 664–670 BGB verweisen. Aus jener Verweisungskette lässt sich nur herleiten, dass das Rechtsverhältnis zwischen der Stiftung und ihrem Vorstand ein Geschäftsbesorgungs- und ein Treuhandverhältnis ist.[266] Ferner folgt aus der gesetzlichen Vorschrift über die Verfassung der Stiftung (§ 85 BGB), dass die Organe der Stiftung an die Vorgaben des Stifters, wie sie im Stiftungsgeschäft und in der Stiftungssatzung bestimmt wurden, gebunden sind.[267]

Auch in den geltenden Landesstiftungsgesetzen fehlen konkrete Standards für die Vermögensbewirtschaftung, wie sie etwa die §§ 1806, 1807 BGB für die Investierung von Mündelgeld enthalten oder wie sie ebenso für bestimmte fremdnützige Kapitalanlegungen aus dem KAGB und dem VAG bekannt sind. Die früher in einzelnen Stiftungsgesetzen enthaltene Pflicht zur „mündelsicheren" Anlage ist aufgehoben.[268] Soweit einzelne Stiftungsgesetze noch Aussagen über die Anlegung des Grundstockvermögens treffen, sind diese häufig unbestimmt gehalten oder wiederholen allein die aus den §§ 80–88 BGB stammende Pflicht des Vorstands zur *„ordnungsmäßigen Verwaltung der Stiftung"* oder andernfalls

265 Siehe aus der großen Zahl von Beiträgen *Burgard*, Gestaltungsfreiheit, 471 ff.; *Carstensen*, WPg 1996, 781 ff.; *Hüttemann/Schön*, Vermögensverwaltung, 2 ff.; *Reuter*, NZG 2005, 649 ff.; *Schwake*, Unternehmensstiftungen, 233 ff.; *Schwalme*, Vermögensverwaltung, *passim*; Werner/Saenger/Fischer/*Fritz*, Stiftung, § 14 Rn. 1 ff.; vgl. aus ökonomischer Perspektive auch: *Brockhoff*, in: Non Profit Law Yearbook 2002, 221 ff. Die Ausführungen sind in erster Linie auf die Kapitalstiftungen zugeschnitten; das ist zugleich die in der Praxis verbreitetste Form der Stiftung. Bei Anstalts- und insbesondere bei Unternehmensträgerstiftungen stellen sich darüber hinaus auch betriebswirtschaftliche Fragen. Diese sind allerdings nicht Gegenstand der vorliegenden Untersuchung.

266 Vgl. dazu eingehend auch: Hüttemann/Richter/Weitemeyer/*Hüttemann*, Landesstiftungsrecht, Rn. 14.3; *Reuter*, in: Non Profit Law Yearbook 2002, 157 ff.

267 Beachte hierzu etwa statt anderer *Burgard*, Gestaltungsfreiheit, 536; v. Campenhausen/Richter/*Hof*, Handbuch, § 9 Rn. 101; *Hüttemann*, in: FG Flume, 59, 76 f.

268 Vgl. etwa Art. 14 BayStiftG a.F.

zu einer *„ordnungsmäßigen Verwaltung des Stiftungsvermögens“* (beispielhaft § 8 S. 1 HeStiftG; § 6 Abs. 3 NdsStiftG).[269]

II. Zum Grundsatz der Vermögenserhaltung

1. Pflicht zur Trennung von anderen Vermögensmassen

Zuvörderst ist das Vermögen einer Stiftung von den Vermögensmassen sonstiger Rechtsträger separiert zu halten.[270] Praktisch wird dieses Trennungsgebot hauptsächlich erreicht durch eine getrennte Vermögensaufstellung, eine getrennte Vermögensrechnung sowie getrennte Kassen- und Buchführung.[271] – Anders als insbesondere im Kapitalgesellschaftsrecht ist das Gebot der Vermögenstrennung keine Frage der Haftungsbeschränkung.[272] Vielmehr dient es dem Schutz der Stiftung und ihrer Zweckfestlegung vor unklaren sowie stiftungsfremden Dispositionen.[273]

2. Interpretation des Vermögenserhaltungsgrundsatzes

Fast alle Stiftungsgesetze sehen indes zur Sicherstellung der Dauerhaftigkeit der vorhandenen juristischen Person Stiftung und der jeweiligen Zweckerfüllung die ungeschmälerte Erhaltung des Grundstockvermögens vor.[274] Es darf als die grundlegende Säule der Stiftung mithin nicht verschenkt, verbraucht, deutlich unter seinem wahrhaftigen Wert veräußert, angetastet oder in sonstiger Form

---

269 Siehe näher zu den (das Bundesrecht lediglich wiederholenden) landesrechtlichen Vorschriften zur Verwaltung von Stiftungen Hüttemann/Richter/Weitemeyer/*Hüttemann*, Landesstiftungsrecht, Rn. 13.1 ff.

270 Art. 6 Abs. 1 S. 2 BayStiftG, § 7 Abs. 2 BremStiftG, § 7 Abs. 2 S. 2 BWStiftG, § 4 Abs. 2 S. 1 HbgStiftG, § 6 Abs. 2 HeStiftG, § 6 Abs. 1 S. 3 NdsStiftG, § 7 Abs. 2 S. 2 RhPfStiftG, § 6 Abs. 1 S. 3 SaarStiftG, § 4 Abs. 3 S. 2 SächsStiftG, § 7 Abs. 2 S. 2 SAStiftG, § 4 Abs. 2 S. 2 SchlHStiftG sowie § 8 Abs. 2 S. 2 ThürStiftG.

271 Siehe dazu auch noch *Burgard*, Gestaltungsfreiheit, 531; v. Campenhausen/Richter/*Hof*, Handbuch, § 9 Rn. 97; *Friedrich*, Anlage des Stiftungsvermögens, 132.

272 Vgl. etwa *BGH* BB 1985, 77; *K. Schmidt*, Gesellschaftsrecht, 234 ff. m.w.N.

273 Vgl. dazu etwa auch v. Campenhausen/Richter/*Hof*, Handbuch, § 9 Rn. 97; *Carstensen*, Vermögensverwaltung, 67 f.; Hüttemann/Richter/Weitemeyer/*Hüttemann*, Landesstiftungsrecht, Rn. 14.45 ff.

274 Art. 6 Abs. 2 BayStiftG, § 3 BlnStiftG, § 7 Abs. 1 BremStiftG, § 7 Abs. 2 BWStiftG, § 4 Abs. 2 HbgStiftG, § 6 Abs. 1 HeStiftG, § 6 Abs. 1 NdsStiftG, § 4 Abs. 2 NRWStiftG, § 7 Abs. 2 RhPfStiftG, § 6 Abs. 1 SaarStiftG, § 4 Abs. 3 SächsStiftG, § 7 Abs. 2 SAStiftG, § 4 Abs. 2 SchlHStiftG, § 8 Abs. 2 ThürStiftG.

angegriffen werden.[275] Das Gebot der Erhaltung des Grundstockvermögens ist ein rechtliches Mittel, die Lebensfähigkeit der Stiftung aufrechtzuerhalten, ist dabei Sicherung der wirtschaftlichen Substanz der Stiftung sowie ebenfalls Grundlage für den Bestand und das Tätigwerden der Stiftung.[276] *Stiftungsvermögen im engeren Sinne* (Grundstockvermögen) darf weder für Maßnahmen, die dem satzungsgemäßen Stiftungszweck nicht entsprechen, noch für Maßnahmen, die dem satzungsgemäßen Stiftungszweck entsprechen, ausgeschüttet werden.[277]

Im (stiftungsrechtlichen) Schrifttum werden unterschiedliche Meinungen zum Inhalt des Gebotes der Erhaltung des Grundstockvermögens vertreten.[278] Abzulehnen ist ein Verständnis von der Vermögenserhaltung als bloße Pflicht zur Erhaltung derjenigen Sachen, die der Stifter der Stiftung übertragen hat (Erhaltung der Vermögenssubstanz).[279] Eine in der Weise statische Interpretation würde der gemeinhin auf unbeschränkte Zeit ausgerichteten Stiftung ohne einen tatsächlich erkennbaren Nutzen jede Reaktionsmöglichkeit bei einer erheblichen Veränderung der äußeren wirtschaftlichen Bedingungen nehmen.[280] Nicht zu folgen ist im Weiteren ebenso einem vorgeschlagenen „Erhaltungskonzept" im Sinne einer Erhaltung des nominellen Wertes des Grundstockvermögens.[281] Dies folgt insbesondere bereits aus der Tatsache, dass es für die Tätigkeit einer Stiftung weniger auf den nominellen Wert des Grundstockvermögens, sondern auf die Erzielung von Erträgen ankommt.[282] Darüber hinaus ist ein auf die reine Erhaltung des nominellen Wertes ausgerichtetes Verständnis der Vermögenserhaltung mit der erforderlichen Vorsorge für die dauernde und nachhaltige

---

275 H.M. Siehe hierzu nur v. Campenhausen/Richter/*Hof*, Handbuch, § 9 Rn. 70; *Carstensen*, WPg 1996, 781, 782; *Ebersbach*, Handbuch, 115; *Schlüter/Stolte*, Stiftungsrecht, Kap. 5 Rn. 9. Anders: *Burgard*, Gestaltungsfreiheit, 480 – allerdings ohne eine hinreichende Begründung.

276 Siehe hierzu insbesondere *Carstensen*, WPg 1996, 781, 782 m.w.N.

277 Siehe etwa v. Campenhausen/Richter/*Hof*, Handbuch, § 9 Rn. 70; *Carstensen*, in: Bertelsmann Handbuch, 535, 538; *Schwalme*, Vermögensverwaltung, 198.

278 Statt aller *Hüttemann*, in: FG Flume, 59 ff. Vgl. hierzu *Reuter*, NZG 2005, 649 ff.

279 So auch *Friedrich*, Anlage des Stiftungsvermögens, 84; *Hüttemann*, in: FG Flume, 59, 61 f.; Münch.Hdb.GesR V/*Helios*/*Friedrich*, § 96 Rn. 14; *Reuter*, NZG 2005, 649, 650.

280 Vgl. hierzu *Friedrich*, Anlage des Stiftungsvermögens, 84.

281 Beachte dazu Münch.Hdb.GesR V/*Helios*/*Friedrich*, § 96 Rn. 14; *Reuter*, NZG 2005, 649, 650. A.A. allerdings *Rödel*, NZG 2004, 754, 755.

282 Vgl. *Hüttemann*/*Schön*, Vermögensverwaltung, 20 f.

Erfüllung des Stiftungszwecks unvereinbar, drohte nämlich auf jener Grundlage die Lebensfähigkeit der Stiftung *durch Inflation zu zerbröseln*.[283]

Eine im Vordringen befindliche, von *Hüttemann* begründete Ansicht im Schrifttum will hingegen lediglich den in der Stiftungssatzung dokumentierten oder durch Auslegung des Stiftungsgeschäfts zu bestimmenden Willen des Stifters darüber entscheiden lassen, was exakt für die jeweilige Stiftung unter Vermögenserhaltung zu verstehen ist.[284] Hierbei sei häufig auf die bisherige wirtschaftliche Bestimmung der übertragenen Gegenstände abzustellen, weil der Stifter diese gewöhnlich aufrechterhalten wollte.[285] Bei Übertragung von Geldvermögen ohne eine maßgebende Konkretisierung des Stifterwillens habe sich die Vermögensbewirtschaftung namentlich an den objektiven Erfordernissen des jeweiligen Stiftungszwecks zu orientieren.[286]

Dagegen will die ganz herrschende Ansicht in der Literatur aus dem stiftungsrechtlichen Grundsatz der Vermögenserhaltung eine gesetzliche Pflicht zur „realen Vermögenserhaltung" im Sinne von einer „Erhaltung der Kaufkraft" ableiten.[287] Dieser Ansicht ist zu folgen, denn nur wenn der Realwert des Grundstockvermögens erhalten bleibt, wird die Stiftung permanent „lebensfähig" bleiben. Kaufkrafterhaltung des Grundstockvermögens meint, dass zum Schluss einer Periode zumindest dieselbe Stiftungsleistung hervorgebracht werden kann wie auch zum Anbeginn jener Periode. Hieraus ergibt sich in erster Linie die Forderung nach dem Ausgleich des herkömmlichen Geldwertschwundes, denn dieser führt meistens zu einer ganz erheblichen Verminderung des realen Wertes des Grundstockvermögens.[288] Das Prinzip der Erhaltung des

283 So auch MüKo-BGB/*Weitemeyer*, § 85 Rn. 25.

284 Eingehend dazu: *Hüttemann*, in: FG Flume, 59, 60 ff. Kritisch aber MüKo-BGB/*Weitemeyer*, § 85 Rn. 24: Nicht der Stifterwille, sondern der Stiftungszweck bestimme den Inhalt der Vermögenserhaltungspflicht.

285 Siehe etwa *Hüttemann*, in: FG Flume, 59, 75. Anderes soll nur gelten, wenn sich die tatsächlichen Umstände so bedeutend verändert haben, dass ein Festhalten an der bisherigen Form der Nutzung vom mutmaßlichen Willen des Stifters nicht gedeckt ist. Vgl. hierzu *Hüttemann*, in: FG Flume, 59, 76.

286 Vgl. *Hüttemann/Schön*, Vermögensverwaltung, 26.

287 H.M. Beachte hierzu: *Burgard*, Gestaltungsfreiheit, 482; v. Campenhausen/Richter/*Hof*, Handbuch, § 9 Rn. 71; *Carstensen*, Vermögensverwaltung, 43 f.; *Flämig*, Erhaltung, 19 f.; *Walter/Golpayegani*, DStR 2000, 701, 707; *R. Werner*, ZEV 2009, 366, 367; *Wochner*, MittRhNotK 1994, 89, 102 f.

288 Weitere Verluste kann die Stiftung zum Beispiel dadurch erfahren, dass einzelne Vermögensgegenstände durch einen „Schadensfall" verloren gehen oder eine Wertverminderung erleiden, dass einzelnes Sachvermögen einer Abnutzung unterliegt,

Grundstockvermögens setzt folgerichtig voraus, dass bei Geldentwertung (Inflation) dauerhaft angezeigte Einzelmaßnahmen durch die Vermögensbewirtschaftung vorgenommen werden.[289]

3. Allgemeine Vorgaben für die Vermögensverwaltung

a) Maßnahmen der Vermögenserhaltung

Maßnahmen zur Bewahrung des Grundstockvermögens können genauso aus anderen Gründen als aus Gründen eines Inflationsausgleichs erforderlich werden; primär hat dies Gewichtigkeit für solche Stiftungen, deren Grundstockvermögen beispielsweise auch Immobilien und andere Sachwerte umschließt. Damit der wirkliche Wert zum Beispiel eines vermieteten Grundstücks erhalten bleibt und damit die Finanzierung der satzungsmäßigen Stiftungstätigkeit abgesichert ist, hat die Vermögenserhaltungspflicht regelmäßige Renovierungsarbeiten im gebräuchlichen Ausmaß zum Inhalt. Ebenso wird aus dem Vermögenserhaltungsgrundsatz eine Verpflichtung für ein *prophylaktisches Tätigwerden abgeleitet.* Hier ist etwa an *Sachversicherungen* zu denken.[290]

b) Anforderungen an eine Anlagepolitik

aa) Gebot sparsamer Wirtschaftsführung

Eine spezielle Erscheinungsform der Vermögenserhaltungspflicht ist der Grundsatz sparsamer Wirtschaftsführung, der in einer Reihe von Landess-

---

Unternehmen, von denen sie Anteile hält, in wirtschaftliche Schwierigkeiten geraten oder etwa bei Wertpapieren anhaltende Kursverluste entstehen. Beachte hierzu auch: v. Campenhausen/Richter/*Hof*, Handbuch, § 9 Rn. 90.

289 So auch: *Carstensen*, WPg 1996, 781, 782 f. Besonderheiten hinsichtlich der Vermögenserhaltung bestehen bei Anstaltsstiftungen, weil hier der Stiftungszweck bereits durch den unmittelbaren Einsatz des Vermögens erfüllt werden kann. Aufgrund der engen Zweckbindung ist der Vermögenserhaltungsgrundsatz bei Anstaltsstiftungen in Zweifelsfällen auf die Erhaltung der konkreten, der Stiftung vom Stifter übertragenen Vermögensausstattung gerichtet; dies folgt auch aus der Pflicht zur Beachtung des Stifterwillens. Dieser zielt bei Anstaltsstiftungen im Allgemeinen nicht auf die rentabelste Anlagevariante ab, sondern ist vielmehr auf den Betrieb des übertragenen Vermögensgegenstandes (z.B. Krankenhaus) ausgerichtet. Vgl. dazu etwa auch: Münch. Hdb.GesR V/*Schwake*, § 79 Rn. 284; *Reuter*, NZG 2005, 649, 650.

290 Vgl. *Schlüter*/*Stolte*, Stiftungsrecht, Kap. 5 Rn. 14. Siehe auch noch *Hüttemann*, in: FG Flume, 59, 80 ff.

tiftungsgesetzen auch in aller Deutlichkeit vorgegeben wird.[291] Dieser Grundsatz umfasst die gesamte Tätigkeit der Stiftung, gilt folglich auch für die Verwirklichung des Stiftungszwecks.[292] – Vor allem aber zielt er auf Vermeidung unangemessen hoher Verwaltungskosten ab und verlangt deswegen eine effiziente und Kosten sparende Organisation der Stiftungsverwaltung. Insbesondere die Personalkosten dürfen daher den Rahmen des augenscheinlich Angemessenen nicht überschreiten.[293] Maßstab hierfür ist in allererster Linie das Spektrum der zu lösenden Aufgaben, zumal sich bei der für eine Stiftung kennzeichnenden Individualität Vergleiche zur öffentlichen Hand schwer begründen lassen.[294]

bb) Vermeidung wirtschaftlicher Risiken

Vermögenserhaltung gebietet darüber hinaus in der Konsequenz die weitgehende Vermeidung finanzieller Risiken.[295] Nach dem Wegfall der „Mündelsicherheit" als Bewertungsmaßstab für die Bewirtschaftung eines Stiftungsvermögens findet der stiftungsrechtliche Gedanke über die Vermeidung wirtschaftlicher Risiken seinen Niederschlag in der Praxis namentlich als Verbot spekulativer Rechtsgeschäfte mit Stiftungsmitteln.[296] Geboten ist daher eine Anlagepolitik der

291 Beachte dazu zum Beispiel Art. 6 Abs. 1 S. 1 BayStiftG, § 6 Abs. 2 S. 1 BremStiftG, § 7 Abs. 1 S. 1 BWStiftG, § 6 Abs. 4 S. 1 NdsStiftG, § 4 Abs. 1 SächsStiftG, § 7 Abs. 1 S. 1 SAStiftG, § 8 Abs. 1 S. 1 ThürStiftG.

292 Vgl. dazu auch: *Burgard*, Gestaltungsfreiheit, 541; v. Campenhausen/Richter/*Hof*, Handbuch, § 9 Rn. 79; *Fritz*, Stifterwille, 109.

293 Siehe hierzu etwa auch *BGH* ZIP 1988, 706 ff. Beachte ferner: *Friedrich*, Anlage des Stiftungsvermögens, 128; MüKo-BGB/*Weitemeyer*, § 86 Rn. 32.

294 Ebenso v. Campenhausen/Richter/*Hof*, Handbuch, § 9 Rn. 79; MüKo-BGB/*Weitemeyer*, § 86 Rn. 32.

295 Siehe etwa v. Campenhausen/Richter/*Hof*, Handbuch, § 9 Rn. 81; Münch.Hdb.GesR V/*Schwake*, § 79 Rn. 294; *Reuter*, NZG 2005, 649, 654.

296 Siehe hierzu insbesondere auch *Benicke*, ZGR 2004, 760, 763 f.; v. Campenhausen/Richter/*Hof*, Handbuch, § 9 Rn. 100 ff.; *Fischer/Sander*, in: Stiftungen in Theorie, Recht und Praxis, 493, 497; *Fritz*, ZStV 2010, 161, 165; Hüttemann/Richter/Weitemeyer/*Richter*, Landesstiftungsrecht, Rn. 15.50 f.; *Orth*, DStR 2009, 1397, 1402 ff.; *Reuter*, NZG 2005, 649, 654; *Schwalme*, Vermögensverwaltung, 442; *Weber/Voigt de Oliveira/Becker*, npoR 2012, 115, 118 f.; *R. Werner*, ZEV 2009, 366, 367. Beachte allerdings auch *Hüttemann*, WM 2016, 673, 678 f. und für die Vermögensverwaltung durch Testamentsvollstrecker: *BGH* NJW 1987, 1070, 1071.

ruhigen Hand, wobei sich zur Risikominderung immer die Streuung der Anlagen empfiehlt.[297]

c) Ausprägungen des Erhaltungsgebots

aa) Vermögensumschichtung bei der Stiftung

Umschichtung des Stiftungsvermögens bedeutet gewöhnlich Änderung der Zusammensetzung des Grundstockvermögens, also Modifizierung der Anlageform.[298] Sie kann nötig werden, um unergiebig gewordene Vermögensanlagen loszuschlagen und ergiebige Vermögensanlagen zu erwerben, aber genauso um die Abhängigkeit einer Stiftung von Erträgen eines Betriebs, eines Unternehmens oder einer Branche zu reduzieren oder gar zu beenden, die Vermögensanlagen einer Stiftung breiter zu streuen und Risiken zu verringern.[299] Die Umschichtung dient danach in gleichem Maße der Werterhaltung des Grundstockvermögens, der Stärkung der Erträge und der Vorbeugung gegen eine Verringerung der Erträge.[300] Daher empfiehlt es sich auch in aller Regel, dass der Stifter sie seiner Stiftung unzweideutig mittels der Stiftungssatzung *erlaubt*.[301]

---

297 Vgl. dazu: *Benke*, Die Bank 1997, 654, 656; *Fritz*, ZStV 2010, 161, 165 f. Siehe zum Gebot der Diversifikation auch *Benicke*, ZGR 2004, 760, 764 f.; *Fritz*, Stifterwille, 114 ff.

298 Vgl. v. Campenhausen/Richter/*Hof*, Handbuch, § 9 Rn. 130; eingehend hierzu ebenso NK-BGB/*Schiffer*/*Pruns*, § 81 Rn. 73 ff.; Werner/Saenger/Fischer/*Fritz*, Stiftung, § 14 Rn. 106 ff.

299 Siehe dazu auch v. Campenhausen/Richter/*Hof*, Handbuch, § 9 Rn. 130. Zu Umschichtungsverboten siehe etwa *Weidlich*/*Huh*, S&S 6/2019, 26, 28.

300 Siehe: v. Campenhausen/Richter/*Hof*, Handbuch, § 9 Rn. 130; *Fischer*/*Sander*, in: Stiftungen in Theorie, Recht und Praxis, 493, 500; Hüttemann/Richter/Weitemeyer/*Hüttemann*, Landesstiftungsrecht, Rn. 14.49 und endlich auch noch Schauhoff/*Schauhoff*, Gemeinnützigkeit, § 9 Rn. 97. Künftige Umschichtungsgewinne können in die Umschichtungsrücklage eingestellt werden, weil diese prinzipiell nicht der zeitnahen Mittelverwendungspflicht unterliegen; vgl. dazu auch AEAO Nr. 29 zu § 55 AO.

301 Siehe etwa v. Campenhausen/Richter/*Hof*, Handbuch, § 9 Rn. 130. Siehe dazu auch noch Otto/*Otto*, Handbuch, 60 f. Eine spezielle Art der Vermögensumschichtung ist die Ausgliederung von Unternehmen beziehungsweise Unternehmensanteilen aus dem Grundstockvermögen der Stiftung nach Maßgabe der §§ 161 ff. UmwG – siehe hierzu etwa auch schon *Schwintek*, S&S 3/2002, 19 ff.

bb) Zu der Beteiligung an Kapitalerhöhungen

Die Beteiligung an Kapitalerhöhungen von Unternehmungen, von denen eine Stiftung Anteile hält, dient dem Erhalt des Wertes dieser Anteile. Beteiligt sich die Stiftung nicht, so verringert sich jener Wert in Relation zu den Anteilen aller sonstigen Anteilsinhaber, die bei genau jener Kapitalerhöhung mitmachen. Dementsprechend bleibt auch das Dividendenaufkommen im Vergleich mit einer vergangenen Anteilsverteilung zurück, die Erträge jener Stiftung fallen insoweit geringer aus. Das lässt sich mit der in den Landesstiftungsgesetzen geregelten Pflicht zu einer Vermögenserhaltung jedoch nur sehr schlecht vereinbaren. So gesehen erscheint eine Stiftung aus diesem Grund auch gemeinhin zur Beteiligung an Kapitalerhöhungen gehalten.[302]

d) Zur Kassenführung bei einer Stiftung

Die Kassenführung einer Stiftung ist fortlaufend im Rahmen ihrer Vermögensangelegenheiten zu regeln. Neben der Hauptkasse, die den Zahlungsverkehr abwickelt, hat sich ferner auch die Einführung einer gesonderten Portokasse als nützlich erwiesen. Soweit notwendig können mit spezifischer Bestimmung auch zusätzliche Kassen eingerichtet werden. Mit ihrer Vermehrung wird allerdings notwendigerweise auch immer die stiftungsinterne Überwachung erschwert.[303]

e) Vermögensverwaltung im Bundesrecht

Die existierenden Bestimmungen zum Stiftungsvermögen und zur Vermögensverwaltung sind nicht leicht verständlich. Sie werden dabei in der Praxis sehr unterschiedlich interpretiert, was zu starker Rechtsunsicherheit bei Stiftungen führen kann. Einheitliche und insofern zusätzlich auch übersichtlichere Bestimmungen zum Stiftungsvermögen und dessen Verwaltung könnten für Stifter und Organmitglieder ein spürbar größeres Maß an Zugänglichkeit und außerdem an Verständlichkeit bewirken. Allerdings können auch die besten gesetzlichen

---

302 Ebenso v. Campenhausen/Richter/*Hof*, Handbuch, § 9 Rn. 133. Vgl. diesbezüglich allerdings auch das Beispiel der (gemeinnützigen) Alfried Krupp von Bohlen und Halbach-Stiftung, welche sich zuletzt wiederholt gar nicht an den Kapitalerhöhungen der *thyssenkrupp AG* beteiligen konnte. Dadurch reduzierte sich schließlich auch der Anteil der Alfried Krupp von Bohlen und Halbach-Stiftung an der *thyssenkrupp AG* auf derweil rund 21 % und die Sperrminorität entfiel, mit der die Krupp-Stiftung schon seit Jahrzehnten als Bollwerk unter anderem gegen feindliche Übernahmeversuche oder auch gegen eine Zerschlagung agierte.

303 Vgl. etwa v. Campenhausen/Richter/*Hof*, Handbuch, § 9 Rn. 183.

Vorschriften nicht dazu beitragen, dass eine gewisse Unsicherheit der einzelnen Organwalter bei der Verwaltung des Stiftungsvermögens ausgeschlossen wird und den Mitgliedern des Stiftungsvorstands eine Verantwortung für eine legitime Verwaltung des Grundstockvermögens abgenommen wird.[304]

Die gesetzliche Verpflichtung zur Erhaltung des übertragenen Grundstockvermögens ist eine der grundsätzlichen stiftungsrechtlichen Regelungen. Sie ist die wesentliche Basis für die dauernde sowie nachhaltige Förderung eines satzungsgemäßen Zwecks. Deshalb war es auch erstrebenswert und zudem sinnvoll, diesen fundamentalen Grundgedanken des Stiftungsrechts nunmehr einheitlich bundesgesetzlich zu verankern.[305] Die entsprechenden Vorschriften in den jeweiligen Stiftungsgesetzen der Bundesländer müssen dann durchweg aufgehoben werden.[306]

Wesentliche Prinzipien zur Vermögensverwaltung, welche prinzipiell für alle Stiftungen verbindlich sind und die sich teilweise auch schon in einigen Stiftungsgesetzen finden, sollten ebenfalls bundeseinheitlich kodifiziert werden. Dazu gehört etwa, dass das Stiftungsvermögen grundsätzlich getrennt von sonstigen Vermögenswerten aufzubewahren ist und darüber hinaus auch stets sparsam verwaltet werden muss.[307] – Zudem sollten die Begriffe „Stiftungsvermögen" sowie „Grundstockvermögen" legal definiert werden.[308] Als Stiftungsvermögen müsste natürlich dann das gesamte Vermögen der Stiftung umschrieben werden. Das Grundstockvermögen soll schließlich denjenigen Ausschnitt des Stiftungsvermögens beschreiben, welchen eine Stiftung grundsätzlich erhalten muss. Den Kern des Grundstockvermögens bildet immer das durch den Stifter gewidmete Vermögen, welches zu erhalten ist. Das Grundstockvermögen ist allerdings nicht darauf beschränkt. Es kann später speziell noch durch eine Zustiftung ergänzt werden.[309]

---

304 Vgl. auch Bund-Länder-Arbeitsgruppe, Bericht v. 9.9.2016, 41 f.

305 Siehe dazu ab dem 1.7.2023 auch § 83c Abs. 1 BGB n.F.

306 Siehe dazu etwa auch noch Bund-Länder-Arbeitsgruppe, Bericht v. 9.9.2016, 43.

307 Siehe hierzu ab dem 1.7.2023 auch § 83b Abs. 4 S. 1 BGB n.F.

308 So ab dem 1.7.2023 in § 83b BGB n.F.

309 Vgl. auch hierzu Bund-Länder-Arbeitsgruppe, Bericht v. 9.9.2016, 44.

4. *Rechnungslegung und Publizität der Stiftung*

a) *Rechtliche Grundlagen der Rechnungslegung*

Rechnungslegungspflichten einer Stiftung können sich aus besonders vielen unterschiedlichen rechtlichen Grundlagen erschließen.[310] Allgemein verpflichtend sind dabei ganz grundsätzlich die Bestimmungen aus dem Bürgerlichen Gesetzbuch. Für Geschäftsführungsmaßnahmen des Vorstands finden die Bestimmungen über das Auftragsverhältnis (§§ 664–670 BGB) entsprechende Anwendung. Somit ist intern eine übersichtliche und einleuchtende Aufstellung der Einnahmen und Ausgaben erforderlich (§ 259 BGB), darüber hinaus ist intern ein Bestandsverzeichnis zu führen (§ 260 BGB).[311] In den jeweiligen Landesstiftungsgesetzen werden verschiedene Vorschriften über öffentlich-rechtliche Rechnungslegungspflichten der einzelnen Stiftungen gegenüber den Aufsichtsbehörden der Länder reglementiert;[312] sämtliche Länder fordern eine Jahresabrechnung mit Vermögensübersicht und zudem einen Bericht über die Zweckförderung, zum Teil ist eine „laufende ordnungsgemäße Buchführung" bestimmt.[313]

---

310 Vgl. hierzu etwa auch v. Campenhausen/Richter/*Römer/Spiegel*, Handbuch, § 37 Rn. 4 ff.; *Kußmaul/Meyering*, DStR 2004, 371 ff.; *Orth*, DB 1997, 1341 ff.; *Schlüter/Stolte*, Stiftungsrecht, Kap. 6 Rn. 3 und ferner auch noch *Walter/Golpayegani*, DStR 2000, 701 ff.

311 Beachte *Klassmann*, Die Stiftung – Jahreshefte zum Stiftungswesen 8 (2014), 91, 92 ff. In der Stiftungssatzung kann diese Bezugnahme auf das Auftragsrecht hingegen abgedungen werden; siehe hierzu vor allem auch noch v. Campenhausen/Richter/*Römer/Spiegel*, Handbuch, § 37 Rn. 5 sowie zudem *Kußmaul/Meyering*, DStR 2004, 371; *Orth*, DB 1997, 1341.

312 Zuletzt galt vor der Reform der Stiftungsgesetze in Thüringen sowie in Sachsen-Anhalt noch das Stiftungsrecht der DDR, welches keine Regelungen zur Rechnungslegung enthielt; hier kamen demgemäß die Regelungen des BGB zur Anwendung. Vgl. hierzu etwa auch *Schlüter/Stolte*, Stiftungsrecht, Kap. 6 Rn. 3.

313 Baden-Württemberg, Bayern, Saarland, Sachsen oder Schleswig-Holstein. Die Rechnungslegung einer Stiftung beruht auf dem Nominalwertprinzip, dessen Einhaltung an Kriterien des HGB und dadurch an den Grundsätzen ordnungsgemäßer Bewirtschaftung geprüft wird. Eine separate Ermittlung des Effektivvermögens findet gerade nicht statt. Um zu sondieren, ob das Stiftungsvermögen auch real erhalten worden ist, muss der Jahresabschluss der Stiftung um eine „Kapitalerhaltungsrechnung" ergänzt werden, bei der die verschiedenen Vermögensposten zu Marktpreisen bewertet und als Aktiva und als Passiva gegenübergestellt werden. Anhand eines Saldos findet hiernach ein Vermögensvergleich zum vorherigen Rechnungsjahr statt. Auch legt sie die in den Bilanzansätzen enthaltenen stillen Reserven und stillen Lasten offen.

Handelt es sich bei der Stiftung um eine Unternehmensträgerstiftung und unterhält diese als solche einen Gewerbebetrieb, der entweder nach seiner Art oder aber nach seinem Umfang einen in kaufmännischer Art und Weise eingerichteten Geschäftsbetrieb verlangt, so sind dazu gemäß § 1 HGB die allgemeingültigen Rechnungslegungsvorschriften (§§ 238–263 HGB) für Kaufleute anzuwenden.[314] Entgegen der (ganz) herrschenden Ansicht ist die handelsrechtliche Buchführungsverpflichtung der Stiftungen *nicht auf die betriebliche Betätigung* beschränkt.[315]

Nicht relevant sind jedoch die rechtsformabhängigen Rechnungslegungsvorschriften für Kapitalgesellschaften (§§ 264 ff. HGB).[316] Sofern die vollkaufmännische Stiftung dahingegen mit ihrem Unternehmen zwei von drei der in den §§ 1 und 11 PublG festgesetzten Grenzwerte überschreitet, finden die für Kapitalgesellschaften maßgeblichen, ergänzenden Bestimmungen der §§ 264 ff. HGB *weitgehend sinngemäß Anwendung*.[317] Schließlich muss eine Stiftung, die (beispielsweise) eine Pflegeeinrichtung oder ein Krankenhaus unterhält, spezielle – gemeinhin rechtsformunabhängige – gebietstypische Bestimmungen nach § 330 HGB berücksichtigen.[318]

Soweit eine Stiftung schon nach anderen Gesetzen – insbesondere nach den Normen des Stiftungsrechts sowie des Handelsrechts – als den Steuergesetzen dazu verpflichtet ist, Bücher und Aufzeichnungen zu führen, und soweit hierbei erfasste Vorgänge für die Besteuerung von Bedeutung sind, so gilt gemäß § 140 AO ebenso eine steuerrechtliche Buchführungspflicht als sogenannte derivative Buchführungspflicht beziehungsweise, wenn bestimmte wirtschaftliche

---

Insbesondere negative Abweichungen können demgemäß den Organen Anlass geben, Vermögensverwaltung oder Ausschüttungen zu ändern. Allerdings ist dabei ebenso zu berücksichtigen, dass in der Praxis das Stiftungsvermögen um den Idealpfad der realen Vermögenserhaltung auch oszilliert, vor voreiligen Schlüssen wird ausdrücklich gewarnt. Vgl. *Carstensen*, WPg 1996, 781, 792 f.

314 Vgl. dazu: v. Campenhausen/Richter/*Römer/Spiegel*, Handbuch, § 37 Rn. 306; *Kußmaul/Meyering*, DStR 2004, 371, 373; *Schneider*, b&b 1999, 258, 259.

315 So auch *Burgard*, Gestaltungsfreiheit, 551 f.; a.A. jedoch v. Campenhausen/Richter/*Römer/Spiegel*, Handbuch, § 37 Rn. 309; *Kußmaul/Meyering*, DStR 2004, 371, 373; *Walter/Golpayegani*, DStR 2000, 701, 702.

316 Hierzu *Kußmaul/Meyering*, DStR 2004, 371, 373; *Orth*, DB 1997, 1341, 1342; *Schneider*, b&b 1999, 258, 259; *Walter/Golpayegani*, DStR 2000, 701, 702.

317 Vgl. dazu: v. Campenhausen/Richter/*Römer/Spiegel*, Handbuch, § 37 Rn. 316; *Kußmaul/Meyering*, DStR 2004, 371, 373; *Walter/Golpayegani*, DStR 2000, 701, 702.

318 Siehe hierzu etwa *Kußmaul/Meyering*, DStR 2004, 371, 373 f.

Größenordnungen überschritten werden, eine (originäre) steuerrechtliche Buchführungspflicht nach Maßgabe des § 141 AO.[319] Bedeutung erlangt § 141 AO insbesondere für wirtschaftliche Geschäftsbetriebe der steuerbefreiten Stiftung und außerdem für gewerbliche sowie land- oder auch forstwirtschaftliche Betriebe nicht gemeinnütziger Form, soweit sich in jedem konkreten Einzelfall das Erfordernis einer Aufzeichnung nicht schon aus den §§ 238–263 HGB ergibt.[320]

Im Fall der steuerbefreiten Stiftung besteht auch eine steuerrechtliche Verpflichtung zur Buchführung und Aufzeichnung; hierzu: § 63 Abs. 3 AO.[321] Bei einer steuerbefreiten Stiftung müssen die Aufzeichnungen alle Einnahmen und darüber hinaus gleichfalls alle Ausgaben der Stiftung umfassen und dabei gemäß den *vier steuerlichen Sphären* (Sphären-Theorie: ideeller Bereich, Vermögensverwaltung, Zweckbetrieb, wirtschaftlicher Geschäftsbetrieb) einteilen.[322]

Über diese gesetzlichen Vorgaben hinaus können in der Stiftungssatzung weitergehende Anforderungen an die Rechnungslegung der Stiftung gestellt werden, was bisweilen auch vehement empfohlen wird.[323] Schließlich hat das Institut der Wirtschaftsprüfer in Deutschland e.V. (IDW) auf dem Fundament der handelsrechtlichen Bilanzierungsnormen „Grundsätze zur Rechnungslegung von Stiftungen" entwickelt.[324] Diese sind als berufliche Fachstandards bloß für Angehörige des Berufsstands der Wirtschaftsprüfer (faktisch) verbindlich, haben hingegen *keine* unmittelbare normative Wirkung für Stiftungen oder Stiftungsorgane; ungeachtet dessen sind jene „Grundsätze zur Rechnungslegung von Stiftungen" von eminenter Praxisrelevanz.[325]

b) Für Stiftungen geltende Publizitätsregelungen

Allgemein hat die Publizität bei Stiftungen deswegen außerordentliche Bedeutung, weil es bei ihnen – anders als bei den weiteren juristischen Personen des

319 Vgl. dazu auch *Schlüter/Stolte*, Stiftungsrecht, Kap. 6 Rn. 6; *Wigand/Haase-Theobald/Heuel/Stolte*, Stiftungen, Kap. 6 Rn. 10.

320 Vgl. *Walter/Golpayegani*, DStR 2000, 701, 702.

321 Vgl. hierzu: v. Campenhausen/Richter/*Römer/Spiegel*, Handbuch, § 37 Rn. 346; *Schlüter/Stolte*, Stiftungsrecht, Kap. 6 Rn. 7; *Walter/Golpayegani*, DStR 2000, 701, 702.

322 Siehe *Orth*, DB 1997, 1341, 1342; *Schlüter/Stolte*, Stiftungsrecht, Kap. 6 Rn. 7.

323 Vgl. etwa *Walter/Golpayegani*, DStR 2000, 701, 702.

324 Siehe: IDW RS HFA 5. Zu Inhalt und Anwendungsfragen des Standards: *Hüttemann*, DB 2013, 1561, 1563 ff.; *Kußmaul/Meyering/Richter*, DStR 2015, 1328, 1330 ff.

325 Siehe hierzu: v. Campenhausen/Richter/*Römer/Spiegel*, Handbuch, § 37 Rn. 15; *Schlüter/Stolte*, Stiftungsrecht, Kap. 6 Rn. 8; *Vogt*, Publizität, 73.

Privatrechts – an einer Kontrolle durch Mitglieder fehlt.[326] Insbesondere steuerbegünstigte Stiftungen, welche durch ihre Arbeit ja öffentliche Aufgaben übernehmen, sind zu Recht Gegenstand des allgemeinen Interesses.[327]

Daher unterliegt die Stiftung auch einer besonders großen Vielzahl stiftungsspezifischer Publizitätsregeln. Zunächst bestimmt § 88 i.V.m. § 50 BGB, dass das Erlöschen einer Stiftung bekannt zu machen ist, und zwar in dem satzungsgemäß vorgeschriebenen Blatt, hilfsweise in demjenigen Blatt, welches für Bekanntmachungen des Amtsgerichts vorgesehen ist, in dessen Bezirk die jeweilige Stiftung ihren Sitz hat. Einige Landesstiftungsgesetze schreiben vor, dass bestimmte Ereignisse, insbesondere statusbegründende oder -ändernde Rechtsakte, bekannt zu machen sind.[328] Alle Bundesländer legen nunmehr fest, dass selbstständige Stiftungen in ein Stiftungsverzeichnis einzutragen sind. – Weder die in den Landesstiftungsgesetzen verlangten Bekanntmachungen noch die Stiftungsverzeichnisse haben dabei eine sogenannte konstitutive Wirkung, das heißt eine Eintragung führt nicht zur rechtlichen Wirksamkeit der eingetragenen Tatsache, sondern sie haben eine nur deklaratorische, mithin eine informatorische Wirkung.[329]

Während eine stiftungsspezifische Rechnungslegungspublizität fehlt, Stiftungen folglich nicht zur Veröffentlichung ihrer Jahresberichte verpflichtet sind, entspricht es doch der Übung vieler Stiftungen, freiwillig Publizität zu generieren, etwa indem sie Jahresabrechnungen oder insbesondere Berichte hinsichtlich der Verwirklichung des Stiftungszwecks, aber ebenso auch Pressemitteilungen et cetera veröffentlichen. Dies dient generell auch dem Eigeninteresse von Stiftungen, weil sie so für mögliche Kooperationspartner oder Spender sichtbarer werden und ihre inhaltlichen Botschaften übermitteln können.[330] – Schließlich unterliegen Stiftungen auch noch den gemeingültigen Publizitätsregelungen wie insbesondere denjenigen zum Grundbuch oder aber ebenso der Handelsregisterpublizität, sofern sie „kaufmännische“ Stiftungen sind.[331]

---

326 Siehe v. Campenhausen/Richter/*Römer*/*Spiegel*, Handbuch, § 38 Rn. 2.

327 Vgl. *Schlüter*/*Stolte*, Stiftungsrecht, Kap. 6 Rn. 25.

328 Übersicht bei v. Campenhausen/Richter/*Römer*/*Spiegel*, Handbuch, § 38 Rn. 9.

329 Hierzu v. Campenhausen/Richter/*Römer*/*Spiegel*, Handbuch, § 38 Rn. 21; Staudinger-BGB/*Hüttemann*/*Rawert*, Vorbem zu §§ 80 ff Rn. 158; Werner/Saenger/Fischer/*Veltmann*, Stiftung, § 17 Rn. 13.

330 Hierzu v. Campenhausen/Richter/*Römer*/*Spiegel*, Handbuch, § 38 Rn. 28 ff.; näher zu den Gründen freiwilliger Publizität: *Mühlhäuser*, Publizität, *passim*.

331 Beachte dazu auch v. Campenhausen/Richter/*Römer*/*Spiegel*, Handbuch, § 38 Rn. 3 ff.; *Mühlhäuser*, Publizität, 8 ff.; *Schlüter*/*Stolte*, Stiftungsrecht, Kap. 6 Rn. 28.

5. *Sonderfall: Verbrauch des Grundstockvermögens*

Eine besonders fragwürdige Ausnahme von dem Grundsatz der Vermögenserhaltung stellt die sogenannte „Verbrauchsstiftung“ dar, welche zwischenzeitlich durch das Gesetz zur Stärkung des Ehrenamtes vom 21.3.2013 in § 80 Abs. 2 BGB festgelegt wurde. Kennzeichnend für eine solche Verbrauchsstiftung ist, dass sie nicht – wie normalerweise – allein die Erträge, sondern das gesamte Grundstockvermögen zur Förderung der satzungsgemäßen Zwecke einsetzen und verbrauchen kann.[332] Die Verbrauchsstiftung hat folglich eine *eingeschränkte Lebensdauer*.[333]

III. Zum Grundsatz der Ertragsverwendung

1. Ertragbringende Anlage des Stiftungsvermögens

Zu den Aufgaben, die dem Vorstand im Rahmen der positiven Pflicht zur Verwirklichung des satzungsmäßigen Stiftungszwecks obliegen, gehört bei der Kapitalstiftung generell die Pflicht zur ertragbringenden Anlage des Stiftungsvermögens. Während sich die jeweiligen Vorstände von Anstaltsstiftungen zumeist darauf beschränken können, das übertragene Vermögen – zum Beispiel eine Immobilie – als solches für die Erfüllung der Stiftungszwecke einzusetzen, kann eine Kapitalstiftung ihre Satzungszwecke von vornherein lediglich aus den Erträgen des Stiftungsvermögens verwirklichen.[334] Der Stiftungsvorstand einer Kapitalstiftung wird danach streben, möglichst hohe Erträge zu erzielen, weil auf diese Weise ein äußerst großes Volumen für die Zweckverwirklichung zur Verfügung steht. Eine gesteigerte Rentabilität lässt sich aber normalerweise allein um den Preis einer eingeschränkten Sicherheit erreichen; und umgekehrt geht eine herbeigesehnte vergrößerte Sicherheit prinzipiell zu Lasten der Wirtschaftlichkeit.[335]

---

332 Eingehend zur Verbrauchsstiftung: *Rawert*, npoR 2014, 1, 2 ff. Beachte ferner *Feick*, Die Stiftung – Jahreshefte zum Stiftungswesen 4 (2010), 121 ff.

333 Siehe auch *Erhart*, npoR 2017, 107.

334 Vgl. *Hüttemann/Schön*, Vermögensverwaltung, 9.

335 Siehe zu der Anlagepolitik von Stiftungen aus betriebswirtschaftlicher Sicht nur: *Brockhoff*, in: Non Profit Law Yearbook 2002, 221 ff.; *Schindler*, DB 2003, 297 ff.; *Schwintowski*, in: FS Hadding, 271 ff. Beachte zu diesem Spannungsverhältnis zwischen Sicherheit und Rendite auch *Pues/Scheerbarth*, Gemeinnützige Stiftungen, 61.

2. *Admassierungsverbote und Rücklagenbildung*

a) *Einsatz der Erträge für den Stiftungszweck*

Nach den meisten landesrechtlichen Vorgaben sind die Erträge aus dem Grundstockvermögen gemeinhin nur zu Gunsten des Stiftungszwecks zu verwenden.[336] Stiftungen ist es demzufolge nicht erlaubt, die erwirtschafteten Vermögenserträge ohne Grund anzusammeln, um sie ihrem eigenen Grundstockvermögen zuzuleiten.[337] Damit soll primär die Erfüllung des Stifterwillens sichergestellt werden.[338] Dementsprechend lassen etliche Landesgesetze Ausnahmen zu, wenn die jeweilige Stiftungssatzung es so bestimmt,[339] beziehungsweise soweit es zur Erhaltung der „Leistungskraft" des Grundstockvermögens unerlässlich ist.[340] Notwendige Voraussetzung ist dabei in jener Hinsicht auch, dass eine Zuführung von Erträgen zum Grundstockvermögen der andauernden und nachhaltigen Förderung der vorgesehenen Stiftungszwecke zugutekommt.[341]

b) *Selbstlosigkeit und Vermögenserhaltung*

Bei gemeinnützigen Stiftungen sind neben den stiftungsrechtlichen Normen auch die Grenzen aus dem Gemeinnützigkeitsrecht zu beachten. Nach dem Gebot der zeitnahen Mittelverwendung müssen **sämtliche Mittel** einer gemeinnützigen Stiftung stets bis zum Schluss des zweiten auf den Zufluss folgenden Kalender- oder Wirtschaftsjahres für die steuerbegünstigten und zudem satzungsmäßigen Stiftungszwecke verausgabt werden.[342] Es besteht damit ein

---

336 Beachte Art. 6 Abs. 3 BayStiftG, § 7 Abs. 3 BremStiftG, § 6 Abs. 3 HeStiftG, § 6 Abs. 2 NdsStiftG, § 4 Abs. 3 NRWStiftG, § 6 Abs. 2 SaarStiftG, § 4 Abs. 3 SchlHStiftG.

337 Siehe v. Campenhausen/Richter/*Hof*, Handbuch, § 9 Rn. 155; *Ebersbach*, Handbuch, 117; MüKo-BGB/*Weitemeyer*, § 85 Rn. 25; Staudinger-BGB/*Hüttemann*/*Rawert*, § 81 Rn. 58.

338 v. Campenhausen/Richter/*Hof*, Handbuch, § 9 Rn. 155.

339 So zum Beispiel: § 7 Abs. 3 BremStiftG, § 6 Abs. 2 NdsStiftG, § 4 Abs. 3 NRWStiftG, § 7 Abs. 3 RhPfStiftG, § 6 Abs. 2 SaarStiftG.

340 So zum Beispiel: Art. 6 Abs. 3 BayStiftG, § 7 Abs. 3 BremStiftG, § 6 Abs. 2 NdsStiftG, § 7 Abs. 3 RhPfStiftG, § 6 Abs. 2 SaarStiftG.

341 Vgl. Münch.Hdb.GesR V/*Helios*/*Friedrich*, § 96 Rn. 9. Siehe auch § 7 Abs. 3 RhPfStiftG.

342 Beachte dazu § 55 Abs. 1 Nr. 5 AO. Mittel im Sinne des § 55 AO sind sämtliche Vermögenswerte, welche eine Stiftung erhält. Ausgenommen sind das Grundstockvermögen und gleichfalls Zustiftungen. Das Gebot bedeutet einerseits, jene Mittel nicht zur Mehrung des eigenen Vermögens einzusetzen, und andererseits, die Mittel auch nicht für satzungsfremde Zwecke zu verwenden. Vgl. auch *Pues*/*Scheerbarth*, Gemeinnützige Stiftungen, 136.

grundsätzliches (steuerliches) Admassierungsverbot.[343] – Würde allerdings dieses Admassierungsverbot völlig uneingeschränkt gelten, so könnte eine gemeinnützige Stiftung während ihrer Lebenszeit auch vollkommen ausbluten, da ein Ausgleich der herkömmlichen Geldentwertung schlechterdings undenkbar wäre.[344] Das Gemeinnützigkeitsrecht bestimmt infolgedessen einzelne Ausnahmen vom gemeinnützigkeitsrechtlichen Gebot der zeitnahen Mittelverwendung, hier in erster Linie die Möglichkeit der Bildung einer **freien Rücklage**. Insbesondere um die Lebensfähigkeit der Stiftung zu gewährleisten, kann alljährlich höchstens ein Drittel des Überschusses der jeweilig erzielten Einnahmen über die Ausgaben aus der Vermögensverwaltung einer freien Rücklage hinzugeführt werden.[345] Zusätzlich können sogar noch maximal 10 % der sonstigen zeitnah zu verwendenden Stiftungsmittel (also Spenden) in diese freie Rücklage hineingestellt werden.[346]

343 Siehe hierzu auch: *Arnold*, NZG 2007, 805, 808; *Carstensen*, WPg 1996, 781, 787. Kritisch zum Grundsatz der zeitnahen Mittelverwendung: *Wagner/Walz*, Mittelverwendung, 67 ff.

344 Vgl. *Schlüter/Stolte*, Stiftungsrecht, Kap. 5 Rn. 15; *Schotenroehr*, DStR 2013, 1161, 1162. Vgl. indes in diesem Kontext auch den Ansatz von *Carstensen*, WPg 1996, 781, 788, der die steuerliche Verwendungspflicht gemäß § 55 Abs. 1 AO – allerdings gegen den eindeutigen Willen des Gesetzgebers – teleologisch reduzieren möchte.

345 Siehe dazu BT-Drucks. 10/3295, 1. Bei dem momentanen Zinsniveau kann das Ziel, durch Dotierung der freien Rücklage einen realen Erhalt der wirtschaftlichen Lebensfähigkeit zu sichern, nicht erreicht werden; Stiftungen zehren demnach von der eigenen Substanz. Unterstellt man zum Beispiel Kosten für die Vermögensverwaltung in Höhe von 0,5 % und zudem eine Inflation von 2 % (leichte Inflation), so müsste die Stiftung einen jährlichen Kapitalertrag aus ihrer vermögensverwaltenden Tätigkeit in Höhe von 6,5 % erwirtschaften. Beachte hierzu vor allem auch Schauhoff/*Schauhoff*, Gemeinnützigkeit, § 9 Rn. 96; *Schlüter/Stolte*, Stiftungsrecht, Kap. 7 Rn. 73.

346 Die allgemeine Erhaltung des Vermögens ist – selbst bei einer Stiftung – kein hinreichender Grund zur Bildung einer Rücklage nach § 62 Abs. 1 Nr. 1 AO. Aus den Gesetzesmaterialien zur „freien Rücklage“ und ebenso aus der Systematik ergibt sich der eindeutige gesetzgeberische Wille, dass die Rücklage nach § 62 Abs. 1 Nr. 1 AO nur für projektbezogene Aufwendungen gilt. Siehe dazu auch *Hüttemann*, Gemeinnützigkeitsrecht, Rn. 5.115.

3. *Exkurs: Verlustausgleich und Gemeinnützigkeit*

a) *Zur Krise einer Tochtergesellschaft*

Jede gewerbliche Aktivität umschließt die Gefahr der Verlustentstehung.[347] Kommt es hierbei im Rahmen des *wirtschaftlichen Geschäftsbetriebs* zu finanziellen Verlusten, so stellt sich die primäre Frage, ob und inwiefern jene Verluste mit sonstigen zeitnah zu verwendenden Mitteln der steuerbefreiten Stiftung ausgeglichen werden dürfen.[348] Diese Frage ist in Rechtsprechung sowie Literatur strittig. Gegenwärtig hält der Bundesfinanzhof einen Ausgleich von Verlusten im Bereich *wirtschaftlicher Aktivität* mit Mitteln, die dem *nicht-wirtschaftlichen Bereich* einer (steuerbefreiten) Stiftung entstammen, für **unzulässig**.[349] – Der Bundesfinanzhof argumentiert hierbei, dass in aller Regel der Grundsatz der Wettbewerbsneutralität des Steuerrechts verletzt würde, falls es der steuerbefreiten Stiftung erlaubt wäre, ihre *Nicht-Zweckbetriebe* mit Mitteln aus steuerbegünstigten Beiträgen und Spenden und aus Kapitalerträgen der steuerbegünstigten Zweckbetriebe und Vermögensverwaltung zu alimentieren.[350] Deshalb liege momentan einzig dann keinerlei Verstoß gegen § 55 Abs. 1 Nr. 1 S. 1 AO vor, wenn die Vermögensverluste auf einer fehlerhaften Kalkulation beruhten und die steuerbefreite Stiftung bis zu dem Schluss des dem Verlustentstehungsjahr folgenden Wirtschaftsjahrs dem ideellen Bereich wieder Mittel in entsprechender Höhe zuführe. Die dazu zugeführten Mittel dürften weder aus Zweckbetrieben oder dem Bereich der steuerbefreiten Vermögensverwaltung noch aus Beiträgen oder anderen Zuwendungen herrühren, die zur Förderung der steuerbegünstigten Zwecke bestimmt seien.[351]

Nach Ansicht der Finanzverwaltung soll ein Verlustausgleich mit ideellen Mitteln unschädlich sein, wenn dem ideellen Bereich in den sechs vorangegangenen Jahren zumindest in gleicher Höhe auch erzielte Gewinne aus dem

---

347 Vgl. hierzu etwa auch: *Römer*, StiftungsBrief 2010, 23, 25 ff.; *Sauer/Schwarz*, StiftungsBrief 2010, 228, 230 f.; *Schiffer/Sommer*, NWB 2010, 3046, 3050 ff.; *Sommer*, ZInsO 2013, 1715, 1719 f.

348 Siehe: *Buchna/Leichinger/Seeger/Brox*, Gemeinnützigkeit, 131; *Hüttemann*, Gemeinnützigkeitsrecht, Rn. 6.14; *Unger*, DStZ 2010, 141, 142.

349 Beachte hierzu *BFH* BStBl. II 1998, 711, 713. In *BFH* npoR 2010, 20, 21 hat der I. Senat auf jeden Fall für den konkreten Streitfall an diesen Grundsätzen festgehalten.

350 Vgl. *BFH* BStBl. II 1998, 711, 714.

351 Die frühere prinzipielle Ausnahme, nach der geringfügige Verstöße gegen das Verlustausgleichsverbot zulässig waren, lässt der Bundesfinanzhof inzwischen nicht mehr gelten. Siehe dazu auch *BFH* BStBl. II 1969, 43, 44.

wirtschaftlichen Geschäftsbetrieb übertragen worden sind.[352] Anlaufverluste eines neu gegründeten wirtschaftlichen Geschäftsbetriebs sind zudem ohne einen Verstoß gegen § 55 Abs. 1 S. 1 Nr. 1 AO mit Mitteln aus dem ideellen Bereich einer steuerbefreiten Stiftung sogar dann ausgleichsfähig, wenn die Entstehung dieses Anlaufverlustes kalkulierbar war. Allerdings muss die Stiftung dann innerhalb von drei Jahren nach dem Schluss des Verlustjahres dem ideellen Bereich wieder Mittel, die dazu unschädlich eingesetzt werden können, *zuführen*.[353] Des Weiteren lässt es zuletzt AEAO Nr. 7 zu § 55 AO zu, dass innerhalb von zwölf Monaten nach einer Verlustentstehung ein betrieblich zugeteiltes Darlehen vereinbart wird, um den Verlust zu decken oder zuvor zum Verlustausgleich aus der ideellen Sphäre überführte Mittel zurückzuführen. Allerdings dürfen dann Zins sowie Tilgung *allein* durch Mittel des steuerpflichtigen wirtschaftlichen Geschäftsbetriebs saldiert werden.[354]

Gegen die Rechtsprechung und Verwaltungsauffassung ist in der Literatur grundlegende Kritik vorgetragen worden.[355] Ein strenges Verlustausgleichsverbot vernachlässigt namentlich die Trennung von *Mittelerzielung* und *Mittelverwendung* und geht an den realen Bedingungen einer wirtschaftlichen Betätigung vorbei.[356] Man kann den steuerbefreiten Stiftungen nicht die Aufnahme wirtschaftlicher Tätigkeiten gestatten, ihnen aber zugleich das Erwirtschaften von Verlusten streng untersagen. Denn in einer Marktwirtschaft existieren grundsätzlich keine „sicheren" Geschäfte, sondern jeder Gewinnchance steht notwendigerweise auch ein gewisses Verlustrisiko gegenüber. Für die steuerrechtliche Würdigung kann es nicht nur auf die spätere Entstehung oder den Ausgleich eines Verlustes ankommen; für die Prüfung einer nachteiligen **Mittelfehlverwendung** nach Maßgabe des § 55 Abs. 1 Nr. 1 AO muss vielmehr entscheidend sein, ob der Verlustausgleich aus der Perspektive *ex ante* als wirtschaftlich sinnvoll anzusehen war (gemeinnützigkeitsunschädlich) oder nicht. Behält die Stiftung jedoch die verlustträchtige Tätigkeit bei, obwohl erkennbar ist, dass zeitnah keine Überschüsse zu erzielen sind, so ist ein Verlustausgleich eine unzulässige

352 Vgl. AEAO Nr. 4 zu § 55 AO.

353 AEAO Nr. 8 zu § 55 AO.

354 AEAO Nr. 7 zu § 55 AO. Ausführlich zu den jeweiligen Fallgruppen aus der Perspektive der Finanzverwaltung *Buchna/Leichinger/Seeger/Brox*, Gemeinnützigkeit, 131 ff.

355 Ausführlich hierzu etwa auch *Hüttemann*, Gemeinnützigkeitsrecht, Rn. 6.21 ff.

356 Beachte hierzu *Hüttemann*, FR 2002, 1337, 1341; *Schauhoff*, DStR 1998, 701, 702 ff.; *Unger*, DStZ 2010, 141, 144 ff.; a.A. etwa Wallenhorst/Halaczinsky/*Wallenhorst*, Besteuerung, Kap. C Rn. 96.

Mittelfehlverwendung.[357] In diesem Falle ist demnach auch ein verlustträchtiger Nicht-Zweckbetrieb umgehend aufzugeben. Hier zeigt sich eine Parallele zu den in der Rechtsprechung gestalteten Kriterien der *einkommensteuerlichen* Liebhaberei.[358]

b) Verluste aus Vermögensverwaltung

Investitionen in rentierliche Geldanlagen dienen der Erzielung von Mitteln. Die Erzielung von Kapitalerträgen durch Vermögensverwaltung ist somit nicht gemeinnützigkeitsschädlich, weil auf jene Art und Weise gemeinhin auch Mittel für die steuerbegünstigten Satzungszwecke zur Verfügung gestellt werden.[359] Die Finanzverwaltung hat angeordnet, dass die oben behandelten Grundsätze zum Verlustausgleich des Weiteren auch für die Verluste im Bereich der Vermögensverwaltung entsprechend anzuwenden sind.[360] Dies erscheint aus grundsätzlichen Erwägungen allerdings bedenklich. Dem Gedanken, dem Nicht-Zweckbetrieb prinzipiell gar keine Mittel des Gemeinnützigkeitsbereichs zuzuleiten, liegen bekanntermaßen Aspekte der steuerlichen Wettbewerbsneutralität zugrunde, welche jedoch für den Bereich der steuerbegünstigten vermögensverwaltenden Aktivität nicht genauso zutreffend sein können.[361]

4. Trennung von Ertrags- und Vermögensbereich

Bezugsgröße der stiftungsrechtlichen Verwendungspflicht ist der Ertrag.[362] Die verschiedenen Landesstiftungsgesetze enthalten sich einer Definition. Das Schrifttum beschreibt jenen Ertrag in Anlehnung an die in §§ 99, 100 BGB geregelten Nutzungen.[363] – Der Ertragsbegriff erfährt freilich eine nähere Eingrenzung für die kennzeichnenden Eigentümlichkeiten der juristischen Person Stiftung. Denn entsprechend § 99 Abs. 1 BGB werden die Erzeugnisse einer

---

357 So auch *Hüttemann*, Gemeinnützigkeitsrecht, Rn. 6.22.

358 Hierzu grundlegend: *BFH* BStBl. II 1984, 751 ff.; ähnlich auch: *Hüttemann*, Gemeinnützigkeitsrecht, Rn. 6.25; *Schauhoff*, DStR 1998, 701, 705.

359 Siehe hierzu etwa: *BFH* BStBl. II 1992, 62, 63 f.; *Hüttemann/Schön*, Vermögensverwaltung, 40 ff.; *Orth*, DStR 2009, 1397, 1398.

360 Vgl. AEAO Nr. 9 zu § 55 AO.

361 Dazu eingehend *Koppenhöfer*, S&S 3/2003, 30 ff.; *Orth*, DStR 2009, 1397 ff.

362 Ebenfalls der Verwendungspflicht unterliegen zum Verbrauch bestimmte Zuwendungen Dritter (Spenden).

363 Vgl. Bamberger/Roth-BGB/*Backert*, § 80 Rn. 8; *Ebersbach*, Handbuch, 116; *Hüttemann*, in: FG Flume, 59, 78; *Seifart*, BB 1987, 1889, 1893; Werner/Saenger/Fischer/*Fritz*, Stiftung, § 14 Rn. 24.

Sache für gewöhnlich selbst dann als ihre Früchte angesehen, wenn sie nicht der Bestimmung der Sache nach, sondern entgegen den Regeln einer vorschriftsgemäßen Bewirtschaftung im „Übermaß" erlangt werden.[364] Im Schulfall des Kahlschlags eines Stiftungsforstes wegen Schädlingsbefall wäre also anzunehmen, dass der Erlös aus der Veräußerung des Schlagholzes als Ertrag selbst unter die Ertragsverwendungspflicht fallen würde.[365] Diese Konsequenz wäre in dem hiesigen Kontext aber offensichtlich unrichtig und wird daher auch in der stiftungsrechtlichen Literatur zu Recht abgelehnt.[366] Hinter jener Eingrenzung steht die Einsicht, dass der Stiftung – ähnlich einem Nießbraucher – ausschließlich eine äußerst eingegrenzte Befugnis zur Verwendung des Grundstockvermögens zukommt, die namentlich kraft des Widmungsaktes des dazugehörigen Stifters reglementiert wird.[367] Analog § 99 Abs. 2 BGB bleibt eine Stiftung, jedenfalls was die zeitnahe Verwendung der Erträge anbetrifft, stets auf solche Erträge beschränkt, die das Recht gemäß seiner Bestimmung gewährt.[368] Für den bereits angemerkten Schulfall des Kahlschlags bedeutet dies aus exakt diesem Grund, dass einer (zeitnahen) Verwendung als Ertrag lediglich solche Erzeugnisse unterliegen, die gerade als bestimmungsgemäßer Ertrag anzusehen sind.[369]

5. *Stiftungserhaltung kraft Ausschüttungssperre*

Aufgrund des stiftungsrechtlichen Vermögenserhaltungsgrundsatzes sind Ausschüttungen aus den für eine Erhaltung des Grundstockvermögens notwendigen Stiftungsmitteln in aller Regel nicht zulässig.[370] Diese Ausschüttungssperre gilt allerdings nicht absolut, sondern ist stets von der wirtschaftlichen Situation der Stiftung abhängig, weil die Kapitalerhaltung bloß mittel- bis langfristig

---

364 Vgl. MüKo-BGB/*Stresemann*, § 99 Rn. 17; Palandt-BGB/*Ellenberger*, § 99 Rn. 2.

365 So auch Werner/Saenger/Fischer/*Fritz*, Stiftung, § 14 Rn. 24.

366 Siehe Bamberger/Roth-BGB/*Backert*, § 80 Rn. 8; Staudinger-BGB/*Hüttemann*/*Rawert*, § 81 Rn. 66. A.A. indes Werner/Saenger/Fischer/*Fritz*, Stiftung, § 14 Rn. 24, der hierbei allerdings übergeht, dass § 99 Abs. 1 BGB auf die Stiftung gerade nicht passt. Nach *Voll*/*Störle*, BayStiftG, Art. 12 Rn. 1 gehört der Erlös aus einem Kahlschlag eines Waldes zum Grundstockvermögen, wenn der Erlös einen früheren bei ordnungsgemäßer Bewirtschaftung anfallenden Ertrag übersteigt.

367 Vgl. § 1036 Abs. 2 BGB. Zur Nutzungsbefugnis des Nießbrauchers eingehend *Schön*, Nießbrauch, 52 ff.

368 Vgl. *Hüttemann*, in: FG Flume, 59, 78.

369 Ebenso *Hüttemann*, in: FG Flume, 59, 78.

370 Hierzu: v. Campenhausen/Richter/*Hof*, Handbuch, § 9 Rn. 166; *Carstensen*, Vermögensverwaltung, 48 ff.; zum Teil scheinbar a.A. *Sandberg*, ZHR 164 (2000), 155, 162 f.

gewährleistet sein muss.[371] Das (relative) Ausschüttungsverbot wandelt sich jedoch meist dann zu einem absoluten Ausschüttungsverbot, wenn das Grundstockvermögen derartig geschwächt ist, dass eine weitere nachhaltige Erfüllung des satzungsmäßigen Stiftungszwecks beeinträchtigt wird.[372] In diesem Fall ist genauso die Stiftungsbehörde einzugreifen berechtigt und verpflichtet, falls die Organe fortwährend Ausschüttungen vornehmen, anstatt die Erträge dem Grundstockvermögen zuzuführen.[373] Erforderlich ist alsdann eine Vollthesaurierung, und zwar erforderlichenfalls über mehrere Jahre hinweg.[374] Das verlangt speziell der mutmaßliche Stifterwille, dem die Erhaltung der Lebensfähigkeit und ferner der Leistungskraft der Stiftung oft wichtiger sein sollte als eine ununterbrochene Zweckförderung.[375] Ist indes unabsehbar, ob und wann das Grundstockvermögen wieder angefüllt und damit auch die Ausschüttungssperre aufgehoben ist, dann ist ausnahmsweise eine Art *nominelle Kapitalherabsetzung* veranlasst.[376]

Einer andauernden Vollthesaurierung steht bei gemeinnützigen Stiftungen grundsätzlich das steuerliche Admassierungsverbot aus § 55 Abs. 1 Nr. 5 AO entgegen.[377] Allerdings haben selbst diese gemeinnützigen Stiftungen generell

---

371 Vgl. dazu auch noch Krieger/Schneider/*Burgard*, Managerhaftung, § 6 Rn. 163; *Rödel*, NZG 2004, 754, 757 f.; *R. Werner*, ZEV 2009, 366, 367.

372 Siehe *Carstensen*, Vermögensverwaltung, 49 f.; *Hüttemann*, in: FG Flume, 59, 98; Krieger/Schneider/*Burgard*, Managerhaftung, § 6 Rn. 164; *R. Werner*, ZEV 2009, 366, 367. Freilich hilft diese „Ausschüttungssperre" nicht in allen Situationen weiter, um dem Vermögenserhaltungsgrundsatz Genüge zu tun. Das gilt gerade dann, wenn das Grundstockvermögen vorwiegend aus einem Unternehmen oder aus einer Unternehmensbeteiligung besteht und die Rendite des Unternehmens auf lange Sicht negativ wird. In jenem Fall kann ein Veräußerungsgebot für die Stiftung gegeben sein. Näher hierzu insbesondere *Burgard*, Gestaltungsfreiheit, 485 ff. m.w.N.

373 Vgl. Krieger/Schneider/*Burgard*, Managerhaftung, § 6 Rn. 164. Ausdrücklich sehen dies nur Art. 17 BayStiftG sowie § 4 Abs. 5 SchlHStiftG vor. In allen anderen Bundesländern ergibt sich dies jedoch aus dem allgemeinen Vermögenserhaltungsgebot in Verbindung mit dem allgemeinen Anordnungsrecht der Behörden; a.A. hingegen v. Campenhausen/Richter/*Hof*, Handbuch, § 9 Rn. 92 (Ausnahmevorschrift).

374 A.A. *Reuter*, in: Non Profit Law Yearbook 2002, 157, 163; *Rodloff/Drabe*, ZIP 2003, 2284, 2286. Vgl. auch zu der nur eingeschränkten Bedeutung des Verbots der Selbstzweckstiftung: *Burgard*, Gestaltungsfreiheit, 147 ff.

375 Ebenso Krieger/Schneider/*Burgard*, Managerhaftung, § 6 Rn. 164. Für jenen Fall, dass nicht ganz unerhebliche Anteile des Stiftungskapitals verloren sind, empfiehlt *Schwintowski*, in: FS Hadding, 271, 283, den Erwerb von Null-Coupon-Anleihen.

376 Siehe dazu *Burgard*, Gestaltungsfreiheit, 504 ff.

377 Vgl. Krieger/Schneider/*Burgard*, Managerhaftung, § 6 Rn. 165.

das Recht einen Teil der Mittel nach § 62 Abs. 1 Nr. 3 AO der freien Rücklage zuzuführen.[378] Um indes die steuerrechtlichen Rahmenbedingungen dafür zu begründen, dass gemeinhin auch gemeinnützige Stiftungen ihre zivilrechtliche Pflicht zur Thesaurierung von Erträgen erfüllen können, erscheint es besonders sinnvoll – abweichend von der freien Rücklage – zu gestatten, auch Vermögensschwächungen durch Erträge aufzufangen.[379] Nur soweit eine solche Verwendung der Erträge zur Auffüllung eines geschwächten Grundstockvermögens gemeinnützigkeitsrechtlich erlaubt wird, kann eine Stiftung die zivilrechtliche Thesaurierungspflicht erfüllen. Diese Erlaubnis könnte so gestaltet sein, dass eine Stiftung stets vom steuerlichen Prinzip der zeitnahen Mittelverwendung befreit werden kann, falls eine gesetzliche Verpflichtung dieser Stiftung besteht, ihre erwirtschafteten Erträge zu thesaurieren.[380] Verfügt eine Stiftung über Rücklagen, die gemäß § 62 AO gebildet wurden, so wären anfangs diese zum Ausgleich heranzuziehen. Ist hingegen die vollkommene Kompensation durch die Auflösung von Rücklagen nicht möglich, so sollte steuerrechtlich die Thesaurierung gemeinhin ebenfalls ermöglicht werden. Dass Sonderregelungen für Stiftungen denkbar sind, zeigt § 10b Abs. 1a EStG. Auch diese Bestimmung trägt den Kennzeichen einer Stiftung, die als eine mitgliederlose juristische Person zwingend auf ein Grundstockvermögen zur Förderung des Stiftungszwecks angewiesen ist, Rechnung. Nur solange eine Stiftung noch über ein hinreichendes Vermögen verfügt und damit auch Erträge erwirtschaftet, kann sie ihre steuerbegünstigten Zwecke fördern. Ist das Vermögen verloren gegangen, so hat eine Stiftung die Ertragsquelle verloren. Solange sich mit festverzinslichen sicheren Anlageformen dagegen kaum noch Erträge erzielen lassen, ist es für Stiftungen unvermeidbar, erhöhte Risiken bei der Vermögensanlage einzugehen, um eine ordentliche Rendite zu erzielen. Lassen sich dann aber die Erträge nicht dem Grundstockvermögen zuführen, so droht langfristig sogar die komplette Erosion des Grundstockvermögens, das indes als Fundament für eine Zweckerfüllung dient.[381]

IV. Berücksichtigung von Anlagerichtlinien

Die umschriebenen gesetzlichen Rahmenbedingungen für die Vermögensanlage einer Stiftung stellen allgemeine Leitlinien dar, die für den individuellen

---

378 Beachte hierzu allerdings auch schon oben Fn. 345.

379 Kritisch jedoch beispielsweise Bund-Länder-Arbeitsgruppe, Bericht v. 9.9.2016, 110.

380 Siehe auch Bund-Länder-Arbeitsgruppe, Bericht v. 9.9.2016, 112.

381 Siehe zum Ganzen auch noch Bund-Länder-Arbeitsgruppe, Bericht v. 9.9.2016, 109 ff.

Stiftungsvorstand gewöhnlich auch handlungsleitend sein sollen. Allerdings sind sie so unscharf formuliert, dass sie den Vorstand einer Stiftung der Unbestimmtheit des Handlungsrahmens aussetzen. Es kann mithin durchaus dienlich sein, wenn der Stifter im Stiftungsgeschäft nähere Vorgaben zur Bewirtschaftung des Stiftungsvermögens regelt.[382] Solche Anlagerichtlinien sind für den Vorstand einer Stiftung in aller Regel stiftungsrechtlich verpflichtend.[383] Entsprechende Leitlinien können sich eventuell sogar konkludent aus der konkreten Zusammenstellung des durch den Stifter weitergegebenen Vermögens ergeben. Hat der Stifter ausschließlich vermietete Immobilien übertragen, so kann dies ein Anzeichen dafür sein, dass eine gänzliche Umschichtung in andere Anlageformen nur erlaubt sein soll, wenn eine spätere Veränderung des wirtschaftlichen Umfeldes eine derartige Neuausrichtung der Anlagestrategie erfordert.[384] Ihre (stiftungsrechtliche) Umgrenzung findet die Einschätzungsprärogative des Stifters erst im sogenannten *Lebensfähigkeitsvorbehalt* nach Maßgabe des § 80 Abs. 2 BGB und im *Verbot der Selbstzweckstiftung*.[385] Risikoaverse Stifter können mithin selbst dann besonders sichere Anlageformen reglementieren, wenn dadurch die Ertragskraft des Grundstockvermögens heruntergesetzt wird, solange dies eine aussichtsreiche Lebensfähigkeitsprognose nicht ausschließt. Eine bestimmte Vermögensanlage darf allerdings niemals „Selbstzweck" sein. Daraus folgt, dass ein Stiftungsvorstand stets zu einer Anpassung von derartigen Vorgaben berechtigt und ebenso verpflichtet ist, wenn sich die wirtschaftlichen Verhältnisse so wesentlich verändern, dass anzunehmen ist, dass auch ein risikoaverser Stifter

---

382 Vgl. dazu etwa auch *Burgard*, Gestaltungsfreiheit, 536; v. Campenhausen/Richter/*Hof*, Handbuch, § 9 Rn. 101; *Fischer/Sander*, in: Stiftungen in Theorie, Recht und Praxis, 493, 500; Hüttemann/Richter/Weitemeyer/*Richter*, Landesstiftungsrecht, Rn. 15.13 ff.; *Jakob*, Schutz der Stiftung, 492 ff.; *Schlüter/Stolte*, Stiftungsrecht, Kap. 5 Rn. 20; *Schwalme*, Vermögensverwaltung, 358 ff.; Staudinger-BGB/*Hüttemann/Rawert*, § 81 Rn. 68; *Wachter*, S&S 6/2002, Rote Seiten, 5; Werner/Saenger/Fischer/*Fritz*, Stiftung, § 14 Rn. 136; vgl. ferner auch noch *Theuffel-Werhahn*, ZStV 2016, 57, 59.

383 Statt vieler beachte lediglich: *Burgard*, Gestaltungsfreiheit, 536; v. Campenhausen/Richter/*Hof*, Handbuch, § 9 Rn. 101; Hüttemann/Richter/Weitemeyer/*Richter*, Landesstiftungsrecht, Rn. 15.14; *Wachter*, S&S 6/2002, Rote Seiten, 5; Werner/Saenger/Fischer/*Fritz*, Stiftung, § 14 Rn. 138 ff.

384 Vgl. hierzu auch: Hüttemann/Richter/Weitemeyer/*Hüttemann*, Landesstiftungsrecht, Rn. 14.42; *Schlüter/Stolte*, Stiftungsrecht, Kap. 5 Rn. 21.

385 Anders jedoch *Reuter*, NZG 2005, 649, 652 f.

der nachträglichen Anpassung der Anlagerichtlinien zur Zweckerfüllung stattgegeben hätte.[386]

Fehlen jedoch nähere Bestimmungen des Stifters, so hat der jeweilige Stiftungsvorstand nach eigenem Ermessen eine wirtschaftlich angemessene Anlagestrategie zu verfolgen, wobei er bei der Anlagepolitik nicht den sichersten Weg gehen muss.[387] Vielmehr darf er gemäß den allgemeinen Grundsätzen über eine Vermögensverwaltung im Interesse einer höheren Rendite ebenso in risikobehaftete Anlageklassen investieren, solange auf eine passende Mischung von risikoreicheren sowie risikoärmeren Anlagen geachtet wird.[388] In einem derart weit gestreuten Grundstockvermögen gibt es gemeinhin keine verbotenen Anlageklassen, sondern maßgebend ist, welchen Beitrag die Anlage zur Verbesserung der Struktur des Portfolios erwarten lässt.[389]

V. Exkurs: Akquirierung von Fremdkapital

Eine gebräuchliche Art der Akquirierung von (zusätzlichem) Kapital ist das stetige Einwerben von Fremdkapital, besonders durch die Aufnahme von Bankkrediten, durch das Eingehen von partiarischen Rechtsverhältnissen und ferner Aufnahme eines stillen Gesellschafters durch die jeweilige Stiftung.[390] Verbindlichkeiten außerhalb einer satzungsmäßigen Zweckdurchsetzung bilden aber für gewöhnlich mehr einen *Fremdkörper* in der stiftungsrechtlichen Landschaft.[391]

---

386 Insoweit zutreffend Bund-Länder-Arbeitsgruppe, Bericht v. 9.9.2016, 42; MüKo-BGB/*Weitemeyer*, § 85 Rn. 24.

387 Siehe hierzu auch Hüttemann/Richter/Weitemeyer/*Richter*, Landesstiftungsrecht, Rn. 15.31; *Hüttemann/Schön*, Vermögensverwaltung, 10 ff.

388 Beachte dazu etwa: *Hüttemann*, WM 2016, 625, 627. Vgl. etwa zu den Anforderungen an eine „professionelle" Vermögensverwaltung *BGH* WM 1994, 834, 836: *eine angemessene Mischung.*

389 Vgl. hierzu etwa auch *Burgard*, Gestaltungsfreiheit, 531 ff.; *Friedrich*, Anlage des Stiftungsvermögens, 187 ff.; *Hüttemann/Schön*, Vermögensverwaltung, 10.

390 Vgl. dazu *Burgard*, Gestaltungsfreiheit, 511 ff.

391 Vgl. hierzu etwa auch: v. Campenhausen/Richter/*Hof*, Handbuch, § 9 Rn. 178; Soergel-BGB/*Neuhoff*, Vor § 80 Rn. 15; gemäß § 13 Abs. 1 Nr. 1 BWStiftG unterliegt die Darlehensaufnahme der Anzeigepflicht.

C. Zur Vermögensanlage in der Stiftungspraxis

I. Geeignete Anlagegeschäfte

Grundsätzlich stehen Stiftungen alle ausdenkbaren Anlagegeschäfte offen, soweit die Satzung keine Beschränkungen vorschreibt.[392] Insbesondere müssen sich die Stiftungen nicht mehr mit mündelsicheren Vermögensanlagen begnügen.[393] Das Stiftungsvermögen kann sonach etwa in Immobilien, Aktien, Renten oder in Derivaten angelegt werden. In Betracht kommen überdies auch „alternative Investments" wie etwa Hedgefonds, die sogar bei absinkenden Aktienkursen Gewinne erzielen können. Allerdings ist hier eine intensive Risikokontrolle unerlässlich.[394]

II. Management durch Dritte

Da nur sehr wenige (sehr große) Stiftungen ihr Vermögen durch eigene Angestellte verwalten lassen, gehört die **Anlageberatung** von Stiftungen zu den altüberkommenen Geschäftsfeldern der Kreditinstitute.[395] Einige Häuser haben deshalb auch eigene Abteilungen zum Zwecke der Stiftungsberatung auf die Beine gestellt.[396] Für die Anlageberatung von Stiftungen gelten stets die üblichen Prinzipien, wonach eine Bank im Rahmen des (zumeist konkludent vereinbarten) Beratungsvertrages zu einer anlegergerechten und überdies zu einer

---

392 Vgl. *Blisse*, ZStV 2010, 134, 135 ff.; *Brockhoff*, in: Non Profit Law Yearbook 2002, 221, 222.

393 Bis zum 31.12.1995 sah Art. 14 BayStiftG vor, dass die Stiftungsgelder im Allgemeinen nach den Vorschriften der §§ 1805 und 1807 BGB (Anlegung von Mündelgeld) oder aber bei einem von den Stiftungsbehörden hierzu für geeignet erklärten Geldinstitut angelegt werden sollten.

394 Vgl. etwa: *Friedrich*, Anlage des Stiftungsvermögens, 187 ff.; *Schlüter/Stolte*, Stiftungsrecht, Kap. 5 Rn. 22 ff.; Werner/Saenger/Fischer/*Fritz*, Stiftung, § 14 Rn. 26 ff.

395 Eine Vermögensverwaltung, welche aus Nichtwissen oder vorgeblicher Vorsicht unterhalb des „Marktniveaus" operiert, verfehlt ihre Zwecke in derselben Weise wie eine Vermögensverwaltung, welche durch unangemessen risikoreiche Anlagen die Vermögenserhaltung der Stiftung gefährdet. Das Portfoliomanagement durch Laien ist gemeinhin durch ein zyklisches Verhalten gekennzeichnet, was häufig zu einer Realisierung von Verlusten und zu einer suboptimalen Nutzung von Gewinnchancen führen kann. Daher sollte ein Stiftungsvorstand prüfen, ob ein Anlagemanagement durch Dritte vorzugswürdig ist. Vgl. *Schlüter/Stolte*, Stiftungsrecht, Kap. 5 Rn. 31.

396 Vgl. etwa *Hüttemann*, WM 2016, 673, 680.

objektgerechten Beratung verpflichtet ist.[397] Überträgt man jene Forderung auf die Beratung von Stiftungen, hat sich die beratende Bank selbstverständlich über die Anlagestrategie der Stiftung, die Risikoobergrenze und wirtschaftlichen Verhältnisse sowie über die Anlageerfahrung der Vorstandsmitglieder zu informieren und eine *annehmbare* Anlageempfehlung zu geben. Entgegen der Auffassung des OLG Frankfurt a.M. ist es aber nicht Sache einer beratenden Bank die Vereinbarkeit von einer bestimmten Anlageform mit den Voraussetzungen des Stiftungsrechts oder einer aufgestellten Anlagerichtlinie zu prüfen.[398] Denn die normierten Regelungen des Stiftungsrechts sind – wie auch eventuelle Anlagerichtlinien – in aller Regel bloß an die jeweiligen Verantwortlichen der Stiftung gerichtet.[399] Die Feststellung, ob eine konkrete Anlage mit dem (stiftungsrechtlichen) Gebot der Vermögenserhaltung sowie den Anlagerichtlinien vereinbar ist, obliegt folglich nur dem Stiftungsvorstand und der Aufsichtsbehörde. Die anlageberatende Bank hat sich lediglich über die jeweilige Anlagestrategie der

---

397 Allgemein macht der BGH hierzu etwa deutlich: „Inhalt und Umfang der Beratungspflichten hängen dabei von den Umständen des Einzelfalls ab. Maßgeblich sind einerseits der Wissensstand, die Risikobereitschaft und das **Anlageziel des Kunden** und andererseits die allg. Risiken, wie (...) die **Entwicklung des Kapitalmarktes**, sowie die spez. Risiken, die sich aus den Besonderheiten des Anlageobjekts ergeben (...). Während die Aufklärung des Kunden über die für die Anlageentscheidung **wesentlichen Umstände richtig und vollständig** zu sein hat, muss **die Bewertung und Empfehlung eines Anlageobjekts** unter Berücksichtigung der genannten Gegebenheiten ex ante betrachtet led. vertretbar sein. Das Risiko, dass sich eine aufgrund anleger- und objektgerechter Beratung getroffene Anlageentscheidung im Nachhinein als falsch erweist, trägt der Anleger" (vgl. BGH WM 2011, 682, 684; Hervorhebungen nicht im Original). Beachte hinsichtlich der Pflicht zu einer anleger- und objektgerechten Beratung insbesondere auch noch: Tonner/Krüger, Bankrecht, § 24 Rn. 34 ff.

398 Siehe *OLG Frankfurt* WM 2015, 1103, 1104. Beachte dazu eingehend: *Cranshaw*, npoR 2016, 156 ff.; *Hippeli*, ZStV 2015, 121 ff.

399 Die Anwendung solcher abstrakter Regelungen auf einzelne Anlageentscheidungen erfordert zumeist komplexe Abwägungen, welche nur der Stiftungsvorstand vornehmen kann und welche er natürlich nicht auf Dritte – wie etwa die beratende Bank – abwälzen kann. Gegen die Einbeziehung von stiftungsrechtlichen Regelungen in die Beratungspflicht einer Bank spricht außerdem, dass für die Stiftungen eine hoheitliche Aufsicht besteht, welche das Verhalten der Stiftungsorgane zu kontrollieren hat. Schließlich hätte die Verpflichtung der Banken zu einer Einbeziehung von rechtlichen Vorgaben in eine Beratung zur Folge, dass so den Banken eine vielleicht illegale Rechtsberatung aufgegeben wird. Näher: *Hippeli*, ZStV 2015, 121, 124; *Hüttemann*, WM 2016, 673, 680 f.

Stiftung und die Vorstellungen der Vorstandsmitglieder zu unterrichten sowie auf jener Grundlage eine entsprechende Anlageempfehlung zu geben.[400]

D. Stiftungskontrolle durch Aufsichtsbehörde

I. Zuständigkeit sowie Verfahren

Die **örtliche** Zuständigkeit bestimmt sich nach dem Sitz der Stiftung; dieser ist in der Satzung festzusetzen und richtet sich grundsätzlich danach, wo die entscheidende Verwaltungstätigkeit der Stiftung stattfindet. Bezüglich der **sachlichen** Zuständigkeit gilt Landesrecht; hierbei kann es gegebenenfalls auch zu bedeutenden Abweichungen zwischen der sachlichen Zuständigkeit für die Anerkennung sowie die später folgende – fortlaufende – Aufsichtstätigkeit kommen.[401]

Während die Aufsichtsbehörde im Rahmen des Anerkennungsvorgangs im Allgemeinen einzig auf Antrag hin tätig wird,[402] gilt für die Aufsicht über die laufende Stiftungsverwaltung das *Opportunitätsprinzip*: Die Aufsichtsbehörde ist demnach legitimiert, von sich aus aktiv zu werden, wenn ihr dies angezeigt erscheint, wobei aber jedenfalls der „Anfangsverdacht" eines Rechtsverstoßes notwendig ist; das reine „Ausforschen" der Stiftungstätigkeit ohne konkreten Verdacht auf ein Fehlverhalten ist rechtswidrig. Entschließt sich die Aufsichtsbehörde, untätig zu bleiben, obwohl ein derartig konkretes Fehlverhalten gegeben ist, kann sogar ein Anspruch des Stifters beziehungsweise der Stiftung selbst auf ein aufsichtsbehördliches Entgegenwirken vorliegen, welcher in einem verwaltungsgerichtlichen Verfahren durchgesetzt werden kann.[403]

Den verwaltungsrechtlichen Hintergrund für das gesamte Handeln der Aufsichtsbehörde formt das jeweils anwendbare Verwaltungsverfahrensgesetz des ausschlaggebenden Landes in Verbindung mit dem entsprechenden Landesstiftungsrecht. Adressat der Maßnahmen der Aufsichtsbehörde ist im Allgemeinen die Stiftung selbst; möglich ist hingegen auch, dass sich die Verwaltungsakte gegen ein Organ respektive auch bloß gegen ein einzelnes Mitglied eines Organs richten. Belastende Verwaltungsakte sind wegen § 39 VwVfG zu begründen, wodurch der Adressat stets die Chance hat, die Rechtmäßigkeit der

---

400 Siehe auch *Hüttemann*, WM 2016, 673, 681.

401 Vgl. etwa die Übersicht bei *Pues/Scheerbarth*, Gemeinnützige Stiftungen, 68 f.

402 Siehe *Schlüter/Stolte*, Stiftungsrecht, Kap. 3 Rn. 8. Beim Stiftungsgeschäft von Todes wegen muss die Behörde gemäß § 83 S. 1 BGB von sich selbst aus tätig werden, um die Errichtung der jeweiligen Stiftung zu besorgen.

403 v. Campenhausen/Richter/*Hof*, Handbuch, § 10 Rn. 102 ff.

entsprechenden Regelung zu prüfen und sich unter Umständen außerdem gegen gesetzeswidrige Verwaltungsakte zu behaupten.[404]

II. Instrumente der Stiftungsaufsicht

1. Grundlagen und Systematisierung

Da auch die selbstständige Stiftung des privaten Rechts nach Art. 19 Abs. 3 GG Trägerin von Grundrechten ist, bedarf jedweder Eingriff durch die Stiftungsaufsicht auch einer gesetzlichen Regelung. Welches Rüstzeug der Stiftungsaufsicht zur Verfügung steht, ist durch das landesrechtliche Spektrum der jeweils einschlägigen Ermächtigungsgrundlagen vorgegeben und überdies auch begrenzt. Allen Maßnahmen ist wegen des Charakters der Stiftungsaufsicht als Rechtsaufsicht gemein, dass sie nur Mittel zur Herstellung der **Rechtskonformität** sind.[405]

Systematisch unterschieden wird im Anschluss an die landläufigen Differenzierungen in weiteren Aufsichtsverhältnissen, im Besonderen der Kommunalaufsicht, zwischen Mitteln der **präventiven Aufsicht** einerseits, welche eine Rechtsverletzung bereits im Vorfeld verhindern können, und den Mitteln der **repressiven Aufsicht** andererseits, die eine schon stattgefundene Rechtsverletzung ausräumen sollen. Insoweit tritt bei den repressiven Aufsichtsmitteln zudem die Berichtigungsfunktion der Aufsicht deutlich zutage. Von erheblicher praktischer Relevanz ist diese systematische Unterscheidung für die Ermittlung der statthaften Rechtsschutzform.[406]

2. Präventive Aufsichtsmaßnahmen

Die dem Staat obliegende Fürsorgepflicht gegenüber den Stiftungen erfordert, dass dieser sich fördernd und zudem auch schützend der Stiftungen annimmt.[407] Zur Realisierung dieser Pflicht sehen die verschiedenen Landesstiftungsgesetze eine Reihe aufsichtlicher Maßnahmen vor, die nicht lediglich die Existenz oder das Vermögen, sondern zudem auch die einzelnen Mitglieder der Organe

---

404 Siehe hierzu v. Campenhausen/Richter/*Hof*, Handbuch, § 10 Rn. 106 f.

405 Vgl. Stumpf/Suerbaum/Schulte/Pauli-Stiftungsrecht/*Suerbaum*, Kap. C Rn. 220.

406 Siehe dazu bereits *Triepel*, Reichsaufsicht, 120 f.

407 Vgl. hierzu etwa *Andrick/Suerbaum*, NWVBl. 1999, 329, 333. Art. 163 EGBGB normiert, dass die zur Zeit des Inkrafttretens des Bürgerlichen Gesetzbuchs schon bestehenden Stiftungen gleichermaßen der Stiftungsaufsicht unterworfen sind. Vgl. etwa *Toepke*, Staatsaufsicht, 20. Zum intertemporalen Stiftungsrecht und dem Recht der Altstiftungen eingehend: Hüttemann/Richter/Weitemeyer/*Jakob/Büch*, Landesstiftungsrecht, Rn. 7.1 ff.

betreffen. Die Stiftungsaufsicht setzt generell im Anschluss an die Gründung einer Stiftung ein und endet mit ihrem Erlöschen. Zwischen jenen Eckpunkten gibt es eine Vielzahl aufsichtlicher Maßnahmen, welche darauf hinzielen, eine Zweckverfolgung sicherzustellen.[408]

a) Beratung vonseiten der Aufsichtsbehörde

Das wichtigste Instrument der präventiven (vorbeugenden) Stiftungsaufsicht besteht darin, die Organe der Stiftung bei sämtlichen rechtlichen oder wirtschaftlichen Stiftungsangelegenheiten zu beraten.[409] In der Stiftungspraxis spielt die aufsichtsbehördliche Beratung eine außerordentliche Rolle, weil sie meist einem Rechtsverstoß vorbeugt, die einzelnen Stiftungen bei der Verwirklichung ihrer jeweiligen Satzungszwecke unterstützt und überdies das gesamte Stiftungswesen begünstigt. Rechtlich ist die Stiftungsberatung in der Regel bedenkenlos; denn Eingriffe in die Zuständigkeit der Stiftungsorgane sind mit ihr gewöhnlich nicht verbunden.[410]

b) Informations-/Unterrichtungsrechte

Um eine zuträgliche Stiftungsaufsicht zu ermöglichen, räumen die Landesstiftungsgesetze der jeweiligen Aufsichtsbehörde das Recht ein, sich über einzelne Angelegenheiten einer Stiftung zu unterrichten.[411] Teilweise wird dies sogar als eine Verpflichtung zur Auskunftserteilung für die Stiftungsorgane bestimmt.

---

408 Vgl. hierzu etwa *Andrick/Suerbaum*, Stiftung und Aufsicht, § 7 Rn. 1.

409 Vgl. *Ebersbach*, Handbuch, 132.

410 Vgl. auch: Hüttemann/Richter/Weitemeyer/*Schulte*, Landesstiftungsrecht, Rn. 29.5. Gleichwohl muss sich auch die beratende Aktivität der Stiftungsaufsicht auf eine einfache Rechtsaufsicht beschränken. Die Grenze zu einer behördlichen Mitwirkung soll dabei nicht überschritten werden. Das geltende Recht, das Gewohnheitsrecht, die öffentliche Ordnung sowie das Wohl der Allgemeinheit müssen ebenso geachtet wie die Interessen der Stiftung und des Stifters durchgesetzt werden. Die Gefahr der Schwächung der Stiftungsaufsicht nach einer präventiven Beratung durch „Nichtangriffspakte" erscheint bloß dann gegeben, wenn eine nicht den vorgenannten Kriterien entsprechende Beratung stattgefunden hat. Das Hauptaugenmerk sollte mithin nicht auf eine Problematisierung der Beratung durch die Aufsichtsbehörde als solche gerichtet, sondern eher auf eine Einhaltung von rechtlichen Begrenzungen seitens der Stiftungsaufsicht gelegt werden. Vgl. v. Campenhausen/Richter/*Hof*, Handbuch, § 10 Rn. 65 sowie außerdem Hüttemann/Richter/Weitemeyer/*Schulte*, Landesstiftungsrecht, Rn. 29.65.

411 Ausführlich hierzu *Andrick/Suerbaum*, Stiftung und Aufsicht, § 7 Rn. 7 ff.

Einige Landesstiftungsgesetze gestatten den Aufsichtsbehörden auch die Besichtigung von Stiftungsräumen.[412] Dabei ist indes das Grundrecht aus Art. 13 GG zu berücksichtigen, welches (üblicherweise) auch jede Stiftung für sich beanspruchen kann.[413]

Der Aufsichtsbehörde sind zudem sämtliche Änderungen der personellen Besetzung des vertretungsberechtigten Organs der Stiftung, das heißt gemeinhin des Vorstands, unverzüglich mitzuteilen, damit dies in den Stiftungsverzeichnissen erfasst werden kann. Dadurch soll etwa die Ausarbeitung unrichtiger Vertreterbescheinigungen für Stiftungsorgane vermieden werden.[414]

c) Jahresrechnung und Vermögensübersicht

Eine besondere Ausprägung der regulären Informationsansprüche sowie Unterrichtungsrechte ist die in den meisten Stiftungsgesetzen normierte Pflicht der Stiftungsorgane, der zuständigen Stiftungsaufsichtsbehörde eine Jahresrechnung (einschließlich einer Vermögensübersicht) und einen Bericht über die Realisierung der Stiftungszwecke vorzulegen.[415] Der Bericht muss sich hierbei auf die wesentlichen Entwicklungen konzentrieren und die belangvollsten Kennzahlen der Stiftung kundgeben. Je nach Stiftungsgesetz beträgt die Frist für die Abgabe der Berichte vier bis zwölf Monate nach Ablauf des Tätigkeitsjahres. Dies ist meistens das Kalenderjahr.[416]

d) Anzeige- und Genehmigungsvorbehalt

In einigen Bundesländern bedürfen einzelne Rechtsgeschäfte der Anzeige an beziehungsweise der Genehmigung durch die Stiftungsaufsichtsbehörde.[417] Damit sollen nach Einschätzung der Landesgesetzgeber besonders risikoreiche Rechtsgeschäfte grundsätzlich rechtzeitig überprüft und eventuell verhindert werden. Eine Einschränkung erfahren die Stiftungsaufsichtsbehörden bei der Handhabung der Anzeigepflichten und Genehmigungsvorbehalte insofern, als sie bloß eine Rechtsaufsicht vollziehen dürfen.[418] Für eine eigene

---

412 Vgl. dazu etwa Art. 12 Abs. 3 BayStiftG, § 12 Abs. 1 HeStiftG, § 11 Abs. 1 NdsStiftG, § 7 Abs. 1 SächsStiftG, § 10 Abs. 2 SAStiftG, § 8 Abs. 2 SchlHStiftG, § 12 Abs. 3 ThürStiftG.

413 v. Campenhausen/Richter/*Hof*, Handbuch, § 10 Rn. 151.

414 Siehe *Pues/Scheerbarth*, Gemeinnützige Stiftungen, 71; *Schlüter/Stolte*, Stiftungsrecht, Kap. 3 Rn. 12.

415 Vgl. Stumpf/Suerbaum/Schulte/Pauli-Stiftungsrecht/*Suerbaum*, Kap. C Rn. 310.

416 Vgl. *Schlüter/Stolte*, Stiftungsrecht, Kap. 3 Rn. 11.

417 Siehe hierzu: Art. 19 BayStiftG, § 13 BWStiftG, § 7 NRWStiftG, § 9 SchlHStiftG.

418 BVerwGE 40, 347, 350.

Zweckmäßigkeitskontrolle oder eine Verwirklichung öffentlicher Interessen – soweit diese nicht im Gesetz beziehungsweise durch den Stifterwillen im Stiftungszweck ihren Niederschlag finden – ist gewöhnlich kein Raum.[419]

3. Repressive Aufsichtsmaßnahmen

Liegt ein Verstoß der Stiftung gegen geltendes Recht, gegen das Stiftungsgeschäft oder gegen die Stiftungssatzung vor, kann die Aufsichtsbehörde durch mehrere repressive Aufsichtsmittel korrigierend durchgreifen. Kennzeichnend für den Katalog der Eingriffsrechte im Rahmen der repressiven Stiftungsaufsicht ist die Klassifikation der Aufsichtsmittel mit einer kontinuierlich fortschreitenden Intensität des behördlichen Einschreitens. Dies ist von großer Wichtigkeit, da die Behörde gemäß den Verhältnismäßigkeits- sowie Subsidiaritätsprinzipien jeweils lediglich dann und insoweit Maßnahmen ergreifen kann, als sie erforderlich sind. Das bedeutet, dass zu befürchten sein muss, dass die Stiftung das gebotene Verhalten nicht selbst ausüben kann oder will und dass die jeweils getroffene Maßnahme das *chancenreichste* und *mildeste* Mittel ist.[420]

a) Beanstandung sowie Aufhebung

Als mildestes Eingriffsmittel steht der Aufsichtsbehörde die Beanstandung zur Verfügung, die ausnahmslos in allen Landesstiftungsgesetzen bestimmt ist.[421] Nachdem die Aufsichtsbehörde die Rechtswidrigkeit einer vonseiten der Stiftungsorgane durchgeführten konkreten Handlung gerügt hat, gibt sie der Stiftung – weithin auch innerhalb einer Frist – auf, diese rückgängig zu machen oder inhaltlich zu verändern. Damit ist der Stiftung beständig die Chance zur internen Selbstkontrolle gegeben. Dementsprechend wird exakt durch diese Anstoßfunktion der Zweck der Beanstandung maßgeblich geprägt.[422] Halten Dritte eine konkrete Handlung vonseiten der Stiftungsorgane für rechtswidrig, so können diese die Beanstandung bei der Aufsichtsbehörde anregen; ein *Anspruch* auf ein derartiges aufsichtsrechtliches Eingreifen existiert aber nicht.[423]

---

419 Vgl. auch v. Campenhausen/Richter/*Hof*, Handbuch, § 10 Rn. 256.

420 Vgl. v. Campenhausen/Richter/*Hof*, Handbuch, § 10 Rn. 11 ff.; *Schlüter/Stolte*, Stiftungsrecht, Kap. 3 Rn. 19.

421 Siehe hierzu auch Hüttemann/Richter/Weitemeyer/*Schulte*, Landesstiftungsrecht, Rn. 29.25.

422 Siehe auch *Andrick/Suerbaum*, Stiftung und Aufsicht, § 8 Rn. 2.

423 v. Campenhausen/Richter/*Hof*, Handbuch, § 10 Rn. 195.

Einzelne Stiftungsgesetze sehen explizit die Möglichkeit vor, rechtswidrige Handlungen seitens der Stiftungsorgane *hoheitlich aufzuheben*.[424] Die Eingriffsintensität der Aufhebung ist im Gegensatz zur Beanstandung insoweit immenser, als gerade keinerlei Gelegenheit zu einer Selbstkorrektur besteht, sondern die rechtswidrige Handlung des Stiftungsorgans aufgrund der Aufhebung hoheitlich beseitigt wird. Die aufsichtsrechtliche Aufhebung ist ebendeswegen ein ausschließlich kassatorischer Verwaltungsakt.[425] – Die Aufhebung wirkt hingegen lediglich in denjenigen *Fällen*, in denen die beanstandete Handlung der Stiftungsorgane *tatsächlich* sowie *rechtlich* rückabgewickelt werden kann.[426] Auch ist sie bloß wirksam, wenn der Beschluss des Stiftungsorgans im Moment des Erlasses wirklich rechtswidrig war. Eine spätere Änderung der Rechtslage, die einen anfangs rechtmäßigen Beschluss erst in Widerspruch zur Rechtsordnung bringt, legitimiert hingegen keine Aufhebung durch die Stiftungsbehörde.[427]

b) Anordnung und Ersatzvornahme

Während sich die Aufhebung einzig auf eine bereits vorgenommene Maßnahme bezieht, dient eine „Anordnung" der Festsetzung einer dringend notwendigen, von der Stiftung selbst jedoch unterlassenen Maßnahme.[428] Die Eingriffsintensität der Anordnung ist gewichtiger als bei einer Aufhebung, weil die Stiftung für den Fall der Aufhebung zumindest noch darüber entscheiden darf, was sie letztlich für eine bestimmte Maßnahme an die Stelle einer zuvor als rechtswidrig

---

424 Siehe z.B. § 8 Abs. 3 NRWStiftG.

425 Hierzu: *Andrick/Suerbaum*, Stiftung und Aufsicht, § 8 Rn. 8; *Kallerhoff*, NWVBl. 1996, 53, 56; *Schlüter/Stolte*, Stiftungsrecht, Kap. 3 Rn. 22.

426 Siehe etwa v. Campenhausen/Richter/*Hof*, Handbuch, § 10 Rn. 201. Wenn die Stiftung diese Möglichkeit nicht mehr hat, etwa weil sie sich zwischen Beschlussfassung und Aufhebung bindend verpflichtet und entsprechend erfüllt hat, so kann die Rückgängigmachung nicht mehr eingefordert werden. Allerdings ist in derartigen Fällen eine Beanstandung durchaus noch sinnvoll, um zu vermeiden, dass der Vorstand der Stiftung diese fragwürdige Maßnahme wiederholt. Sinnlos – weil rechtlich nicht durchsetzbar – wäre hingegen eine Aufhebung. Vgl. auch hierzu insbesondere noch: v. Campenhausen/Richter/*Hof*, Handbuch, § 10 Rn. 201.

427 Siehe *OVG Münster* DVBl. 1961, 452, 453; *Brüning/Vogelsang*, Kommunalaufsicht, Rn. 228. In dem Fall kann die zuständige Stiftungsaufsichtsbehörde allein die Aufhebung des betreffenden Beschlusses durch die Stiftung selbst anordnen. Vgl. hierzu etwa auch noch *Schlüter/Stolte*, Stiftungsrecht, Kap. 3 Rn. 23.

428 In der Terminologie der verschiedenen Landesstiftungsgesetze findet sich allerdings auch der gleichbedeutende Begriff der *Weisung*.

eingeschätzten Maßnahme platzieren kann.[429] Die Anordnung gibt der Stiftung eine konkrete Maßnahme vor, nimmt ihr somit deutlich greifbar diesen Entscheidungsspielraum.[430]

Soweit die Stiftung der Aufforderung, eine bestimmte Maßnahme zu verwirklichen, nicht nachkommt, kann die zuständige Stiftungsaufsichtsbehörde in eigener Verantwortlichkeit eine „Ersatzvornahme" anordnen, somit die Maßnahme auf Kosten der Stiftung selbst durchführen oder auch von Dritten durchführen lassen. Die Ersatzvornahme setzt voraus, dass die Behörde der Stiftung vorweg eine angemessene Frist für die Umsetzung der Anordnung gewährt hat.[431]

c) Abberufungen von Organwaltern

Hat sich ein Mitglied eines Stiftungsorgans einer schwerwiegenden Pflichtverletzung schuldig gemacht beziehungsweise ist es zu einer (ordnungsgemäßen) Wahrnehmung seiner gegenüber der Stiftung existierenden Verpflichtungen – auch unverschuldet – nicht in der Lage, kann die Aufsichtsbehörde gemäß einer Mehrzahl von Landesstiftungsgesetzen eine Abberufung dieses Organmitglieds der Stiftung fordern.[432] Dabei bezieht sich diese Abberufung im Gegensatz

---

429 Vgl. v. Campenhausen/Richter/*Hof*, Handbuch, § 10 Rn. 205.

430 Vgl. dazu etwa auch: Hüttemann/Richter/Weitemeyer/*Schulte*, Landesstiftungsrecht, Rn. 29.29; *Schlüter/Stolte*, Stiftungsrecht, Kap. 3 Rn. 25.

431 Vgl. hierzu auch *Andrick/Suerbaum*, Stiftung und Aufsicht, § 8 Rn. 12. Ob zudem eine Möglichkeit besteht, im Rahmen des allgemeinen Verwaltungsvollstreckungsrechts ein „Zwangsgeld" festzusetzen, wenn Anordnungen der Stiftungsaufsicht nicht befolgt werden, ist äußerst umstritten. Ausgangspunkt ist, dass die Festsetzung eines Zwangsgeldes jedenfalls dann unzulässig ist, wenn das jeweilige Landesstiftungsgesetz zwar ausdrückliche und abschließende Regeln über die Verwaltungsvollstreckung enthält, das Mittel des Zwangsgeldes dabei allerdings nicht genannt wird. Denn dann gehen die bestehenden Vorschriften des Landesstiftungsrechts dem allgemeinen Vollstreckungsrecht vor. – Für die sonstigen Fälle wird zu Recht vertreten, dass das Zwangsgeld als „milderes" Mittel der Ersatzvornahme vorgehe. Siehe dazu etwa v. Campenhausen/Richter/*Hof*, Handbuch, § 10 Rn. 210.

432 Siehe etwa: § 9 Abs. 1 S. 1 NRWStiftG. Eine schwerwiegende Pflichtverletzung liegt vor, wenn der Betroffene seine Kompetenzen in grober Weise und mehrfach missbraucht, die Funktions- sowie Vermögensinteressen der Stiftung grob vernachlässigt oder sich beharrlich weigert, den Stiftungszweck zu fördern. – Die Unfähigkeit zur ordnungsgemäßen Geschäftsführung ist anzunehmen, wenn das Organmitglied andauernd krank oder abwesend ist oder auch, wenn es eine erforderliche Vertrauenswürdigkeit nicht aufweist. Sowohl die Pflichtverletzung als auch die Unfähigkeit zur ordnungsgemäßen Geschäftsführung müssen jeweils derartig einschneidend sein,

zu den vorgenannten repressiven Aufsichtsmaßnahmen gerade nicht auf die Rechtswidrigkeit des Stiftungshandelns, sondern auf individuell vorwerfbares Verschulden einiger Organmitglieder beziehungsweise in der jeweiligen Person liegende Faktoren, wie etwa mangelnde Eignung.[433]

d) Bestellung eines Sachwalters

Manche Stiftungsgesetze sehen überdies die Möglichkeit vor, die Realisierung von bindenden Beschlüssen oder auch von Anordnungen einem Sachwalter zu übertragen. Es handelt sich bei dieser schweren Einmischung in die Verwaltungsautonomie einer Stiftung um die ultima ratio des Aufsichtsrechts.[434] Nur falls alle sonstigen Maßnahmen versagen, darf die Behörde zu einem solch drastischen Mittel greifen.[435] Die Subsidiarität dieser Maßnahme ist auch durch die Voraussetzungen der entsprechenden Vorschriften der Stiftungsgesetze festgeschrieben.[436]

4. Verbesserungen für die Aufsicht

Die staatliche Stiftungsaufsicht soll als Rechtsaufsicht gewährleisten, dass Stiftungen bei ihrer Tätigkeit sowohl die Gesetze als auch die Satzung befolgen. Zu

---

dass die Existenz der Stiftung wesentlich gefährdet wird. Vgl. hierzu *Schlüter/Stolte*, Stiftungsrecht, Kap. 3 Rn. 30 f.

433 Erst wenn die betroffene Stiftung dieser Anordnung im Rahmen einer bestimmten Frist nicht nachkommt, kann die Aufsichtsbehörde selbst und unmittelbar durch Abberufung tätig werden. Als milderes Mittel ist zumeist zu prüfen, ob eine zeitliche Suspendierung eines Betroffenen ausreicht. Dies setzt voraus, dass zwar Gefahren von einer Stiftung abgewandt werden sollen, welche von dem Betroffenen ausgehen, aber noch keine abschließende Entscheidung über eine Abberufung getroffen werden kann. Daraus ergibt sich, dass eine Suspendierung einzig dann zulässig ist, wenn die Stiftungsbehörde eine Abberufung zumindest ernsthaft in Erwägung zieht oder aber der Stiftung die Abberufung aufgibt. – Mit der Abberufung von Organmitgliedern kann zudem eine Anordnung verbunden sein, neue Ersatzmitglieder zu bestellen. Hierbei sind allerdings die Satzungsbestimmungen über die Bestimmung von Nachfolgern einzuhalten. Kann aber eine Stiftung danach keine Neubestellung vornehmen, so kommt eine Bestellung durch die Aufsichtsbehörde oder eine amtsgerichtliche Notbestellung nach § 29 BGB in Betracht; vgl. zur Frage der Zuständigkeit v. Campenhausen/Richter/*Hof*, Handbuch, § 10 Rn. 229 ff.

434 Vgl. *Andrick/Suerbaum*, Stiftung und Aufsicht, § 8 Rn. 29.

435 Siehe hierzu *Andrick/Suerbaum*, Stiftung und Aufsicht, § 8 Rn. 29; Werner/Saenger/Fischer/*Winkler*, Stiftung, § 27 Rn. 125.

436 Vgl. Werner/Saenger/Fischer/*Winkler*, Stiftung, § 27 Rn. 125.

den Aufgaben dieser Aufsicht gehört es zu überprüfen, ob die Stiftungen ihre Mittel für die satzungsmäßig vorgeschriebenen Zwecke einsetzen. Bei steuerbefreiten Stiftungen muss auch die Finanzbehörde prüfen, ob die Stiftung ihre Mittel ausschließlich und unmittelbar zur Verwirklichung der steuerbegünstigten Zwecke einsetzt; siehe § 63 Abs. 1 AO. Insoweit bestehen einige Überschneidungen zwischen den Aufgaben der Aufsichtsbehörden und den Aufgaben der Finanzbehörden.[437] Könnten aber Aufsichtsbehörden und die Finanzverwaltung gegenseitig einzelne Informationen austauschen und miteinander teilen, so könnte zum einen die Stiftungsbehörde von der Sachkompetenz der Finanzverwaltung in Fragen der Rechnungslegung oder der Vermögensverwaltung profitieren und zum anderen könnte sich sodann die Finanzverwaltung die meist besseren Kenntnisse der Stiftungsbehörde von den Umständen bei einer Stiftung zu Nutze machen. So werden nämlich Stiftungen von der Finanzverwaltung gemeinhin im Abstand von drei Jahren geprüft, während sie gegenüber der Aufsichtsbehörde regelmäßig jährlich Abrechnungen und Berichte einzureichen haben. *De lege lata* ist die Datenübermittlung durch die Finanzverwaltung an die Stiftungsaufsicht regelmäßig ausgeschlossen, da sie einen Verstoß gegen das Steuergeheimnis darstellen würde; beachte § 30 Abs. 2 Nr. 1 lit. a AO.[438] Eine solche Offenbarung ist hingegen dann möglich, wenn sie beispielsweise durch bundesgesetzliche Vorschrift zugelassen ist oder wenn der Betroffene zustimmt.[439] Es wird aber kaum einmal vorkommen, dass Mitglieder des Stiftungsvorstands die Offenbarung solcher Daten zulassen, aus denen sich ein rechtswidriges oder auch ein satzungswidriges Handeln ergibt, wie eine „nichtsatzungsmäßige" Verwendung von Stiftungsmitteln. Solche Daten sind hingegen ausgerechnet für die Stiftungsbehörden von überaus beachtenswerter Bedeutsamkeit. Auch für jedwede Übermittlung von Daten durch die Stiftungsaufsichtsbehörde an die

---

437 Ebenso Bund-Länder-Arbeitsgruppe, Bericht v. 9.9.2016, 105.

438 Nach § 30 Abs. 2 Nr. 1 lit. a AO darf die Finanzbehörde Tatsachen, welche ihr in einem Besteuerungsverfahren bekannt geworden sind, nicht unbefugt offenbaren. Vgl. hierzu auch Koenig-AO/*Intemann*, § 30 Rn. 41 ff.

439 Siehe hierzu § 30 Abs. 4 Nr. 2 und Nr. 3 AO. Eine Zustimmung durch die Stiftung wird zwar meist im Rahmen einer Stiftungserrichtung erteilt, um etwa zu ermitteln, ob die satzungsmäßigen Zwecke den Anforderungen des steuerlichen Gemeinnützigkeitsrechts entsprechen. Solche Zustimmungen werden freilich für gewöhnlich nicht generell erteilt, sondern lediglich begrenzt auf ganz bestimmte Informationen aus dem Besteuerungsverfahren.

Finanzverwaltung bedarf es für gewöhnlich einer rechtlichen Bestimmung, weil sonst womöglich ein Verstoß gegen das Datenschutzrecht gegeben wäre.[440]

Fraglich ist, ob es hier realisierbar wäre, eine gesetzliche Regelung einzuführen, die den Datenaustausch zwischen Stiftungsbehörde und Finanzbehörde gestattet und sonach einerseits eine abgabenrechtliche Befugnis zur Offenbarung nach § 30 Abs. 4 Nr. 2 AO und andererseits sodann eine Ermächtigungsgrundlage für eine Datenübermittlung entsprechend der relevanten datenschutzrechtlichen Vorschriften darstellen würde. Für eine Übermittlung von Daten durch die Finanzverwaltung an die Aufsichtsbehörde spricht insbesondere, dass die Organmitglieder sowieso zur Auskunftserteilung gezwungen sind, so dass bereits gar keine Schutzbedürftigkeit mehr vorhanden ist. Hinzu kommt, dass die Aufsicht ohne die Datenübermittlung erst deutlich später Kenntnis erlangt von etwaigen Verstößen durch die Mitglieder der einzelnen Organe.[441]

5. Gebühren der Aufsichtsbehörde

Grundsätzlich kann die Stiftungsaufsicht Gebühren erheben. Das gilt in aller Regel sowohl für das Anerkennungsverfahren wie für sonstige Aufsichtstätigkeiten.[442] Insofern fallen Gebühren eben auch nicht lediglich für konkrete Einzelmaßnahmen an; bereits die reine Bereitschaft der Aufsichtsbehörden, einzuwirken, stellt für die ihr unterworfenen Stiftungen grundsätzlich eine gebührenpflichtige Leistung dar.[443] Allerdings werden Stiftungen, welche als steuerbegünstigt im Sinne der Abgabenordnung anerkannt sind, gewöhnlich von der Gebührenpflicht befreit.[444]

III. Rechtsschutz für Stiftungen

Für den Rechtsschutz gegen Maßnahmen der Aufsichtsbehörde gelten die allgemeinen Regeln des Verwaltungsrechts. Soweit eine stiftungsbehördliche Verfügung hierbei einen belastenden Verwaltungsakt darstellt, kann derjenige, der in seinen Rechten gestört wird, den Widerspruch hiergegen einlegen (§ 42 Abs. 2 VwGO). Hilft die Aufsichtsbehörde dem Widerspruch jedoch nicht ab oder ist

---

440 Vgl. zu den Anforderungen auch Art. 6 Abs. 3 DS-GVO; siehe ferner Gola-DS-GVO/*Schulz*, Art. 6 Rn. 197 ff.; Sydow-DS-GVO/*Reimer*, Art. 6 Rn. 24 ff.

441 Vgl. zum Ganzen auch noch Bund-Länder-Arbeitsgruppe, Bericht v. 9.9.2016, 106 ff.

442 Vgl. v. Campenhausen/Richter/*Hof*, Handbuch, § 10 Rn. 116; *Schlüter*/*Stolte*, Stiftungsrecht, Kap. 3 Rn. 43.

443 BGHZ 70, 313, 318.

444 v. Campenhausen/Richter/*Hof*, Handbuch, § 10 Rn. 116.

ein Widerspruchsverfahren landesgesetzlich nicht vorgesehen, ist die Anfechtungsklage vor einem Verwaltungsgericht statthaft; regelmäßig (beachte aber § 80 Abs. 2 S. 1 Nr. 4 VwGO) hat der Widerspruch *aufschiebende Wirkung*, so dass die Maßnahme nicht vollstreckt werden kann.[445]

Wird die Aufsichtsbehörde in einem Fall nicht tätig, in dem sie rechtlich dazu verpflichtet ist, so kann die Stiftung sowie auch ein anderer, welcher durch den zu erlassenden Verwaltungsakt begünstigt wäre (§ 42 Abs. 2 VwGO), beim zuständigen Verwaltungsgericht die Verpflichtungsklage erheben – auch hierfür ist zunächst grundsätzlich die Einleitung eines Widerspruchverfahrens notwendig. Für den Fall, dass die Aufsichtsbehörde über einen Antrag auf die Vornahme eines Verwaltungsaktes nicht entscheidet, kann auch ohne eine Beendigung des Widerspruchverfahrens sogleich geklagt werden. Es handelt sich dabei um die sogenannte Untätigkeitsklage nach § 75 VwGO. Soweit der Vorgang eilbedürftig ist, stehen außerdem die gerichtlichen Verfahren des *einstweiligen Rechtsschutzes* nach §§ 80 und 123 VwGO offen.[446]

IV. Modifizierung der Aufsicht?

Die Kompetenzen der Stiftungsaufsichtsbehörde können durch satzungsrechtliche Anordnung gegenüber der Stiftung nicht über das in den jeweiligen Landesstiftungsgesetzen vorgegebene Ausmaß hinaus ausgeweitet werden.[447] Wenn die Stiftungssatzung die Aufsichtsbehörde indes zur Aufsicht bestellt, so wird diese hierdurch, sofern sie jene Bestellung aufnimmt, selbst zum Stiftungsorgan, das der Aufsicht der Stiftungsbehörde unterliegt. Die Stiftungsbehörde jedoch kann nicht Kontrolleurin und Kontrollierte sein.[448] Umgekehrt ist gleichermaßen ein bereits in der Stiftungssatzung bestimmter gänzlicher Verzicht auf jegliche

---

445 Eingehend zum Ganzen *Andrick/Suerbaum*, Stiftung und Aufsicht, § 9 Rn. 3 ff.; v. Campenhausen/Richter/*Hof*, Handbuch, § 10 Rn. 118 ff.; Hüttemann/Richter/Weitemeyer/*Schulte*, Landesstiftungsrecht, Rn. 29.48 ff. sowie *Jakob*, Schutz der Stiftung, 252 ff.

446 Vgl. hierzu auch noch: *Andrick/Suerbaum*, Stiftung und Aufsicht, § 9 Rn. 91 ff.; *Schlüter/Stolte*, Stiftungsrecht, Kap. 3 Rn. 45.

447 In derselben Weise zutreffend *Burgard*, Gestaltungsfreiheit, 216 Fn. 80; MüKo-BGB/*Weitemeyer*, § 80 Rn. 83; Staudinger-BGB/*Hüttemann/Rawert*, Vorbem zu §§ 80 ff Rn. 139. A.A. offenbar v. Campenhausen/Richter/*Hof*, Handbuch, § 10 Rn. 18.

448 So zutreffend insbesondere *Burgard*, Gestaltungsfreiheit, 216 Fn. 80; MüKo-BGB/*Weitemeyer*, § 80 Rn. 83; Staudinger-BGB/*Hüttemann/Rawert*, Vorbem zu §§ 80 ff Rn. 139.

Form einer Stiftungsaufsicht nicht zulässig.[449] Die staatliche Stiftungsaufsicht bezweckt doch gerade den Schutz der Grundrechtspositionen der Stiftung.[450] Sie entzieht sich demgemäß einer Dispositionsbefugnis des Stifters. Dies gilt in gleicher Weise auch für Stiftungen mit allein privatnützigen Zielen.[451]

E. Krisenvermeidende Organisationsstruktur

Aber bereits organisatorische Mängel, zum Beispiel eine ineffiziente Aufbauorganisation oder eine schwerfällige Ablauforganisation,[452] können zur Krisenanfälligkeit der Stiftung erheblich beitragen, und eine gut durchdachte Organisationsstruktur kann demgegenüber einen in hohem Maße wichtigen Beitrag zur Krisenvermeidung darstellen. Im Interesse der Krisenvermeidung sind dementsprechend alle organisatorischen Schwachpunkte weitestgehend zu eliminieren.[453]

I. Krisenaverse Struktur der Stiftung

Allgemein sind aus der Perspektive der Krisenprävention wendige und innovationsförderliche Organisationsstrukturen anzustreben, welche auch ein (umgehendes) Reagieren auf kurzfristig abgeänderte Rahmenbedingungen ermöglichen.[454] Die betriebswirtschaftliche Organisationslehre zählt hierzu etwa eine flache Hierarchie mit schnellen Kommunikationswegen, eine besonders ausgeprägte Dezentralisierung von Aufgaben, Zuständigkeiten oder Verantwortungsbereichen sowie eine minimale Spezialisierung auf Stellen- und auf

---

449 Siehe hierzu auch noch v. Campenhausen/Richter/*Hof*, Handbuch, § 10 Rn. 19; *Ebersbach*, Handbuch, 127; MüKo-BGB/*Weitemeyer*, § 80 Rn. 83; Staudinger-BGB/*Hüttemann*/*Rawert*, Vorbem zu §§ 80 ff Rn. 135.

450 Siehe dazu *Rawert*, JöR 65 (2017), 179, 200 ff.

451 Vgl. Staudinger-BGB/*Hüttemann*/*Rawert*, Vorbem zu §§ 80 ff Rn. 257 ff.

452 Siehe hierzu auch K. Schmidt/Uhlenbruck/*Schluck-Amend*, GmbH, Rn. 1.141. Aufbauorganisation bedeutet die Ordnung einer Stiftung in organisatorische Einheiten. Gegenstand der Ablauforganisation ist indes die zeitliche und zudem die räumliche Gestaltung der Arbeitsabläufe innerhalb eines von der jeweiligen Aufbauorganisation festgelegten Gerüsts. Vgl. hierzu insbesondere auch noch *Wöhe*, Einführung, 103 ff.

453 Vgl. K. Schmidt/Uhlenbruck/*Schluck-Amend*, GmbH, Rn. 1.141.

454 Vgl. *Freilinger*/*Klis*, Organisation 2000, 62; K. Schmidt/Uhlenbruck/*Schluck-Amend*, GmbH, Rn. 1.144.

Abteilungsebene und schlussendlich auch noch eine Verringerung der Kompetenz zentraler unterstützender Abteilungen (Stäbe).[455]

Letztlich kann die Zweckmäßigkeit einer jeden Organisationsstruktur dennoch nur unter Beachtung der Situation vor Ort beurteilt werden. Ein hinaufkletternder Dezentralisationsgrad extensiviert beispielsweise den Koordinationsaufwand. Gerade bei solchen dezentralen Organisationsstrukturen kann eine Krise auf die dürftige Koordination zurückzuführen sein.[456]

Bei der Aufbauorganisation ist darauf hinzuwirken, dass sich die Aufgabenbereiche, die Zuständigkeiten sowie die Verantwortungsbereiche tunlichst entsprechen.[457] Generell ist auch auf eine zweckmäßige Abteilungsaufgliederung mit unbestreitbaren Kompetenzabgrenzungen zu achten.[458] Bei der sogenannten Ablauforganisation ist ein Gleichgewicht von Stabilität und Elastizität anzustreben, das heißt einerseits müssen vergleichbare Aufgaben fortwährend nach standardisierten Verfahren erfüllt werden können, andererseits muss die Organisationsstruktur auch noch genügend Elastizität bieten, um bei unerwarteten Herausforderungen hinreichenden Handlungsspielraum für verschiedenartige Reaktionsmöglichkeiten bereitstellen zu können.[459]

II. Begründung eines Kontrollorgans

Dem legitimen Bedürfnis nach Kontrolle der Vorstandstätigkeit kann durch Errichtung eines unabhängigen Kontrollorgans Rechnung getragen werden.[460] Die Bezeichnungen für ein derartiges Kontrollorgan variieren; gängig sind in der Stiftungspraxis allein Benennungen wie etwa Stiftungsrat, Aufsichtsrat und zudem Beirat. Verbreitet wird ein die Sorge (lat. *cura*) und gleichfalls die Kontrolle ausführendes Stiftungsorgan auch als Kuratorium bezeichnet.[461]

---

455 Siehe etwa *Jung*, Betriebswirtschaftslehre, 295 f.; *Kieser/Walgenbach*, Organisation, 393 ff.

456 Hierzu: *Brandstätter*, Sanierungsfähigkeit, 223; K. Schmidt/Uhlenbruck/*Schluck-Amend*, GmbH, Rn. 1.146.

457 Siehe *Ulrich/Fluri*, Management, 174.

458 Beachte hierzu Hess/*Hess/Groß*, Sanierungshandbuch, Kap. 3 Rn. 90; K. Schmidt/Uhlenbruck/*Schluck-Amend*, GmbH, Rn. 1.147.

459 Siehe auch *Brandstätter*, Sanierungsfähigkeit, 222; K. Schmidt/Uhlenbruck/*Schluck-Amend*, GmbH, Rn. 1.147.

460 Vgl. K. Schmidt/Uhlenbruck/*Schluck-Amend*, GmbH, Rn. 1.155.

461 Vgl. hierzu Münch.Hdb.GesR V/*Gummert*, § 91 Rn. 21.

Typische – wesenseigene – Aufgabe eines internen Kontrollorgans ist die Überwachung der wirtschaftlichen und finanziellen Vorgänge, beispielshalber durch die Genehmigung eines Haushaltsplans, Überprüfung der Jahresabrechnung oder des Jahresabschlusses und außerdem durch Zustimmungsvorbehalte bei bestimmten Rechtsgeschäften.[462] – Häufig ist ein derartiges Kontrollorgan zudem für die Bestellung, Abberufung und sodann auch noch für die Wahl von neuen Vorstandsmitgliedern ausschlaggebend. Es können ihm indes auch Beratungs- sowie Entscheidungsrechte im operativen Bereich eingeräumt werden.[463] Diese sollten allerdings auf Vorgänge von besonderer Bedeutsamkeit beschränkt bleiben, da andernfalls eine erforderliche Unterscheidung zwischen dem Kontrollorgan und dem Exekutivorgan (Vorstand) aufgeweicht und infolgedessen die Wirkungskraft jener Kontrolle ungemein beeinträchtigt werden kann.[464]

Es liegt offenkundig auf der Hand, dass das jeweilige Kontrollorgan seine Aufgabe bloß dann effektiv wahrnehmen kann, wenn es durch die festgesetzte Satzung der Stiftung mit entsprechenden Rechten sowie Instrumentarien ausgerüstet ist. Insofern sind in aller erster Linie in der Stiftungssatzung festgesetzte Berichtspflichten, Kontroll- oder Informationsrechte und darüber hinaus auch die Zustimmungsvorbehalte von immenser praktischer Bedeutung.[465]

---

462 Vgl. dazu etwa auch: v. Campenhausen/Richter/*Hof*, Handbuch, § 8 Rn. 83; *Jakob*, Schutz der Stiftung, 232 ff.; *Pues/Scheerbarth*, Gemeinnützige Stiftungen, 44.

463 Je umfangreicher oder je vielschichtiger die Tätigkeit einer Stiftung ist, desto mehr ist der Stiftungsvorstand bei der Wahrnehmung seiner Aufgaben auf Beratungen angewiesen. Neben einer Heranziehung freier Berater kann es sinnvoll sein, ein Beratungsgremium innerhalb der Stiftung zu installieren und in die Entscheidungsprozesse der jeweiligen Stiftung einzubinden. Derartige Stiftungsgremien werden in der Regel als Beirat, Ausschuss und zudem als Sachverständigenrat bezeichnet. Beachte hierzu beispielsweise auch noch Münch.Hdb.GesR V/*Gummert*, § 91 Rn. 32.

464 Vgl. dazu insbesondere auch: v. Campenhausen/Richter/*Hof*, Handbuch, § 8 Rn. 86; Münch.Hdb.GesR V/*Gummert*, § 91 Rn. 22; vgl. darüber hinaus beispielsweise auch noch: BGHZ 84, 352 ff. („bei allen wichtigeren Akten der Geschäftsführung mitzuwirken"). Die von den Kompetenzen des dort erwähnten Unternehmensrates zudem mit eingeschlossene Mitbestimmung der Arbeitnehmer stellt im Unterschied dazu eine Kontrolle mit einer gänzlich anderen Perspektive dar.

465 Beachte dazu beispielsweise: v. Campenhausen/Richter/*Hof*, Handbuch, § 8 Rn. 80; Münch.Hdb.GesR V/*Gummert*, § 91 Rn. 23. Siehe des Weiteren insbesondere auch noch das Schaubild sowie die Aufgabenliste bei: Otto/*Otto*, Handbuch, 43.

§ 3 Maßnahmen zur Bewältigung der Krise

A. Früherkennung der bedrohlichen Wendung

Latente Unternehmungskrisen als unentdeckt schon vorhandene, überlebenskritische Prozesse sind gewöhnlich einer Früherkennung zugänglich. Dies ist eine allgemeine Grundannahme für den Aufbau und auch für die Nutzung von Frühwarnsystemen, die im Zentrum der Diskussion um eine „Sicherung" jener einzelnen Unternehmung gegenüber ebendiesen Prozessen steht.[466]

I. Errichtung eines geeigneten Frühwarnsystems

Durch das am 1.5.1998 in Kraft getretene KonTraG wurde § 91 Abs. 2 AktG ins Aktiengesetz eingepasst, welcher den amtierenden Vorstand einer Aktiengesellschaft verpflichtet, geeignete Maßnahmen durchzuführen, insbesondere ein Überwachungssystem zu installieren, damit den dauernden Fortbestand der Gesellschaft gefährdende Entwicklungen bereits frühzeitig erkannt werden können.[467] Weiterhin spricht der Gesetzgeber noch die Schaffung eines angemessenen Risikomanagements sowie einer angemessenen internen Revision an.[468] Zwar ist dies bloß für die Aktiengesellschaft gesetzlich vorgegeben. Diese Vorschrift ist dahingegen ausweislich der Gesetzesbegründung ebenso für den Pflichtenkreis sonstiger Rechtsformen gewissermaßen als Ausstrahlung von Bedeutung.[469] Da es sich dabei um die Beleuchtung einer Leistungsaufgabe

---

466 Vgl. hierzu *Krystek*, Unternehmungskrisen, 140.

467 BGBl. I, 786. Vgl. *Picot*, in: Risikomanagement, 5 ff. m.w.N.; zur Entstehungsgeschichte siehe etwa auch noch umfassend *Lehner/Schmidt*, BFuP 2000, 261 f. Für die breite Öffentlichkeit scheint das KonTraG lediglich eine Reaktion des Gesetzgebers auf eine Reihe vorangegangener spektakulärer Unternehmenskrisen (beispielshalber Schneider, Balsam, Metallgesellschaft, KHD, Holzmann, COOP, Südmilch) zu sein. Die Kontrollmechanismen zur Überwachung von Aktiengesellschaften waren allerdings schon über mehrere Jahre hinweg Gegenstand der rechtspolitischen Diskussion in der Bundesrepublik Deutschland. Das KonTraG ist demnach mehr als eine bloß kurzfristig vorgenommene gesetzliche Änderung, sondern ist Bestandteil eines weitgehenden Reformvorhabens des Gesetzgebers. Siehe insgesamt Schüppen/Schaub/*Offerhaus*, MAH-Aktienrecht, § 18 Rn. 3.

468 Vgl. BT-Drucks. 13/9712, 15. Siehe nunmehr auch den zum 1.1.2021 eingeführten § 1 StaRUG.

469 Siehe dazu BT-Drucks. 13/9712, 15; vgl. auch *Schüller*, S&S 3/2002, Rote Seiten, 6. Siehe ferner – speziell zur GmbH – *Altmeppen*, ZGR 1999, 291, 300 ff.; *Bockslaff*, NVersZ 1999, 104, 109; *Drygala/Drygala*, ZIP 2000, 297 ff.; *Kießling/Kießling*, WM 2003, 513, 523; *Lensdorf*, CR 2007, 413, 414; *Preußner*, NZG 2004, 57 zudem *Bork*,

handelt, ist ein Überwachungs- sowie Risikomanagementsystem meistens auch bei Stiftungen mit wirtschaftlicher Verantwortung einzurichten, wobei an die Ausgestaltung in Abhängigkeit von Größe sowie Komplexität der konkreten Stiftung sehr unterschiedliche Anforderungen zu stellen sind. Vor dem Hintergrund der allgemeinen Haftung eines Stiftungsvorstands und auch der Verpflichtung gegenüber einem Aufsichtsorgan erscheint es darüber hinaus angezeigt, das Risikomanagement- sowie Überwachungssystem in erschöpfender Form zu dokumentieren.[470]

II. Verfahren zur Früherkennung von Krisen

Zur rechtzeitigen „Früherkennung" einer Krise wurden in der Betriebswirtschaftslehre diverse Systeme hervorgebracht. Deren Aufgabe ist es, eine bevorstehende Krise möglichst frühzeitig mit Hilfe bestimmter Krisenindikatoren wahrzunehmen, um Maßnahmen zur Bewältigung der Krise in die Wege leiten zu können.[471] Darüber hinaus geht es aus Gläubigersicht ebenso noch darum, ein eigenes Risiko eines Forderungsausfalls zu minimieren und zudem um die Bildung einer „Entscheidungsbasis" für die Vergabe neuer Kredite.[472] Dabei können Frühwarnsysteme helfen, eine zwischen dem Schuldner und dem Gläubiger

---

ZIP 2011, 101, 105; *Eggemann/Konradt*, BB 2000, 503, 504; Fleischer/*Spindler*, Vorstandsrecht, § 19 Rn. 4; *Mosiek*, wistra 2003, 370, 372 f.; *Scharpf*, DB 1997, 737 ff.; Scholz-GmbHG/*Schneider*, § 43 Rn. 96; *Trips*, NVwZ 2003, 805, 810 f. etwa verlangt ferner eine gleichartige Regelung für den öffentlichen Sektor.

470 Siehe auch *Schüller*, S&S 3/2002, Rote Seiten, 6. Vgl. hierzu insbesondere auch noch *LG München I* BB 2007, 2170, 2172. – Welches Merkmal eine Stiftung, in der eine solche Krisenfrüherkennung notwendig erscheint, im Einzelfall aufweisen muss, ist noch nicht geklärt. Als Maßstab könnte aber insbesondere auf § 267 HGB Bezug genommen werden; bloß bei einer größeren Stiftung in dem Sinne dieser Regelung wäre daher ein umfassendes Risikomanagement zur Risikofrüherkennung einzurichten, welches sämtliche Risiken aus jedem Arbeitsbereich erkennen kann. Der Entscheid darüber liegt im Vorstandsermessen; vgl. *Drygala/Drygala*, ZIP 2000, 297, 302.

471 Siehe: *Bea/Kötzle*, DB 1983, 565, 568; *Krystek*, Unternehmungskrisen, 144 f.; *Picot/Aleth*, Unternehmenskrise, 57 ff.; Römermann/*Schluck-Amend*, MAH-GmbH, § 23 Rn. 17. Zu Frühwarnsystemen beachte etwa auch noch *Hahn/Krystek*, ZfbF 1979, 76 ff.; *Rieser*, Die Unternehmung 1978, 51 ff.

472 Vgl. dazu etwa auch: Römermann/*Schluck-Amend*, MAH-GmbH, § 23 Rn. 17. Hierzu ausführlich insbesondere auch noch die eingehenden Ausführungen bei Buth/Hermanns/*Wilden*, Restrukturierung, § 2 Rn. 57 ff. oder bei K. Schmidt/Uhlenbruck/*Sinz*, GmbH, Rn. 1.205 ff.

bestehende Informationsasymmetrie zu vermeiden.[473] Deshalb bestehen Gläubiger zunehmend darauf, geeignete Krisenindikatoren als einen Bestandteil in Kreditverträge aufzunehmen.[474] Von der Grundkonzeption her ist hier zu differenzieren zwischen Frühwarnsystemen, die auf dem Sockel von Bilanzanalysen stehen (operative Frühwarnsysteme), und solchen, welche mancherlei, nach außen mehr oder weniger in Erscheinung tretende Signale als eigenes Substrat haben (strategische Frühwarnsysteme).[475]

1. *Zu operativen Ansätzen*

Operative (mathematische) Frühwarnsysteme bauen auf harten Informationen über den Erfolg und die Liquidität der Stiftung auf. Informationslieferant ist ständig die Bilanzanalyse, aus der Kennzahlen oder ebenso Kennzahlensysteme zur angezeigten Standortbestimmung entwickelt werden können.[476] Der entscheidende Mangel dieser Vorgehensweise ist, dass die Beurteilung der konkreten augenblicklichen Stiftungsverhältnisse und ferner die Prognose der zukünftigen Stiftungssituation aus Zahlen bereits vergangener Abrechnungsperioden entwickelt werden.[477]

2. *Strategische Verfahren*

Strategische Frühwarnsysteme sind im Gegensatz zu operativen Frühwarnsystemen gerade nicht vergangenheitsbezogen, sondern zukunftsorientiert. Der Zweck der strategischen Frühaufklärung besteht letztendlich darin, die dauerhafte Lebensfähigkeit einer Stiftung durch angezeigte Weichenstellungen in der Gegenwart zu ermöglichen.[478] Die frühzeitige Erfassung sogenannter „schwacher Signale“ ist daher grundsätzlich die wesentliche Herausforderung bei einer erfolgreichen strategischen Frühaufklärung.[479] Durch eine immerwährende

---

473 Vgl. auch Buth/Hermanns/*Wilden*, Restrukturierung, § 2 Rn. 12 f.; Römermann/*Schluck-Amend*, MAH-GmbH, § 23 Rn. 17.

474 Sog. Financial Covenants. Instruktiv hierzu K. Schmidt/Uhlenbruck/*Kuder*/*Unverdorben*, GmbH, Rn. 1.239 ff.; *Wittig*, WM 1996, 1381 ff.

475 Vgl. auch *Picot*/*Aleth*, Unternehmenskrise, 59.

476 Vgl. *Krystek*, Unternehmungskrisen, 147 ff.; *Picot*/*Aleth*, Unternehmenskrise, 59; K. Schmidt/Uhlenbruck/*Sinz*, GmbH, Rn. 1.204.

477 Siehe hierzu insbesondere auch noch *Krystek*, Unternehmungskrisen, 166; *Picot*/*Aleth*, Unternehmenskrise, 62; K. Schmidt/Uhlenbruck/*Sinz*, GmbH, Rn. 1.204.

478 So *Nagel*/*Ley*, Unternehmenssignale, 200; *Picot*/*Aleth*, Unternehmenskrise, 62 f.; K. Schmidt/Uhlenbruck/*Sinz*, GmbH, Rn. 1.204.

479 Vgl. *Krystek*, Unternehmungskrisen, 166 ff.; *Picot*/*Aleth*, Unternehmenskrise, 63; K. Schmidt/Uhlenbruck/*Sinz*, GmbH, Rn. 1.204.

Beobachtung des relevanten Umfeldes der Stiftung (Beobachtungsbereiche) müssen rechtzeitig jene Signale aufgenommen und nachfolgend verarbeitet werden, welche nachträglich auch zu strategischen Anpassungsmaßnahmen führen. Folgende Bereiche sind hierbei in der Hauptsache denkbar:[480]

- Eingriffe des Staates,
- Zins-, Währungs-, Kredit-, Liquiditätsrisiken,
- Bedrohung durch neue Konkurrenten,
- Rechtsrisiken,
- Kaufverhalten der Abnehmer,
- Risiko durch Verhalten der Arbeitnehmer und ihrer Organisationen.[481]

B. Krisenmanagement durch eine Stiftung

Sollte sich hingegen ungeachtet der laufenden Kontrolle eine Krisensituation zeigen, so ist ein unmittelbares und wohl durchdachtes Krisenmanagement angezeigt. Hierzu bedarf es anfangs einer Schwachstellenanalyse, im Anschluss daran – oder wenn möglich auch parallel – sollten bereits erste Maßnahmen des Krisenmanagements beschlossen und auch umgesetzt werden.[482]

I. Untersuchung von Schwachstellen

Hat also der Stiftungsvorstand eine Krisensituation für die Stiftung registriert, so sollte er eine Schwachstellenanalyse der Stiftung vornehmen, um solchergestalt die konkreten Ursachen für die Krise aufzudecken. Aufgrund dieser Schwachstellenanalyse kann er sodann die passenden Maßnahmen zur Rettung der Stiftung ergreifen. Dabei kann es sinnvoll sein, sich neutraler Berater zu bedienen, sofern die Mittel dafür hinlänglich sind. Diesen ist es durch den „Blick von außen" oft erst möglich, festgefahrene Strukturen aufzulösen, was für ein positives Krisenmanagement indispensabel ist. Die Schwachstellenanalyse kann ganz grundsätzlich – je nach Satzungszweck oder je nach unternehmerischer Beschäftigung – unter der Zuhilfenahme der nachfolgenden Kennzeichen und auch Wesensmerkmale in die Tat umgesetzt werden:[483]

---

480 Vgl. K. Schmidt/Uhlenbruck/*Sinz*, GmbH, Rn. 1.204.

481 Siehe auch *Nagel/Ley*, Unternehmenssignale, 203; *Scharpf*, DB 1997, 737, 740.

482 Vgl. K. Schmidt/Uhlenbruck/*Schluck-Amend*, GmbH, Rn. 1.161.

483 Vgl. diesbezüglich insbesondere auch noch *Kayser*, BB 1983, 415, 417; *Picot/Aleth*, Unternehmenskrise, 88 ff.; K. Schmidt/Uhlenbruck/*Schluck-Amend*, GmbH, Rn. 1.162 ff.

- Eigenkapitalausstattung,
- Berichtswesen, Kosten- und Ergebnisrechnung,
- Kundenanalyse,
- Höhe der Verwaltungskosten,
- Marketingstrategien und Marktanalyse,
- Fluktuationsrate in Vorstandspositionen,
- Produktionskosten und schließlich
- Erfolgsaussichten beziehungsweise Gefahren für die Stiftung.[484]

II. Maßnahmen im operativen Bereich

In nicht wenigen Fällen ist es einzelnen Personen nicht mehr möglich, die richtigen Schritte in die Wege zu leiten, geschweige denn diese allein umzusetzen. Eine personelle Aufrüstung zur Unterstützung des Vorstands ist oft unerlässlich. Dabei werden zumeist Wirtschaftsprüfer und Rechtsanwälte oder ebenso Unternehmensberater eingeschaltet.[485] Gemeinsam ist allen diesen Dienstleistern, dass sie gerade den Vorstand bezüglich der Analyse von Krisenursachen sowie bei einer Herausbildung von Sanierungskonzepten unterstützen. Ihre Aufgabe besteht folglich einstweilen darin, vergangenheits-, gegenwarts-, oder zukunftsorientierte Erkenntnisprobleme zu bewältigen. Mit Hilfe der von den Beratern generierten Fakten kann somit ein Vorstand die eigene Handlungsfähigkeit beachtlich optimieren. Im Rahmen einer Situationsanalyse entsteht zudem Transparenz über den konkreten Beitrag des Stiftungsvorstands für das Entstehen der jetzt vorhandenen Krise. Je nach Ausmaß der aufgedeckten Defizite wird man eventualiter versuchen, anfangs mit den bestehenden Vorstandsmitgliedern, welche auch in ihre Aufgaben eingearbeitet sind, jene Krise zu bewältigen. „Don´t change horses in the middle of the stream“ lautet hierzu die passende amerikanische Lebensweisheit. Eine wichtige Rolle spielen hierbei auch die Unkosten für eine Veränderung des Vorstands, da die Freistellung vertraglich gebundener wie auch die Rekrutierung neuer Vorstandsmitglieder speziell in einem Krisenfall mit außerordentlichen weiteren Ausgaben oder ebenso mit Zeitverlust verbunden sein kann.[486]

---

484 Vgl. hierzu auch noch Nerlich/Kreplin/*Nerlich*, MAH-Insolvenz, § 27 Rn. 320.

485 Vgl. K. Schmidt/Uhlenbruck/*Schluck-Amend*, GmbH, Rn. 1.165 ff. Vgl. zur Intensität einer Krise insbesondere auch noch *Holzer*, NZI 2005, 308, 311.

486 Vgl. hierzu: Buth/Hermanns/*Kaufmann*, Restrukturierung, § 20 Rn. 6; K. Schmidt/Uhlenbruck/*Schluck-Amend*, GmbH, Rn. 1.165 ff.

C. Außergerichtliche (freie) Stiftungssanierung

I. Strategien einer freien Sanierung

Im Rahmen der außergerichtlichen Sanierung wird allgemein unterschieden zwischen interner (autonomer) Sanierung und externer (heteronomer) Sanierung.[487] Bei einer internen Sanierung geht es generell um eine Sanierung aus eigener Kraft, ergo speziell um solche Maßnahmen im leistungswirtschaftlichen (organisatorischen), finanzwirtschaftlichen oder auch im rechtlichen Bereich der Stiftung.[488] Bei der externen Sanierung handelt es sich um Maßnahmen, durch die Dritte, mithin insbesondere auch Gläubiger der Stiftung, in das festgelegte Sanierungskonzept einbezogen werden. Bei der externen Sanierung bringen demnach vorzugsweise die Gläubiger der Stiftung ein Opfer zugunsten einer nachhaltigen Sanierung. Die übliche Sanierung ist stets eine zusammengesetzte Sanierung, die sowohl interne als auch externe Maßnahmen enthält.[489]

II. Zu den Chancen und den Risiken

1. Vorteile einer außergerichtlichen Sanierung

Obwohl es keine durch einen einheitlichen gesetzlichen Rahmen geschaffene Rechtssicherheit für Sanierungen gibt, offeriert jede außergerichtliche Sanierung für eine Not leidende Stiftung sowie die organschaftlichen Vertreter beachtliche Vorteile. Als Vorteile werden vor allem das hohe Maß an Flexibilität sowie Effizienz der privatautonom erarbeiteten Konzepte erwähnt.[490]

2. Nachteile der außergerichtlichen Sanierung

Die außergerichtliche Sanierung kennt hingegen ebenso Nachteile. Diese ergeben sich in erster Linie aus den allgemeinen Grenzen der Privatautonomie und sind in gewisser Weise selbst die sogenannte Schattenseite der als äußerst vorteilhaft apostrophierten Flexibilität einer jeden außergerichtlichen Sanierung.[491]

---

487 Vgl. auch *Uhlenbruck*, in: Sanierungsfinanzierung, 71, 73; Vallender/Undritz/*Undritz*, Praxis, § 10 Rn. 1 ff.

488 Beachte hierzu auch *Bork*, ZIP 2011, 101, 107; *Gottwald*, KTS 1984, 1, 3; *Picot/Aleth*, Unternehmenskrise, 99; K. Schmidt/Uhlenbruck/*Uhlenbruck/K. Schmidt*, GmbH, Rn. 2.16.

489 Vgl. K. Schmidt/Uhlenbruck/*Uhlenbruck/K. Schmidt*, GmbH, Rn. 2.17.

490 Siehe hierzu Kölner Schrift/*Undritz*, Kap. 29 Rn. 26; *Oberle*, in: FS Wellensiek, 73, 74 f.; *Spliedt*, InsVZ 2010, 27, 28 ff.; *Uhlenbruck*, BB 2001, 1641, 1643.

491 Vgl. Vallender/Undritz/*Undritz*, Praxis, § 10 Rn. 5.

Insbesondere die nicht bestehende Möglichkeit, mehrheitlich eine Sanierungslösung mit Verbindlichkeit für alle Gläubiger beschließen zu können, und eine damit einhergehende Akkordstörer-Problematik stellen die anvisierte Verteilungsgerechtigkeit in Frage, wenn vereinzelte Gläubiger das „Erpressungspotenzial" ihres eigenen Vetorechts bei Vereinbarung des *Sanierungsvergleichs* zum Nachteil der anderen Gläubiger missbrauchen.[492]

Am 1.1.2021 ist das Gesetz über den Stabilisierungs- und Restrukturierungsrahmen für Unternehmen (kurz: StaRUG) in Kraft getreten.[493] Das StaRUG bietet nun erstmals einen gesetzlichen Rahmen zur Sanierung außerhalb eines formellen Insolvenzverfahrens und führt auf diese Weise zu einer tiefgreifenden Veränderung der deutschen Restrukturierungslandschaft. Zentrales Instrumentarium ist der Restrukturierungsplan. Dieser soll es dem Schuldner ermöglichen, sich mit Zustimmung einer Mehrheit von Gläubigern auch gegen den Willen Einzelner zu sanieren. Flankierend hierzu bietet das StaRUG eine Vielzahl von verschiedenen Werkzeugen, welche eine Aufstellung sowie Umsetzung des Restrukturierungsplans regeln.[494]

III. Interne (autonome) Maßnahmen

1. Effektive Erhöhung des Stiftungsvermögens

Eine Erhöhung des Stiftungsvermögens durch Außenfinanzierung ist in der Hauptsache durch sogenannte Zustiftungen seitens des Stifters und eines Dritten möglich.[495] Zuwendungen unter Lebenden sind – entgegen der Auffassung von *Muscheler* – als bloße Schenkungsversprechen zu qualifizieren.[496] Bei Zuwendungen von Todes wegen kann die Stiftung namentlich als Erbe oder

---

492 Siehe dazu Vallender/Undritz/*Undritz*, Praxis, § 10 Rn. 5.

493 BGBl. I 2020, 3256.

494 Eingehend hierzu insbesondere auch *Gehrlein*, BB 2021, 66 ff.; *Schülke*, DStR 2021, 621 ff.

495 Siehe etwa *Burgard*, Gestaltungsfreiheit, 500. Ausführlich dazu auch *A. Werner*, Zustiftung, *passim*.

496 Statt anderer *Flues*, Zustiftung, 18 ff.; *Trappe*, Die Stiftung – Jahreshefte zum Stiftungswesen 8 (2014), 63, 64; *A. Werner*, Zustiftung, 124 ff. Beachte dagegen *Muscheler*, WM 2008, 1669, 1670, der auf die Zustiftung die Regelungen der §§ 80 ff. BGB analog anwenden will. Diese Ansicht verdient indes keine Zustimmung, da die für eine Analogie nach allgemeinen Grundsätzen erforderlichen Voraussetzungen nicht vorliegen; alle relevanten Aspekte der Zustiftung lassen sich bereits mit Hilfe des Schenkungsrechts in angemessener Weise lösen.

Vermächtnisnehmer eingesetzt werden. Es finden regelmäßig die jeweiligen allgemeinen Regelungen Anwendung.[497] Bei Zuwendungen unter Lebenden besteht ein Leistungsanspruch folglich nur durch Abschluss eines notariellen Vertrages. Ein Formmangel kann allerdings mit der Bewirkung der versprochenen Leistung geheilt werden; siehe hierzu § 518 Abs. 2 BGB.[498]

In der Vergangenheit haben einzelne Landesstiftungsgesetze die Annahme einer solchen Zustiftung von dem Erteilen einer Genehmigung durch die (verantwortliche) Stiftungsbehörde „abhängig" gemacht.[499] Diese Tatbestände sind in der Zwischenzeit überwiegend weggefallen oder aber gegenstandslos geworden. Nur die zwei Länder Baden-Württemberg und Bayern sehen selbst jetzt noch präventive Aufsichtsmittel im Hinblick auf Zustiftungen vor.[500]

Dennoch sind die einzelnen Organe der Stiftung nicht schrankenlos befugt, Zustiftungen einfach so anzunehmen. Die Annahme der Zustiftung ist unstrittig ein Grundlagengeschäft für die Stiftung und ist danach nicht ohne Weiteres von der realen Geschäftsführungsbefugnis des Vorstands umfasst. Sie führt zu einer Neubestimmung desjenigen Vermögens, welches auch dem Vermögenserhaltungsgebot unterliegt. Damit bedarf sie einer (normativen) Basis.[501]

Ist ein derartiger Tatbestand in der Stiftungssatzung vorhanden, sind die Stiftungsorgane im Rahmen ihrer eingeräumten Berechtigung zum Handeln befugt. Fehlt er, so ist die Satzung gemäß den generellen Regeln unter Beachtung des anfänglichen (objektiven) Stifterwillens im Hinblick auf die Existenz einer (konkludenten) Gestattung auszulegen. Insbesondere bei einer Zustiftung etwa von Geld, Wertpapieren oder anderen fungiblen Mitteln ist regelmäßig davon auszugehen, dass der anfängliche Stifterwille eine Annahme billigt, vorausgesetzt, die mit der Zustiftung verbundenen Auflagen halten sich im Rahmen der Satzung.[502] Werden mit Rechten Dritter belastete Vermögenswerte übertragen, so sind die Stiftungsorgane veranlasst, in jedem Einzelfall zu überprüfen, ob diese Belastungen gegenwärtig oder aber in der Zukunft negative Wirkungen

---

497 Vgl. *Burgard*, Gestaltungsfreiheit, 500.

498 Vgl. *Burgard*, Gestaltungsfreiheit, 500.

499 So z.B. § 21 Abs. 1 Nr. 2 NRWStiftG a.F.; ausführlich hierzu auch *A. Werner*, Zustiftung, 132 ff.

500 Vgl. Art. 19 Nr. 1 BayStiftG und § 13 Abs. 1 S. 1 Nr. 3 BWStiftG.

501 Vgl. *Flues*, Zustiftung, 85 ff.; Staudinger-BGB/*Hüttemann*/*Rawert*, Vorbem zu §§ 80 ff Rn. 359.

502 Vgl. Staudinger-BGB/*Hüttemann*/*Rawert*, Vorbem zu §§ 80 ff Rn. 374; *Trappe*, Die Stiftung – Jahreshefte zum Stiftungswesen 8 (2014), 63, 67. Zu den gegenteiligen Fällen siehe etwa *Rawert*, DNotZ 2008, 5, 9.

auf das schon zuvor vorhandene Grundstockvermögen jener Stiftung und/oder die Erträge des Vermögens haben können.[503] Ist das der Fall, ist eine Zustiftung auszuschlagen.[504]

2. Arbeitsrechtliche Momente: Personalabbau

Arbeitsrechtliche Momente der Sanierung ergeben sich in zweierlei Hinsicht. Zum einen kann eine Beschränkung von geldwerten Leistungen an die Arbeitnehmer der notleidenden Stiftung erwogen werden.[505] Zum anderen ist eine Sanierung in aller Regel mit Rationalisierungen und in gleichem Maße auch mit Umstrukturierungen verbunden, die sich auf den weiteren Bestand sowie den Inhalt von Arbeitsverhältnissen auswirken können. Es kommt schlussendlich in der Folge auffallend häufig zu Änderungskündigungen und sogar zu Beendigungskündigungen.[506]

Bei einer existenzgefährdenden Verschlechterung der wirtschaftlichen Lage der Stiftung kann ein Vorstandsmitglied infolge seiner Treuepflicht ausnahmsweise verpflichtet sein, einer vorübergehenden Herabminderung seiner vorgesehenen Bezüge zuzustimmen. Das gilt vor allen Dingen, wenn durch die Fortzahlung der Bezüge in bisheriger Höhe der Stiftung beträchtliche Mittel entzogen würden, auf die sie zum wirtschaftlichen Überleben außerordentlich dringend angewiesen bleibt.[507] Selbst sofern die aktienrechtliche Bestimmung des § 87 Abs. 2 AktG für eine Stiftung keine analoge Anwendung findet, lässt sich

503 Vgl. MüKo-BGB/*Weitemeyer*, § 83 Rn. 18; *Trappe*, Die Stiftung – Jahreshefte zum Stiftungswesen 8 (2014), 63, 67.

504 Vgl. Staudinger-BGB/*Hüttemann*/*Rawert*, Vorbem zu §§ 80 ff Rn. 374.

505 Beachte hinsichtlich einer Änderungskündigung zwecks Arbeitszeitverlängerung und/oder Entgeltherabsetzung etwa *Gaul*, DB 1998, 1913, 1914 ff.

506 Vgl. K. Schmidt/Uhlenbruck/*Moll*, GmbH, Rn. 2.272. Zu den Besonderheiten eines Stiftungsarbeitsrechts siehe insbesondere *Fischer*, Die Stiftung – Jahreshefte zum Stiftungswesen 8 (2014), 27, 30 ff. Die „Instrumente" für die Realisierung einer angezeigten Kostensenkung sind vielfältig. In Betracht kommt ein Einstellungsstopp, die Einführung von Kurzarbeit, der Abbau von Überstunden oder vorzeitige Pensionierung von Mitarbeitern, wenn möglich durch Vorruhestands- sowie Altersteilzeitregelungen. In den meisten Fällen werden sich Kündigungen jedoch nicht vermeiden lassen. Vgl. dazu etwa Nerlich/Kreplin/*Nerlich*/*Rhode*, MAH-Insolvenz, § 4 Rn. 270.

507 Vgl. (zur GmbH) *BGH* GmbHR 1992, 605, 607; *OLG Düsseldorf* GmbHR 2012, 332, 335; *OLG Köln* GmbHR 2008, 1216; Roth/Altmeppen-GmbHG/*Altmeppen*, § 6 Rn. 102. Ausführlich zu jener Problematik insbesondere auch noch *Bauder*, BB 1993, 369 ff.

aus der Regelung mindestens das allgemeine Rechtsprinzip entnehmen, dass die Bezüge der Organwalter bei einer wesentlichen Veränderung der Verhältnisse sachgerecht anzupassen sind.[508] Eine Zustimmungspflicht indes kommt nur in Betracht, wenn sich die ökonomischen Begleitumstände der Stiftung in solchem Maße verschlechtert haben, dass bereits eine Herabsetzung der Bezüge für die Stiftung wegen der existenzgefährdenden Lage objektiv erforderlich und gleichfalls für den organschaftlichen Vertreter subjektiv zumutbar ist.[509] Die Treue- und Loyalitätspflicht (§ 242 BGB) verpflichtet ein Vorstandsmitglied in der Krisensituation der Stiftung nicht bloß, einer dementsprechenden Herabsetzung seiner Bezüge zuzustimmen, sondern unter Umständen auch selbst die Initiative zur Herabsetzung zu ergreifen.[510] Zwingende weitere Notwendigkeit bleibt hingegen, dass die Herabsetzung auch zu der Herbeiführung einer spürbar nachhaltigen Sanierung der jeweiligen Stiftung beiträgt. Die Darlegungs- und ebenso die Beweislast hierfür trägt stets die Stiftung.[511]

---

508 Die analoge Anwendung der Vorschrift des § 87 Abs. 2 AktG auf die Stiftung ist gerechtfertigt und im Übrigen ebenso geboten. Es ist zunächst festzuhalten, dass auch die vielzitierten Ausführungen des Bundesgesetzgebers (BT-Drucks. 16/13433, 10) keineswegs der Analogiebildung den Weg versperren, da diese gar keine Kundgabe bezüglich einer Übertragbarkeit der Wertungen des § 87 Abs. 2 AktG enthalten. Die Stiftung ist in Hinsicht auf das Herabminderungsbegehren auch nicht weniger schutzwürdig als eine Aktiengesellschaft, was zur Frage der Interessenlagen in Aktiengesellschaft sowie Stiftung führt. Denn neben der planwidrigen Regelungslücke muss darüber hinaus eine vergleichbare Interessenlage beider Sachverhalte gegeben sein, damit eine Analogie möglich ist. Anknüpfungspunkt ist hierbei jener Gesichtspunkt, dass der Stiftungsvorstand die Angelegenheiten der Stiftung ebenso wie der Vorstand der Aktiengesellschaft (§ 76 AktG) eigenverantwortlich und auch unabhängig führt. Daher scheint es im Ergebnis insgesamt vorzugswürdig, eine Vergütungsminderung bei einer selbstständigen Stiftung analog des § 87 Abs. 2 AktG vorzunehmen. Zum Ganzen beachte nur: *Schnitzler*, GmbHR 2016, 1026, 1029 ff. Siehe im Übrigen jedoch auch noch *OLG Köln* GmbHR 2008, 1216; *Paschke*, in: FS Reuter, 1107, 1114; *Wübbelsmann*, GmbHR 2009, 988, 991 und schließlich *Müller*, ZStV 2010, 201, 202.

509 Vgl. K. Schmidt/Uhlenbruck/*Uhlenbruck*, GmbH, Rn. 2.323; *Thole*, Maßnahmen, 52 f.

510 Vgl. hierzu etwa *OLG Köln* GmbHR 2008, 1216; *Lindemann*, GmbHR 2009, 737, 741. Zur Herabsetzung einer Vorstandsvergütung im eröffneten Verfahren siehe etwa *Uhlenbruck*, BB 2003, 1185, 1189.

511 Vgl. auch: *Fleck*, in: FS Hilger/Stumpf, 197, 219; Lutter/Hommelhoff-GmbHG/*Kleindiek*, Anh. zu § 6 Rn. 34a; K. Schmidt/Uhlenbruck/*Uhlenbruck*, GmbH, Rn. 2.323.

IV. Heteronomes Sanierungskonzept

1. Vereinbarung einer „Forderungsstundung"

Ein für den Gläubiger wenig schwerwiegendes Mittel ist die rechtsgeschäftliche Vereinbarung einer Stundung. Dadurch wird nämlich die Fälligkeit der Forderung hinausgezögert, wobei die Verjährung gehemmt ist, § 205 BGB. Als wirklicher Sanierungsbeitrag ist eine Stundung aber allein mit erheblichen Einschränkungen verwendungsfähig. Die Stiftung kann sicher aufgrund dieser Vereinbarung einer Stundung eine momentane Zahlungsstockung beheben, erhält indes keine neuen Mittel, um andere Forderungen begleichen zu können, und kann demzufolge auch eine schon bestehende Unterkapitalisierung nicht beheben.[512] Im Zusammenhang mit weiteren Sanierungsmaßnahmen kann eine Stundung jedoch ein durchaus sinnvolles Instrument sein.[513]

2. Forderungsverzicht sowie Besserungsschein

Im Gegensatz zu der nur liquiditätswirksamen Forderungsstundung ist der Forderungsverzicht ein geeignetes Mittel, die Passivseite der Bilanz zu entlasten.[514] Ein kompletter oder teilweiser Forderungsverzicht seitens eines Gläubigers der Stiftung stellt gewöhnlich einen Erlassvertrag gemäß § 397 BGB dar. Hierbei erklärt der Gläubiger unter Annahme des Schuldners, dass die zu sanierende, notleidende Stiftung die Verbindlichkeiten ihm gegenüber nicht oder jedenfalls nicht mehr vollständig zu begleichen habe. Da die Forderung mit Vereinbarung eines Erlasses erlischt, werden alle akzessorischen Sicherheiten frei; nichtakzessorische Sicherheiten sind freizugeben. Schon aus Beweisgründen sollte ein Erlass, auch wenn er nur zwischen dem Schuldner und einigen Gläubigern zustande kommt, in der Schriftform geschlossen werden.[515]

Ein Erlassvertrag kann genauso unter einer aufschiebenden oder auflösenden Bedingung geschlossen werden. Da sich die Gläubiger meist die Chance einer späteren Realisierung ihrer Forderungen erhalten wollen, wird der Forderungsverzicht in der Rechtspraxis regelmäßig mit einer Besserungsvereinbarung

---

512 So Nerlich/Kreplin/*Nerlich*/*Rhode*, MAH-Insolvenz, § 4 Rn. 352; K. Schmidt/Uhlenbruck/*Kuder*/*Unverdorben*, GmbH, Rn. 2.410.

513 Vgl. dazu auch Nerlich/Kreplin/*Nerlich*/*Rhode*, MAH-Insolvenz, § 4 Rn. 352; *Picot*/*Aleth*, Unternehmenskrise, 162.

514 Beachte auch: Buth/Hermanns/*Buth*/*Hermanns*, Restrukturierung, § 16 Rn. 47; Nerlich/Kreplin/*Nerlich*/*Rhode*, MAH-Insolvenz, § 4 Rn. 337; *Wittig*, NZI 2001, 169, 176.

515 Vgl. hierzu: Nerlich/Kreplin/*Nerlich*/*Rhode*, MAH-Insolvenz, § 4 Rn. 339; *Obermüller*, Bankpraxis, Rn. 1.219; K. Schmidt/Uhlenbruck/*K. Schmidt*, GmbH, Rn. 2.360.

verbunden. Als Bedingung der Besserungsabrede wird vielfach vereinbart, dass sich die Vermögensverhältnisse des Schuldners in der vertraglich bestimmten Weise bessern, etwa aus einem etwaigen Liquidationserlös. Der Erlassvertrag steht dann unter der auflösenden Bedingung, dass bei Eintritt einer vordem beschlossenen Verbesserung dieser Vermögensverhältnisse die Erlasswirkung entfällt.[516] Mit Eintritt der Vermögensverbesserung lebt somit eine Gläubigerforderung – je nach Abrede ganz oder auch teilweise – wieder auf.[517]

3. *Rangrücktrittserklärung eines Gläubigers*

Als eine Rechtsfigur zwischen Erlassvertrag und gewöhnlicher Stundung hat sich immer mehr der Rangrücktritt gefestigt. Obwohl die Benennung Rangrücktritt durch den sachenrechtlichen Rücktritt besetzt und danach hier irreführend ist, wird er gleichermaßen für eine Vereinbarung verwendet, durch die sich ein Gläubiger verpflichtet, mit seiner Forderung hinter alle weiteren Gläubiger zurückzutreten und sie einzig dann und in dem Maß wieder geltend zu machen, wie sie aus einem zukünftigen Jahresabschluss oder aber aus einem die anderen Verbindlichkeiten des (konkreten) Schuldners übersteigenden Vermögens oder aus einem Liquidationsüberschuss getilgt werden kann.[518] Insoweit wird exakt die identische Zielvorstellung wie auch mit einem Forderungsverzicht mit einem Besserungsversprechen verfolgt, wobei aber im Vergleich dazu der Verzicht auf die Forderungen vermieden und bloß ein Nachrang entwickelt werden soll.[519]

4. *Moratorium und außergerichtlicher Vergleich*

Als Sanierungsinstrument zur Überwindung von Liquiditätsengpässen kann ein „Moratorium" mit den Gläubigern dienen. Das auch als Stillhalteabkommen beschriebene Moratorium ist die Einigung über eine Verlängerung der Zahlungsfristen mit diversen Gläubigern. Die Gläubiger können ebenso dazu bewegt werden, auf ordentliche oder außerordentliche Kündigungsrechte für Kredite und

---

516 Weitergehend dazu *Herlinghaus*, Forderungsverzichte, 83 ff.; Nerlich/Kreplin/*Nerlich/Rhode*, MAH-Insolvenz, § 4 Rn. 341; K. Schmidt/Uhlenbruck/*K. Schmidt*, GmbH, Rn. 2.362; *Wittig*, NZI 2001, 169, 170.

517 Vgl. etwa Buth/Hermanns/*Buth/Hermanns*, Restrukturierung, § 16 Rn. 34; K. Schmidt/Uhlenbruck/*K. Schmidt*, GmbH, Rn. 2.362; *Wittig*, NZI 2001, 169, 170.

518 Siehe auch *Herlinghaus*, Forderungsverzichte, 86 ff.; Nerlich/Kreplin/*Bornheimer/Westkamp*, MAH-Insolvenz, § 7 Rn. 81; *Obermüller*, ZInsO 2002, 597, 605.

519 Siehe hierzu auch *Obermüller*, ZInsO 2002, 597, 605; K. Schmidt/Uhlenbruck/*K. Schmidt*, GmbH, Rn. 2.364.

Forderungen zu verzichten. Das Moratorium sollte befristet werden, denn Ziel ist eine Herbeiführung der Sanierungsfähigkeit einer Stiftung.[520] Zivilrechtlich handelt es sich auch hierbei um Stundungen. Auch hier gilt mithin, dass keine neuen Mittel zugeführt werden und die Passivseite in der Bilanz des Schuldners nicht entlastet wird. Das Moratorium ist im Gegensatz zur einfachen Stundung ein Mittel, welches auf die Beteiligung möglichst vieler Gläubiger baut. Deshalb ist es zumeist durch einen außergerichtlichen Vergleich vereinbart.[521]

V. Wegweiser nach einem Scheitern

Kann die Krise einer Stiftung nicht mehr vermieden werden und auch nicht mehr durch eine Sanierung überwunden werden, so verbleiben nicht mehr allzu viele Handlungsmöglichkeiten für die Stiftung. Das Scheitern der außergerichtlichen (freien) Restrukturierung und Sanierung eröffnet sehr beschränkte Wahlmöglichkeiten. Alternativ kommt entweder die Liquidation der jeweiligen Stiftung sowie zudem noch die Eröffnung eines Insolvenzverfahrens in Betracht.[522]

D. Outsourcing – ein Abriss der Möglichkeiten

I. Zur „Auslagerung" von Stiftungstätigkeit

Das sogenannte Outsourcing beschreibt im betriebswirtschaftlichen Bereich eine Auslagerung von Funktionen und Strukturen auf Externe.[523] Es handelt sich dabei um eine Ausformung des Fremdbezugs, nämlich solcher Leistungen, welche bislang noch in der Stiftung selbst erbracht wurden, jedoch in der Zukunft

---

520 Siehe auch: Nerlich/Kreplin/*Nerlich/Rhode*, MAH-Insolvenz, § 4 Rn. 353; K. Schmidt/Uhlenbruck/*K. Schmidt*, GmbH, Rn. 2.357.

521 Vgl. Nerlich/Kreplin/*Nerlich/Rhode*, MAH-Insolvenz, § 4 Rn. 355. Ein außergerichtlicher Sanierungsvergleich ist zivilrechtlich ein Vergleich gemäß § 779 BGB. Er unterliegt keinen gesetzlichen Verfahrensregeln und setzt folglich auch keine Mindestquote für eine Befriedigung der Gläubigerforderungen voraus. Zustande kommt der (außergerichtliche) Sanierungsvergleich durch eine konkrete Vereinbarung des Schuldners mit jedem einzelnen der Gläubiger. In der Regel verständigen sich die Gläubiger untereinander. Auch wenn eine ganz überwiegende Mehrheit der Gläubiger einem Sanierungsvergleich zustimmt, sind einzelne Gläubiger („Akkordstörer") nicht daran gehindert, ihre Forderungen in vollem Umfang geltend zu machen; die Geltendmachung ist zumeist auch nicht als rechtsmissbräuchlich anzusehen. Siehe hierzu auch noch *Picot/Aleth*, Unternehmenskrise, 166 ff.

522 Vgl. K. Schmidt/Uhlenbruck/*K. Schmidt*, GmbH, Rn. 2.702.

523 Vgl. *Orth*, S&S 1/1998, 20.

extern bezogen werden sollen.[524] Das bedeutet gemeinhin, dass in erster Linie auch noch die nachfolgenden drei Aspekte eingehalten werden müssten:[525]

- Auslagerung der jeweiligen Leistung für einen längeren Zeitraum;
- Form der Zusammenarbeit nicht standardisiert und
- Marktbezogenheit des rechtlich eigenständigen Outsourcing-Partners.[526]

Während lange Zeit die Kosten- sowie Effizienzaspekte die vorherrschenden Motive für Outsourcing-Lösungen waren, hat sich in der jüngeren Vergangenheit eine gut wahrnehmbare Akzentverschiebung verwirklicht. Im Zuge einer Kernkompetenzdiskussion wird Outsourcing vermehrt als Weg zu einer Konzentration auf die anfänglichen Kernkompetenzen gesehen und als ein strategisches Managementkonzept im Rahmen einer perspektivischen Fortentwicklung der Stiftung.[527] Dementsprechend hat sich überdies auch der gängige Anwendungsbereich des Outsourcings weiterentwickelt. Während ursprünglich gehäuft periphere Bereiche Gegenstand von Outsourcing-Aktionen waren, werden in zunehmendem Maße die besonders wesentlichen Bereiche einbezogen. Outsourcing ist jedoch kein Restrukturierungspatentrezept für eine problemlose Bewältigung von Engpässen oder für eine temporäre Überwindung von Personal- sowie Know-how-Schwierigkeiten.[528] Angesichts des zwischenzeitlich

524 Siehe etwa *O. Werner*, ZStV 2010, 210.

525 Siehe *Orth*, S&S 5/1999, Rote Seiten, 2 f.

526 Siehe *Orth*, S&S 5/1999, Rote Seiten, 2 f.

527 Siehe auch v. Campenhausen/Richter/*Hof*, Handbuch, § 8 Rn. 288; *Orth*, S&S 5/1999, Rote Seiten, 3.

528 Beachte *Orth*, S&S 5/1999, Rote Seiten, 3. Die Auslagerung von Funktionen oder Strukturen auf externe Dritte darf in sämtlichen Erscheinungsformen nicht zu einer Minderung des Stiftungsvermögens führen, insbesondere müssen die an Dritte zu leistenden oder von ihnen geleisteten Entgelte angemessen sein. Ohne eine Begrenzung zulässig ist eine Auslagerung in den steuerlichen Sphären der Vermögensverwaltung sowie der wirtschaftlichen Geschäftsbetriebe. Im ideellen Bereich und auch im Bereich der Zweckbetriebe müssen gemeinnützige Zwecke jedoch unmittelbar verfolgt werden. Dies schließt jedoch nicht aus, dass auch Dritte für sie als Hilfsperson tätig werden, was dann der Fall ist, wenn nach den Umständen des Falls, insbesondere nach den rechtlichen und den tatsächlichen Beziehungen, welche zwischen der Stiftung sowie der Hilfsperson vorliegen, das Tätigwerden der Hilfsperson wie ein eigenes Tätigwerden der Stiftung anzusehen ist. Outsourcing ist demzufolge dann noch mit dem Unmittelbarkeitsgebot verträglich, wenn ein „Outsourcing-Partner" die Voraussetzungen einer Hilfsperson gemäß § 57 Abs. 1 S. 2 AO erfüllt. Vgl. hierzu etwa außerdem noch *Orth*, S&S 1/1998, 20.

vermehrt strategischen Charakters stehen den Chancen auch enorme Risiken gegenüber.[529] Outsourcing fordert daher ein situationsorientiertes, zielgerichtetes strategisches Management, hiernach unter Beachtung der bezeichnenden Situation, Zielsetzung sowie Strategie, auf Grundlage einer Bewertung von Chancen- und Risikopotenzialen und durch Benutzung vorhandener Gestaltungsspielräume.[530]

Bedeutet somit Outsourcing eine Auslagerung diverser Funktionen sowie Strukturen, so können nur jene Bereiche einbezogen sein, die normalerweise und auch naturgemäß durch die Stiftung wahrgenommen werden.[531] Geschäftsführungs- und Vertretungsorgan der Stiftung ist gemäß §§ 86, 26 BGB der Stiftungsvorstand. Er hat demgemäß auch alle Angelegenheiten für die Stiftung zu verwirklichen. Aufgaben, die sonst nicht von der Stiftung selbst vorgenommen werden können, wie beispielsweise die Stiftungsaufsicht oder auch die Überprüfung durch die Finanzämter, zeigen keine Auslagerung im obigen Sinne an. Andererseits fordert Outsourcing eine Übertragung von Funktionen sowie Strukturen an Externe, das heißt Nichtangehörige der (internen) Stiftungsverwaltung. Der für eine Stiftung wirkende Geschäftsführer oder ebenfalls ein Hausverwalter oder eine Sekretärin arbeiten in aber auch für die Stiftung. Ihre Tätigkeit ist nicht ausgelagert. Ebenso wenig handelt es sich dann um eine Auslagerung, wenn die Stiftung Gesellschaftsanteile (zum Beispiel Aktien, GmbH-Anteile) hält und über diese Gesellschaften ihre für die wirksame Stiftungstätigkeit unausweichlichen Vermögenserträge erwirtschaftet.[532]

II. Ausgliederung auf Tochter-Unternehmen

Die §§ 161 bis 167 UmwG eröffnen der rechtsfähigen Stiftung privaten Rechts den Weg einer Ausgliederung unter derjenigen Prämisse, dass sie unter eigener Rechtsform ein Unternehmen betreibt und ihre Firma ins Handelsregister eingetragen worden ist. Bei der Ausgliederung zur Aufnahme kommen als übernehmende Rechtsträger nur Personenhandelsgesellschaften sowie Kapitalgesellschaften in Frage, wohingegen bei der Ausgliederung zur Neugründung lediglich eine Kapitalgesellschaft neuer Rechtsträger werden kann.[533] Eine

529 Einzelheiten dazu bei *O. Werner*, ZStV 2010, 210, 213.

530 Ebenso *Orth*, S&S 5/1999, Rote Seiten, 3; *O. Werner*, ZStV 2010, 210, 213.

531 Siehe auch *O. Werner*, ZStV 2010, 210.

532 Vgl. *O. Werner*, ZStV 2010, 210.

533 Vgl. auch Maulbetsch/Klumpp/Rose-UmwG/*O. Schmidt*, § 161 Rn. 2. Das bekannteste Anwendungsbeispiel ist wahrscheinlich die Ausgliederung der unterschiedlichen Unternehmen der Zeiss-Stiftung auf zwei unabhängige und auch eigenständige

Personenhandelsgesellschaft aber scheidet bei einer Ausgliederung zur Neugründung immer ohne jeden Unterschied aus.[534]

Die Einschränkung einer Stiftung auf die Ausgliederung ist eine notwendige Folge ihrer rechtsformbedingten Mitgliederlosigkeit. Die rechtsfähige Stiftung bürgerlichen Rechts ist ein eigentümerloses Rechtssubjekt.[535] Sie ist eine bloße Verwaltungsorganisation, die durch Hilfe des Vermögens einen vom Stifter festgelegten Zweck fördert.[536] Weil die Stiftung somit keine Anteilsinhaber hat, denen dann Anteile am übernehmenden Rechtsträger zugeschoben werden können, ist mithin ihre Umwandlung im Wege der Aufspaltung oder im Wege der Abspaltung ausgeschlossen.[537] Als übertragender Rechtsträger kommt sie vielmehr bloß für Umwandlungsvorgänge in Betracht, bei denen sich die Gegenleistung für die Übertragung von abgesonderten Vermögensteilen auf der Ebene des übertragenden Rechtsträgers und nicht der seiner Gesellschafter abspielt.[538] Im aktuellen Umwandlungsrecht ist dies lediglich bei der Ausgliederung der Fall. Diese führt wirtschaftlich nur zu einer Vermögensumschichtung, also dem Wechsel von übertragenem *Vermögen gegen Anteile* am übernehmenden *Rechtsträger*.[539]

E. Ultima Ratio: Marschroute gemäß § 87 BGB

I. Einführung und grundsätzliche Vorbemerkungen

§ 87 BGB regelt – nach der zutreffenden Meinung bundeseinheitlich und abschließend – unter welchen genauen Erfordernissen die Stiftung eine andere

---

Aktiengesellschaften. Damit wurde ein Haftungsverbund gelöscht, so dass nicht die Illiquidität eines Unternehmens zur Illiquidität auch des anderen Unternehmens führt. Vgl. auch *O. Werner*, ZStV 2010, 210, 214 und auch Lutter-UmwG/*Hüttemann*/*Rawert*, § 161 Rn. 4.

534 Vgl. dazu etwa auch noch: Lutter-UmwG/*Hüttemann*/*Rawert*, § 161 Rn. 38 ff.; Semler/Stengel-UmwG/*Stengel*, § 161 Rn. 35.

535 Siehe auch Lutter-UmwG/*Hüttemann*/*Rawert*, § 161 Rn. 5.

536 Siehe hierzu auch: *BGH* NJW 1987, 2364, 2365; *BayObLG* NJW 1973, 249; Palandt-BGB/*Ellenberger*, Vorb v § 80 Rn. 5; RGRK-BGB/*Steffen*, Vor § 80 Rn. 1.

537 Vgl. dazu etwa Semler/Stengel-UmwG/*Stengel*, § 161 Rn. 5.

538 Vgl. Lutter-UmwG/*Hüttemann*/*Rawert*, § 161 Rn. 5. Siehe zu der Ausgliederung auf ein Tochter-Unternehmen überdies noch *Schwintek*, S&S 3/2002, 19 ff.

539 Vgl. Lutter-UmwG/*Hüttemann*/*Rawert*, § 161 Rn. 5. Auch eine Übertragung gemäß § 174 Abs. 2 Nr. 3 UmwG, die der Stiftung jedoch verwehrt ist (§ 175 UmwG), ist der Sache nach eine Variante der Ausgliederung.

Zweckbestimmung bekommen kann oder aufgehoben werden kann.[540] Nach § 87 BGB *kann* die jeweils zuständige Behörde, wenn eine Zweckverfolgung entweder unmöglich geworden ist oder das Gemeinwohl gefährdet, der Stiftung einen anderen Zweck geben oder sie aufheben. Diese Formulierung legt einen Ermessensspielraum der Behörde bei Maßnahmen gemäß § 87 BGB nahe, welchen es richtigerweise überhaupt nicht geben darf. Da die Allgemeinheit regelmäßig kein Interesse am Fortbestand „zweckloser" juristischer Personen hat, sind die Aufsichtsbehörden auch jederzeit zum Einschreiten verpflichtet, sofern der Tatbestand der Regelung erfüllt ist. Ein Ermessen ist ferner mit dem Grundrechtsschutz der Stiftung nicht vereinbar. Es kann schon nicht sein, dass die Handlungsspielräume der Aufsichtsbehörden bei den besonders gravierenden Maßnahmen gemäß § 87 BGB spürbarer ausfallen als bei stiftungsaufsichtsrechtlichen Entscheidungen, bei denen die Aufsichtsbehörden nach mittlerweile allgemeiner Auffassung auf die bloße Rechtsaufsicht beschränkt sind.[541] Das Wort *kann* ist in diesem Kontext infolgedessen als „muss" zu lesen.[542]

II. Anwendungsfragen: Tatbestand und Rechtsfolge

1. Unmöglichkeit der Verfolgung des Stiftungszwecks

Der Begriff der Unmöglichkeit im Sinne von § 87 BGB umfasst nicht bloß die Unmöglichkeit gemäß § 275 Abs. 1 BGB, sondern ebenso Fälle einer *wirtschaftlichen Unmöglichkeit*, welche tatbestandlich mittlerweile durch § 275 Abs. 2 BGB fixiert sind.[543] Die mit § 275 Abs. 2 BGB hervorgebrachte Begrenzung der Leistungspflicht des Schuldners kann hingegen nicht einfach auf § 87 BGB übertragen werden, da es zum Beispiel auf ein Verschulden der Stiftungsorgane nicht ankommen kann. Entscheidend ist vielmehr allein, ob der statuierte Zweck mit den noch *existenten Mitteln* dauerhaft erfüllt werden kann oder nicht. Eine Unmöglichkeit der Erfüllung kann rechtliche oder tatsächliche Ursachen haben.

540 So etwa auch: Bamberger/Roth-BGB/*Backert*, § 87 Rn. 1; *Gantenbrink*, Beendigung, 282 f.; *Happ*, Stifterwille, 142 ff.; *Muscheler*, ZSt 2004, 3, 7; Staudinger-BGB/*Hüttemann/Rawert*, § 87 Rn. 4.

541 Ebenso Staudinger-BGB/*Hüttemann/Rawert*, § 87 Rn. 2.

542 Siehe hierzu insbesondere auch: Bamberger/Roth-BGB/*Backert*, § 87 Rn. 4; *Burgard*, Gestaltungsfreiheit, 624; v. Campenhausen/Richter/*Hof*, Handbuch, § 10 Rn. 368 ff.; MüKo-BGB/*Weitemeyer*, § 87 Rn. 4; Staudinger-BGB/*Hüttemann/Rawert*, § 87 Rn. 2.

543 Siehe dazu MüKo-BGB/*Weitemeyer*, § 87 Rn. 8; Staudinger-BGB/*Hüttemann/Rawert*, § 87 Rn. 5; beachte aber auch noch *Gantenbrink*, Beendigung, 92 f.; a.A. allerdings bei *Weidlich/Huh*, ZStV 2020, 104, 105 f.

Rechtlich unmöglich ist beispielshalber die Erfüllung irregulärer Stiftungszwecke.[544] Tatsächliche Unmöglichkeit ist anzunehmen, soweit die Hindernisse für eine Erfüllung des Stiftungszwecks zumindest für die Stiftung derart hoch sind, dass sie entweder gar nicht oder jedenfalls nur mit unzumutbarem Aufwand überwunden werden können.[545] Ein praktisch äußerst relevanter Fall hierfür ist insbesondere der endgültige Verlust des Grundstockvermögens: Dieser Verlust kann Konsequenz einer Unwirksamkeit der Vermögenszuwendung, einer Verjährung von Leistungsansprüchen und einer Inflation sein.[546]

§ 87 BGB erfasst – ungeachtet des insofern mehrdeutigen Wortlautes – sowohl die Fälle *nachträglicher* als auch *anfänglicher* Unmöglichkeit. Zwar ist eine Stiftung, deren Zweck von vornherein unmöglich ist, überhaupt nicht anerkennungsfähig. Da sie allerdings als juristische Person entsteht, falls sie dennoch als rechtsfähig anerkannt wird, ist § 87 BGB entsprechend anwendbar. Vor diesem Hintergrund existiert nicht allein kein echter praktischer Bedarf für eine *Rücknahme* der Anerkennung (§ 48 VwVfG) bei einer bereits anfänglich nicht möglichen Zweckerfüllung. Die generellen Bestimmungen der Verwaltungsverfahrensgesetze der Länder sind auch kompetenzrechtlich in diesen Fällen nicht anwendbar, da § 87 BGB eine vorrangige und außerdem auch noch eine abschließende bundesrechtliche Regelung enthält.[547]

2. Eingriffsmaßnahmen der Stiftungsaufsichtsbehörde

Auf seiner Rechtsfolgenseite sieht § 87 BGB die Änderung der Zweckbestimmung und ferner die Aufhebung der Stiftung vor. Ferner kommt stets – losgelöst von der kompetenzrechtlichen Zulässigkeit der hierzu augenblicklich existierenden landesgesetzlichen Bestimmungen – eine Zusammenführung mit einer anderen Stiftung im Wege einer Zusammenlegung oder Zulegung in Betracht.[548] Da alle Maßnahmen nach der gesetzlichen Regelung des § 87 BGB hoheitliche

---

544 Vgl. Staudinger-BGB/*Hüttemann/Rawert*, § 87 Rn. 5.

545 Vgl. hierzu etwa auch noch: v. Campenhausen/Richter/*Hof*, Handbuch, § 11 Rn. 62; *Gantenbrink*, Beendigung, 95; MüKo-BGB/*Weitemeyer*, § 87 Rn. 8.

546 Siehe dazu Stumpf/Suerbaum/Schulte/Pauli-Stiftungsrecht/*Stumpf*, Kap. B § 87 BGB Rn. 9; zur Unmöglichkeit einer Zweckverfolgung infolge von Inflation sowie Währungsumstellung beachte insbesondere *Gutzschebauch*, BB 1949, 119.

547 Zutreffend so auch: v. Campenhausen/Richter/*Hof*, Handbuch, § 11 Rn. 72 ff.; MüKo-BGB/*Weitemeyer*, § 87 Rn. 9; Staudinger-BGB/*Hüttemann/Rawert*, § 87 Rn. 7.

548 Vgl. hierzu auch noch *Hüttemann/Rawert*, ZIP 2013, 2136, 2142. Zur Terminologie vergleiche etwa *Oekter*, in: FS O. Werner, 207 f. Siehe zur Zusammenführung ab dem 1.7.2023 auch die §§ 86–86h BGB n.F.

Eingriffe in die (verfassungsmäßig) geschützten Rechte einer Stiftung sind, sind sie am Gebot der Verhältnismäßigkeit zu messen.[549] In der Regel sind infolgedessen Zweckänderungen und Zu- oder Zusammenlegung der vollumfänglichen Aufhebung der Stiftung als sichtlich mildere Mittel vorzuziehen. Zwingend ist dies dennoch nicht.[550] Im Einzelfall kann der Stifterwille bei Unmöglichkeit weiterer Zweckerfüllung auf die Aufhebung der Stiftung unter einer Zuteilung des Stiftungsvermögens an die in der Satzung bestimmten *Anfallberechtigten* gerichtet sein.[551]

a) Änderung des satzungsgemäßen Zwecks

Die Zweckänderung lässt die Existenz der betroffenen Stiftung unberührt.[552] Sie ändert jedoch das originäre Vermögen/Zweck-Verhältnis.[553] Dies tut sie, indem sie entweder – bei mehreren Zwecken – die festgelegte Anzahl der bisherigen Zwecke verringert oder – sofern die Satzung der Stiftung Anhaltspunkte dafür aufzeigt, dass dies vom Willen des Stifters umfasst ist – eine oder gegebenenfalls auch mehrere Zweckbestimmungen der Stiftung umfassend austauscht.[554]

Bei einer Zweckänderung ist besonders auch dafür Sorge zu tragen, dass die Erträge des Stiftungsvermögens möglichst dem Kreis der vom Stifter durch die Satzung festgeschriebenen Destinatäre erhalten bleiben. Sofern die Zweckänderung eine Anpassung der Stiftungssatzung unabkömmlich macht, kann die jeweils zuständige Stiftungsbehörde ebenfalls die Satzung der Stiftung ändern. Gemäß § 87 Abs. 3 BGB ist für gewöhnlich bei sämtlichen Maßnahmen auch

549 Vgl. hierzu etwa auch noch: *BVerwG* NJW 1991, 713; v. Campenhausen/Richter/*Hof*, Handbuch, § 10 Rn. 352; Erman-BGB/*Wiese*, § 87 Rn. 3; Palandt-BGB/*Ellenberger*, § 87 Rn. 2 f.; *Schlüter/Stolte*, Stiftungsrecht, Kap. 3 Rn. 40; Staudinger-BGB/*Hüttemann/Rawert*, § 87 Rn. 20.

550 So bloß die Mindermeinung: v. Campenhausen/Richter/*Hof*, Handbuch, § 10 Rn. 355; Erman-BGB/*Wiese*, § 87 Rn. 3; Palandt-BGB/*Ellenberger*, § 87 Rn. 2; *Pues/Scheerbarth*, Gemeinnützige Stiftungen, 79 und zudem *Schlüter/Stolte*, Stiftungsrecht, Kap. 3 Rn. 40.

551 Siehe hierzu Bamberger/Roth-BGB/*Backert*, § 87 Rn. 4; *Ebersbach*, Handbuch, 140; MüKo-BGB/*Weitemeyer*, § 87 Rn. 16; Münch.Hdb.GesR V/*Gottschald/Knoop*, § 105 Rn. 48; Schauhoff/*Schauhoff*, Gemeinnützigkeit, § 3 Rn. 168; Soergel-BGB/*Neuhoff*, § 87 Rn. 4; Staudinger-BGB/*Hüttemann/Rawert*, § 87 Rn. 20 und endlich auch *Voll/Störle*, BayStiftG, Art. 2 Rn. 1.

552 Vgl. Staudinger-BGB/*Hüttemann/Rawert*, § 87 Rn. 19.

553 Siehe auch *Hüttemann/Rawert*, ZIP 2013, 2136, 2142.

554 Vgl. *Hüttemann/Rawert*, ZIP 2013, 2136, 2142.

noch der Vorstand der jeweils betroffenen Stiftung zu hören. Diese „Anhörungspflicht“ gilt in der gleichen Form für den (lebenden) Stifter. Hoheitliche Maßnahmen, die die Verfassung der Stiftung betreffen, berühren gleichfalls die Rechte des Stifters. Wo die Landesstiftungsgesetze keine (spezielleren) Regeln enthalten, folgt dieser Anspruch eines Stifters aus der Rechtsidee des § 28 VwVfG.[555]

b) Zusammenführung durch den Hoheitsakt

aa) Zulegung zu einer (aufnehmenden) Stiftung

Unter der Zulegung wird der Übergang des Vermögens einer Stiftung auf eine andere Stiftung gleichen oder doch in der Hauptsache übereinstimmenden Zwecks verstanden, und zwar unter Auflösung jener übertragenden Stiftung. Dazu ist auf Seiten der übertragenden Stiftung allzeit dann, wenn die Zulegung nicht auf den nach der Satzung fixierten Anfallberechtigten erfolgen soll, zunächst eine Anpassung der Satzung notwendig, durch welche endlich die aufnehmende Stiftung zum satzungsgemäßen Anfallberechtigten vorgeschrieben wird.[556] Auf der Seite jener „aufnehmenden“ Stiftung setzt eine Zulegung hingegen allein voraus, dass die Satzung gerade eine Entgegennahme fremden Vermögens ermöglicht und die zuständigen Stiftungsorgane der aufnehmenden Stiftung außerdem einverstanden sind.[557] Dem Einverständnis nachhelfen kann die Stiftungsaufsichtsbehörde im Rahmen der landesgesetzlich geregelten Rechtsaufsicht bloß dann, wenn das Ermessen der Stiftungsorgane im Einzelfall bis *auf Null* herabgemindert ist.[558]

bb) Zusammenlegung einzelner Rechtssubjekte

Bei einer Zusammenlegung werden mehrere Stiftungen gleichartiger oder jedenfalls ähnlicher Zwecksetzung zu einer neuen Stiftung zusammengefügt.[559]

---

555 Vgl. auch: Bamberger/Roth-BGB/*Backert*, § 87 Rn. 4; v. Campenhausen/Richter/*Hof*, Handbuch, § 10 Rn. 372; *Jakob*, Schutz der Stiftung, 331; MüKo-BGB/*Weitemeyer*, § 87 Rn. 18 endlich Staudinger-BGB/*Hüttemann*/*Rawert*, § 87 Rn. 22; a.A. hingegen *Gantenbrink*, Beendigung, 224 ff., der die Anhörung zwar im Allgemeinen nicht für geboten, jedoch im Rahmen der Amtsermittlungspflicht nach § 26 VwVfG durchaus für zulässig hält.

556 Siehe *Hüttemann*/*Rawert*, ZIP 2013, 2136, 2143.

557 Siehe *Hüttemann*/*Rawert*, ZIP 2013, 2136, 2143.

558 Vgl. dazu MüKo-BGB/*Weitemeyer*, § 87 Rn. 21.

559 Siehe: *Gantenbrink*, Die Stiftung – Jahreshefte zum Stiftungswesen 7 (2013), 79, 80. Für einen Überblick siehe Hüttemann/Richter/Weitemeyer/*Arnold*, Landesstiftungsrecht, Rn. 27.22 ff.

Voraussetzung hierfür ist, dass bei allen Stiftungen die Tatbestandsmerkmale des § 87 BGB bestehen.[560] Die Stiftungen verlieren dabei ihre eigene rechtliche Persönlichkeit. Ihr verbliebenes Vermögen wird endlich auf einen dritten Rechtsträger überführt. Ähnlich wie auch bei der Zulegung wird es im Wege der Einzelrechtsnachfolge nach den üblichen Regelungen übertragen.[561] In der Stiftungspraxis kommt die Zusammenlegung jedoch fast gar nicht vor, weil aus mehreren Stiftungen, die jede für sich genommen nicht mehr lebensfähig sind, in der Regel auch keine lebensfähige Stiftung gemacht werden kann. Überdies ist es gewöhnlich auch leichter, als „Zielstiftung" eine bereits bestehende Stiftung auszuwählen. Dann handelt es sich indes begrifflich um eine Zulegung.[562]

c) Umwandlung in eine Verbrauchsstiftung

Mit dem Ehrenamtsstärkungsgesetz vom 21.3.2013 hat der Bundesgesetzgeber inzwischen die Zulässigkeit der neu errichteten Verbrauchsstiftung eigens sanktioniert. Nach der gesetzlichen Definition ist eine Verbrauchsstiftung eine Stiftung, die bloß für eine bestimmte Zeit gegründet wird und deren Vermögen für die satzungskonforme Zweckförderung aufgebraucht werden soll. Die Umwandlung einer üblichen (Ewigkeits-)Stiftung in eine Verbrauchsstiftung ist zugegebenermaßen keine Zweckumwandlung. Sie berührt den satzungsmäßigen Zweck der Stiftung allerdings gleichwohl, indem sie die Vermögen/Zweck-Beziehung, welche der Stifter durch das Stiftungsgeschäft festgelegt hat, in ihrer Zeitstruktur neu definiert.[563] Lässt sich also der Stiftungssatzung entnehmen, dass der Stifter einen sukzessiven Verbrauch des Vermögens einer Zweckreduzierung oder auch Zweckumwandlung beziehungsweise der Übertragung des Vermögens auf eine andere Stiftung vorzieht, duldet § 87 BGB bei Erfüllung seiner konkreten Voraussetzungen – a maiore ad minus – auch ihre Umwandlung in eine Verbrauchsstiftung.[564]

---

560 Siehe nur: Staudinger-BGB/*Hüttemann/Rawert*, § 87 Rn. 13. Die Alternative der Gemeinwohlgefährdung spielt hier grundsätzlich keine Rolle.

561 Vgl. *Hüttemann/Rawert*, ZIP 2013, 2136, 2144; *Schauer*, ZEV 2017, 613, 616.

562 Vgl. *Hüttemann/Rawert*, ZIP 2013, 2136, 2144.

563 Zur Umwandlung einer auf Dauer angelegten Stiftung in eine Verbrauchsstiftung vergleiche insbesondere auch Staudinger-BGB/*Hüttemann/Rawert*, § 81 Rn. 72.

564 Vgl. auch *Hüttemann/Rawert*, ZIP 2013, 2136, 2144; *Schöpflin*, Die Stiftung – Jahreshefte zum Stiftungswesen 10 (2016), 53, 73; so wohl auch *Weidlich/Huh*, S&S 6/2019, 26, 27.

d) Aufhebung durch staatliche Maßnahmen

Die (vollständige) Aufhebung einer Stiftung ist mit Abstand der schwerstwiegende Eingriff in ihre Existenz. Mit ihr erlischt sie als eigene Rechtspersönlichkeit. Ihr Vermögen fällt dabei an alle in der Stiftungsverfassung festgeschriebenen Personen. Lässt sich der Stiftungsverfassung allerdings entnehmen, dass der Stifter selbst eine vollständige Aufhebung seiner Stiftung allen sonstigen möglichen Rechtsfolgen des § 87 BGB vorzieht, oder kommen andere ausführbare Maßnahmen schon gar nicht in Frage, etwa weil es an Stiftungen für „Zulegungsmaßnahmen" oder auch für „Zusammenlegungsmaßnahmen" fehlt, muss dementsprechend agiert werden.[565]

e) Stiftungssteuerrechtliche Gesichtspunkte

Abschließend stellt sich die Frage, welche steuerrechtlichen Wirkungen behördliche Eingriffe nach § 87 BGB nach sich ziehen. Dabei geht es zumeist um zwei Aspekte: Zum einen müssen die gemeinnützige Vermögensbindung sowie die Pflicht zur gemeinnützigen Verwendung der Mittel bei der Stiftung beachtet werden, damit auch die mögliche Steuerbefreiung der Stiftung nicht gefährdet wird. Zum anderen ist zu beachten, ob mit Eingriffen nach § 87 BGB auch der Spendenabzug bei einem Stifter oder bei weiteren Zuwendenden im Nachhinein bedroht ist.[566]

Was die gemeinnützige Vermögensbindung und eine Verpflichtung zur gemeinnützigen Verwendung von Stiftungsmitteln angeht, kommt es hinsichtlich jener Stiftung allein darauf an, dass das Stiftungsvermögen und die hieraus erwirtschafteten Erträge auch weiterhin einzig für satzungsmäßige und steuerbegünstigte Zwecke aufgebracht werden. Diese Anforderung ist hingegen nicht lediglich dann gegeben, wenn der umgewandelte Zweck auch genau derselben steuerrechtlichen Kategorie angehört. Die Steuerbefreiung bleibt nämlich auch erhalten, wenn der Stiftungszweck in einen sonstigen steuerbegünstigten Zweck verändert wird oder auch das Stiftungsvermögen durch eine Zu- oder Zusammenlegung auf eine Stiftung mit abweichenden steuerbegünstigten Zweckbestimmungen übergeht. Entscheidend ist allein, dass auch der neue Satzungszweck steuerbegünstigt ist. Soweit nämlich eine Stiftung mit einer sonstigen Stiftung

---

565 Siehe dazu Bamberger/Roth-BGB/*Backert*, § 87 Rn. 4; Münch.Hdb.GesR V/*Gottschald/Knoop*, § 105 Rn. 48; Staudinger-BGB/*Hüttemann/Rawert*, § 87 Rn. 10. Eingehend zu der hoheitlichen Aufhebung einer Stiftung auch noch *Gantenbrink*, Beendigung, 204 ff.

566 Vgl. *Hüttemann/Rawert*, ZIP 2013, 2136, 2145.

zusammengeführt wird, vollzieht sich der Vermögensübergang entweder als Mittelweitergabe nach § 58 Nr. 1 AO,[567] oder das Vermögen wird infolge der Liquidation – eventuell auch nach „Akklimatisierung" der Vermögensbindung – auf die aufnehmende Stiftung weitergegeben.[568]

Maßnahmen gemäß § 87 BGB können nur dann spendenrechtliche Wirkungen für einen Stifter und andere Zuwender haben, wenn das Stiftungsvermögen beziehungsweise die daraus erzielten Erträge einer Stiftung nicht für jene in der Spendenbestätigung aufgeführten Zwecke verteilt werden. Eine solche Fehlverwendung ist bekanntlich gemäß ständiger Rechtsprechung ein „rückwirkendes" Ereignis nach Maßgabe des § 175 Abs. 1 Nr. 2 AO, das bei dem Spender die Voraussetzungen für den Spendenabzug rückwirkend entfallen lässt.[569] Fraglich ist, ob die Fehlverwendung schon gegeben ist, wenn das Stiftungsvermögen und ebenso die Erträge kraft einer (hoheitlichen) Zweckumwandlung oder auch einer Übertragung des Stiftungsvermögens auf eine andere Stiftung zukünftig für vollauf abweichende steuerbegünstigte Zweckvorgaben verwendet werden.[570] In der Tat wird behauptet, dass bereits die Verwendung von Spenden zu andersartigen steuerbegünstigten Zwecken eine Fehlverwendung sei.[571] Dieser Meinung indes ist für solche Spenden, die nach dem 1.1.2007 vorgenommen wurden, bereits deshalb nicht zu folgen, weil von da an sämtliche Zuwendungen

567 Siehe dazu etwa auch *Hüttemann*, Gemeinnützigkeitsrecht, Rn. 3.194; Schauhoff/*Schauhoff*, Gemeinnützigkeit, § 19 Rn. 55.

568 Vgl. dazu auch Schauhoff/*Kirchhain*, Gemeinnützigkeit, § 19 Rn. 7; zum Ganzen vgl. auch *Hüttemann/Rawert*, ZIP 2013, 2136, 2145.

569 Vgl. hierzu *BFH* BStBl. II 1976, 338; *BFH* BStBl. II 1981, 52; *Hüttemann*, Gemeinnützigkeitsrecht, Rn. 8.103; L. Schmidt-EStG/*Heinicke*, § 10b Rn. 51. Seit dem Jahre 1990 gewährt aber die gesetzlich geregelte Vorschrift des § 10b Abs. 4 S. 1 EStG sämtlichen gutgläubigen Spendern prinzipiell Vertrauensschutz im Hinblick auf die Richtigkeit der Zuwendungsbestätigung und gleichfalls im Hinblick auf eine zweckentsprechende Verwendung der erwirtschafteten Mittel einer Stiftung; hierzu eingehend insbesondere: *Hüttemann*, Gemeinnützigkeitsrecht, Rn. 8.113 ff.

570 Siehe *Hüttemann/Rawert*, ZIP 2013, 2136, 2145.

571 So etwa *FG Hessen* EFG 1998, 757, 758; *Gierlich*, FR 1991, 518, 520; Kirchhof/Seer-EStG/*Seer*, § 10b Rn. 76; L. Schmidt-EStG/*Heinicke*, § 10b Rn. 58; *Teufel*, FR 1993, 772, 773; *Wallenhorst*, DB 1991, 1410, 1411; richtigerweise beträchtlich zurückhaltender insbesondere etwa: *Gerlach*, Vertrauensschutz, 148 ff.; *Hüttemann*, Gemeinnützigkeitsrecht, Rn. 8.130.

für steuerbegünstigte Zweckvorgaben in exakt gleicher Form spendenbegünstigt sind, so dass selbst ein Steuerausfall nicht passieren kann.[572]

Hat der Stifter – wie regelmäßig – für die Zuwendung zudem den Sonderausgabenabzug entsprechend der steuerrechtlichen Bestimmung in § 10b Abs. 1a EStG beansprucht, muss das zugesagte Kapital hingegen auf Dauer in dem Grundstockvermögen dieser steuerbegünstigten Stiftung verbleiben.[573] Somit erweist sich nur die Umwandlung in eine Verbrauchsstiftung als spendenrechtlicher Problemfall, soweit der Stifter diesen besonderen Sonderausgabenabzug in Anspruch genommen hat, aber das Grundstockvermögen durch stiftungsbehördlichen Eingriff gemäß § 87 BGB in der Folge verbraucht wird. Da der erhöhte Sonderausgabenabzug nämlich einen *dauerhaften* Verbleib der Zuwendung in dem Grundstockvermögen fordert, würde nach dem Gesagten der spätere Verbrauch des Grundstockvermögens für steuerbegünstigte Zwecke zum rückwirkenden Verlust des Sonderausgabenabzugs führen. Dem steht immerhin noch der Vertrauensschutztatbestand gemäß des § 10b Abs. 4 EStG gegenüber. Zwar umfasst er seinem Wortlaut nach nur den Fall, dass Zuwendungen nicht zu den in der Bestätigung vorgetragenen steuerbegünstigten satzungsmäßigen Zwecken eingesetzt werden, was jedoch beim Verbrauch des Grundstockvermögens für steuerbegünstigte satzungsmäßige Zwecke „streng genommen" nicht so ist. Allerdings erfordert die ausdrückliche Privilegierung des § 10b Abs. 1a EStG eine analoge Anwendung des § 10b Abs. 4 EStG, um den gutgläubigen Stifter „erst recht" vor dem Gefährdungsmoment zu bewahren, seinen (erhöhten) Sonderausgabenabzug für den Fall eines satzungswidrigen Vermögensverbrauchs rückwirkend zu verlieren.[574] Und hieraus folgt in der gleichen Art, dass der Stifter im Fall einer nachträglichen stiftungsbehördlichen Umwandlung der Stiftung in eine Verbrauchsstiftung ständig vor einem Wegfall des Sonderausgabenabzugs geschützt ist, weil eine solche Umwandlung im Moment der Zuwendung für gewöhnlich nicht vorhersehbar ist und der Stifter folglich auch gutgläubig gewesen ist.[575] Eine Veränderung der Veranlagung

572 Ebenso zum Beispiel auch: *Buchna/Leichinger/Seeger/Brox*, Gemeinnützigkeit, 462 f.; *Hüttemann/Rawert*, ZIP 2013, 2136, 2145.

573 Vgl. dazu *Hüttemann/Rawert*, ZIP 2013, 2136, 2145.

574 Ebenso *Hüttemann*, Gemeinnützigkeitsrecht, Rn. 8.129.

575 Vgl. dazu auch noch *Hüttemann/Rawert*, ZIP 2013, 2136, 2146. Für den guten Glauben spricht in diesen Fällen auch, dass die Aufsichtsbehörde die Stiftung ursprünglich anerkannt und ihr damit zudem eine Lebensfähigkeit nach Maßgabe des § 80 Abs. 2 BGB bescheinigt hat.

des Stifters gemäß § 175 Abs. 1 Nr. 2 AO scheidet infolgedessen vielfach aus.[576]

III. Zu den verfahrensrechtlichen Anforderungen

Maßnahmen nach § 87 BGB sind immer subsidiär. Die Stiftungsaufsichtsbehörden dürfen erst dann wirklich tätig werden, wenn die Stiftungsorgane selbst keine Abhilfe mehr schaffen oder schaffen können.[577] Dem Stiftungsvorstand ist noch vor Erlass der jeweiligen Maßnahme (rechtliches) Gehör zu gewähren. Dabei ist § 87 Abs. 3 BGB über den Wortlaut hinaus ebenso noch auf die staatliche Aufhebung einer Stiftung anzuwenden.[578] In Übereinstimmung mit den Bestimmungen des allgemeinen Verwaltungsverfahrensrechts ist er darüber hinaus sogar noch als Mussvorschrift zu interpretieren. Ein ausnahmsweises Abweichen von jener Regel vorherigen rechtlichen Gehörs bedarf grundsätzlich eines rechtfertigenden Grundes.[579]

IV. Rechtsschutz der Stiftung gegen die Entscheidung

Kommt es zur Aufhebung (oder zur strukturändernden Änderung der Verfassung), wirkt diese selbst dann ex-nunc, wenn sie sich auf eine schon ursprünglich gegebene Unmöglichkeit einer Zweckerfüllung stützt.[580] Die aufsichtsbehördliche Maßnahme unterliegt stets der Anfechtung durch die Stiftung, vertreten durch ihren Stiftungsvorstand. Nach gemeinen Grundsätzen kann allerdings ein solches Vorstandsmitglied, dessen Aufgaben zeitweise ruhen, gewöhnlich keine Anfechtungsklage erheben.[581] Die Anfechtungsklage hat aufschiebende

---

576 Vgl. dazu etwa *Hüttemann/Rawert*, ZIP 2013, 2136, 2146.

577 Siehe auch RGRK-BGB/*Steffen*, § 87 Rn. 5; Staudinger-BGB/*Hüttemann/Rawert*, § 87 Rn. 21; vgl. hierzu auch noch § 6 S. 2 BWStiftG, § 8 S. 1 SaarStiftG.

578 Ebenso Erman-BGB/*Wiese*, § 87 Rn. 3; MüKo-BGB/*Weitemeyer*, § 87 Rn. 18; Palandt-BGB/*Ellenberger*, § 87 Rn. 2; Staudinger-BGB/*Hüttemann/Rawert*, § 87 Rn. 21; siehe im Übrigen noch v. Campenhausen/Richter/*Hof*, Handbuch, § 11 Rn. 59.

579 Vgl. dazu § 28 Abs. 2 VwVfG.

580 Siehe BVerwGE 29, 314; *Kronke*, Stiftungstypus, 41; MüKo-BGB/*Weitemeyer*, § 87 Rn. 19; Soergel-BGB/*Neuhoff*, § 80 Rn. 10; Staudinger-BGB/*Hüttemann/Rawert*, § 87 Rn. 23.

581 Beachte dazu etwa ebenfalls noch: *OVG Münster* NVwZ-RR 1996, 426, 427; MüKo-BGB/*Weitemeyer*, § 87 Rn. 19; Stumpf/Suerbaum/Schulte/Pauli-Stiftungsrecht/*Suerbaum*, Kap. B § 87 BGB Rn. 25.

Wirkung; die Stiftung bleibt für die Dauer des Verwaltungsverfahrens dementsprechend *uneingeschränkt* existent.[582]

V. Durch Organbeschluss veranlasste Maßnahmen

Nach allgemeiner Ansicht kann die Aufhebung einer Stiftung, ihre Zusammen- oder Zulegung beziehungsweise ihre Zweckumwandlung auch durch die Organe veranlasst werden, wenn der Stifter die Organe dazu legitimiert hat. Über den Inhalt und die Grenzen solcher statutarischer Legitimationen besteht jedoch noch keine Einigkeit. Während eine Ansicht von der generellen Rechtmäßigkeit derartiger Zweckumwandlungsklauseln ausgeht,[583] verletzt eine ungebundene Beschlussfähigkeit der Stiftungsorgane nach vordringender und überdies richtiger Auffassung den Vorbehalt des Stiftungsgeschäfts.[584] In der Tat lässt es die Kopplung einer Stiftung an den ursprünglichen Stifterwillen nicht zu, dass Stiftungszweck und ebenfalls Existenz der Stiftung vom ursprünglichen Stifterwillen gelöst und de-facto einer *körperschaftlichen* Willensbildung der Organe überlassen werden.[585] Zu Recht hat das Bundesverwaltungsgericht für den Fall der Zweckumwandlung herausgestellt, dass die Stiftungsbehörden keine Maßnahmen genehmigen dürfen, die faktisch auf eine Neuerrichtung der Stiftung

582 Siehe etwa *OLG Hamm* NJW-RR 1995, 120, 121; MüKo-BGB/*Weitemeyer*, § 87 Rn. 19; Palandt-BGB/*Ellenberger*, § 87 Rn. 2; Staudinger-BGB/*Hüttemann*/*Rawert*, § 87 Rn. 23; siehe ferner noch v. Campenhausen/Richter/*Hof*, Handbuch, § 11 Rn. 69.

583 Siehe hierzu etwa *OLG Koblenz* NZG 2002, 135 ff.; v. Campenhausen/Richter/*Hof*, Handbuch, § 7 Rn. 135 ff.

584 Siehe Bamberger/Roth-BGB/*Backert*, § 87 Rn. 2; MüKo-BGB/*Weitemeyer*, § 87 Rn. 5; *Muscheler*, ZErb 2005, 4, 7; Staudinger-BGB/*Hüttemann*/*Rawert*, § 87 Rn. 24 m.w.N.

585 Vgl. auch Staudinger-BGB/*Hüttemann*/*Rawert*, § 87 Rn. 24. Alle auf einen Organbeschluss zurückzuführenden Maßnahmen zur Aufhebung der Stiftung oder zur Satzungsänderung bedürfen zu ihrer rechtlichen Wirksamkeit einer aufsichtsbehördlichen Genehmigung. Diese kann letztendlich sowohl durch die Stiftung als auch von dem noch lebenden Stifter vor den Verwaltungsgerichten angefochten werden. Etwaige Beschlussfehler werden von der Genehmigung nicht geheilt. Dritte, das heißt insbesondere Destinatäre, welche geltend machen, durch einen Organbeschluss in ihren eigenen Rechten verletzt zu sein, müssen allerdings Rechtsschutz vor den ordentlichen Gerichten suchen; vgl. zum Ganzen auch: Staudinger-BGB/*Hüttemann*/*Rawert*, § 87 Rn. 25. Zum einstweiligen Rechtsschutz der Destinatäre gegen die stiftungsbehördliche Genehmigung einer organschaftlich beschlossenen Stiftungsaufhebung vgl. *OLG Koblenz* NZG 2002, 135 ff. Zu dem Streitwert einer Klage auf Satzungsänderung siehe *OLG Hamm* ZIP 1993, 1384 ff. sowie *OLG Hamburg* ZIP 1994, 1950 ff.

hinauslaufen.[586] Eine Zweckänderung oder eine Auflösung der Stiftung kommt folglich sogar aufgrund satzungsmäßiger Anordnung allein dann in Betracht, wenn sämtliche Merkmale, aufgrund derer die Stiftungsorgane einmal tätig werden sollen, vom Stifter genau reglementiert wurden.[587] Für eine über den Vollzug des ursprünglichen Stifterwillens hinausgehende unabhängige Willensbildung der Stiftungsorgane ist im Stiftungsrecht gerade kein Raum.[588] Für die Aufhebung, Zusammenlegung und auch für die Zulegung kraft einer satzungsrechtlichen Ermächtigung gilt jenes folgerichtig erst recht.[589]

§ 4 Haftungsgefahren für Stiftungsorgane

A. Einführende Anmerkungen zur Binnenhaftung

Stiftungen sind – so wie alle juristischen Personen – nicht zur Bildung sowie Umsetzung ihres eigenen Willens fähig. Sie agieren durch ihre Organe. Die Organwalter, entweder „natürliche“ oder „juristische“ Personen, die ihrerseits wiederum durch „natürliche“ Personen repräsentiert werden, haben sich um die Stiftungsangelegenheiten zu kümmern. In ihrer Funktion haben sie generell so zu entscheiden, wie es auch die Stiftung selbst tun würde, wenn sie ihre Geschicke eigenmächtig lenken könnte.[590] Für Schäden der Stiftung, die Organmitglieder oder besondere Vertreter (hierzu § 30 BGB) infolge einer vorwerfbaren Unternehmung verursacht haben, sind diese im Rahmen der stiftungsrechtlichen *Binnenhaftung* in aller Regel auch ersatzpflichtig.[591]

Wichtigster Anwendungsfall jener stiftungsrechtlichen Binnenhaftung ist die fehlerhafte Vermögensverwaltung durch die Stiftungsorgane. Wie jedoch noch etwas genauer darzulegen sein wird, ist dabei für gewöhnlich von einem gewissen Handlungsspielraum der Organwalter auszugehen, um die Entscheidungsfreude sowie die Entschlusskraft nicht restlos zu lähmen.[592]

---

586 Beachte dazu *BVerwG* NJW 1991, 713; instruktiv ist darüber hinaus insbesondere die Vorinstanz *OVG Bremen* StiftRspr. IV, 127 ff.

587 Zum Beispiel Umwandlung einer Schulgeldstiftung bei Abschaffung des Schulgeldes.

588 Siehe hierzu auch MüKo-BGB/*Weitemeyer*, § 85 Rn. 4 ff.; Staudinger-BGB/*Hüttemann*/*Rawert*, § 87 Rn. 24.

589 Vgl. Staudinger-BGB/*Hüttemann*/*Rawert*, § 87 Rn. 24.

590 Siehe hierzu etwa auch *Reuter*, in: Non Profit Law Yearbook 2002, 157 f.

591 Vgl. *Friedrich*, Anlage des Stiftungsvermögens, 207.

592 Vgl. *Friedrich*, Anlage des Stiftungsvermögens, 207.

B. Haftung für eine fehlerhafte Vermögensanlage

I. Zu den einzelnen Haftungstatbeständen

Für die fehlerhafte Vermögensanlage sowie für sonstige Pflichtverletzungen im Rahmen ihrer Geschäftstätigkeit haften die jeweiligen Organwalter gemäß § 280 Abs. 1 BGB in Verbindung mit §§ 86, 27 Abs. 3, 664 ff. BGB. Besteht ein Anstellungsvertrag, so kann darüber hinaus die Organhaftung auch auf eine zu vertretende Verletzung der (vertraglich begründeten) Pflichten aus diesem Anstellungsvertrag gestützt werden.[593] Soweit die Landesgesetze vereinzelt eigene Haftungstatbestände enthalten, sind diese aufgrund einer fehlenden Gesetzgebungskompetenz der Länder wirkungslos.[594] Der (abschließende) Gebrauch des Bundesgesetzgebers von seiner Regelungskompetenz manifestiert sich schon unmissverständlich in den bürgerlichrechtlichen Vorschriften der §§ 86, 27 Abs. 3, 664 ff. BGB. Noch viel deutlicher tritt mittlerweile jedoch die fehlende Gesetzgebungskompetenz der jeweiligen Bundesländer mit § 31a BGB zutage.[595]

Neben vertraglichen Sekundäransprüchen kommt auch eine Verwirklichung deliktischer Tatbestände in Betracht. Zu denken ist hierbei grundsätzlich an § 823 Abs. 1 BGB, an § 823 Abs. 2 BGB mit einem Schutzgesetz und an § 826 BGB. Jedenfalls stellt die unerlaubte Handlung regelmäßig die *Verletzung einer Pflicht* aus der organschaftlichen Beziehung dar.[596]

II. Positive Vertragsverletzung – § 280 BGB

1. Zur Verletzung einer organschaftlichen Pflicht

Stiftungsorganen ist in der Regel in entsprechender Anwendung des § 93 Abs. 1 S. 2 AktG im Rahmen ihrer Amtsausübung ein haftungsfreier Ermessensspielraum bei „unternehmerischen" Entscheidungen zuzusprechen.[597] Für

---

593 Zur Vorstandshaftung bei einer Stiftung siehe *BGH* npoR 2015, 28; *OLG Oldenburg* npoR 2014, 134.

594 Vgl. etwa § 8 S. 2 HeStiftG, § 6 Abs. 3 S. 2 NdsStiftG.

595 So zutreffend auch: *Hüttemann/Herzog*, in: Non Profit Law Yearbook 2006, 33, 36; *Jakob*, Schutz der Stiftung, 216; Münch.Hdb.GesR V/*Gummert*, § 94 Rn. 24; *Schwintek*, ZSt 2005, 108, 112.

596 Vgl. *Schwintek*, ZSt 2005, 108, 109.

597 Beachte dazu insbesondere *Arnold*, in: Non Profit Law Yearbook 2009, 89, 95 f.; *Burgard*, Gestaltungsfreiheit, 603; v. Campenhausen/Richter/*Hof*, Handbuch, § 8 Rn. 301; *Hüttemann/Herzog*, in: Non Profit Law Yearbook 2006, 33, 37 f.; Münch.Hdb.GesR V/*Gummert*, § 94 Rn. 8 f.; *Schwintowski*, in: FS Hadding, 271, 284 f.; *R. Werner*, ZEV

ein Tätigkeitsermessen spricht, dass für gewöhnlich alle Geschäftsführungsentscheidungen nach jeweils spezifischen Zweckmäßigkeitserwägungen zu treffen sind. Anders ausgedrückt: Es gibt aus der Perspektive *ex ante* nicht allein eine richtige Entscheidung, wie die Stiftungszwecke verfolgt werden sollen. Folglich sind Organmitglieder frei, sich so oder auch anders zu entscheiden. Sogar das Gemeinnützigkeitsrecht erkennt einen derartigen Vertretbarkeitsspielraum der Stiftungsorgane an.[598] Zu diesen „unternehmerischen" Entscheidungen zählt bei den Kapitalstiftungen vor allen Dingen eine Bewirtschaftung des Stiftungsvermögens. Innerhalb des Bereichs *unternehmerischer Entscheidungen* liegt eine Pflichtverletzung somit dann nicht vor, wenn das Organmitglied vernünftigerweise annehmen konnte, auf Grundlage aller notwendigen Informationen zum Wohle der geschädigten Stiftung zu handeln.[599] Erforderlich ist infolgedessen für gewöhnlich eine sorgfältige Vorbereitung der jeweiligen Entscheidung. Daraus folgt im Besonderen auch, dass die verlustbringende Anlage des Stiftungsvermögens für sich genommen keine Ersatzpflicht legitimiert.[600] Vielmehr setzt die

2009, 366, 368; a.A. jedoch: *Rödel*, NZG 2004, 754, 756. Anspruchsvoraussetzung des § 280 Abs. 1 BGB ist, dass ein Organmitglied eine ihm gegenüber der Stiftung obliegende Pflicht verletzt hat. Pflichtverletzung ist jedwede Abweichung des konkreten Verhaltens vom geschuldeten Pflichtenkreis. Die Pflichtverletzung kann in einer Nichterfüllung oder Schlechterfüllung einer Leistungspflicht und ferner etwa auch in der Verletzung einer Nebenpflicht bestehen. Was genau zum Pflichtenprogramm eines Organmitglieds zählt, ist von den Umständen des jeweiligen Einzelfalls abhängig. Pflichten ergeben sich vornehmlich aus der Satzung, einer etwa gegebenen Geschäftsordnung und aus Beschlüssen der Stiftungsgremien. Pflichten folgen auch aus dem Gesetz, besonders aus dem BGB, dem Landesstiftungsrecht und auch den allgemeinen Gesetzen. Alle Pflichten, welche gesetzlich primär der Stiftung auferlegt werden, verpflichten zugleich die mit der Wahrnehmung der jeweiligen Aufgaben betrauten Organe und ihre Mitglieder. Zum stiftungsspezifischen Pflichtenkreis der Organmitglieder gehört vor allem die gewissenhafte Verwaltung des Stiftungsvermögens und ebenso die zweckentsprechende Verwendung der Stiftungsmittel. Als ein Maßstab für pflichtgemäßes Auftreten können nicht zuletzt die vom Bundesverband Deutscher Stiftungen herausgebrachten „Grundsätze guter Stiftungspraxis" Berücksichtigung finden. Vgl. zum Ganzen hier insbesondere auch noch Münch.Hdb.GesR V/*Gummert*, § 94 Rn. 7.

598 Vgl. *BFH* BStBl. II 2000, 320.

599 Vgl. Staudinger-BGB/*Hüttemann*/*Rawert*, § 86 Rn. 68. A.A. (Vermögensverwaltung als nichtunternehmerische Tätigkeit) *Holtwiesche*, Stiftungsvorstand, 146 ff.; *Muscheler*, Die Stiftung – Jahreshefte zum Stiftungswesen 2 (2008), 51, 56.

600 Siehe Staudinger-BGB/*Hüttemann*/*Rawert*, § 86 Rn. 81.

Haftung voraus, dass das handelnde Organmitglied bei der Wahl einer Anlageform nicht mehr zum Wohle der Stiftung agiert hat, oder dass ein Organmitglied ohne die evident notwendigen Informationen entschieden hat.[601] Schließlich ist ebenfalls noch zu prüfen, ob sich das handelnde Organmitglied bei jener Entscheidung sogar noch in einem Interessenkonflikt befunden hat.[602]

2. Vertretenmüssen ebenjener Pflichtverletzung

a) Grundsätzliches zum Haftungsmaßstab

Schließlich setzt ein Ersatzanspruch der Stiftung gegen ein Organmitglied voraus, dass das betreffende Organmitglied die ihm vorgeworfene Pflichtverletzung auch zu vertreten hat, vergleiche hierzu § 280 Abs. 1 S. 2 BGB.[603] Gemäß § 276 Abs. 1 S. 1 BGB muss nämlich der Schuldner im Allgemeinen nur dann für eine Pflichtverletzung faktisch einstehen, wenn er vorsätzlich oder fahrlässig handelte. Vorsätzlich handelt ein Schuldner, sofern er weiß, dass er eine Pflicht verletzt und er die Verletzung auch will, oder wenn er mit der Pflichtverletzung rechnet und sie immerhin billigend in Kauf nimmt.[604] Fahrlässig handelt gemäß der Definition in § 276 Abs. 2 BGB derjenige, der die im rechtlichen Verkehr erforderliche Sorgfaltspflicht außer Acht lässt. Dabei gilt ein „objektiver" Fahrlässigkeitsmaßstab, das heißt die verkehrserforderliche Sorgfalt bemisst sich nach den Anforderungen, die an das Verhalten aller Beteiligten nach Anschauung des jeweiligen Verkehrskreises üblicherweise gestellt werden dürfen.[605] Bezogen auf einzelne Mitglieder eines Stiftungsorgans bedeutet dies mithin eine Beurteilung gemäß den Leistungsstandards von ordentlichen, gewissenhaften sowie ihren Aufgaben gewachsenen Stiftungsleitern.[606] Es ist eine sukzessive Abstufung der tatsächlichen Sorgfaltsanforderungen nach den konkreten strukturellen Gegebenheiten,

---

601 Siehe Staudinger-BGB/*Hüttemann*/*Rawert*, § 86 Rn. 81.

602 Siehe auch dazu Staudinger-BGB/*Hüttemann*/*Rawert*, § 86 Rn. 68. Beachte hierzu und auch zum Folgenden ab dem 1.7.2023 insbesondere auch die neue eingeführte Vorschrift des § 84a BGB n.F.

603 Zum „Verschuldensprinzip" siehe *Deutsch*, AcP 202 (2002), 889, 892 ff.; Jauernig-BGB/*Stadler*, § 276 Rn. 8.

604 Vgl. dazu Palandt-BGB/*Grüneberg*, § 276 Rn. 10.

605 Siehe *BGH* NJW 1994, 2232, 2233.

606 Vgl. dazu auch *Hüttemann*/*Herzog*, in: Non Profit Law Yearbook 2006, 33, 42; *Schwintek*, ZSt 2005, 108, 110; *Schwintowski*, in: FS Hadding, 271, 284.

besonders nach dem Volumen des Grundstockvermögens sowie der Zahl sämtlicher Beschäftigter vorzunehmen.[607]

b) *Milderung der grundsätzlichen Haftung*

aa) *Haftung bei ehrenamtlicher Tätigkeit*

Bis zu dem Inkrafttreten des Gesetzes zur Begrenzung der Haftung von ehrenamtlich tätigen Vereinsvorständen (2009) führte die ehrenamtliche Aufgabenwahrnehmung nicht automatisch zu einer Haftungserleichterung für Organmitglieder.[608] Nunmehr bestimmt der über § 86 BGB im Stiftungsrecht geltende § 31a BGB, dass die Organmitglieder sowie besonderen Vertreter (siehe: § 30 BGB), die unentgeltlich tätig sind oder höchstens ein jährliches Honorar von 840 Euro erhalten, für einen bei Ausübung ihrer Pflichten verursachten Schaden allein für Vorsatz und grobe Fahrlässigkeit haften.[609] Die Begrenzung bei 840 Euro lehnt sich hierbei an den Freibetrag nach § 3 Nr. 26a EStG (steuerlicher *Ehrenamtsfreibetrag*) an. Erhält aber das betreffende Organmitglied eine jährliche Aufwandspauschale, so ist zu klären, ob dadurch nur etwaige Ansprüche auf Auslagenersatz erfüllt werden sollen oder ob auch eine Entschädigung für Zeitaufwand geleistet werden soll.[610] Der Ersatz von Auslagen stellt nämlich kein Honorar gemäß § 31a BGB dar.[611]

Umstritten bleibt, ob jene Privilegierung nach § 31a BGB zwingend anzuwenden ist oder unter dem Vorbehalt des Stiftungsgeschäfts steht, demzufolge zur (freien) Disposition eines Stifters steht.[612] Für das Vereinsrecht folgt etwa aus § 40 BGB, dass die Norm des § 31a BGB zwingend geltendes Gesetzesrecht ist. Unklar ist dabei hingegen, ob hier das Stiftungsrecht durch den § 86 BGB den zwingenden Charakter des § 31a BGB für die Stiftung vollständig aufhebt. Richtigerweise muss diese Frage

---

607 So auch *Friedrich*, Anlage des Stiftungsvermögens, 220; *Schwintek*, Vorstandskontrolle, 192.

608 BGBl. I, 3161. Vgl. zur damaligen Rechtslage beispielsweise *BGH* DStR 2004, 513, 515.

609 Die Haftungsprivilegierung war ab 2009 noch einzig auf die Mitglieder des Vorstands begrenzt. Sie wurde aber mit dem Gesetz zur Stärkung des Ehrenamtes v. 21.3.2013 (BGBl. I, 556) auf alle übrigen Organmitglieder und besonderen Vertreter ausgedehnt.

610 Zur Abgrenzung entgeltlicher von ehrenamtlicher Aktivität *Hüttemann*, DB 2009, 1205 ff. Ursprünglich lag der Grenzwert bei 500 Euro. Er ist durch das Gesetz zur Stärkung des Ehrenamtes v. 21.3.2013 (BGBl. I, 556) zum 1.1.2013 auf 720 Euro p.a. angehoben worden und liegt nunmehr seit dem 7.4.2021 bei 840 Euro.

611 So beispielsweise auch die Gesetzesbegründung vgl. BT-Drucks. 16/13537, 3 f.

612 Siehe hierzu *Arnold*, in: Non Profit Law Yearbook 2009, 89, 107.

auch immerzu von dem jeweils betreffenden Stifter und sohin nicht schon vorab von Gesetzes wegen reglementiert werden.[613]

bb) Grundsätze der Arbeitnehmerhaftung

Die einzelnen Organwalter können sich gegenüber einer Stiftung nicht auf die im Arbeitsrecht herangewachsenen Grundsätze der eingeschränkten Arbeitnehmerhaftung bei einer betrieblich veranlassten Betätigung berufen.[614] Zwar „überträgt" der Bundesgerichtshof diese Grundsätze auch auf ehrenamtlich tätige Vereinsmitglieder.[615] Mitglieder von Organen – gleich ob Verein oder Stiftung – sind dagegen gerade keine Arbeitnehmer, insbesondere fehlt es speziell bei Stiftungsorganen an einer für jedes Arbeitsverhältnis erforderlichen *Weisungsgebundenheit*.[616]

cc) Haftungsbegrenzung im Landesrecht

Manche Landesstiftungsgesetze sehen zugunsten der Organwalter eine Haftungsbeschränkung auf Vorsatz sowie grobe Fahrlässigkeit vor oder aber bestimmen Haftungsmilderungen für die ehrenamtlich tätigen Organmitglieder.[617] Allerdings fehlt diesen einzelnen Ländern angesichts des endgültigen Charakters der schuld- und der haftungsrechtlichen Vorschriften im BGB und insbesondere auch wegen der im BGB normierten stiftungsspezifischen Regelung insofern die Kompetenz zum Beschluss ergänzender Haftungsregelungen für das Innenverhältnis zwischen der Stiftung und den einzelnen Organmitgliedern.[618] Die landesgesetzlichen Vorschriften sind damit verfassungswidrig. Sie können die Organmitglieder nicht vor einer Haftung schützen.[619]

---

613 Im Ergebnis genauso *Burgard*, ZIP 2010, 358, 364 f.; Erman-BGB/*Wiese*, § 86 Rn. 2; *Saenger*/*Al-Wraikat*, ZStV 2013, 128, 131; a.A. *Schewe*/*Wixmerten*, Die Stiftung – Jahreshefte zum Stiftungswesen 4 (2010), 79, 93.

614 Siehe hierzu etwa *BGH* NJW 1996, 1532.

615 Vgl. auch *BGH* NJW 2005, 981.

616 Ebenfalls: *Friedrich*, Anlage des Stiftungsvermögens, 220 f.; *Hüttemann*/*Herzog*, in: Non Profit Law Yearbook 2006, 33, 43; Münch.Hdb.GesR V/*Gummert*, § 94 Rn. 20; *Schwintek*, ZSt 2005, 108, 114.

617 So § 8 S. 2 HeStiftG oder auch Art. 7 S. 2 BayStiftG.

618 Ebenso *Hüttemann*/*Herzog*, in: Non Profit Law Yearbook 2006, 33, 46; *Schwintek*, ZSt 2005, 108, 112.

619 Vgl. auch Münch.Hdb.GesR V/*Gummert*, § 94 Rn. 24; *Muscheler*, Die Stiftung – Jahreshefte zum Stiftungswesen 2 (2008), 51, 54.

dd) Milderung durch Satzungsregelungen

Es ist allgemein anerkannt, dass der generelle Haftungsmaßstab des § 276 Abs. 1 BGB immer dispositiv ist.[620] Dementsprechend kann durchaus zwischen der Stiftung und den betreffenden Organwaltern eine „Haftungsmilderung" geregelt werden. Üblicherweise geschieht dies durch eine Satzungsbestimmung, gemäß welcher die Organmitglieder lediglich Vorsatz sowie grobe Fahrlässigkeit zu vertreten haben.[621] Zu bedenken ist, dass solch eine Haftungsmilderung bloß in dem Verhältnis zwischen Stiftung sowie Organwalter und *nicht gegen Dritte* gelten wird.[622]

3. Gesamtschuldnerschaft und Mitverschulden

Besteht ein Stiftungsorgan aus mehreren Personen, so ist jeder Organwalter persönlich für alle Organpflichten „gesamtschuldnerisch" verantwortlich. Soweit einzelnen Organwaltern – etwa durch Geschäftsordnungen – ein bestimmter Geschäftsbereich zugeteilt ist, haftet allein dieser Organwalter im jeweiligen Zuständigkeitsbereich. Allerdings besteht auch dann eine generelle Überwachungspflicht aller weiteren Organwalter und im Fall einer Krise lebt sogar die bereits angesprochene Gesamtverantwortung aller Mitglieder auf.[623]

Hat indes nicht nur der Vorstand eine zu vertretende Pflichtverletzung begangen, sondern zudem ein fakultatives Kontrollorgan versagt, so stellt sich die Frage, ob sich die Stiftung das Verhalten dieses Kontrollorgans unter dem Aspekt des „Mitverschuldens" zurechnen lassen muss.[624] Eine Zurechnung widerspräche allerdings der allgemeinen Ansicht im Kapitalgesellschaftsrecht, dass kein Gesellschaftsorgan der Gesellschaft gegenüber einwenden kann, seine Ersatzpflicht sei beschränkt, da ein anderes Gesellschaftsorgan für den Schaden mitverantwortlich ist.[625] Diese Gedanken gelten natürlich ebenso für die (schutzbedürftigere) Stiftung.[626]

---

620 Siehe hierzu nur Palandt-BGB/*Grüneberg*, § 276 Rn. 35.

621 Vgl. *Schwintek*, ZSt 2005, 108, 111; Staudinger-BGB/*Hüttemann/Rawert*, § 86 Rn. 70. A.A. jedoch *Muscheler*, Die Stiftung – Jahreshefte zum Stiftungswesen 2 (2008), 51, 54 f.

622 Siehe auch Münch.Hdb.GesR V/*Gummert*, § 94 Rn. 22.

623 So auch: *Arnold*, in: Non Profit Law Yearbook 2009, 89, 96; *Hüttemann/Herzog*, in: Non Profit Law Yearbook 2006, 33, 40; *U. Unger*, NJW 2009, 3269, 3271.

624 Bejahend etwa: *OLG Oldenburg* npoR 2014, 134.

625 Vgl. zur GmbH allein *BGH* NJW 1983, 1856; Palandt-BGB/*Grüneberg*, § 254 Rn. 49; siehe darüber hinaus zur Aktiengesellschaft auch noch *OLG Düsseldorf* AG 1997, 231, 237; *Fleischer*, NJW 2009, 2337, 2340 wie auch MüKo-AktG/*Spindler*, § 93 Rn. 163.

626 Siehe hierzu etwa auch noch: *BGH* npoR 2015, 28; *Hüttemann/Herzog*, in: Non Profit Law Yearbook 2006, 33, 42; *Jakob*, Schutz der Stiftung, 383; *Weidlich/Foppe*, ZStV 2014, 100, 102 und auch *Zimmermann/Arnsperger*, NJW 2015, 290, 292.

Mehrere Stiftungsorgane, welche eine Stiftung schädigen, haften dieser gegenüber mithin auch als Gesamtschuldner für den von ihnen kausal herbeigeführten Schaden.[627] Ein Vertretenmüssen des Stiftungsvorstands kann jedoch dadurch entfallen, dass jener aufgrund einer Anweisung eines übergeordneten sowie weisungsbefugten Organs gehandelt hat.[628] Allerdings kann dies allenfalls dann gelten, wenn die gegebene Anweisung jenes übergeordneten sowie weisungsbefugten Stiftungsorgans *rechtmäßig* war.[629]

4. *Exkurs: Zu einer strafrechtlichen Bedeutung*

Sofern Mitglieder eines Stiftungsorgans vorsätzliche Pflichtwidrigkeiten vorzugsweise in dem Bereich der Vermögensbewirtschaftung begehen, so hat dies im Allgemeinen gleichfalls noch eine „strafrechtliche" Bedeutung. Insbesondere ist hierbei stets an den Tatbestand der Untreue nach § 266 StGB oder an die Unterschlagung gemäß § 246 StGB zu denken.[630] In allen diesen Fällen greift zweifelsohne nebstdem noch eine Haftung über § 823 Abs. 2 BGB ein.[631]

III. *Art und Umfang des Schadensersatzes*

Die von dem einzelnen Organmitglied zu vertretende Pflichtverletzung begründet letztendlich für die betroffene Stiftung nach § 280 Abs. 1 BGB einen solchen Schadensersatzanspruch, der alle unmittelbar und gleichfalls mittelbar aus diesem „schädigenden" Verhalten resultierenden Nachteile umfasst. Ausgenommen sind einzig Schäden, die außerhalb des Schutzzwecks der verletzten Pflicht liegen.[632] Dauert die Verletzungshandlung oder der pflichtwidrig geschaffene Zustand noch an, so ergibt sich daneben aus § 280 Abs. 1 BGB ein *Unterlassungsanspruch*.[633]

---

627 Beachte hierzu insbesondere bloß noch *BGH* npoR 2015, 28; *Hüttemann/Herzog*, in: Non Profit Law Yearbook 2006, 33, 42.

628 Vgl. hierzu auch *BGH* npoR 2015, 28.

629 Entgegen: *R. Koch*, WM 2016, 2105, 2109.

630 Zu der eventuellen strafrechtlichen Verantwortung wegen Untreue (§ 266 StGB) bei der Vermögensverwaltung siehe näher *BGH* wistra 2010, 445; *Gräwe/v. Maltzahn*, BB 2013, 329 ff.; *Lassmann*, Stiftungsuntreue, *passim*; *Saliger*, in: Non Profit Law Yearbook 2005, 209 ff.; *Streufert*, Vermögensschutz, 5 ff.

631 Vgl. Otto/*Otto*, Handbuch, 74.

632 Siehe dazu neben anderen beispielsweise Hk-BGB/*Schulze*, § 280 Rn. 16; Jauernig-BGB/*Stadler*, § 280 Rn. 22; Palandt-BGB/*Grüneberg*, § 280 Rn. 32.

633 Beachte dazu etwa nur *BGH* NJW 1995, 1284, 1285; Palandt-BGB/*Grüneberg*, § 280 Rn. 33; ein vorbeugender Unterlassungsanspruch besteht indes nicht, siehe *BGH* NZBau 2012, 652 ff.

IV. Durchsetzung der jeweiligen Ansprüche

1. Geltendmachung der Haftung

Verfügt die Stiftung neben dem Vorstand über kein sonstiges Organ, dem auch die Vertretung der Stiftung gegenüber dem Vorstand obliegt, so sind gemeinhin jene Vorstandsmitglieder zur Geltendmachung der Haftung berufen, die eben keiner Haftung ausgesetzt sind. Das kann sich in der Praxis als besonders schwierig erweisen, wenn entweder alle Vorstandsmitglieder einer Haftung ausgesetzt sind oder ebenso wenn es die Vorstandsmitglieder ausschlagen, gegen ihre eigenen Amtskollegen vorzugehen. Auch ist es möglich, dass die übrigen Vorstandsmitglieder allein überhaupt nicht in der Lage sind, die Stiftung zu vertreten. Die Weigerung und auch die Unmöglichkeit, solche Ansprüche zu verfolgen, berechtigt richtigerweise nicht zur Bestellung eines Notvorstands gemäß §§ 29, 86 BGB.[634] Allerdings sehen etliche Landesstiftungsgesetze für einen solchen Fall vor, dass auch die zuständige Stiftungsaufsichtsbehörde jene Ansprüche verfolgen oder einen Sachwalter für eine Geltendmachung dieser Ansprüche betrauen kann.[635]

2. Darlegungs- und Beweislast

Entsprechend den zu einer Geschäftsführerhaftung bei der GmbH entfalteten Darlegungs- und Beweislastgrundsätzen hat auch die Stiftung bei Inanspruchnahme eines Organmitglieds (nur) darzulegen und unter Umständen auch zu beweisen, dass der Stiftung durch ein Verhalten des betreffenden Organmitglieds ein Schaden entstanden ist und dieses Verhalten möglicherweise pflichtwidrig sein könnte.[636] Es ist sonach die Aufgabe des Organmitglieds, zu beweisen, dass

---

634 So auch *Hüttemann/Herzog*, in: Non Profit Law Yearbook 2006, 33, 48; Palandt-BGB/*Ellenberger*, § 29 Rn. 2. A.A. jedoch *Ries*, S&S 3/2002, 14, 16.

635 Zum Beispiel § 16 NdsStiftG oder § 11 NRWStiftG. Die Geltendmachung von Forderungen der Stiftung gegen die eigenen Organmitglieder obliegt zunächst regelmäßig dem Vorstand als einem generellen Vertretungsorgan jeder Stiftung. Dies gilt im Besonderen dann, wenn es um die Durchsetzung von Forderungen gegen Mitglieder anderer Stiftungsorgane geht. Sieht die Satzung der Stiftung ein dem Aufsichtsrat einer Aktiengesellschaft sehr ähnliches Kontrollorgan vor, welches den Vorstand überwacht und welches die Stiftung ihm gegenüber darüber hinaus auch vertritt, so ist jenes Organ gemäß §§ 30, 86 BGB zur Vertretung der Stiftung berufen, sofern es um eine rechtliche Geltendmachung von Ansprüchen der Stiftung gegenüber Mitgliedern des Vorstands geht; siehe diesbezüglich beispielsweise auch Münch.Hdb.GesR V/*Gummert*, § 94 Rn. 35 f.; *Ries*, S&S 3/2002, 14, 15.

636 Siehe dazu *BGH* NJW 2003, 358; Palandt-BGB/*Grüneberg*, § 280 Rn. 37.

gerade keine Pflichtverletzung gegeben ist. Seit der Einführung von § 31a Abs. 1 S. 3 BGB ist es bei ehrenamtlichen Organmitgliedern und bei solchen Organmitgliedern, welche allein eine Vergütung von nicht mehr als 840 Euro im Jahr erhalten, allerdings die Sache der Stiftung, im jeweiligen Einzelfall darzulegen und ebenfalls auch zu beweisen, dass das auf Schadensersatz in Haftung genommene Organmitglied vorsätzlich oder *immerhin* grob fahrlässig agiert hat.[637]

3. *Ausschluss wegen Entlastung*

Fraglich ist zuletzt, wie sich eine Entlastung des Vorstands durch ein anderes Stiftungsorgan auf die Binnenhaftung des handelnden Vorstands auswirkt. Für den Verein ist anerkannt, dass die Entlastung des Vereinsvorstands durch die Mitgliederversammlung als Einverständnis mit der bisherigen Amtsführung eventuelle Ersatzansprüche präkludiert.[638] Demgegenüber kommt ihr in dem Recht der Aktiengesellschaften bloß die Funktion einer Vertrauensbekundung ohne Präklusionswirkung zu.[639] Anders als bei der Körperschaft fehlt es hingegen bei einer Stiftung schon an einem Organ, das – ähnlich der Mitgliederversammlung des Vereins – als Träger der Stiftungsautonomie verfügungsberechtigt über vermeintliche Ansprüche ist.[640]

Von vornherein undenkbar ist eine Entlastung durch die Stiftungsaufsichtsbehörde, weil diese nicht zur Verfügung über das Stiftungsvermögen befugt ist.[641] Auch dem Stifter und den Destinatären steht keine Entlastungsbefugnis zu.[642] Da eine „Selbstentlastung" des Vorstandes nicht in Betracht kommen kann, ist nur eine Entlastung durch ein von dem Stifter eingesetztes Kontrollorgan vorstellbar.[643] Allerdings ist auch ein (existierendes) Kontrollorgan der

---

637 Vgl. *Schlüter/Stolte*, Stiftungsrecht, Kap. 2 Rn. 79.

638 Beachte hierzu etwa BGHZ 24, 47, 54; Hk-BGB/*Dörner*, § 27 Rn. 7; Jauernig-BGB/*Mansel*, § 27 Rn. 3; Palandt-BGB/*Ellenberger*, § 27 Rn. 8.

639 Vgl. § 120 Abs. 2 S. 2 AktG. Siehe hierzu ausschließlich: Jauernig-BGB/*Mansel*, § 27 Rn. 3; *Weitemeyer*, ZGR 2005, 280 ff.

640 Vgl. dazu etwa auch *Hüttemann/Herzog*, in: Non Profit Law Yearbook 2006, 33, 49; MüKo-BGB/*Weitemeyer*, § 86 Rn. 52.

641 So *Hüttemann/Herzog*, in: Non Profit Law Yearbook 2006, 33, 49; MüKo-BGB/*Weitemeyer*, § 86 Rn. 52. A.A. aber allein Soergel-BGB/*Neuhoff*, § 86 Rn. 13: Schweigen der Stiftungsaufsichtsbehörde nach der Einreichung eines Rechenschaftsberichts als Entlastung.

642 Vgl. *Rösing*, Entlastung, 47.

643 Bejahend etwa *OLG Oldenburg* npoR 2014, 134; aus dem Schrifttum siehe *Burgard*, Gestaltungsfreiheit, 609; v. Campenhausen/Richter/*Hof*, Handbuch, § 8 Rn. 310; Werner/Saenger/Fischer/*Fischer*, Stiftung, § 20 Rn. 76.

Stiftung kein autonomes, sondern ein an das Interesse jener Stiftung gebundenes Organ, welches allein dann wirksam verzichten kann, wenn dies gerade durch Interessen der betroffenen Stiftung zu rechtfertigen ist. Die Entlastung durch ein solches Kontrollorgan wird folgerichtig lediglich in Sonderfällen bedeuten, dass Ansprüche der Stiftung gegen den Stiftungsvorstand erlöschen.[644]

4. *Zur Einrede der Verjährung*

Ansprüche gegen Stiftungsvorstände *verjähren* gemäß §§ 195, 199 Abs. 1 BGB in drei Jahren nach Entstehung des (materiellen) Anspruchs und Kenntnis oder grob fahrlässiger Unkenntnis der jeweils geschädigten Stiftung von den anspruchsbegründenden Faktoren und auch von der Person des tätigen Schuldners.[645] Maßgebend ist stets die Kenntnis des gemäß der Verfassung für eine Kontrolle des Vorstands zuständigen Stiftungsorgans. Fehlt ein *Kontrollorgan*, ist bei mehrköpfigen Vorständen grundsätzlich auf das Wissen der anderen Mitglieder des konkreten Vorstands abzustellen. Ist hingegen die verantwortliche Person einziges Vorstandsmitglied, so bleibt seine Kenntnis zumeist gänzlich unberücksichtigt und die Anspruchsverjährung bemisst sich dann einzig nach der Regel des § 199 Abs. 3 Nr. 1 BGB (*zehn Jahre nach Entstehung*).[646]

V. *Corporate Governance bei der Stiftung*

Im Zusammenhang mit der vorstehend dargestellten Haftungssituation wird in der letzten Zeit vermehrt über eine *Corporate Governance* für Stiftungen diskutiert.[647] Hierbei handelt es sich um einzelne Vorgaben, die sich an das Stiftungsmanagement wenden und die unterschiedliche Anforderungen an

---

644 Beachte in diesem Sinn ebenfalls noch: *Hüttemann/Herzog*, in: Non Profit Law Yearbook 2006, 33, 49; *Kiethe*, NZG 2007, 810, 813; Meyn/Richter/Koss/*Meyn*, Stiftung, Rn. 672; *Reuter*, in: Non Profit Law Yearbook 2002, 157, 167; *Schwintek*, ZSt 2005, 108, 115 f.; *R. Werner*, ZEV 2009, 366, 370; weitergehend indessen: *Ries*, S&S 6/2002, 20, 22; Schauhoff/*Schauhoff*, Gemeinnützigkeit, § 3 Rn. 117.

645 Ausführlich beispielshalber: *Burgard/Heimann*, NZG 2016, 166, 169 ff.; Hüttemann/Richter/Weitemeyer/*Roth*, Landesstiftungsrecht, Rn. 17.77.

646 Siehe hierzu etwa Staudinger-BGB/*Hüttemann/Rawert*, § 86 Rn. 75; ausführlich zur Verjährung ebenfalls noch *Burgard/Heimann*, NZG 2016, 166, 169 ff.

647 Siehe aus der Vielzahl der Beiträge: *Burgard*, ZStV 2015, 1 ff.; *Gräwe*, ZStV 2013, 81 ff.; *Jakob*, Schutz der Stiftung, 528 ff.; *Koch/v. Holt*, S&S 1/2005, Rote Seiten; *Lange*, AcP 214 (2014), 511 ff.; MüKo-BGB/*Weitemeyer*, § 86 Rn. 56; *Schiffer*, ZCG 2006, 143 ff.; Staudinger-BGB/*Hüttemann/Rawert*, § 86 Rn. 81 f.; *Steuber*, DStR 2006, 1182 ff.; *Weitemeyer/Vogt*, NZG 2014, 12 ff.; *Wernicke*, ZEV 2003, 301 ff.

eine ordnungsgemäße und zugleich auch verantwortungsvolle Leitung aller Stiftungsgeschäfte stellen. Anknüpfungspunkt ist hierbei der in § 161 AktG für börsennotierte Aktiengesellschaften vorgegebene Corporate Governance Kodex, der hingegen auf Stiftungen weder unmittelbar noch im Wege einer Analogie anwendbar ist.[648] Gleichwohl besteht auch bei einer Stiftung ein besonderes Bedürfnis für bestimmte Verhaltensnormen für die leitenden Mitglieder der jeweiligen Stiftungsorgane. Anders als bei Aktiengesellschaften fehlt den Stiftungen nämlich allgemein das die Stiftungsorgane disziplinierende Eigentümerinteresse.[649]

Corporate Governance Regeln können durch Übernahme entsprechender Regelungen in die Satzung oder auch durch eine Geschäftsordnung für die Organe der Stiftung geschaffen werden.[650] Wegen des höheren Maßes an Flexibilität empfiehlt sich im Zweifel die letztgenannte Vorgehensweise. Bei Stiftungen mit breitem Verwaltungsapparat kommt zudem die Bestimmung von verschiedenen Verhaltensrichtlinien für sämtliche Mitarbeiter jener Stiftung in Frage. Handelt es sich um eine unternehmensverbundene Stiftung, so könnten oder so sollten jene Maßnahmen dazu gleichfalls auf der Unternehmensebene umgesetzt werden.[651]

---

648 Ausführlich zum Problem einer analogen Anwendung des Corporate Governance Kodex (§ 161 AktG) auf eine selbstständige Stiftung des BGB: *Steuber*, DStR 2006, 1182 ff. Vgl. auch *Weitemeyer/Vogt*, NZG 2014, 12, 16.

649 Vgl. hierzu auch noch MüKo-BGB/*Weitemeyer*, § 86 Rn. 56; Münch.Hdb.GesR V/ *Schwake*, § 79 Rn. 368.

650 Vgl. dazu etwa Staudinger-BGB/*Hüttemann/Rawert*, § 86 Rn. 82. In materieller Hinsicht können dabei stets die nachfolgenden Punkte bestimmt werden: Freiwillige Transparenz (Publizität) und auch Rechnungslegung einer Stiftung, Regelung einer Geschäftsverteilung für sämtliche Organe, Schaffung stiftungsinterner Anzeige- sowie Zustimmungserfordernisse, Pflicht zur Anzeige von Interessenkonflikten, Ausschluss mancher Organmitglieder von bestimmten Entscheidungsprozessen, Normierung interner Berichts- oder Informationspflichten, Schaffung eines allgemeinen Controllings. Als Orientierung können dabei die durch den Bundesverband Deutscher Stiftungen herausgebrachten „Grundsätze guter Stiftungspraxis" von Juni 2019 – abrufbar im Internet unter der Adresse www.stiftungen.org (zuletzt abgerufen am 13.12.2021) – dienen; ebenso Münch.Hdb.GesR V/*Schwake*, § 79 Rn. 370.

651 Siehe zum Ganzen auch noch Münch.Hdb.GesR V/*Schwake*, § 79 Rn. 368 ff.

C. Zum Versicherungsschutz der Organmitglieder

In Anbetracht der nicht unerheblichen persönlichen Haftungsgefahren für die Organmitglieder einer Stiftung werden spezielle D&O-Versicherungen angeboten.[652] Diese, anfänglich aus den Vereinigten Staaten von Amerika stammenden, D&O-Versicherungen bieten Deckungsschutz für den Fall, dass ein Organmitglied infolge einer gesetzlichen Haftpflichtbestimmung auf den Ersatz eines Vermögensschadens in Anspruch genommen wird, den es durch Verletzung einer Verpflichtung in Ausübung der Organtätigkeit verursacht hat. Versicherungsnehmer und auch Prämienzahler ist dabei die Stiftung; das Organmitglied ist zumeist die versicherte Person, der auch der Versicherungsschutz zugute kommt. Da sich jener Versicherungsschutz faktisch aber quasi wie eine Haftungsmilderung für die betreffenden Organmitglieder darstellt, kommt auch ein Abschluss nur in Frage, wenn der Stifterwille dem nicht entgegensteht. Der Abschluss von solchen D&O-Versicherungen ist infolgedessen unzulässig, soweit der Stiftungsverfassung zu entnehmen ist, dass der Stifter auch die gesamte Haftung der Organmitglieder gefordert hat.[653]

D. Haftungsrisiko für die Stiftungsaufsichtsbehörde

Neben den Stiftungsorganen kann zudem auch noch das entsprechende Bundesland als Träger der Stiftungsaufsicht nach Art. 34 GG und § 839 BGB auf Schadensersatz aus Amtshaftung in Haftung geraten.[654] Entgegen einer (außergewöhnlich) umstrittenen Rechtsprechung des BGH muss sich die Stiftung hierbei nicht ein vorhandenes Mitverschulden des zu beaufsichtigenden Stiftungsorgans gemäß §§ 86, 31, 254 BGB „anrechnen" lassen.[655] Eine derartige Anwendung von § 254 BGB erscheint bereits widersinnig, besteht jene Amtspflichtverletzung doch gerade darin, dass die zuständige Aufsichtsbehörde das Fehlverhalten und sonach ein Mitverschulden des Stiftungsorgans nicht unterbrochen hat.[656] Die

652 Diesbezüglich ausführlich auch noch: *Peiniger*, S&S 6/2001, 21 ff.; *Sandberg/Magdeburg*, S&S 3/2006, 32 ff.; *Schießl/Küpperfahrenberg*, DStR 2006, 445, 448 ff.

653 Noch weitergehend jedoch *Hüttemann/Herzog*, in: Non Profit Law Yearbook 2006, 33, 54: konkrete Zulassung solch einer Haftungsmilderung in der Stiftungssatzung als Erfordernis.

654 Eingehend dazu insbesondere auch v. Campenhausen/Richter/*Hof*, Handbuch, § 10 Rn. 391 ff.; *Schlüter/Stolte*, Stiftungsrecht, Kap. 3 Rn. 47 ff.

655 Vgl. jedoch BGHZ 68, 142, 151.

656 Beachte ebenso auch noch v. Campenhausen/Richter/*Hof*, Handbuch, § 10 Rn. 393; *Jakob*, Schutz der Stiftung, 257; MüKo-BGB/*Weitemeyer*, § 80 Rn. 80; Staudinger-BGB/

Berufung des BGH auf seine eigene Rechtsprechung, nach welcher sich sogar das Mündel auf einen Amtshaftungsanspruch wegen eines Fehlverhaltens des Vormundschaftsgerichts ein Mitverschulden des eigenen Vormundes entgegenhalten lassen muss,[657] kann die Ansicht nicht retten. Eine Stiftung kann sich – anders als ein Mündel – nicht einmal tatsächlich gegen ein Auftreten ihrer eigenen Organe wehren.[658]

E. Exkurs: Zur Gefährdung der Gemeinnützigkeit

Haftungsfälle können in der Praxis vielfach entstehen, weil die Stiftung – wie es dann oftmals heißt – *nachträglich* den Status der steuerrechtlichen Gemeinnützigkeit mit der Konsequenz verliert, dass alle Steuerprivilegien (*rückwirkend*) nicht zugestanden und Steuerforderungen in zum Teil exorbitantem Ausmaß ausgelöst werden. Hierzu kann es kommen, da die steuerliche Gemeinnützigkeit an sich bereits gar nicht „anerkannt" wurde. Vielmehr erfolgt ein Entscheid darüber, ob eine Stiftung die formellen und materiellen Bedingungen der Steuerprivilegierung erfüllt, stets rückblickend im Rahmen des gängigen Veranlagungsverfahrens.[659]

Hüttemann/Rawert, Vorbem zu §§ 80 ff Rn. 155; *Suerbaum*, Die Stiftung – Jahreshefte zum Stiftungswesen 2 (2008), 89, 108 f. Wie der Bundesgerichtshof aber Erman-BGB/*Wiese*, Vor § 80 Rn. 32; Palandt-BGB/*Ellenberger*, Vorb v § 80 Rn. 14.

657 Siehe hierzu etwa BGHZ 33, 136, 142.

658 Vgl. *Burgard*, Gestaltungsfreiheit, 617; Staudinger-BGB/*Hüttemann*/*Rawert*, Vorbem zu §§ 80 ff Rn. 155.

659 Vgl. *Möllmann*, DStR 2009, 2125, 2128. Zur strafrechtlichen Relevanz siehe *Lassmann*, ZStV 2010, 141 ff.

Kapitel 4: Die selbstständige Stiftung in der Insolvenz

§ 1 Zu den Grundzügen des Insolvenzrechts

A. Aufgabe des Insolvenzverfahrens

Man spricht von einer Insolvenz des Schuldners, wenn das Vermögen nicht länger genügt, um alle Gläubiger zu befriedigen. Deshalb dient das Insolvenzverfahren nach § 1 InsO zuvörderst einer gemeinschaftlichen Befriedigung jener Gläubiger, indem das Vermögen des betroffenen Schuldners verwertet und der generierte Erlös später verteilt oder in einem Insolvenzplan eine andere Lösung, etwa zum Erhalt des Unternehmens, gefunden wird.[660] Mit gemeinschaftlicher Befriedigung ist keine Entindividualisierung der Forderungen der Gläubiger gemeint, sondern lediglich die Schaffung eines Gleichrangs sämtlicher Gläubiger (par conditio creditorum).[661]

B. Insolvenzverfahren im Überblick

Jedes reguläre Insolvenzverfahren beginnt gemäß § 13 InsO mit einem Antrag des Schuldners oder eines Gläubigers.[662] Dieser Antrag leitet das sogenannte Eröffnungsverfahren ein, in dem vorerst das jeweilige Insolvenzgericht (§ 2 InsO) die Eröffnungsvoraussetzungen prüft: ob ein Eröffnungsgrund besteht und zudem ob auch hinreichend Masse vorhanden ist, um die Kosten des Verfahrens zu decken.[663] In dieser Phase kann das Gericht Sicherungsmaßnahmen anordnen, beispielsweise einen „vorläufigen Insolvenzverwalter" bestellen oder ein generelles Verfügungsverbot erlassen. Liegen die Eröffnungsvoraussetzungen vor, so wird das wirkliche Insolvenzverfahren durch einen Eröffnungsbeschluss eingeleitet. In diesem Beschluss ernennt das Gericht den (endgültigen)

---

660 Dazu *Bork*, Insolvenzrecht, Rn. 1; *Kirchhof*, in: FS Gerhardt, 443, 444 ff.

661 Vgl. auch *Becker*, Insolvenzrecht, Rn. 24; Vallender/Undritz/*Vallender*, Praxis, § 1 Rn. 18.

662 Das gilt ebenso für das Verbraucherinsolvenzverfahren nach Maßgabe der §§ 304 ff. InsO, welches im Übrigen jedoch besonderen Regeln folgt; vgl. näher *Bork*, Insolvenzrecht, Rn. 476 ff.

663 Stellt sich später allerdings heraus, dass die Masse nicht ausreicht, um die Kosten des Verfahrens zu decken, ist das Verfahren nach §§ 207 ff. InsO einzustellen.

Insolvenzverwalter und bestimmt den Berichtstermin sowie des Weiteren auch den Prüfungstermin. Im Berichtstermin wird vor allem auf der Grundlage eines Berichts des Insolvenzverwalters über den betreffenden Schuldner über den genauen Fortgang des Insolvenzverfahrens beschlossen. Im Prüfungstermin wird erörtert, welcher Gläubiger mit welcher Forderung und welchem Rang an einer späteren Erlösverteilung partizipieren kann.[664]

Mit dem Eröffnungsbeschluss gehen die Verwaltungs- sowie Verfügungsrechte über die Insolvenzmasse auf den Insolvenzverwalter über.[665] Der Verwalter nimmt die Masse in Besitz und verwaltet die Bestände. Er muss über eine Fortsetzung oder die Beendigung schwebender Prozesse und Verträge entscheiden. Außerdem kann er Gegenstände, die in anfechtbarer Form aus dem Schuldnervermögen abgeflossen sind, eventuell im Wege der Insolvenzanfechtung in die Masse zurückleiten (§ 129 InsO). Hat die Gläubigerversammlung im Berichtstermin die Liquidation beschlossen, so schließt sich die Verwertung der Masse an. Dazu gehört, dass alle Forderungen eingezogen und andere Vermögensgegenstände veräußert werden. Dies gilt nach den §§ 165–173 InsO selbst für Gegenstände, an welchen ein „Absonderungsrecht" besteht.[666]

Bevor ein erzielter Erlös jedoch verteilt werden kann, müssen alle am Erlös berechtigten Insolvenzgläubiger in einem Feststellungsverfahren registriert werden. Das erfolgt sodann auf folgendem Wege: Jede Forderung ist schriftlich bei dem Insolvenzverwalter zur Eintragung in die Insolvenztabelle anzumelden. Ob die angemeldete Forderung (realiter) besteht, wird dabei nicht überprüft. Wird der Anmeldung in dem Prüfungstermin nicht widersprochen, so gilt jene Forderung – ohne gerichtliche Prüfung – als festgestellt. Soweit der Anmeldung indessen vom Insolvenzverwalter oder einem anderen Gläubiger widersprochen wird, muss mit dem Widersprechenden um die *Rechtmäßigkeit* dieser Anmeldung prozessiert werden. Das in jener Sache ergehende Urteil bindet neben den Prozessparteien selbst den Insolvenzverwalter sowie die übrigen Insolvenzgläubiger. Dem Feststellungsverfahren folgt umgehend die Befriedigung der Insolvenzgläubiger. Ist alles verteilt, so wird schließlich ein Schlusstermin vollzogen, dem zuletzt eine Aufhebung des Insolvenzverfahrens nach Maßgabe des § 200 InsO folgt.[667]

---

664 Siehe hierzu ebenfalls *Bork*, Insolvenzrecht, Rn. 28.

665 Vgl. dazu etwa § 80 Abs. 1 InsO.

666 Siehe hierzu auch *Bork*, Insolvenzrecht, Rn. 29; *Foerste*, Insolvenzrecht, Rn. 18.

667 Vgl. zum Ganzen auch noch *Bork*, Insolvenzrecht, Rn. 30. Für einen Überblick über den Ablauf des Verfahrens beachte beispielshalber ebenfalls noch Beck/Depré/*Beck*, Handbuch, § 1 Rn. 21 ff.

§ 2 Verfahren der Insolvenzeröffnung

Nach dem Eingang eines Eröffnungsantrags beim zuständigen Insolvenzgericht beginnt sofort das Insolvenzeröffnungsverfahren. Das Insolvenzgericht sondiert in dem Eröffnungsverfahren zuvörderst die Insolvenzfähigkeit des betroffenen Schuldners, das Bestehen eines Insolvenzgrundes und das Vorhandensein einer jedenfalls die Kosten des Insolvenzverfahrens abdeckenden Masse. Liegen diese einzelnen Bedingungen für eine Eröffnung des eigentlichen Insolvenzverfahrens vor, erlässt das Gericht einen Eröffnungsbeschluss. Andernfalls muss der Antrag abgewiesen werden. Hinsichtlich des Verfahrens gibt es insoweit *keine* Eigenheiten.[668]

A. Insolvenzfähigkeit des Schuldners

I. Rechtliche Bedeutung der Insolvenzfähigkeit

Ein (selbstständiges) Insolvenzverfahren kann nach § 11 Abs. 1 S. 1 InsO über das Vermögen jeder natürlichen und nebstdem jeder juristischen Person eröffnet werden.[669] Zwischen diesem Vermögen und ferner dem betroffenen Träger des jeweiligen Vermögens ist allerdings rigoros zu unterscheiden. Am Verfahren beteiligt kann bloß ein „Vermögensträger" sein, das heißt ein unabhängiges Rechtssubjekt. Das Subjekt ist also entweder eine Person – mithin rechtsfähig – oder zumindest partiell rechtsfähig, das heißt für fähig deklariert, ganz bestimmte Rechte inne zu haben, und deshalb immerhin fähig, am insolvenzrechtlichen Verfahren beteiligt zu sein.[670]

---

668 Siehe schon *Fritsche*, ZSt 2003, 243.

669 Beachte hierzu etwa lediglich Beck/Depré/*Beck*, Handbuch, § 1 Rn. 22; Graf-Schlicker-InsO/*Kexel*, § 11 Rn. 4; Kayser/Thole-InsO/*Sternal*, § 11 Rn. 5; MüKo-InsO/*Vuia*, § 11 Rn. 1.

670 Vgl. hierzu *Foerste*, Insolvenzrecht, Rn. 25. Demgegenüber besteht das Vermögen des Rechtssubjekts lediglich aus einzelnen Gegenständen. Vermögen kann also gewöhnlich nicht verfahrensbeteiligt sein. Das Vermögen ist indes Gegenstand des insolvenzrechtlichen Verfahrens. Erfasst wird ganz grundsätzlich das gesamte Vermögen des Schuldners (Grundsatz der Universalinsolvenz, § 35 Abs. 1 InsO). Ausnahmsweise werden allerdings Teile dieses Vermögens einem Sonder-Insolvenzverfahren zugewiesen, mit der Konsequenz, dass derselbe Schuldner an mehreren Insolvenzverfahren beteiligt sein kann; siehe *Foerste*, Insolvenzrecht, Rn. 34.

II. Selbstständige Stiftung bürgerlichen Rechts

1. Insolvenzfähigkeit kraft Rechtsfähigkeit

Die sogenannte Insolvenzfähigkeit bestimmt, welche Rechtsträger oder Vermögensmassen als Subjekt des insolvenzrechtlichen Verfahrens fungieren können. Was jedoch unter dem Begriff der Insolvenzfähigkeit zu verstehen ist, sagt das Gesetz nicht; der Begriff wird vielmehr durch das Gesetz vorausgesetzt. Die Insolvenzfähigkeit korrespondiert für gewöhnlich mit der Rechtsfähigkeit im Zivilrecht sowie mit der Parteifähigkeit im Zivilprozessrecht, soweit keine speziellen insolvenzrechtlichen Regelungen gelten.[671] Die selbstständige Stiftung des privaten Rechts (§§ 80–88 BGB) ist eine juristische Person und als solche eben auch insolvenzfähig.[672]

2. Entstehung und Beendigung der Stiftung

a) Fehlerhaft entstandener Rechtsträger

Insolvenzfähig ist nach § 11 Abs. 1 S. 1 InsO auch eine Stiftung, die aus einem fehlerhaften oder unwirksamen Stiftungsgeschäft entspringt, denn gemäß der richtigen Auffassung erwirbt die Stiftung allein durch die Anerkennung ihre Rechtsfähigkeit.[673] Das durch den jeweiligen Stifter dokumentierte bürgerlichrechtliche Stiftungsgeschäft und die hoheitliche Anerkennung bedingen sich nicht wechselseitig. Die Anerkennung heilt nämlich weder den etwaigen Fehler des Stiftungsgeschäfts noch beseitigt ein mangelbehaftetes Stiftungsgeschäft eine behördliche Anerkennung der Stiftung.[674] Schließlich *genehmigt* die zuständige Stiftungsbehörde nicht das Stiftungsgeschäft als solches, vielmehr soll das beabsichtigte rechtliche Gebilde als juristische Person anerkannt werden.[675] Wird also die Anerkennung erteilt, obwohl das Stiftungsgeschäft fehlerhaft ist, handelt es sich bei der Stiftung prinzipiell um eine uneingeschränkt rechtsfähige

---

671 Vgl. *Bork*, Insolvenzrecht, Rn. 35; *Häsemeyer*, Insolvenzrecht, Rn. 6.17; Uhlenbruck-InsO/*Hirte*, § 11 Rn. 5.

672 Vgl. hierzu bloß *Bach*, Insolvenz, 41; *Fritsche*, ZSt 2003, 211; *Hirte*, in: FS O. Werner, 222, 223; *Richter*, S&S 3/2006, Rote Seiten, 2; *Roth/Knof*, KTS 2009, 163, 165; *Sommer*, ZInsO 2013, 1715, 1716.

673 Siehe auch BVerwGE 29, 314, 317. Statt vieler anderer hier lediglich Palandt-BGB/*Ellenberger*, § 80 Rn. 2.

674 Vgl. hierzu etwa MüKo-BGB/*Weitemeyer*, § 81 Rn. 2; Palandt-BGB/*Ellenberger*, § 80 Rn. 2; *K. Schmidt*, Stiftungswesen, 14 ff.

675 So v. Campenhausen/Richter/*Hof*, Handbuch, § 6 Rn. 264; Staudinger-BGB/*Hüttemann/Rawert*, § 80 Rn. 6.

juristische Person, über deren gänzliches Vermögen die allgemeine Insolvenz eröffnet wird.[676]

b) Zu der Stiftung im Errichtungsstadium

Für jene zeitliche Spanne zwischen der Vornahme des Stiftungsgeschäfts und der hoheitlichen Anerkennung der errichteten Stiftung durch die Aufsichtsbehörde stellt sich die Frage, ob in Anlehnung an den gängigen Gründungsverlauf einer Kapitalgesellschaft ebenfalls von der Existenz einer „Vor-Stiftung" auszugehen ist.[677] Bei der achtenswerten Stiftungsgründung infolge einer Verfügung von Todes wegen stellt sich diese Frage nicht minder im Hinblick auf eine ablaufende Zeitspanne zwischen dem Tod eines Stifters und der Stiftungsanerkennung.[678]

aa) Zum aktuellen Meinungsfeld

Die bislang noch herrschende Auffassung lehnt die rechtliche Konstruktion einer Vor-Stiftung generell ab.[679] Zur Begründung wird häufig darauf hingewiesen, dass der Stifter bis zur realen Anerkennung der jeweiligen Stiftung sogar noch zum jederzeitigen Widerruf des Stiftungsgeschäfts berechtigt und befugt sei.[680] Vor der Stiftungsanerkennung bestehe noch keine verpflichtende

---

676 Siehe auch *Bach/Knof*, ZInsO 2005, 729, 733.

677 Vgl. etwa Münch.Hdb.GesR V/*Schwake*, § 84 Rn. 2. Die behördliche Anerkennung der Stiftung wirkt nicht auf den Zeitpunkt der Vornahme des Stiftungsgeschäfts zurück. Zwischen der Antragstellung und der behördlichen Anerkennung kann mitunter ein länger Zeitraum von bis zu einem Jahr und mehr liegen. Für jene Zwischenzeit ist es ungesichert, ob die werdende Stiftung insolvenzfähig ist. Insofern ist es heftig umstritten, ob es unter dem derzeitigen Konzessionssystem so etwas wie die *Vor-Stiftung* geben kann. In Nordrhein-Westfalen etwa dauern Anerkennungsverfahren durchschnittlich 10 Monate; beachte dazu etwa auch *Dietlein/Thiel*, ZRP 2001, 72, 75.

678 Vgl. hierzu *O. Schmidt*, ZEV 1998, 81 f.

679 Vgl. etwa Bamberger/Roth-BGB/*Backert*, § 80 Rn. 56; v. Campenhausen/Richter/*Hof*, Handbuch, § 6 Rn. 272; *Flume*, AT I/2, 148; *Hüttemann*, in: FS Spiegelberger, 1292, 1294 ff.; MüKo-BGB/*Weitemeyer*, § 81 Rn. 62; *Rittner*, Person, 41; Schauhoff/*Schauhoff*, Gemeinnützigkeit, § 3 Rn. 44; *Schiffer/Pruns*, GmbHR 2016, 742 ff.; *K. Schmidt*, Stiftungswesen, 13; *Thole*, Gründung, 180.

680 Beachte dazu etwa insbesondere auch: *FG Baden-Württemberg* DStRE 2012, 537, 538; *FG Schleswig-Holstein* DStRE 2009, 1386; Bamberger/Roth-BGB/*Backert*, § 80 Rn. 56; v. Campenhausen/Richter/*Hof*, Handbuch, § 6 Rn. 274; *Hüttemann*, in: FS Spiegelberger, 1292, 1296; *O. Schmidt*, ZEV 1998, 81, 82.

rechtsgeschäftliche Grundlage für die Annahme einer Vor-Stiftung.[681] Des Weiteren belege auch noch die Regelung in § 82 BGB, wonach der Stifter erst mit der behördlichen Anerkennung der Stiftung zur Übertragung des zugesicherten Vermögens verpflichtet sei, dass eine Vor-Stiftung vor der Anerkennung einer Stiftung gerade nicht bestehe. Ein rechtliches wie auch praktisches Interesse an einer Akzeptanz einer solchen Gestaltungsform der „Vor-Stiftung" existiere damit durchgängig nicht.[682]

Demgegenüber geht eine vordringende Meinung im neueren Schrifttum davon aus, dass auch eine Stiftung im Errichtungsstadium in ebenderselben Form zu befürworten sei, wie etwa die Vorgesellschaft beziehungsweise der Vorverein.[683] Als wesentliches Argument wird dabei insbesondere auf eine vergleichbare Rechts- beziehungsweise Sachlage bei der Gründung von selbstständigen Stiftungen einerseits und ferner der Gründung von den Personalgesellschaften andererseits verwiesen.[684] Ferner wird auch die universale Parallelität zwischen der Gründung und der Beendigung einer Stiftung hervorgehoben: Gemäß § 88 S. 3 BGB seien dabei die Regelungen über die Liquidation des Vereins entsprechend anwendbar, so dass bei Auflösung einer Stiftung eine sogenannte Liquidationsstiftung entstehe.[685] Die Vor-Stiftung während der Errichtung entspreche demgemäß auch einer Liquidationsstiftung während der Beendigung.[686]

bb) Stellungnahme zur Vor-Stiftung

Wenngleich der Bundesfinanzhof die Frage nach der Existenz einer „Vor-Stiftung" zumindest für die Finanzbehörden mittlerweile abschließend verneint hat,[687] ist auch jetzt noch diejenige Auffassung vorzugswürdig, die generell eine Vor-Stiftung als selbstständige Teilnehmerin am Rechtsverkehr akzeptiert.

---

681 Vgl. Bamberger/Roth-BGB/*Backert*, § 80 Rn. 56; *Hüttemann*, in: FS Spiegelberger, 1292, 1296.

682 So *Hüttemann*, in: FS Spiegelberger, 1292, 1295.

683 Vgl. hierzu *Autenrieth*, GmbHR 2016, 745, 746; *Huh*, Die Stiftung – Jahreshefte zum Stiftungswesen 8 (2014), 139, 147; *Hunnius*, Vorstiftung, 141; Münch.Hdb.GesR V/*Schwake*, § 84 Rn. 11 f.; Palandt-BGB/*Ellenberger*, § 80 Rn. 2; *Schwinge*, BB 1978, 527, 528; *Wachter*, ZEV 2003, 445, 446; *R. Werner*, ZErb 2011, 237, 238 ff.

684 Beachte hierzu etwa: *Schwinge*, BB 1978, 527, 528; *Wachter*, DStR 2009, 2469, 2470; *Weimar/Delp*, BB 1987, 1707, 1709.

685 Siehe *Wachter*, ZEV 2003, 445, 446.

686 Vgl. auch hierzu *Wachter*, ZEV 2003, 445, 446.

687 Siehe dazu *BFH* ZEV 2015, 359, 360 ff. Zustimmend etwa *Schiffer/Pruns*, BB 2015, 1756, 1759.

Rechtsfähige Stiftungen entstehen nämlich nicht allein infolge einer staatlichen Anerkennung, sondern vielmehr mit ihr. Nach inzwischen allgemeiner Meinung ist eine Anerkennung hierbei auch nicht die alleinige konstitutive Voraussetzung dafür, dass eine Stiftung entstehen kann; die Anerkennung und das Stiftungsgeschäft bestehen vielmehr (gleichberechtigt) nebeneinander.[688] Die Anerkennung bezieht sich folglich nicht etwa auf das privatrechtliche Stiftungsgeschäft, sondern auf die Stiftung selbst.[689] Die Zweiaktigkeit dieses Errichtungsvorgangs gleicht prinzipiell der Gründung einer Kapitalgesellschaft, weil auch bei diesen mit Gesellschaftsvertrag sowie Registereintragung die beiden Entstehungserfordernisse zeitlich auseinanderfallen und letztere den zweiteiligen Gründungsprozess allein abschließt.[690]

Für die Existenz der Vor-Stiftung spricht im Übrigen, dass eine Verselbstständigung der Stiftung in ihrem Gründungsstadium in einer Reihe von Fällen anerkannt ist. So kann zu ihren Gunsten ein Pfleger bestellt werden.[691] Für eine Vor-Stiftung kann sogar schon eine Hypothek eingetragen werden[692] und schließlich können ihre rechtlichen Verhältnisse selbst Gegenstand einer Feststellungsklage sein.[693] Verfügt der Stifter ferner zwischen seiner Antragstellung und jener behördlichen Anerkennung über Gegenstände des zugesicherten Vermögens, so haftet er nach § 160 BGB analog.[694] Darüber hinaus führt ein Stiftungsgeschäft von Todes wegen auch schon die rechtlichen Konsequenzen des § 83 BGB herbei. Das Stiftungsgeschäft bleibt damit nicht ohne Folgen, sondern formt ein Fundament für das Emporsteigen der juristischen Person Stiftung, das seinen Schlusspunkt mit der Stiftungsanerkennung findet. Aufgrund dessen kann der Zeitraum zwischen dem Stiftungsgeschäft und der hoheitlichen Anerkennung nicht als ein rechtliches Nullum aufgefasst werden. Spätestens sobald der Stifter die Satzung bestimmt und einen Stiftungsvorstand berufen

---

688 Vgl. auch Erman-BGB/*Wiese*, § 80 Rn. 2; MüKo-BGB/*Weitemeyer*, § 81 Rn. 1.

689 Beachte hierzu etwa auch den Wortlaut des § 80 Abs. 2 S. 1 BGB.

690 Vgl. *Schwinge*, BB 1978, 527, 528. Ebenso *Wachter*, DStR 2009, 2469, 2470; *R. Werner*, ZErb 2011, 237, 238.

691 Vgl. etwa *Ebersbach*, Handbuch, 67; Palandt-BGB/*Ellenberger*, § 80 Rn. 2; *Schwinge*, BB 1978, 527, 528.

692 Vgl. RGZ 88, 335, 340; *Ebersbach*, Handbuch, 67.

693 Siehe auch v. Campenhausen/Richter/*Hof*, Handbuch, § 6 Rn. 275; *R. Werner*, ZErb 2011, 237, 238.

694 Vgl. hierzu bereits oben ab S. 84.

hat, ist zudem eine nach außen handlungsfähige Organisation entstanden, die am rechtsgeschäftlichen Verkehr teilnehmen kann.[695]

Die Möglichkeit, das Stiftungsgeschäft bis zur hoheitlichen Anerkennung noch jederzeit widerrufen zu können, grenzt die Stiftung nicht von der Vorgesellschaft ab. Die Gründer einer Kapitalgesellschaft dürfen die Absicht, eine neue Gesellschaft zu gründen, bis zu dem Erlangen der Rechtsfähigkeit wieder aufgeben und den Antrag auf Eintragung der Gesellschaft in das Handelsregister wieder zurücknehmen.[696] Es ist sonach selbst bei Kapitalgesellschaften nicht sicher, dass die Vorgesellschaft in eine rechtsfähige Gesellschaft übergeht. Die Parallele zur Stiftung zeigt sich deutlich bei den Einpersonenvorgesellschaften, welche trotz rechtlicher Erklärungsnot für gewöhnlich anerkannt sind. Im Vereinsrecht existiert ebenfalls weitgehende Geschlossenheit über eine allgemeine Anerkennung eines Vorvereins, obwohl dort in gleicher Weise der Errichtungsvorgang erst durch die Eintragung in das *Vereinsregister* beendigt ist.[697]

Praktische Konsequenz dieser Akzeptanz einer Vor-Stiftung ist in erster Linie, dass eine Stiftung dann schon vor der Erlangung der Rechtsfähigkeit – und auch ohne juristische Person zu sein – eigenhändige Trägerin von Rechten und Pflichten sein kann. Dementsprechend kann bereits vor jener hoheitlichen Anerkennung eine rechtlich verselbstständigte Vermögensmasse vorhanden sein, welche dann auch Gegenstand eines eigenen insolvenzrechtlichen Verfahrens sein kann. Erst mit der Anerkennung entsteht die Stiftung als *juristische Person* wirklich.[698]

c) Aufgelöste und aufgehobene Stiftung

Ein insolvenzrechtliches Verfahren kann schließlich ebenfalls über das Vermögen einer durch Organbeschluss aufgelösten oder im Wege einer hoheitlichen Verfügung der Stiftungsbehörde aufgehobenen Stiftung eröffnet werden.[699] Sofern das Grundstockvermögen nicht etwa an den Fiskus fällt, ist die Stiftung entsprechend den vereinsrechtlichen Bestimmungen zu liquidieren und ein möglicherweise existentes Restvermögen ist unter den in der Verfassung

---

695 Vgl. *R. Werner*, ZErb 2011, 237, 239.

696 So beispielsweise auch noch *Huh*, Die Stiftung – Jahreshefte zum Stiftungswesen 8 (2014), 139, 156; *Wachter*, ZEV 2003, 445, 446.

697 Siehe hierzu *Huh*, Verfassung, 240 f.; Palandt-BGB/*Ellenberger*, § 21 Rn. 12; *Wachter*, ZEV 2003, 445, 446.

698 Vgl. bloß *LG Heidelberg* NJW-RR 1991, 969; MüKo-InsO/*Vuia*, § 11 Rn. 14 m.w.N.

699 Sog. Lehre vom Doppeltatbestand. Siehe dazu etwa v. Campenhausen/Richter/*Hof*, Handbuch, § 11 Rn. 2.

festgesetzten Personen zu verteilen. Die Stiftung bleibt also so lange insolvenzfähig, wie ein Restvermögen noch nicht an die Anfallsberechtigten verteilt ist; dies stellt § 11 Abs. 3 InsO ausdrücklich und auch unmissverständlich fest. Nach einer vollständigen Verteilung des letztendlich noch übrig gebliebenen Vermögens kommt allenfalls etwa ein Nachlassinsolvenzverfahren in Betracht.[700]

d) Zur „Umwandlung" im Stiftungsrecht

Ohne rechtliche Konsequenzen für die Rechts- und Insolvenzfähigkeit der Stiftung bleibt eine Änderung des satzungsmäßigen Zwecks, weil es sich hierbei lediglich um eine Anpassung der Stiftungssatzung handelt, welche den realen Bestand des einzelnen Rechtsträgers unberührt lässt. Gegen eine solche Stiftung kann mithin gleichfalls nach § 11 Abs. 1 S. 1 InsO ein allgemeines Insolvenzverfahren durch das zuständige Gericht eröffnet werden.[701]

e) Vollkommene Vermögensweitergabe

Ein besonderes Problem eigener Art ist die Insolvenzfähigkeit einer Stiftung, die aufgrund des Wegfalls der steuerlichen Gemeinnützigkeit die Gesamtheit der bestehenden Vermögenswerte auf eine sonstige gemeinnützige Körperschaft oder eine juristische Person öffentlichen Rechts übertragen hat, um die steuerschädlichen Konsequenzen eines Wegfalls der Gemeinnützigkeit zu umgehen.[702] Eine derartige Rettungsaktion ist auch oder sogar besonders in der Krise einer Stiftung möglich und ebenso vorstellbar. Sofern die umfassende Vermögensübertragung noch nicht zu einer „Vollbeendigung" der Stiftung geführt hat, handelt es sich bei der Stiftung auch noch weiterhin um eine wirksame juristische Person, die an einem Insolvenzverfahren beteiligt sein kann. Wird indes eine Beendigung der Stiftung angestrebt, so muss jene Stiftung stets ein Liquidationsverfahren meistern. Sie bleibt gemäß § 11 Abs. 3 InsO insolvenzfähig.[703]

---

700 Vgl. hierzu § 11 Abs. 2 Nr. 2 InsO; siehe ferner *Bach*, Insolvenz, 42.

701 Vgl. dazu auch *Bach/Knof*, ZInsO 2005, 729, 731; Staudinger-BGB/*Hüttemann/Rawert*, § 87 Rn. 19.

702 Vgl. *Bach/Knof*, ZInsO 2005, 729, 732. Beachte dazu auch *Fischer*, Ausstieg, 55.

703 Siehe auch *Roth/Knof*, KTS 2009, 163, 166.

III. Zur öffentlich-rechtlichen Stiftungsvariante

1. Grundsätzliche Insolvenzfähigkeit

Die selbstständige Stiftung öffentlichen Rechts ist gemäß § 11 Abs. 1 S. 1 InsO als juristische Person grundsätzlich insolvenzfähig. Dies folgt schon aus dem Wortlaut jener Regelung, wonach ein insolvenzrechtliches Verfahren generell über das Vermögen *jeder* juristischen Person eröffnet werden kann.[704] Voraussetzung für die Gründung einer derartigen Stiftung des öffentlichen Rechts ist stets ein schriftlicher Stiftungsakt des Stifters. Daneben ist gemeinhin ein Hoheitsakt erforderlich.[705] Öffentlich-rechtliche Stiftungen werden gewöhnlich durch eine gesetzliche Bestimmung oder aufgrund einer gesetzlichen Bestimmung errichtet.[706]

2. Zur Unzulässigkeit des Verfahrens

Bei öffentlich-rechtlichen Stiftungen muss aber noch eine spezielle Eigentümlichkeit beachtet werden: die insolvenzrechtliche Norm des § 12 Abs. 1 Nr. 2 InsO ermöglicht es den einzelnen Landesgesetzgebern, für die juristischen Personen des öffentlichen Rechts, die einer allgemeinen Aufsicht des Landes unterliegen, die Insolvenzfähigkeit auszuschalten. Die Länder schließlich haben in unterschiedlicher Hinsicht gesetzliche Regelungen erlassen, mit denen die Eröffnung eines Insolvenzverfahrens über das Vermögen einer öffentlich-rechtlichen Stiftung beschränkt worden ist.[707] Hat ein Land durch Gesetz das Insolvenzverfahren für nicht zulässig deklariert, so sind hier wenigstens die beschäftigten Arbeitnehmer der Stiftung geschützt, da sie sowohl das Insolvenzgeld als auch eine Betriebsrente von dem dominierenden Land einfordern können.[708]

IV. Insolvenzfähigkeit ausländischer Stiftungen

Stiftungen und ferner stiftungsähnliche Rechts- und Gestaltungsformen existieren auch in den meisten anderen Rechtskreisen.[709] Entfaltet jedoch eine

---

704 Vgl. dazu auch *Bach/Knof*, ZInsO 2005, 729, 733.

705 Siehe etwa v. Campenhausen/Richter/*v. Campenhausen/Stumpf*, Handbuch, § 18 Rn. 4.

706 Vgl. beispielsweise § 21 i.V.m. § 18 LOG NRW.

707 Vgl. die Auflistung in MüKo-InsO/*Vuia*, § 12 Rn. 23.

708 Siehe hierzu § 12 Abs. 2 InsO. Enger (Insolvenzfähigkeit nur aufgrund von Gesetz) allerdings scheinbar *Stingl*, Vermögensverfall, 120 f.; für die Insolvenzfähigkeit von Kirchen sowie Religionsgemeinschaften beachte etwa BVerfGE 66, 1, 19 ff.; *AG Potsdam* DZWIR 2001, 526.

709 Ausführlich etwa v. Campenhausen/Richter/*Jakob*, Handbuch, § 44 Rn. 29 ff.

ausländische Stiftung ihre Arbeit über etwaige Landesgrenzen hinweg auch in der Bundesrepublik Deutschland, so stellt sich alsbald die generelle Frage nach der Insolvenzfähigkeit einer ausländischen Stiftung.[710] Für einen Teil der Europäischen Union – *exklusive* Dänemark – ist die EuInsVO grundsätzlich anwendbar.[711]

Gemäß der gemeinschaftsrechtlichen Verordnungsvorschrift des Art. 7 Abs. 2 EuInsVO richtet sich speziell die Insolvenzfähigkeit des Schuldners nach der Rechtsordnung desjenigen Mitgliedsstaates, in welchem das Insolvenzverfahren eröffnet werden kann.[712] Die Frage nach der Insolvenzfähigkeit einer ausländischen Stiftung lässt sich mithin für gewöhnlich nach dem deutschen Recht beantworten. Insoweit geben die §§ 11, 12 InsO durch einzelne Auflistungen vor, über welche Rechtsgebilde ein Insolvenzverfahren eröffnet werden kann. Hinsichtlich der Insolvenzfähigkeit gelten die oben genannten Regeln. Eine Stiftung, die im Ausland nach dem dortigen Recht als juristische Person errichtet worden ist, bedarf in Deutschland zudem keiner weiteren behördlichen Anerkennung; sie ist hier *ipso iure* rechtsfähig und existiert selbst dann fort, wenn sie im eigentlichen Heimatland enteignet wird oder untergeht.[713] Für Verfahren mit einem Bezug zu Drittstaaten kommt schlussendlich das Internationale Insolvenzrecht der InsO generell zur Anwendung.[714] Im Hinblick auf die rechtliche Beurteilung der Insolvenzfähigkeit der ausländischen Stiftungen gilt auch in jenen Fällen das oben Vorgetragene entsprechend.[715]

V. Europäische Stiftung („Fundatio Europaea")

Das deutsche Stiftungsrecht ist ein rein national geprägtes Rechtsgebiet. Die EU-Kommission hat allerdings am 8.2.2012 einen Vorschlag für eine Verordnung

---

710 Vgl. *Bach/Knof*, ZInsO 2005, 729, 735.

711 Siehe hierzu *Parzinger*, NZI 2016, 63 ff.

712 Die internationale Zuständigkeit bestimmt sich dabei nach Art. 3 EuInsVO; siehe dazu statt vieler insbesondere Vallender-EuInsVO/*Vallender/Zipperer*, Art. 3 Rn. 9 ff. Im autonomen internationalen Insolvenzrecht gilt dann der Grundsatz der Doppelfunktionalität der Zuständigkeitsnormen; vgl. hierzu etwa *Geimer*, IZPR, Rn. 3407.

713 Beachte hierzu etwa auch: *BGH* WM 1966, 221, 222 f.; v. Campenhausen/Richter/*Hof*, Handbuch, § 6 Rn. 279; Palandt-BGB/*Ellenberger*, § 80 Rn. 3; Staudinger-BGB/*Hüttemann/Rawert*, § 80 Rn. 7.

714 Vgl. die §§ 335–358 InsO. Siehe hierzu etwa auch noch den Überblick bei *Liersch*, NZI 2003, 302 ff.

715 Siehe etwa auch *Bach/Knof*, ZInsO 2005, 729, 735.

des Rates über das Statut der *Fundatio Europaea* herausgegeben.[716] Aufgrund mannigfacher Kritik an jenem Vorschlag hat die Kommission nun im Arbeitsprogramm 2015, veröffentlicht am 16.12.2014, die anhaltende Erarbeitung des Statuts einer solchen Europäischen Stiftung einstweilig wieder aufgegeben.[717]

B. Gründe für die Eröffnung des Verfahrens

I. Grundsätzliche Vorbemerkungen

Zwingende Voraussetzung für einen begründeten Insolvenzantrag und somit auch wesentliche Bedingung für die Verfahrenseröffnung ist die Existenz eines gesetzlichen Eröffnungsgrundes im Sinne der Insolvenzordnung.[718] In Frage kommt vorneweg die Zahlungsunfähigkeit einer Stiftung entsprechend der Bestimmung des § 17 InsO. Das Gesetz spricht in dieser Beziehung entschieden von einem allgemeinen Eröffnungsgrund, weil er einerseits nicht nach der Person des Schuldners unterscheidet und andererseits allen denkbaren späteren Insolvenzbeteiligten eine grundsätzliche Möglichkeit zur Antragstellung vermittelt. Dagegen erlangt eine drohende Zahlungsunfähigkeit nach Maßgabe des § 18 InsO allein Geltung auf den Insolvenzantrag des Schuldners selbst. Des Weiteren kann eine sogenannte Überschuldung gemäß § 19 InsO allein gegenüber einer juristischen Person ins Feld geführt werden. Maßgeblich für eine gerichtliche Feststellung des Eröffnungsgrundes ist jener Zeitpunkt, in dem über eine Verfahrenseröffnung durch das Gericht judiziert wird.[719] Es genügt folglich, wenn der Insolvenzgrund erst nach der tatsächlichen Antragstellung aufgekommen ist.[720] Nicht ausreichend ist es hingegen, wenn ein Eröffnungsbeschluss

---

716 Siehe BR-Drucks. 74/12; *Stöber*, DStR 2012, 804, 805 ff. Die *Fundatio Europaea* soll nach Art. 9 f. des Statuts eine juristische Person sein, deren Rechtspersönlichkeit in allen Mitgliedstaaten anerkannt ist. Im Gegensatz zu anderen supranationalen Gesellschaftsformen äußert sich der Vorschlag nicht zur Insolvenz, sondern ordnet nur an, dass eine Sitzverlegung während eines Insolvenzverfahrens ausgeschlossen bleiben soll. Aus diesem Grund sollte hier das eigene Recht des Sitzstaates zur Anwendung kommen, was dann die Frage nach der Abgrenzung des Gesellschafts- vom Insolvenzstatut aufwerfen wird; hierzu Gottwald/Haas/*Mock*, Handbuch, § 93 Rn. 80.

717 Vgl. *Zimmermann/Arnsperger*, NJW 2015, 290, 293.

718 Instruktiv im Hinblick auf gemeine Bewertungsstandards bei der Prüfung eines Insolvenzgrundes zum Beispiel auch *Luttermann/Vahlenkamp*, ZIP 2003, 1629 ff.

719 Hierzu auch: *BGH* NZI 2006, 693, 694; Braun-InsO/*Bußhardt*, § 16 Rn. 14; MüKo-InsO/*Vuia*, § 16 Rn. 41; Uhlenbruck-InsO/*Mock*, § 16 Rn. 22.

720 Vgl. *BGH* ZInsO 2007, 1275; *LG München* ZInsO 2010, 1009, 1011; Graf-Schlicker-InsO/*Bremen*, § 16 Rn. 8; Kayser/Thole-InsO/*Laroche*, § 16 Rn. 16.

zu Unrecht erging, allerdings dieser Insolvenzeröffnungsgrund im Laufe eines Beschwerdeverfahrens entsteht. Fällt umgekehrt ein zunächst gegebener Insolvenzgrund bis zu der maßgeblichen Entscheidung weg, etwa weil zwischenzeitlich alle Verbindlichkeiten der Stiftung erfüllt oder gestundet werden, ist der Insolvenzeröffnungsantrag in der Hauptsache für erledigt zu erklären.[721] Entfällt ein Eröffnungsgrund jedoch erst nach Unanfechtbarkeit des Eröffnungsbeschlusses, bleibt entsprechend §§ 212, 213 InsO allein eine spätere Einstellung jenes Verfahrens eine Option.[722] Dasselbe soll bereits dann gelten, wenn der Eröffnungsgrund erst nach einem Eröffnungsbeschluss, jedoch während eines Beschwerdeverfahrens entfällt.[723]

II. Zahlungsunfähigkeit gemäß § 17 InsO

1. Zu dem Begriff der Zahlungsunfähigkeit

Nach der Legaldefinition des § 17 Abs. 2 S. 1 InsO ist der Schuldner zahlungsunfähig, falls er nicht fähig ist, fällige Zahlungsverpflichtungen zu befriedigen. Entscheidend ist infolgedessen lediglich die Zahlungs*unfähigkeit*, nicht jedoch die ebenso mögliche *Unwilligkeit* zur Zahlung vonseiten eines Schuldners.[724] Es muss diagnostiziert werden, dass dem Schuldner die nötigen Zahlungsmittel fehlen und er ebendeswegen andauernd, nicht nur vorübergehend, außerstande ist, einen nicht ausschließlich unwesentlichen Bruchteil seiner bereits fälligen und im Übrigen sogar schon entschieden verlangten Zahlungsverbindlichkeiten noch berichtigen zu können.[725]

Eine bloß momentane Zahlungsstockung ist allerdings nach dem eindeutigen Willen des Gesetzgebers generell unschädlich.[726] Es reicht aus, wenn der Schuldner kurzfristig – aber jedenfalls binnen drei Wochen –für neue Liquidität sorgen kann, sei es durch Darlehen oder durch den Verkauf von Vermögensgegenständen.[727] Die Beweislast liegt prinzipiell beim Antragsteller, soweit die

---

721 Vgl. dazu Kayser/Thole-InsO/*Laroche*, § 16 Rn. 16.

722 Vgl. etwa *AG Hamburg* ZInsO 2005, 669 ff.; Braun-InsO/*Bußhardt*, § 16 Rn. 14; Graf-Schlicker-InsO/*Bremen*, § 16 Rn. 9; Kayser/Thole-InsO/*Laroche*, § 16 Rn. 17; Uhlenbruck-InsO/*Mock*, § 16 Rn. 22.

723 Siehe Kayser/Thole-InsO/*Laroche*, § 16 Rn. 17.

724 Vgl. hierzu: *BGH* ZInsO 2014, 1661, 1662; Braun-InsO/*Bußhardt*, § 17 Rn. 35 f.; *Burger/Schellberg*, BB 1995, 261, 262; Kayser/Thole-InsO/*Laroche*, § 17 Rn. 12.

725 Vgl. dazu etwa auch *Bork*, Insolvenzrecht, Rn. 102.

726 Siehe BT-Drucks. 12/2443, 114.

727 Vgl. hierzu etwa auch BGHZ 163, 134, 139 f.; *Bork*, ZIP 2008, 1749 ff.; *Kamm/Köchling*, ZInsO 2006, 732 ff.; *Knolle/Tetzlaff*, ZInsO 2005, 897 ff.; *Neumaier*, NJW 2005,

Zahlungsunfähigkeit streitig ist, doch sie liegt beim Schuldner, wenn er sich wegen einer bevorstehenden Verfahrenseröffnung auf eine *Zahlungsstockung* beruft.[728]

Ganz geringfügige Liquiditätslücken bleiben hier ohne Beachtung. Auf exakte Angaben aber hat der Gesetzgeber ganz bewusst verzichtet. Sind indessen mindestens 10 % der fälligen Zahlungspflichten ungedeckt, ist nach der Rechtsprechung des BGH von Zahlungsunfähigkeit auszugehen, wenn der Schuldner gegenteilige Indizien nicht nachweisen kann. Eine geringere Liquiditätslücke genügt bloß, wenn absehbar ist, dass sie in Kürze 10 % überschreiten wird.[729]

Von der Zahlungsunfähigkeit kann stets ausgegangen werden, wenn der Schuldner seine Zahlungen eingestellt hat (§ 17 Abs. 2 S. 2 InsO).[730] Die Zahlungseinstellung fordert mehr als nur die Nichtzahlung. Vielmehr muss hierbei in zurechenbarer Weise die Zahlungsunfähigkeit für beteiligte Verkehrskreise in einer Gesamtschau der maßgebenden Indizien klar nach außen offenkundig geworden sein.[731] Ist dies der Fall, kann von einem solchen Verhalten regelmäßig auf eine Zahlungsunfähigkeit geschlossen werden, weil ein Schuldner dann selbst zu erkennen gegeben hat, dass er sich nicht mehr zu helfen weiß. Es ist mithin Aufgabe desjenigen, der die Zahlungsunfähigkeit bestreitet, der gesetzlichen Vermutung zu entgegnen.[732] Fehlt es an einer derartigen Zahlungseinstellung, wird die Zahlungsunfähigkeit mit der Hilfe einer sogenannten Liquiditätsbilanz ermittelt, in der sämtliche fälligen Zahlungsverpflichtungen den (kurzfristig) noch vorhandenen Zahlungsmitteln gegenübergestellt werden.[733] Zu

---

3041 ff. Eine Zahlungsstockung kann zum Beispiel darauf beruhen, dass Forderungen der Stiftung gegen Dritte später getilgt oder erst in Kürze fällig werden, dass sich Kreditverhandlungen oder eine Veräußerung diverser Vermögenswerte verzögern; vgl. *Burger/Schellberg*, BB 1995, 261, 262 f.; *Kuna*, GmbHR 2018, 723 ff.

728 Vgl. MüKo-InsO/*Eilenberger*, § 17 Rn. 28; Uhlenbruck-InsO/*Mock*, § 17 Rn. 36 f.

729 Näher dazu BGHZ 163, 134, 144 ff.

730 Vgl. *BGH* ZInsO 2015, 2021, 2022; *Harz/Bornmann/Conrad/Ecker*, NZI 2015, 737, 740 f. Die Einstellung von Zahlungen ist jedoch nur Indiz, nicht indes ein eigenständiger Eröffnungsgrund. Näher *Bork*, KTS 2005, 1, 2 f.; *Harz/Baumgartner/Conrad*, ZInsO 2005, 1304, 1306 ff.; *Hölzle*, ZIP 2007, 613, 617 f.

731 Beispiele hierzu etwa bei *Bork*, Insolvenzrecht, Rn. 103.

732 Siehe auch *BGH* ZIP 2017, 2368, 2369.

733 Vgl. etwa: BGHZ 173, 286, 296; *Frystatzki*, NZI 2010, 389 ff.; *Harz/Bornmann/Conrad/Ecker*, NZI 2015, 737, 738 ff.; *Koppel*, ZInsO 2017, 74 ff.; anders: *Neu/Ebbinghaus*, ZInsO 2012, 2229 ff. – Zur Berücksichtigung der im Drei-Wochen-Zeitraum hinzukommenden Verbindlichkeiten vgl. *BGH* ZIP 2018, 283, 286; *Bork*, ZIP 2008, 1749 ff.; *Ganter*, ZInsO 2011, 2297 ff.; *Krauß*, ZInsO 2016, 2361 ff.; *Mylich*, ZIP 2018, 514 ff.

den vorhandenen Mitteln zählen gewöhnlich auch noch abrufbare Kredite. Wer dementsprechend von seiner Bank noch ein *hinreichendes* Darlehen erlangen kann, ist regelmäßig auch noch nicht zahlungsunfähig.[734]

2. Stiftungsrechtliche Vermögenstrennung

Folgt man konsequent der strengen vermögensrechtlichen Trennung innerhalb der Stiftung, so liegt die Schlussfolgerung nahe, eine denkbare Zahlungsunfähigkeit begründe sich schon aus der Unmöglichkeit, existierende Zahlungspflichten durch die Hilfe des umlaufbestimmten Ertragsvermögens befriedigen zu können. Ein etwaiger Rückgriff auf einen Grundstock bliebe insofern nach dem stiftungsrechtlichen Prinzip der Erhaltung des Stiftungsvermögens selbst in insolvenzrechtlicher Hinsicht ausgeschlossen. Dem muss allerdings deutlich entgegengetreten werden, da eine Stiftung den Gläubigern mit ihrem ganzen Vermögen haftet.[735] Projiziert man jene Tatsache nun auf die prinzipielle Möglichkeit der Insolvenzeröffnung, so liegt ein auf die Zahlungsunfähigkeit einer Stiftung gestützter und begründeter Insolvenzeröffnungsantrag erst nach dem restlosen Aufbrauchen des im Allgemeinen zu erhaltenden Vermögensstocks vor.[736]

Hiervon losgelöst stehen jeder Stiftung stets die allgemeinen marktüblichen Instrumente zur raschen Gewährleistung der eigenen Liquidität zur Verfügung. Im Allgemeinen beinhaltet dies die Beschaffung neuer Zahlungsmittel in der Gestalt von Bar- oder ebenso Buchgeld oder in Form von abrufbaren Krediten. Besonders stiftungsrelevant bleibt dann auch ein Einwerben etwa von Spenden, Zuschüssen oder auch Zustiftungen, wobei letztere den Gläubigern ebenso haften, wie das schon vorhandene Grundstockvermögen.[737] Keine Zahlungsfähigkeit im Sinne der Insolvenzordnung kann hingegen durch eine reine Möglichkeit der „Liquidierbarkeit" von verschiedenen Werten des Anlagevermögens vermittelt werden.[738] Anders verhält es sich bloß dann, wenn durch die tatsächliche

---

und schließlich *Prager/Jungclaus*, in: FS Wellensiek, 101 ff.; a.M. *Fischer*, in: FS Ganter, 153 ff.

734 Vgl. BGHZ 163, 134, 147 f.

735 Vgl. auch *RG* JW 1929, 3056, 3059; Berndt/Götz/*Berndt*, Unternehmen, Rn. 381; *Fritsche*, ZSt 2003, 211, 213; *Jakob*, Schutz der Stiftung, 315; *Roth/Knof*, KTS 2009, 163, 166.

736 So auch *Fritsche*, ZSt 2003, 211, 213; *Roth/Knof*, KTS 2009, 163, 166.

737 Allerdings dürfen diese Drittmittel nicht anderweitig zweckgebunden sein. Vgl. *Fritsche*, ZSt 2003, 211, 214.

738 So auch *Fritsche*, ZSt 2003, 211, 214; *Jäger*, BB 1997, 1575; *Uhlenbruck*, BB 1985, 1277, 1281.

Beleihung oder Verwertung der einzelnen Vermögenswerte genügend Kapital erwirtschaftet wird.[739] Die damit verflochtene Reduzierung des verfügbaren Grundstockvermögens beschwört allerdings immer eine Gefahr der massearmen Insolvenz bis hin zur Abweisung eines späteren Insolvenzantrags herauf.[740] Einen gewissen Ausgleich dafür bewirken allerdings stiftungsrechtliche Schutzmechanismen, die ihren Grund in der gemeinen Pflicht zur Vermögenserhaltung und ihre rechtliche Ausformung in der hoheitlichen Kontrolle gefunden haben.[741] So unterliegen einige Verwertungsmaßnahmen einer Genehmigungs- oder Anzeigepflicht durch beziehungsweise gegenüber der Behörde. Insbesondere gilt dies bei dem Verkauf von Grundstücken, da Grundbesitz regelmäßig einen besonders wertbeständigen Teil des Stiftungsvermögens darstellt.[742] Die Stiftungsbehörde ist in all denjenigen Momenten zum Intervenieren gezwungen, in denen etwa eine Verwertung von diversen Vermögenswerten die Lebensfähigkeit der Stiftung gefährdet.[743] Gleichzeitig kann mithin durch staatliche Kontrolle auch eine folgenschwere Versilberung wertvoller Vermögensgegenstände blockiert werden.[744]

III. Drohende Zahlungsunfähigkeit gemäß § 18 InsO

Schon die „drohende“ Zahlungsunfähigkeit bildet inzwischen einen – selbstständigen – Grund für eine Verfahrenseröffnung (vgl. § 18 InsO), um der Insolvenz, welche sich bereits definitiv abzeichnet, für gewöhnlich prophylaktisch mit einer amtlichen Schuldenregulierung begegnen zu können.[745] Allerdings hat der Gesetzgeber diese Antragsberechtigung bewusst auf den Schuldner selbst beschränkt, um so zu verhindern, dass Gläubiger diese Möglichkeit dazu nutzen, einen Schuldner unter der Androhung eines Insolvenzantrages schon lange

---

739 Vgl. dazu auch *Fritsche*, ZSt 2003, 211, 214.

740 Dieser Tatbestand wurde schon im Geltungsbereich der Konkursordnung bildhaft als „Konkurs des Konkurses“ bemängelt und stellte einen der zentralen Anknüpfungspunkte der Insolvenzrechtsreform dar.

741 Ebenso *OVG Münster* NVwZ-RR 1996, 425, 426.

742 Ausführlich dazu *Andrick/Suerbaum*, Stiftung und Aufsicht, § 7 Rn. 60 ff.

743 Zu der Wahrnehmung einzelner Aufgaben des Stiftungsvorstands durch einen – wegen beachtlicher finanzieller Komplikationen der Stiftung – berufenen Sachwalter vgl. etwa *OVG Münster* NVwZ-RR 1996, 426 f.

744 Vgl. auch *Fritsche*, ZSt 2003, 211, 214.

745 Zur Reformgeschichte siehe *K. Schmidt*, ZIP 1985, 713, 718 f.

im Vorfeld der tatsächlichen Insolvenzsituation unter wirtschaftlichen Druck zu setzen.[746]

Der Schuldner droht dann gemäß § 18 Abs. 2 InsO zahlungsunfähig zu werden, wenn er voraussichtlich nicht in der Lage sein wird, die bereits vorhandenen Zahlungspflichten in dem Zeitpunkt der Fälligkeit zu befriedigen. Es werden demnach die momentan noch nicht fälligen Verbindlichkeiten erfasst, überdies auch alle noch nicht begründeten Verbindlichkeiten, deren Entstehung hingegen vorhersehbar ist.[747] In jene Prognose muss die umfängliche Entwicklung der finanziellen Lage des Schuldners miteinbezogen werden. Vorhandene Liquidität und auch noch alle erwarteten Einnahmen sind denjenigen Verbindlichkeiten gegenüberzustellen, die in einem überschaubaren zeitlichen Rahmen (in aller Regel 24 Monate) voraussichtlich fällig werden, und es bleibt dann zu prüfen, ob der Eintritt der Zahlungsunfähigkeit realistischer erscheint als deren Vereitelung.[748]

Ist der Schuldner – wie im Falle der Stiftung – eine juristische Person, kann der Insolvenzantrag bei drohender Zahlungsunfähigkeit bloß von allen Mitgliedern des jeweiligen Vertretungsorgans gestellt werden (§ 18 Abs. 3 InsO).[749] Anderenfalls ist solch ein Antrag nur zulässig, wenn der oder die Antragsteller zu einer alleinigen Vertretung der juristischen Person befugt sind. Zu beachten ist hingegen auch in diesem Fall, dass die anderen Mitglieder dieses Vertretungsorgans anzuhören sind und ein Eröffnungsgrund glaubhaft zu machen ist.[750]

IV. Überschuldung gemäß § 19 InsO

1. Zu der rechnerischen Überschuldung einer Stiftung

Bei juristischen Personen zählt nach § 19 InsO neben der (drohenden) Zahlungsunfähigkeit außerdem noch die Überschuldung zu den gesetzlich festgelegten

---

746 Vgl. zur Substantiierung *App*, DGVZ 2004, 132 f.

747 Kritisch dazu aber *Uhlenbruck*, KTS 1994, 169, 171 f.; vgl. auch *Burger/Schellberg*, BB 1995, 261, 264 f.

748 Näher zur Feststellung der drohenden Zahlungsunfähigkeit *Greil/Herden*, ZInsO 2011, 109 ff.; vgl. hierzu etwa auch: *BGH* ZIP 2016, 374, 376. Für das Verhältnis zur Überschuldung vgl. beispielsweise *Drukarczyk/Schüler*, ZInsO 2017, 61 ff.

749 Vgl. Andres/Leithaus-InsO/*Leithaus*, § 18 Rn. 8; Graf-Schlicker-InsO/*Bremen*, § 18 Rn. 5.

750 Siehe hierzu auch Graf-Schlicker-InsO/*Bremen*, § 18 Rn. 5.

Gründen für eine Eröffnung des Insolvenzverfahrens.[751] Eine Überschuldung liegt prinzipiell vor, wenn das Vermögen des Schuldners die diversen Verbindlichkeiten nicht mehr deckt. Zur Feststellung einer derartigen Überschuldung ist stets eine sogenannte Überschuldungsbilanz aufzustellen, in der Aktiva und Passiva gegenübergestellt werden.[752] Dazu sind vorab die einzelnen Gegenstände des Aktivvermögens mit den Liquidationswerten anzusetzen, folglich mit den Werten, die sich bei einer losgelösten Veräußerung im Wege einer Zerschlagung des Stiftungsvermögens für jeden einzelnen Gegenstand erzielen ließen.[753] Liegt danach eine *rechnerische* Überschuldung nicht vor, kann eine Stiftung rechtlich nicht überschuldet sein, eine weitere Prüfung erübrigt sich.[754]

2. *Wahrscheinlichkeit des Fortbestehens*

Ergibt sich rechnerisch danach die Überschuldung aus jener Überschuldungsbilanz, so ist, wie aus § 19 Abs. 2 S. 1 InsO folgt, in einem zweiten Schritt für gewöhnlich noch eine sogenannte „Fortbestehensprognose" zu erstellen: Es ist zu ermitteln, ob nach den gegebenen Faktizitäten eine Fortführung des Unternehmens in den nächsten zwölf Monaten genügend wahrscheinlich ist, was Fortführungswillen des jeweiligen Schuldners und im Übrigen eine mittelfristige Überlebensfähigkeit des betroffenen Unternehmens verlangt.[755] Aufgrund der gängigen Verwendung einer Stiftung für eine ideelle Zweckverwirklichung kann sich hingegen das Bedürfnis ergeben, die tatsächliche Feststellung dieser Überschuldung anzupassen. Hierbei stellt sich letztlich – wie bei nicht unternehmerisch handelnden Verbänden eben auch – die besondere Frage, ob und falls

---

751 Hierzu: *Drukarczyk*, in: FS Baums, 339 ff.; *Greil/Herden*, ZInsO 2010, 833 ff.; *Harz/Bornmann/Conrad/Ecker*, NZI 2015, 737, 741 ff.; *Piekenbrock*, KTS 2017, 333 ff.; *Wuschek*, ZInsO 2011, 1734 ff.

752 Vgl. – auch zum Folgenden – *BGH* ZIP 2006, 2171. Praktische Hinweise bei *Harz*, ZInsO 2001, 193, 198 ff.

753 Vgl. hierzu etwa *Bork*, Insolvenzrecht, Rn. 110.

754 Siehe auch *Keller*, Insolvenzrecht, Rn. 600.

755 Beachte diesbezüglich beispielsweise insbesondere: *BGH* ZIP 2004, 1049, 1051; *Aleth/Harlfinger*, NZI 2011, 166 ff.; *Bitter/Kresser*, ZIP 2012, 1733 ff.; *Bork*, ZIP 2000, 1709 ff.; *Ehlers*, ZInsO 2016, 1244 ff.; *Fischer*, NZI 2016, 665 ff.; *Frystatzki*, NZI 2011, 173 ff.; *Ganter*, NZI 2014, 673 ff.; *Greil/Herden*, ZInsO 2011, 109 f.; *Groß/Amen*, DB 2005, 1861 f.; *Harz/Bornmann/Conrad/Ecker*, NZI 2015, 737, 742 f. sowie *Hermanns/Blome*, ZInsO 2018, 362 ff.; *Riegger/Spahlinger*, in: FS Wellensiek, 119 ff.; *Sikora*, ZInsO 2010, 1761 ff.

möglich wie eine solche Berichtigung einer Überschuldungsbilanz mittels einer Fortführungsprognose erreichbar ist.[756]

Das „Ob" einer derartigen Korrektur aufgrund der positiven Fortführungsprognose wird gesetzlich mit § 19 Abs. 2 InsO vorgegeben.[757] Nach der Auslegung des umgangssprachlichen Wortlauts scheidet gemeinhin eine Berichtigung der gegebenen rechnerischen Überschuldung bei Stiftungen aus. Denn die Unerheblichkeit einer rechnerischen Überschuldung wegen einer positiven Fortführungsprognose setzt nach dem Wortlaut jener Bestimmung die überwiegende Wahrscheinlichkeit einer „Fortführung des *Unternehmens*" voraus. Die meisten Stiftungen in Deutschland betreiben allerdings kein Unternehmen, so dass eine Anpassung der Überschuldungsfeststellung entfallen könnte.[758] Sinn und Zweck begrenzen jene geregelte Berichtigungsmöglichkeit der Überschuldungsbilanz aber nicht nur auf unternehmenstragende juristische Personen. Richtig verstanden hat die Fortführungsprognose hier die Funktion eines Filters, der überlebensfähige von überlebensunfähigen rechnerisch überschuldeten juristischen Personen trennt.[759] Dahinter steht jener folgerichtige Gedanke, dass generell eine rechnerische Überschuldung keinen Gläubiger benachteiligen kann, solange selbst noch der Schuldendienst dauerhaft bedient werden kann.[760] Es

---

756 Ohne eine weiterführende Unterscheidung dies bejahend *Fritsche*, ZSt 2003, 211, 215; wohl auch *Haas*, SpuRt 1999, 1, 2; dagegen MüKo-BGB/*Reuter*, § 42 Rn. 3 (nur bei einer wirtschaftlichen Betätigung).

757 Siehe hierzu auch *Roth/Knof*, KTS 2009, 163, 167. Eine Grenze der Auslegung ergibt sich nach hier vertretener Ansicht nicht aus dem umgangssprachlichen Wortlaut der Norm, sondern aus dem Zweck: Weicht der Interpret von Sinn und Zweck einer Norm ab und verfolgt er mit einer Norm andere Zwecke, so ist das nicht mehr durch Auslegung, sondern nur durch Rechtsfortbildung möglich; vgl. dazu etwa auch *Wank*, Auslegung, 44. Siehe zur Theorie der Wortsinngrenze allerdings auch noch *BVerfG* NJW 1986, 1671, 1672; *BGH* NJW 1967, 343, 346.

758 So dann auch: Ahrens/Gehrlein/Ringstmeier-Insolvenzrecht/*Kadenbach*, § 19 Rn. 22; *Bach*, Insolvenz, 76; Kayser/Thole-InsO/*Laroche*, § 19 Rn. 7; MüKo-BGB/*Reuter*, § 42 Rn. 3.

759 Beachte auch dazu *Roth/Knof*, KTS 2009, 163, 167. Siehe außerdem K. Schmidt-InsO/*K. Schmidt*, § 19 Rn. 46; Uhlenbruck-InsO/*Mock*, § 19 Rn. 217; a.A. aber wohl *AG Hamburg* ZInsO 2012, 183.

760 Im Hinblick auf deliktische Gläubiger trifft das Gesagte nicht uneingeschränkt zu. Denn mangels Freiwilligkeit des gesetzlichen Schuldverhältnisses fehlt in der Regel auch das Moment der Kalkulierbarkeit des Umfangs der laufenden Zahlungsverpflichtung. Damit ist ferner das grundsätzliche Problem angesprochen, wie unfreiwillige Gläubiger in einem System der Haftungsbeschränkung geschützt werden; vgl. dazu

kommt daher – und eben hier liegt jene charakteristische Verknüpfung zu einer unternehmensbezogenen Betätigung – nur darauf an, dass die Liquidität des Rechtsträgers durch andauernde Zahlungseingänge in Höhe aller jeweils fällig werdenden Verbindlichkeiten abgesichert werden kann. Kommt es mithin ausschließlich auf zuverlässige Liquidität an, ist die „Einnahmequelle" für jene Fortführungsprognose an sich ohne Belang.[761]

Nicht ohne Belang ist die Einnahme*quelle* allerdings für die Frage, ***wie*** die Berichtigung infolge der positiven Fortführungsprognose vorzunehmen ist. Denn die Zielgenauigkeit dieser ganz konkreten Prognose über die künftige Zahlungsfähigkeit hängt maßgebend davon ab, mit welcher Gewissheit spätere Einnahmen vorhergesagt werden können.[762] Gesetzlich normierter Mindeststandard ist dabei eine grundsätzliche Realisierbarkeit der Zahlungsfähigkeit in einem unternehmerischen Umfeld.[763] Überträgt man jene Bewertungsmaßstäbe nunmehr auf die hier untersuchte Stiftung, können verschiedene Renditeerwartungen aus einer Bewirtschaftung des Stiftungsvermögens – beispielsweise bei den Erträgen einer Festgeldanlage – gegenüber einer unternehmensbezogenen Aktivität unter Umständen mit einer viel höheren Prognosesicherheit einbezogen werden. Andere Einnahmen (etwa Spenden, Zuschüsse, Zustiftungen) unterliegen demgegenüber gleich in mehrfacher Hinsicht einem Vorbehalt: Erstens können diese Zuflüsse aufgrund ihrer Zweckbindung allein dann berücksichtigt werden, wenn auch jene zu tilgenden Verbindlichkeiten aus einer entsprechenden Zweckerfüllung stammen.[764] Im Einzelfall ist hier aber noch zu beachten, dass allgemeine Verwaltungskosten in einer angemessenen Dimension bei allen Zuflüssen anteilig berücksichtigt werden können, ohne dabei eine

---

etwa zuletzt auch *Grigoleit*, Gesellschafterhaftung, 63 f.; siehe außerdem hierzu noch *K. Schmidt*, ZIP 2013, 485, 491.

761 Wegen der somit realisierten Ähnlichkeit zwischen der Überschuldung und der drohenden Zahlungsunfähigkeit plädieren etwa *Fenske*, AG 1997, 554, 559 und *Hölzle*, ZIP 2008, 2003, 2004 f. für eine gänzliche Abschaffung des Überschuldungstatbestandes und eine Anpassung des Tatbestandes der drohenden Zahlungsunfähigkeit von einer momentanen Antrags*berechtigung* zu einer Antrags*verpflichtung*.

762 Vgl. auch *Roth/Knof*, KTS 2009, 163, 167.

763 Eingehend zu der Erstellung einer Fortführungsprognose in einem unternehmerischen Umfeld: *Bork*, ZIP 2000, 1709 ff. Die Prognosesicherheit kann je nach Umfeld sogar deutlich höher sein als bei einer unternehmerischen oder unternehmensabhängigen Tätigkeit, etwa bei den Erträgen einer Festgeldanlage.

764 Im Ergebnis auch *Fritsche*, ZSt 2003, 211, 215; *Roth/Knof*, KTS 2009, 163, 168.

Zweckbindung der Zuwendung zu umgehen.[765] Die Stiftung kann ihre Mittel nämlich ohne jeden Nachteil ebenso für ihre Binnenverwaltung sowie eine Spendenwerbung einsetzen. Anders lassen sich nämlich die Satzungszwecke vielfach gar nicht erfüllen. Wenngleich hier keine feste Grenze festgelegt werden kann, sind zumindest Kosten für Verwaltung und Spendenwerbung von über 50 % der durchschnittlich freien Mittel gemeinhin schädlich.[766] Allerdings kann im Einzelfall auch eine kleinere Verwaltungsquote genügen.[767] Die Stiftung fördert ansonsten nicht mehr vorwiegend satzungsmäßige Zweckvorgaben, sondern vielmehr ihre eigene Verwaltung. Anders kann dies jedoch bei Stiftungen sein, welche ihre Zweckvorgaben in erster Linie durch den Einsatz von Personen realisieren.[768] In der Aufbauphase einer Stiftung können auch noch Ausgaben in Höhe von über 50 % der durchschnittlich zur Verfügung stehenden Mittel für Verwaltung und Spendenwerbung durchaus angemessen sein.[769] – Und zweitens müssen derartige Zuflüsse der Stiftung auch noch mit hinreichender Sicherheit vorhersehbar sein. Spenden und ferner andere freiwillige Zuwendungen sind dies allein, wenn sie wenigstens auf einer der Vorhersehbarkeit in einem unternehmerischen Tätigkeitsfeld ähnlich sicheren Basis stehen, beispielsweise einer wiederkehrenden Unterstützung durch Dritte über eine bestimmte Endsumme,

---

765 Bei dieser Angemessenheitsprüfung ist nach AEAO Nr. 18 zu § 55 AO auf die Relation der Verwaltungskosten einschließlich Spendenwerbung zu den vereinnahmten Mitteln abzustellen. Um gerade jene Relation feststellen zu können, ist vorab zu klären, welche Ausgaben überhaupt „Verwaltungskosten" sind. Dies ist nicht durch das Gesetz definiert. Eine bewährte Vorgehensweise, die Verwaltungskosten einer Stiftung zu ermitteln, beruht auf einer Negativabgrenzung: Sämtliche Ausgaben, die den Zweck nicht direkt fördern, können Verwaltungskosten sein, etwa Personalkosten, Beratungskosten, Fundraising, allgemeine Verwaltungskosten und ferner die Kosten für die Verwaltung des Grundstockvermögens; vgl. hierzu auch *Schlüter/Stolte*, Stiftungsrecht, Kap. 7 Rn. 50.

766 Vgl. auch BFHE 186, 433, 441; Klein-AO/*Gersch*, § 55 Rn. 13; Koenig-AO/*Koenig*, § 55 Rn. 30.

767 Siehe hierzu etwa *FG München* EFG 2001, 1178; *Herbert*, BB 1991, 178, 183; Klein-AO/*Gersch*, § 55 Rn. 13; Koenig-AO/*Koenig*, § 55 Rn. 30.

768 Vgl. *Herbert*, BB 1991, 178, 183; Klein-AO/*Gersch*, § 55 Rn. 13.

769 Siehe auch AEAO Nr. 19 zu § 55 AO. Die Dauer der Gründungs- oder Aufbauphase, während der dies möglich ist, bemisst sich nach den Umständen des konkreten Einzelfalls bis höchstens vier Jahre, in der Regel allerdings deutlich weniger; siehe hierzu auch BFHE 186, 433, 441; zustimmend etwa *Schulz*, DStR 1999, 354, 355.

ohne allerdings dass hiermit ein rechtsverbindlich zugesagtes Anspruchsrecht einhergehen muss.[770]

Erforderlich ist eine **Liquiditätsplanung** nach betriebswirtschaftlichen Grundsätzen mit einer positiven Prognose bezüglich der Zahlungsfähigkeit. Daneben sind jedoch auch sonstige betriebswirtschaftliche Überlegungen zu beachten.[771] Liegen hinterher Anhaltspunkte für eine Überschuldung vor, so hat der Stiftungsvorstand immerfort eine substantiierte Dokumentation der Fortführungsprognose zu erstellen.[772] Im Kern ist eine Fortführungsprognose als Prognose über die Zahlungsunfähigkeit auszulegen, so dass bei bestehender Zahlungsunfähigkeit zudem eine positive Fortführungsprognose ohne entsprechenden *Schuldenschnitt* nicht gegeben ist.[773]

Mit gesetzlicher Wirkung ab dem 1.1.2021 hat der Gesetzgeber den Prognosezeitraum in § 19 Abs. 2 S. 1 InsO nunmehr mit 12 Monaten legal definiert. Als maßgebender Zeitraum einer mittelfristigen Prognose wurden bisher (bis Ende des Jahres 2020) viele unterschiedliche Zeiträume in Rechtsprechung und Schrifttum befürwortet: 12 Monate,[774] das laufende und das folgende Geschäftsjahr,[775] ein bis zwei Jahre,[776] ein Zeitrahmen von jedenfalls zwei bis hin zu drei Jahren,[777] beziehungsweise mindestens zwei Jahre oder mindestens bis zu dem Abschluss des nachfolgenden Geschäftsjahres.[778] Diese Vorgaben gaben allerdings lediglich eine Orientierungshilfe vor, zentral war schon immer ein betriebswirtschaftlich überschaubarer Zeitraum.[779]

770 Vgl. hierzu auch *Aleth/Harlfinger*, NZI 2011, 166, 170 f.; *Roth/Knof*, KTS 2009, 163, 168; a.A. allerdings wohl Kayser/Thole-InsO/*Laroche*, § 19 Rn. 10.

771 Vgl. *OLG Naumburg* GmbHR 2004, 361 ff.

772 Beachte auch diesbezüglich *OLG Naumburg* GmbHR 2004, 361 ff.

773 Vgl. auch *AG Itzehoe* ZIP 2014, 1038, 1040.

774 So für Ausnahmefälle *K. Schmidt*, ZIP 2013, 485, 491.

775 Vgl. hierzu Ahrens/Gehrlein/Ringstmeier-Insolvenzrecht/*Kadenbach*, § 19 Rn. 24; *Harz/Baumgartner/Conrad*, ZInsO 2005, 1304, 1309; *Tehler/Dittmer*, ZInsO 2012, 2187, 2189.

776 Siehe *OLG Naumburg* GmbHR 2004, 361, 362; *AG Hamburg* ZInsO 2012, 183, 184.

777 So *Wimmer*, NJW 1996, 2546, 2547.

778 Vgl. Kayser/Thole-InsO/*Laroche*, § 19 Rn. 9 f.; MüKo-InsO/*Drukarczyk/Schüler*, § 19 Rn. 59.

779 Vgl. *Bitter/Kresser*, ZIP 2012, 1733, 1740 m.w.N.; ähnlich zudem K. Schmidt-InsO/*K. Schmidt*, § 19 Rn. 49.

C. Antrag auf Eröffnung eines Insolvenzverfahrens

Während ein Insolvenzverfahren selbst wegen § 5 Abs. 1 InsO von Amts wegen vorzunehmen ist, setzt die reguläre Eröffnung immer die Stellung eines (schriftlichen) Antrags entsprechend § 13 Abs. 1 InsO voraus. Den Intentionen einer marktgerechten Insolvenzbewältigung gerecht werdend ist diese herkömmliche Befugnis zur Antragstellung gerade nicht auf eine bestimmte Person begrenzt. Vielmehr obliegt die Möglichkeit der Einleitung einer Insolvenzabwicklung den in der Insolvenzordnung gesetzlich festgelegten künftigen Beteiligten des Verfahrens.[780]

I. Zuständigkeit des angerufenen Gerichts

1. Wesentliche Funktionen und zentrale Aufgaben

Die zentrale Aufgabe des Insolvenzgerichts liegt darin, die prozeduralen Rahmenbedingungen für eine Vermögensverwertung zu kreieren und letztlich auch die Aufsicht über den bestellten Insolvenzverwalter zu führen. Die Verwertung selbst ist Aufgabe des Insolvenzverwalters, der die Insolvenzmasse in Besitz und auch in Verwaltung zu nehmen hat und diese nach Maßgabe der jeweiligen Beschlüsse der Gläubigerversammlung verwerten muss. Es handelt sich hierbei nämlich gerade um eine wirtschaftliche Betätigung, welche eben gemeinhin nicht die Aufgabe des Insolvenzgerichts sein kann, das hierfür zudem auch überhaupt nicht prädestiniert wäre.[781]

2. Zur sachlichen Zuständigkeit des Amtsgerichts

Sachlich zuständig für das Insolvenzverfahren ist nach § 2 Abs. 1 InsO das Amtsgericht, indes ausschließlich dasjenige, in dessen Bezirk ferner ein Landgericht seinen Sitz hat, als gemeines Insolvenzgericht für den Bezirk eben dieses Landgerichts. Es handelt sich dabei um einen Fall einer sogenannten ausschließlichen Zuständigkeit, von der nach § 40 Abs. 2 ZPO selbst durch getroffene Parteiabrede nicht abgewichen werden kann. Sie hat hierbei das Ziel, eine für die Bewältigung eines Insolvenzverfahrens dringend gebotene Sachkompetenz und zudem eine notwendige Ausstattung immer bei nur einem einzigen Spruchkörper zu konzentrieren.[782]

---

780 Vgl. hierzu Gottwald/Haas/*Vuia*, Handbuch, § 4 Rn. 1; *Häsemeyer*, Insolvenzrecht, Rn. 7.01 ff.

781 Siehe hierzu etwa auch *Frege/Keller/Riedel*, Insolvenzrecht, Rn. 808 ff.; Gottwald/Haas/*Pechartscheck*, Handbuch, § 17 Rn. 18 f.

782 Vgl. auch *Bork*, Insolvenzrecht, Rn. 49; *Foerste*, Insolvenzrecht, Rn. 35.

3. *Regelungen über die örtlichen Zuständigkeiten*

a) *Mittelpunkt wirtschaftlicher Tätigkeit*

Unter den jeweiligen sachlich zuständigen Amtsgerichten gibt § 3 InsO das örtlich zuständige Amtsgericht vor, und zwar ein erneutes Mal zwingend: Zuständig ist entsprechend also einzig dasjenige Amtsgericht, in dessen Landgerichtsbezirk auch der Mittelpunkt der selbstständigen wirtschaftlichen Betätigung einer derartig betroffenen Stiftung liegt. Ausreichend ist in Bezug hierauf jede nachhaltige, auf Gewinnerzielung ausgerichtete Unternehmung, die generell nicht in abhängiger Stellung stattfindet.[783] Dabei muss es sich weder stets um einen Gewerbebetrieb im Rechtssinne handeln noch ist es erforderlich, dass wirklich ein Gewinn durch jene Stiftung erwirtschaftet wird.[784] Eine Eintragung im Handelsregister ist gemeinhin nicht notwendig und ferner für die Bestimmung des Gerichtsstands auch unerheblich.[785] Von dieser selbstständigen wirtschaftlichen Betätigung wird bereits die gewinnorientierte Vermögensbewirtschaftung der Stiftung mit umschlossen.[786] Maßgeblich ist jener Ort, an dem die tatsächliche Willensbildung erfolgt, wo nämlich die Entscheidungen der Leitung zunächst getroffen und später in laufende Geschäftsführung umgesetzt werden. Anhaltspunkte sind zum Beispiel die Existenz oder auch die Gründung eines Geschäftslokals, einer Postadresse, die Führung der Korrespondenz sowie schließlich die Zuständigkeit des Finanzamtes.[787] Bei mehreren Niederlassungen ist allgemein die Hauptniederlassung richtungsgebend. Rechtlich unselbstständige „Zweigniederlassungen" bleiben unberücksichtigt, weil von dort aus nämlich grundsätzlich keinerlei Geschäfte geleitet oder geführt werden.[788] Eine Ausnahme gilt, wenn es sich bei der Zweigniederlassung um das Vermögen einer im Ausland ansässigen Stiftung handelt. In solch einem Fall ist grundsätzlich doch das

---

783 Siehe auch *OLG Hamm* ZInsO 1999, 533, 534; Ahrens/Gehrlein/Ringstmeier-Insolvenzrecht/*Ahrens*, § 3 Rn. 7; FK-InsO/*Schmerbach*, § 3 Rn. 4.

784 Siehe ebenso auch noch Ahrens/Gehrlein/Ringstmeier-Insolvenzrecht/*Ahrens*, § 3 Rn. 7; FK-InsO/*Schmerbach*, § 3 Rn. 4; Kayser/Thole-InsO/*Sternal*, § 3 Rn. 7.

785 Vgl. *LG Dessau* ZIP 1998, 1006, 1007; *AG Göttingen* ZVI 2007, 311, 312; FK-InsO/*Schmerbach*, § 3 Rn. 5.

786 Vgl. auch *Bach*, Insolvenz, 57; *Fritsche*, ZSt 2003, 211, 220; Uhlenbruck-InsO/*Pape*, § 3 Rn. 4.

787 Siehe hierzu *OLG Brandenburg* NZI 2002, 438; *AG Münster* ZInsO 2000, 49; FK-InsO/*Schmerbach*, § 3 Rn. 5; MüKo-InsO/*Ganter/Bruns*, § 3 Rn. 10; *Schiffer*, S&S 5/1998, 22, 23; Uhlenbruck-InsO/*Pape*, § 3 Rn. 4.

788 Allgemein vgl. FK-InsO/*Schmerbach*, § 3 Rn. 7; Uhlenbruck-InsO/*Pape*, § 3 Rn. 4. Beachte dazu insbesondere auch noch BT-Drucks. 12/2443, 110.

Gericht örtlich zuständig, in dessen Landgerichtsbezirk das Vermögen belegen ist.[789]

b) Allgemeiner Gerichtsstand der Stiftung

Sofern eine Stiftung keiner selbstständigen wirtschaftlichen Tätigkeit nachgeht, ist schließlich auf ihren allgemeinen Gerichtsstand abzustellen.[790] Bei juristischen Personen wie der Stiftung bestimmt sich der allgemeine Gerichtsstand stets nach dem Sitz. Insoweit ist eine Regelung in der Stiftungssatzung zu treffen, wobei dieser *Rechtssitz* entscheidend für die Zuständigkeit der Anerkennungs- sowie der Aufsichtsbehörde ist. Den Sitz der wirklichen Verwaltung darf eine Stiftung auch an einem anderen Ort nehmen, was durchaus üblich ist, etwa wenn die Stiftung vom privaten Wohnort eines Vorstands aus verwaltet wird.[791] Die Freiheit eines Stifters in der Wahl des *Rechtssitzes* der Stiftung, welche in den Gesetzesmaterialien explizit herausgehoben wird, setzt nach der überwiegenden und auch richtigen Meinung voraus, dass der ausgewählte Sitz einen sachlichen Bezug zur Tätigkeit der Stiftung aufweist (zum Beispiel schon durch die Belegenheit von Vermögensgegenständen beziehungsweise auch durch eine Ansässigkeit von Organen der Stiftung).[792] Ein gegenteiliger Standpunkt erlaubt ein freies Forum-Shopping und führt auf gerade jene Weise das Bestehen des gesamten Landesstiftungsrechts ad absurdum.[793]

---

789 Beachte in diesem Zusammenhang insbesondere auch Art. 102 § 1 Abs. 3 S. 1 EGInsO.

790 Vgl. § 3 Abs. 1 S. 1 InsO.

791 Vgl. BT-Drucks. 14/8765, 10. *De lege ferenda* sollte gewiss auf die Einheit von Rechts- sowie Verwaltungssitz gedrängt werden, um im Interesse einer wirkungsvollen Aufsichtstätigkeit eine vielfach hilfreiche geografische Nähe zwischen Stiftungsverwaltung sowie Stiftungsbehörde gewährleisten zu können. Im Steuerrecht orientiert sich die Zuständigkeit der Finanzbehörde bereits heute bloß an dem Sitz der Geschäftsleitung. Wählt der Stifter also einen mit dem Verwaltungssitz nicht identischen Rechtssitz, sind für Stiftungs- sowie Finanzaufsicht unter Umständen dann sogar Behörden aus ganz unterschiedlichen Bundesländern zuständig.

792 Vgl. hierzu etwa v. Campenhausen/Richter/*Hof*, Handbuch, § 6 Rn. 156; MüKo-BGB/*Weitemeyer*, § 81 Rn. 30; Palandt-BGB/*Ellenberger*, § 81 Rn. 6; Staudinger-BGB/*Hüttemann*/*Rawert*, § 81 Rn. 42; vgl. jedoch auch noch Hüttemann/Richter/Weitemeyer/*Jakob*, Landesstiftungsrecht, Rn. 6.9: lediglich Missbrauchskontrolle.

793 So jedoch Erman-BGB/*Wiese*, § 81 Rn. 11; vgl. MüKo-BGB/*Weitemeyer*, § 81 Rn. 30. Bedenken begegnet die Auffassung, dass die Stiftung einen Mehrfach- oder Doppelsitz haben kann. Die gleiche Stiftung kann nicht verschiedenen landesrechtlichen Stiftungsgesetzen unterliegen. Ähnliches gilt ferner auch für die Zuständigkeit mehrerer Aufsichtsbehörden. Die Probleme sind zudem noch erheblich größer als im

Wichtige *stiftungsspezifische Werkzeuge* der Publizität sind die in den Stiftungsgesetzen der einzelnen Bundesländer geregelten Stiftungsverzeichnisse. Sie existieren nunmehr in allen Bundesländern, nachdem die Bund-Länder-Arbeitsgruppe diesen Ländern im Jahre 2001 prinzipiell die Schaffung von Stiftungsverzeichnissen empfohlen hatte.[794] Vorangegangen war eine Debatte über ein Stiftungsregister, welches gleich dem Handels- und dem Vereinsregister hätte entworfen werden sollen. Ein entsprechender Gesetzentwurf erlangte keine Gesetzeskraft.[795] Die anschließend in den Landesgesetzen installierten Stiftungsverzeichnisse haben weder positive noch negative Publizitätswirkung, das heißt jedes Vertrauen auf eine inhaltliche Korrektheit ist gesetzlich nicht geschützt;[796] die Eintragung von Tatsachen in das Stiftungsverzeichnis rechtfertigt ferner keine gesetzliche Vermutung für eine inhaltliche Richtigkeit.[797] Die Eintragung ist darüber hinaus bloß deklaratorisch, hat daher nur informative, aber keine konstitutive Wirkung.[798] Das Stiftungsverzeichnis ist generell – häufig über Internet – zugänglich und kann im Allgemeinen von jedermann eingesehen werden, ohne dass etwa ein außergewöhnliches Interesse an der Einsicht glaubhaft gemacht werden muss.[799]

Regelmäßig geben die Stiftungsverzeichnisse Auskunft über den Namen, den Sitz sowie den satzungsmäßigen Zweck einer Stiftung.[800] In beinahe allen

---

Vereinsrecht, in dem eine vordringende Auffassung gegen eine Zulässigkeit mehrerer Sitze votiert. Das Ausbleiben der satzungsgemäßen Bestimmung des Stiftungssitzes wird nach dem Tod des Stifters durch § 81 Abs. 1 S. 4 BGB in Verbindung mit § 83 BGB ausgeglichen. Vor dem Tod des Stifters hat die Anerkennung zu unterbleiben, sofern der Stifter trotz einer Aufforderung die Angabe des Stiftungssitzes nicht nachholt; vgl. MüKo-BGB/*Weitemeyer*, § 81 Rn. 30.

794 Siehe dazu Bund-Länder-Arbeitsgruppe, Bericht v. 19.10.2001, Abschnitt F.III.3.

795 Vgl. etwa den Gesetzentwurf von BÜNDNIS 90/DIE GRÜNEN v. 1.12.1997, BT-Drucks. 13/9320.

796 Vgl. auch noch *Schlüter/Stolte*, Stiftungsrecht, Kap. 6 Rn. 29; Staudinger-BGB/*Hüttemann/Rawert*, Vorbem zu §§ 80 ff Rn. 158.

797 Vgl. etwa ausdrücklich § 14 Abs. 2 S. 2 BbgStiftG, § 4 Abs. 4 S. 2 BWStiftG, § 17a Abs. 3 S. 3 HeStiftG.

798 Siehe etwa *Schlüter/Stolte*, Stiftungsrecht, Kap. 6 Rn. 29.

799 Vgl. *Richter/Sturm*, NZG 2005, 655, 656. Ausnahmen alleinig in Thüringen (§ 5 Abs. 4 S. 1 ThürStiftG) und in Sachsen-Anhalt (§ 5 Abs. 5 S. 2 SAStiftG) und für die Einsicht in das Stiftungsverzeichnis von den kirchlichen Stiftungen auch in Baden-Württemberg (§ 27 S. 3 BWStiftG).

800 Tabellarische Übersicht der Inhalte je nach Bundesland bei Münch.Hdb.GesR V/*Mecking*, § 90 Rn. 12.

Stiftungsverzeichnissen finden sich außerdem Informationen zu vertretungsberechtigten Organen – zum Teil sogar auch noch zu den jeweiligen Mitgliedern der einzelnen Organe, dem exakten Errichtungsdatum und dem anfänglichen Stiftungsvermögen oder – in Bayern – zusätzlich auch den vollständigen Namen des im Einzelfall betroffenen Stifters, wenn er dem nicht durch Antrag entgegengetreten ist.[801]

Grundsätzlich legt die zuständige Stiftungsaufsichtsbehörde schon mit der Anerkennung der Stiftung als rechtsfähig einen Datensatz für das Stiftungsverzeichnis an. Damit danach die Stiftungsverzeichnisse stetig aktuelle Informationen enthalten, unterliegen die Stiftungsorgane diversen Mitteilungspflichten, die sich auf Angaben jenes Stiftungsverzeichnisses beziehen.[802]

Ein bundesweites und zentrales Stiftungsregister, durch welches sich ein Gläubiger über die Stiftung sowie über ihren Sitz informieren kann, gibt es aktuell noch nicht. In ihrem Bericht vom 9.9.2016 hat die Bund-Länder-Arbeitsgruppe jedoch eine konkrete Machbarkeitsstudie angeraten, um aufzudecken, ob und – wenn ja – wie sich die diversen Voraussetzungen für das Register realisieren lassen und mit welchen tatsächlichen Aufwendungen zum einen die Installation und zum anderen der Betriebsablauf eines derartigen zentralen Stiftungsregisters verbunden wäre.[803] Nach jahrzehntelanger Diskussion und vielfachen Forderungen ist es nunmehr endlich gelungen, dass mit Wirkung ab dem 1.1.2026 ein Stiftungsregister mit negativer Publizitätswirkung beim Bundesamt für Justiz eingerichtet wird.[804] Die Einführung eines bundesweiten zentralen Stiftungsregisters ist für einen Staat wie die Bundesrepublik Deutschland mit deutlich über 20.000 selbstständigen Stiftungen abseits öffentlicher Verzeichnisse dringend geboten. Stiftungen sind noch immer die oftmals unbekannten sowie geheimen Teilnehmer des Rechtsverkehrs – dies wird sich nun endlich ändern. Während der rechtsgeschäftliche Verkehr bei anderen juristischen Personen des Privatrechts die generelle Möglichkeit hat, sich etwa durch das Handels- oder Vereinsregister eine notwendige Klarheit über die

801 Vgl. Art. 4 Abs. 2 S. 2 BayStiftG.

802 Vgl. hierzu Art. 12 Abs. 2 BayStiftG, § 14 Abs. 3 BbgStiftG, § 8 Abs. 1 Nr. 1 BlnStiftG, § 12 Abs. 2 S. 1 Nr. 1 BremStiftG, § 9 Abs. 2 Nr. 1 und ferner Nr. 2 BWStiftG, § 3 Abs. 3 HbgStiftG, § 17a Abs. 2 S. 2 HeStiftG, § 4 Abs. 2 MVStiftG, § 17a Abs. 2 S. 2 NdsStiftG, § 12 Abs. 2 NRWStiftG, § 5 Abs. 3 RhPfStiftG und § 11 Abs. 2 SaarStiftG, § 8 Abs. 2 SächsStiftG, § 5 Abs. 3 SAStiftG, § 8 Abs. 4 SchlHStiftG, § 5 Abs. 3 ThürStiftG.

803 Beachte hierzu Bund-Länder-Arbeitsgruppe, Bericht v. 9.9.2016, 101 f.

804 Vgl. erneut den Gesetzentwurf von BÜNDNIS 90/DIE GRÜNEN v. 1.12.1997, BT-Drucks. 13/9320.

Existenz und die vertretungsberechtigten Personen zu beschaffen, fehlte eine entsprechende registergestützte Möglichkeit bei den Stiftungen.[805] Die in den Bundesländern geführten Stiftungsverzeichnisse enthalten stets Aussagen zum Namen, Sitz, Zweck und ebenso zur Anschrift einer betroffenen Stiftung; Angaben zu den vertretungsberechtigten Personen fehlen aber zumeist. Das mit dem neuen Geldwäschegesetz (GwG) im Jahre 2017 geschaffene Transparenzregister umfasst bloß die „wirtschaftlich Berechtigten" und ist zudem einzig für solche Personen zugänglich, die ein „berechtigtes Interesse" haben.[806] Die Registrierung auch der Stiftung in einem elektronischen Register könnte dem rechtsgeschäftlichen Verkehr die ganz zwingend erforderliche Sicherheit im Hinblick auf viele verschiedene Rechtsfragen geben. Die von der Arbeitsgruppe bereits im Jahre 2016 vorgeschlagene Machbarkeitsstudie musste demnach umgehend angegangen werden mit dem geglückten Ergebnis der Gründung eines zentralen elektronischen Stiftungsregisters.[807]

Eine hilfreiche Alternative zu den amtlichen Stiftungsverzeichnissen ist aktuell noch das vom Bundesverband Deutscher Stiftungen schon mehrmals herausgegebene Verzeichnis Deutscher Stiftungen, welches zuletzt für das Jahr 2017 eine Vielzahl von Porträts über die Stiftungswelt in der Bundesrepublik Deutschland beinhaltet und auch darbietet.[808] Das Maecenata Institut in Berlin bietet außerdem eine Online-Datenbank mit Informationen zu etlichen Stiftungen an.[809]

Hält sich das angerufene Insolvenzgericht für unzuständig, so weist es den Antragsteller darauf hin und regt die Stellung eines Verweisungsantrages an. Wird jener Verweisungsantrag gestellt, hat sich das anfängliche Gericht durch – für gewöhnlich bindenden[810] – Beschluss für unzuständig zu erklären und dann den gestellten Insolvenzeröffnungsantrag an das zuständige Amtsgericht zu verweisen.[811] Ohne einen Verweisungsantrag muss der Eröffnungsantrag aber wegen Unzuständigkeit abgelehnt werden; gegen diesen Beschluss steht dem

805 Vgl. Bund-Länder-Arbeitsgruppe, Bericht v. 9.9.2016, 94.

806 Vgl. hierzu *Kotzenberg/Lorenz*, NZG 2017, 1325 ff.; *Schiffer/Schürmann*, BB 2017, 2626 ff.

807 Siehe auch *Mehren*, DStR 2018, 1773, 1777.

808 Beachte zudem auch die umfassende Online-Navigationshilfe zum deutschen Stiftungswesen unter der Adresse https://stiftungssuche.de (zuletzt abgerufen am 13.12.2021).

809 Siehe dazu https://web.maecenata.eu (zuletzt abgerufen am 13.12.2021).

810 Siehe § 281 Abs. 2 S. 4 ZPO; grundlegend *BGH* ZVI 2006, 157, 158.

811 Vgl. RGZ 131, 198, 200.

Antragsteller die sofortige Beschwerde zu.[812] Gegen die Eröffnung durch ein unzuständiges Gericht indes kann sich jederzeit der Schuldner mit der sofortigen Beschwerde wenden.[813] Diese ist dagegen stets ausgeschlossen, sofern dem betroffenen Beschwerdeführer sogar schon vor der Eröffnung des Verfahrens genügend Gelegenheiten für eine Abgabe seiner Stellungnahme gegeben wurde.[814]

Sieht sich hingegen das Gericht, an welches verwiesen wurde, nicht an jene Verweisung gebunden, kann diese Insolvenzsache stets dem zunächst höheren Gericht zu der gerichtlichen Zuständigkeitsbestimmung vorgelegt werden. Eine formlose akteninterne Rückgabeverfügung nach einem Verweisungsbeschluss genügt nach der zutreffenden Ansicht nicht für eine solche Bestimmung der Zuständigkeit.[815] Der Zuständigkeitskonflikt wird dann gemeinhin durch das Oberlandesgericht gelöst, in dessen Bezirk die beiden Amtsgerichte jeweils ihren Sitz haben.[816] Streiten Insolvenzgerichte verschiedener Oberlandesgerichtsbezirke, so soll das konkret zuständige Gericht durch jenes Oberlandesgericht bestimmt werden, zu dessen Bezirk das zuvörderst mit der Sache befasste Gericht gehört. Wurde von der Ermächtigung des § 2 Abs. 2 S. 1 InsO Gebrauch gemacht, kann ein Zuständigkeitskonflikt ebenso zwischen Insolvenzgerichten innerhalb eines Landgerichtsbezirks entstehen. Wird hingegen in dem Fall eines positiven Zuständigkeitskonflikt das Insolvenzverfahren durch ein zuständiges wie auch zugleich durch ein unzuständiges Insolvenzgericht eröffnet, muss nach § 36 Abs. 1 Nr. 5 ZPO wiederum ein in dem Instanzenzug höheres Gericht jene Zuständigkeitsbestimmung treffen.[817]

---

812 Vgl. hierzu Graf-Schlicker-InsO/*Paul*, § 3 Rn. 16; MüKo-InsO/*Ganter/Bruns*, § 3 Rn. 31.

813 Vgl. Jaeger-InsO/*Gerhardt*, § 3 Rn. 45; MüKo-InsO/*Ganter/Bruns*, § 3 Rn. 32.

814 Siehe dazu § 571 Abs. 2 S. 2 ZPO; vgl. auch *OLG Celle* ZInsO 2001, 128, 129; *OLG Köln* NJW-RR 1990, 894, 895 f.; FK-InsO/*Schmerbach*, § 3 Rn. 49; Jaeger-InsO/*Gerhardt*, § 3 Rn. 45.

815 Beachte hierzu etwa auch: *BGH* NZI 2006, 164; *OLG Köln* NZI 2000, 75; *OLG Schleswig* NZI 2010, 260, 261; MüKo-InsO/*Ganter/Bruns*, § 3 Rn. 29; a.A. jedoch FK-InsO/*Schmerbach*, § 3 Rn. 46; Uhlenbruck-InsO/*Pape*, § 3 Rn. 17, die generell auch eine formlose Rückgabe ausreichen lassen.

816 Vgl. *OLG Schleswig* NZI 2010, 260; Uhlenbruck-InsO/*Pape*, § 3 Rn. 6 f.

817 Beispielsfall *OLG München* NZI 2014, 818; anders jedoch *OLG Hamburg* ZInsO 2004, 624.

4. *Insolvenzverfahren mitsamt Auslandsberührung*

a) *Zuständigkeiten gemäß Reichweite der EuInsVO*

In Fällen mit einer Auslandsberührung stellt sich zuerst meist die Frage, die Gerichte welchen Staates für das insolvenzrechtliche Verfahren zuständig sind. Für eine Vielzahl der jeweiligen Mitglieder innerhalb der Europäischen Union (außer Dänemark) findet sich die Beantwortung in *Art. 3 EuInsVO*. Danach sind für das insolvenzrechtliche Verfahren die Gerichte desjenigen Mitgliedstaates entscheidend, in dessen Gebiet der Schuldner den Mittelpunkt seiner primären Interessen (COMI) hat.[818] Diesen Mittelpunkt zu eruieren, kann aber in grenzüberschreitenden Fällen auch vielmals mit nennenswerten Schwierigkeiten verbunden sein. Erleichternd enthält deswegen Art. 3 EuInsVO die Vermutung, dass sich der Interessenmittelpunkt bei juristischen Personen – folglich selbstverständlich auch bei Stiftungen – an dem Ort des satzungsgemäßen Sitzes befindet. Diese Vermutung kann widerlegt werden, sofern beispielsweise die Annahme gerechtfertigt ist, dass sich der unumstrittene Mittelpunkt der hauptsächlichen Interessen jenes Schuldners in einem anderen Mitgliedstaat befindet als in dem des satzungsgemäßen Sitzes.[819]

b) *Regelungen des Internationalen Insolvenzrechts*

Das (deutsche) Internationale Insolvenzrecht trifft zur internationalen Zuständigkeit überhaupt keine ausschlaggebenden Aussagen. Vielmehr gilt das generelle Gebot, dass die internationale Zuständigkeit stets der örtlichen Zuständigkeit folgt. Es sind sohin § 3 InsO und über § 4 InsO die §§ 12 ff. ZPO entsprechend anwendbar.[820] Das bedeutet, dass die deutschen Gerichte dann zuständig sind, soweit eine Stiftung in Deutschland ihren Sitz oder auch den Mittelpunkt ihres selbstständigen wirtschaftlichen Wirkens hat. Außerdem kann an das in Deutschland gelegene Vermögen einer Stiftung angeknüpft werden, was indessen dann auch ausschließlich zu einem Sonderinsolvenzverfahren für das in Deutschland gelegene Stiftungsvermögen führen kann.[821]

---

818 Zu der Fragestellung, ob es auf die Verhältnisse bei Antragstellung oder bei Eröffnung des Insolvenzverfahrens ankommt, beachte *BGH* ZIP 2006, 767.

819 Siehe zu Art. 3 EuInsVO auch noch *BGH* ZIP 2012, 139, 140.

820 Vgl. *BGH* ZInsO 2010, 348.

821 Vgl. *OLG Karlsruhe* NZI 2002, 387, 388.

5. *Zuständigkeitsverteilung beim Insolvenzgericht*

Innerhalb eines sachlich und örtlich zuständigen Gerichts liegt die funktionelle Zuständigkeit gemäß § 3 Nr. 2 lit. e RPflG zumeist beim Rechtspfleger. Davon enthält hingegen § 18 RPflG verschiedene – folgenschwere – Ausnahmen.[822] Insbesondere liegt jederzeit das Verfahren der Insolvenzeröffnung einschließlich der Eröffnungsentscheidung und auch der Ernennung eines Insolvenzverwalters allein in der Hand eines Richters. Daneben ist der Richter vorwiegend im Planverfahren zuständig, zudem auch im Restschuldbefreiungsverfahren, wenn es etwa darum geht, dem Schuldner eine Restschuldbefreiung auf Antrag eines Gläubigers völlig zu versagen oder wieder zu nehmen; hierbei handelt es sich nämlich um rechtsprechende Tätigkeit, für die ein Richtervorbehalt aus Art. 92 GG gilt. Außerdem kann ein Richter das Verfahren auch stets ganz oder teilweise an sich ziehen und damit die Zuständigkeit des Rechtspflegers beenden.[823]

II. *Antragsrechte und Antragspflichten bei der Stiftung*

1. *Grundsätzliches: Eigenantrag und Fremdantrag*

Ein Insolvenzverfahren kann nur auf Antrag eröffnet werden. Die §§ 14 und 15 InsO diktieren hierbei im Einzelnen, wer ganz genau zu einer solchen Insolvenzantragstellung überhaupt erst berechtigt sein soll. Einen sogenannten Fremdantrag können nach Maßgabe des § 14 InsO alle Gläubiger der Stiftung stellen, die ein rechtliches Interesse besitzen und eine Forderung sowie einen Eröffnungsgrund (§§ 17–19 InsO) glaubhaft machen können. Mit Blick etwa gerade auf die Sanierungsziele, die durch die Insolvenzordnung verfolgt werden, kann sich die Stiftung stets durch Eigenantrag unter insolvenzrechtlichen Schutz stellen. Dem um- und auch einsichtigen Schuldner, der die Krisensituation und die Sanierungschancen zeitig erfasst, wird als Anreiz zur frühzeitigen Antragstellung die Möglichkeit geboten, bereits bei der drohenden Zahlungsunfähigkeit entsprechend § 18 InsO einen Insolvenzantrag zu stellen. Ferner hat eine Stiftung auch noch die Chance, zunächst unter dem sogenannten Schutzschirm eine Sanierung vorzubereiten, ohne indes ständig einen Vollstreckungszugriff durch die Gläubiger befürchten zu müssen.[824] Zur Vorbereitung der richterlichen Entscheidung

---

822 Hierzu *Keller*, Rpfleger 2011, 417 ff.; *Uhlenbruck*, ZInsO 2001, 1129 ff.; *Waltenberger*, Rpfleger 2015, 121 ff.

823 Beachte zu den Grenzen einerseits *Frind*, ZInsO 2001, 993 ff.; sowie andererseits *Fuchs*, ZInsO 2001, 1033 ff.; *Rellermann*, Rpfleger 2002, 68 ff.

824 Vgl. hierzu § 270b InsO.

im Hinblick auf eine mögliche Bestellung eines vorläufigen Gläubigerausschusses muss ein Schuldner in seinem Eigenantrag die in § 13 Abs. 1 InsO erwähnten Angaben mit einem Verzeichnis eigens deutlich machen.[825]

2. Eigenantrag durch die Stiftung als Schuldnerin

a) Verpflichtung zur Antragstellung

Berechtigt zur Stellung des Eigenantrags auf Verfahrenseröffnung ist gemäß § 15 Abs. 1 InsO jedes Mitglied des Stiftungsvorstands, ganz unabhängig davon, ob Einzelvertretung oder auch Gesamtvertretung in der Stiftungssatzung vorgesehen ist.[826] Dies gilt allerdings nicht bei einer drohenden Zahlungsunfähigkeit. Hier müssen der oder auch die Antragsteller ohne Ausnahme immerhin zur Vertretung der Stiftung befugt sein. Voreilige und darüber hinaus nicht passabel bedachte Insolvenzanträge sollen auf diese Weise ausgesondert werden.[827] Für den Fall, dass der Insolvenzantrag nicht von allen Vorstandsmitgliedern einverständlich gestellt wird, ordnet schließlich § 15 Abs. 2 InsO korrigierend an, dass der Eröffnungsgrund regelmäßig auch noch glaubhaft zu machen ist und die übrigen Vorstandsmitglieder durch das zuständige Insolvenzgericht anzuhören sind. Ist aber der Eröffnungsgrund nicht glaubhaft gemacht, so ist der Insolvenzantrag unzulässig, um den Missbrauch dieses sehr weitreichenden Antragsrechts gemäß § 15 Abs. 1 InsO gehörig mindern zu können.[828] Wird die Stiftung durch ein faktisches Organ vertreten, kann dieses gleichfalls einen Antrag stellen. Als faktisches Organ kommt der tätige Stifter in Frage, der für seine Stiftung auftritt, obwohl er keine Organstellung innehat.[829]

---

825 Zum Ganzen siehe auch noch *Reischl*, Insolvenzrecht, 24 f.

826 Siehe auch: *Ebersbach*, Handbuch, 144. Die Antragsberechtigung des Stiftungsvorstands kann nicht beschränkt werden, insbesondere nicht durch eine entsprechende Regelung innerhalb der Stiftungssatzung; zum Beispiel in der Gestalt von bestimmten Zustimmungsbefugnissen fakultativer Stiftungsorgane. Beachte dazu grundsätzlich auch noch *Kilian*, S&S 5/2002, Rote Seiten, 3 f.

827 Vgl. § 18 Abs. 3 InsO; beachte außerdem auch noch MüKo-InsO/*Drukarczyk*, § 18 Rn. 78.

828 Vgl. nur Braun-InsO/*Bußhardt*, § 15 Rn. 14; MüKo-InsO/*Klöhn*, § 15 Rn. 74 wie auch Uhlenbruck-InsO/*Hirte*, § 15 Rn. 11.

829 Vgl. dazu *Schiffer*, S&S 5/1998, 22, 23. Zur Antragsberechtigung faktischer Organe siehe BGHSt 31, 118, 122; BGHZ 104, 44, 45 ff.; *Gehrlein*, ZInsO 2017, 1977; *Gundlach/Müller*, ZInsO 2011, 1055 ff. oder letztlich auch Uhlenbruck-InsO/*Hirte*, § 15 Rn. 2; a.A. allerdings bei MüKo-InsO/*Klöhn*, § 15 Rn. 11 m.w.N.

Ist die Stiftung zahlungsunfähig oder überschuldet, ist der Vorstand darüber hinaus auch nach den Vorschriften in §§ 86 S. 1, 42 Abs. 2 S. 1 BGB zu einer (rechtzeitigen) Beantragung der Eröffnung eines Regelinsolvenzverfahrens verpflichtet.[830] Für eine selbstständige Stiftung ist unbestritten die zum 1.11.2008 mit „Gesetz zur Modernisierung des GmbH-Rechts und zur Bekämpfung von Missbräuchen" in Kraft getretene – gänzlich rechtsformneutrale – allgemein normierte Insolvenzantragsverpflichtung des § 15a Abs. 1 InsO eben nicht anzuwenden; siehe hierzu nunmehr § 15a Abs. 7 InsO.[831] Mit rechtlich verbindlicher Wirkung zum 1.7.2014 ist mit dem „***Gesetz zur Verkürzung des Restschuldbefreiungsverfahrens und zur Stärkung der Gläubigerrechte***" die gesetzliche Begünstigung der strafbewehrten Insolvenzantragspflicht zu Gunsten von Stiftungen und Vereinen geschaffen worden.[832] Offenbar registrierte nämlich der frühere Gesetzgeber hier Klarstellungsbedarf, um einer Verfolgung von Vereins- und überdies von Stiftungsvorständen entgegenzuwirken. Gleichwohl überzeugt die existierende Vorschrift auch in der aktuellen Formulierung und Ausgestaltung nicht: Denn mit dem neu geschaffenen § 15a Abs. 7 InsO konterkariert der Gesetzgeber eines der elementaren Ziele des ***Gesetzes zur Modernisierung des GmbH-Rechts und zur Bekämpfung von Missbräuchen***, durch welches der jetzige § 15a InsO eingeführt wurde, nämlich eine Einordnung der Insolvenzantragspflicht als rechtsformunabhängige insolvenzrechtliche Verpflichtung, welche ferner auf ausländische Rechtsträger mit inländischem Verwaltungssitz anwendbar sein soll.[833] Die Normierung eines Sonderrechts für Stiftungen und zudem für Vereine führt dann zwingend zu dem Schluss, dass es sich doch bei der eingeführten Bestimmung des § 15a InsO gerade nicht um eine Vorschrift des Insolvenzrechts, sondern um eine solche des Gesellschaftsrechts handelt. Jede an die gemeine Rechtsform anknüpfende Ausnahmeregelung führt allerdings in dieser Hinsicht ausschließlich zu einer misslichen Rechtsunsicherheit.[834] Der

---

830 Vgl. auch *Bach*, Insolvenz, 63.

831 Siehe allerdings zur Rechtslage vor Inkrafttreten des heutigen § 15a Abs. 7 InsO auch *Müller*, ZIP 2010, 153 f.

832 Siehe auch BGBl. I 2013, 2379.

833 Vgl. BT-Drucks. 16/6140, 55.

834 Vgl. dazu auch *Roth*, ZInsO 2012, 678. Selbst wenn man jener Meinung nicht folgt, schafft diese Perpetuierung einer Sonderbestimmung für Vereine und für Stiftungen trotz alledem Platz für eine im internationalen Kontext unheilvolle Diskussion: Welche ausländischen Rechtssubjekte fallen jetzig unter § 15a Abs. 1 InsO und welche ausländischen Rechtsformen fallen nun unter den eine Anwendung der rechtsformunabhängigen Antragspflicht ausschließenden § 15a Abs. 7 InsO? Jede

Bundesgesetzgeber könnte an jener Stelle ganz einfach viele Zweifel und ferner Ungereimtheiten aufheben, indem er nun einen neuen Ansatz wählt und dabei die Bestimmung des § 42 Abs. 2 BGB in § 15a Abs. 1 InsO einfügt; alle vom Gesetzgeber politisch erwünschten Begünstigungen für Vereine sowie überdies für Stiftungen sollten dann möglichst funktional und gerade nicht rechtsformabhängig eingeräumt werden.[835]

Ungeachtet dieser bereits beschriebenen Ungereimtheiten überzeugt die neu eingeführte Vorschrift des jetzigen § 15a Abs. 7 InsO auch inhaltlich nicht: Auch beim Verein und bei der Stiftung können die Gläubiger im Vorfeld der nahen Insolvenz einer wahrlichen Gefahrenlage ausgesetzt sein. Warum dann aber dennoch ein insolvenzrechtlicher Sonderweg für Stiftungen und für Vereine eröffnet wird, ist nicht begreiflich. Allein der pauschale Hinweis auf ein nicht selten unprofessionelles Management von Vereinen und von Stiftungen vermag die Vorschrift nämlich nicht zu rechtfertigen. Zwar ist die ehrenamtliche Ausübung der Vorstandsbetätigung zumeist schutzwürdig, zu begrüßen und auch zu fördern, doch eine gesetzliche Förderung darf natürlich niemals auf dem Rücken Dritter stattfinden, in diesem Fall nämlich auf dem Rücken der Gläubiger der betroffenen Organisation. Mit guten Gründen ist so im Jahre 2008 eine dem § 31a BGB entsprechende Angleichung in § 42 BGB weggestrichen worden.[836]

Rechtstatsächlich tritt hinzu, dass es für eine Gläubigergefährdung nicht (einzig) auf die rechtliche Gestaltungsform des Schuldners ankommt; maßgebend ist vielmehr die tatsächliche Ausformung der jeweiligen Betätigung, mithin vor

---

rechtsformabhängige Sonderbestimmung führt dadurch auch in dieser Hinsicht zu einer weiteren ungewollten Rechtsunsicherheit.

835 Siehe hierzu *Hirte*, in: FS O. Werner, 222, 225; *Roth*, ZInsO 2012, 678. Um in Folge der COVID-19-Pandemie eine Insolvenzwelle zu vermeiden wurde für den Zeitraum vom 1.3.2020 bis zum 30.9.2020 jene Verpflichtung zur Stellung eines Insolvenzantrags ausgesetzt (sofern keine Verlängerung erfolgt). Dies gilt indes nicht, sofern die Insolvenzreife nicht auf den Folgen der Ausbreitung des *SARSCoV-2-Virus* beruht oder falls keine Aussicht mehr darauf besteht, eine gegenwärtig bestehende Zahlungsunfähigkeit wieder beseitigen zu können.

836 Vgl. hierzu: BR-Drucks. 399/1/08, 3. Der Gesetzesantrag aus den Ländern Saarland sowie Baden-Württemberg (BR-Drucks. 399/08, 2) sah indes noch eine inhaltliche Bereicherung des § 42 Abs. 2 BGB um einen Satz 3 mit der Fassung vor: „Ein ehrenamtlich und unentgeltlich tätiges Vorstandsmitglied eines nach § 5 Abs. 1 Nr. 9 des Körperschaftsteuergesetzes steuerbefreiten Vereins ist nur dann für den Schaden verantwortlich, wenn es selbst die Stellung des Antrags verzögert oder Kenntnis von der Pflichtverletzung hat."

allem der konkrete Umfang eines etwaigen wirtschaftlichen Nebenbetriebs.[837] Viele Stiftungen sind indessen in unvergleichlich größerem Ausmaß wirtschaftlich aktiv als beispielshalber viele Gesellschaften mit beschränkter Haftung und auch Unternehmergesellschaften (haftungsbeschränkt). Zu erwähnen sind hier namentlich meist Krankenhaus-, Seniorenheim-, Theater- oder Museumsstiftungen.[838] Umgekehrt können die Aspekte, die für eine Privilegierung von Vereinen und Stiftungen streiten, möglicherweise auch bei sonstigen Rechtsträgern gelten, besonders wenn deren Organmitglieder unentgeltlich tätig sind; der Meinungsstreit über die grundsätzliche Anwendbarkeit des § 31a BGB auch auf Kapitalgesellschaften verdeutlicht jenen Gesichtspunkt.[839] All dieses kann hingegen durch die jetzige Bestimmung in § 15a Abs. 7 InsO unter keinerlei Standpunkt berücksichtigt werden.[840]

b) Folgen bei Insolvenzverschleppung

aa) Zur Haftung gemäß § 42 Abs. 2 S. 2 BGB

Wird die Stellung des Insolvenzantrags verzögert, so sind jene Vorstandsmitglieder, denen ein Verschulden zur Last fällt, nach § 86 S. 1 BGB in Verbindung mit § 42 Abs. 2 S. 2 BGB allen Gläubigern für den daraus entstandenen Schaden haftbar. Es handelt sich dabei um die bereits im Kapitalgesellschaftsrecht geläufige Insolvenzverschleppungshaftung, welche dort indessen eben nicht spezialgesetzlich vorgeschrieben ist, sondern aus § 823 Abs. 2 BGB in Verbindung mit § 15a InsO folgt. § 42 Abs. 2 S. 2 BGB ist als Anspruchsgrundlage zu bewerten.[841]

Umstritten ist hingegen, unter welchen tatsächlichen Voraussetzungen eine „verzögerte" Antragstellung vorliegt. Im Gegensatz zu § 15a InsO beinhaltet die Norm in § 42 Abs. 2 BGB nämlich eben keine Verpflichtung zur unverzüglichen Insolvenzantragstellung und schließlich auch keine ausdrückliche Maximalfrist.[842] Dies kann allerdings im Gegenschluss nicht bedeuten, dass bei der

---

837 So auch *Hirte*, ZInsO 2013, 171, 175; *Roth*, ZInsO 2012, 678 f.

838 Vgl. hierzu auch *Burgard*, Die Stiftung - Jahreshefte zum Stiftungswesen 3 (2009), 31, 32.

839 Dazu etwa *Hirte*, Kapitalgesellschaftsrecht, Rn. 3.83a.

840 Vgl. *Hirte*, ZInsO 2013, 171, 175.

841 So überdies auch: Bamberger/Roth-BGB/*Schöpflin*, § 42 Rn. 15; *Müller*, ZIP 2010, 153, 154; NK-BGB/*Eckardt*, § 42 Rn. 47; Staudinger-BGB/*Schwennicke*, § 42 Rn. 50; a.A. hingegen - Schutzgesetz im Sinne des § 823 Abs. 2 BGB - Soergel-BGB/*Hadding*, § 42 Rn. 12.

842 Vgl. Uhlenbruck-InsO/*Hirte*, § 11 Rn. 220.

Stiftung eine Verpflichtung zu einer *sofortigen* Insolvenzantragstellung gegeben ist und demnach keine Überlegungsfrist für den Vorstand besteht.[843] Denn dann wäre es für den Stiftungsvorstand bereits von vornherein gar nicht machbar, die Erfolgschancen der Sanierung zu überprüfen. Aber auch die analoge Anwendung der Drei- beziehungsweise Sechswochenfrist ist bei einer Stiftung nicht angezeigt, denn durch Verabschiedung des „Gesetzes zur Modernisierung des GmbH-Rechts und zur Bekämpfung von Missbräuchen" hat der modernisierende Gesetzgeber die selbstständige Stiftung sowie den eingetragenen Verein im Rahmen der Gesetzesänderung explizit von der rechtsformunabhängigen Formulierung der Insolvenzantragsverpflichtung des § 15a Abs. 1 InsO ausgeschlossen.[844]

Die benannte Frist aus § 15a Abs. 1 InsO ist jedoch dessen ungeachtet immerhin nicht vollumfänglich bedeutungslos für eine unmissverständliche und klare Interpretation des § 42 Abs. 2 S. 2 BGB: Ihr kann nämlich die Wertung entnommen werden, dass die Möglichkeit zu einer außergerichtlichen Sanierung zum allgemeinen Schutze der Gläubiger zeitlich begrenzt ist. Dies muss somit auch für § 42 Abs. 2 BGB gelten, um den Widerstreit zwischen dem Sanierungsinteresse des Schuldners und dem gewichtigen Interesse an einer möglichst frühzeitigen Antragstellung aufzulösen. Nimmt man jedoch an, es existiere überhaupt keinerlei Fristbindung, so kommt es gar nicht zu der in § 42 Abs. 2 BGB genannten Rechtsfolge, weil man grundsätzlich nichts schuldhaft verzögern kann, wofür überhaupt keine gesetzliche Frist vorgeschrieben ist.[845] Im Ergebnis wird nun davon auszugehen sein, dass der Gesetzgeber mit der Antragsfrist gemäß § 15a Abs. 1 InsO nicht die Chance für außergerichtliche Sanierungsbemühungen etabliert, sondern jene vielmehr durch eine absolute zeitliche Höchstgrenze eingrenzt.[846] Diese genormte Frist pauschaliert damit, wann spätestens eine verzögerte Antragstellung vorliegt. Eine derart pauschalierte Umgrenzung des gewährten Vorstandsermessens enthält die Festsetzung in § 42 Abs. 2 BGB nicht.[847] Die Mitglieder eines Stiftungsvorstands können demnach für die Überprüfung einer eventuellen außergerichtlichen Sanierung notwendigenfalls auch durchaus einen längeren Zeitraum als lediglich drei beziehungsweise sechs

843 Vgl. *Lenger/Finsterer*, NZI 2016, 571, 572; *Müller*, ZIP 2010, 153, 156.

844 Dafür jedoch Staudinger-BGB/*Schwennicke*, § 42 Rn. 35.

845 So auch *Lenger/Finsterer*, NZI 2016, 571, 572; *Rugullis*, NZI 2007, 323, 325.

846 Vgl. hierzu *Roth/Knof*, KTS 2009, 163, 177 f.

847 Vgl. *Roth/Knof*, KTS 2009, 163, 177.

Wochen in Anspruch nehmen.[848] Sofern jedoch aus der Sicht eines ordentlichen Stiftungsvorstands die notleidende Stiftung nicht mehr länger sanierungsfähig ist, hat der Vorstand ein Verfahren vor dem zuständigen Insolvenzgericht einzuleiten.[849] Um Rechtssicherheit hinsichtlich ebendieser Problematik gewährleisten zu können, besteht hier auch weiterhin spezieller Handlungsbedarf für den Gesetzgeber. Der § 42 Abs. 2 BGB sollte ohne jeden Zweifel als rechtsformabhängige Sondernorm der Stiftungen abgeschrieben und aufgegeben werden.[850] Die Pflicht zur Stellung des Insolvenzantrags würde sich dann für den Stiftungsvorstand nach der insolvenzrechtlichen Regelung des § 15a Abs. 1 InsO richten. Außerdem wäre auf jene Weise die vom Gesetzgeber doch ausgerechnet nicht anvisierte Schlechterstellung von Stiftungsvorständen gegenüber den antragsverpflichteten Vertretungsorganen aller sonstigen juristischen Personen ausgegrenzt.[851]

Ansprüche aus § 86 S. 1 BGB in Verbindung mit § 42 Abs. 2 S. 2 BGB entstehen gegen diejenigen Vorstandsmitglieder, die ihre gesetzliche Insolvenzantragsverpflichtung schuldhaft missachtet haben. Die gesetzliche Pflicht zur Insolvenzantragstellung trifft grundsätzlich jedes Vorstandsmitglied isoliert. Mehrere haftpflichtige Organwalter haften als Gesamtschuldner.[852]

Nur ein solches Vorstandsmitglied, das schuldhaft seine Insolvenzantragspflicht verletzt hat, haftet dafür auch wegen Insolvenzverschleppung. Gehaftet wird gemäß § 276 BGB schon für die einfache Fahrlässigkeit.[853] Maßstab hierfür ist die Sorgfalt eines ordentlichen und auch eines stets gewissenhaften Geschäftsleiters. War ein Insolvenzgrund objektiv zu erkennen und bestand ferner kein erkennbarer Anlass für eine Verzögerung des Eröffnungsantrags, wird das Verschulden gemeinhin vermutet.[854] Der Vorstand einer Stiftung ist angehalten, die konkreten Vermögensverhältnisse der Stiftung ununterbrochen zu

---

848 Siehe hierzu auch *Leuschner*, ZHR (175) 2011, 787, 798; *Poertzgen*, ZInsO 2012, 1697, 1707; *Roth/Knof*, KTS 2009, 163, 178.

849 Vgl. auch *Haas*, SpuRt 1999, 1, 3.

850 Ebenso *Roth*, ZInsO 2012, 678, 679.

851 Vgl. hierzu auch *Laroche/Pruskowski/Schöttler/Siebert/Vallender*, ZIP 2012, 558, 566.

852 Siehe Staudinger-BGB/*Schwennicke*, § 42 Rn. 38.

853 Vgl. dazu bloß *BGH* NJW 1994, 2220, 2224; Bamberger/Roth-BGB/*Schöpflin*, § 42 Rn. 13; NK-BGB/*Eckardt*, § 42 Rn. 45; *Müller*, ZIP 2010, 153, 156; Staudinger-BGB/*Schwennicke*, § 42 Rn. 39.

854 Vgl. dazu auch noch *BGH* NJW 2007, 2118, 2120; BGHZ 143, 184, 185 f.; *Müller*, ZIP 2010, 153, 156; *Stingl*, Vermögensverfall, 156.

überprüfen.[855] Selbst wenn finanzielle Angelegenheiten einem bestimmten Vorstandsmitglied zugeordnet sind, so existiert schon mit ersten Krisensymptomen eine Gesamtverantwortung, welche dann jeden Einzelnen tangiert.[856]

Nach der im September des Jahres 2009 durch das „Gesetz zur Begrenzung der Haftung von ehrenamtlich tätigen Vereinsvorständen" neu eingeführten gesetzlichen Bestimmung des § 31a Abs. 1 BGB haften die Vorstandsmitglieder gegenüber der *Stiftung* allein im Fall von Vorsatz sowie grober Fahrlässigkeit, sofern sie unentgeltlich aktiv sind oder aber wenn sie für ihre Aktivität ausschließlich eine Vergütung beanspruchen, welche 840 Euro im Jahr nicht übersteigt; vgl. § 86 S. 1 BGB.[857] Allerdings betrifft diese Begrenzung der individuellen Verantwortlichkeit einzig und allein die interne Haftung von Vorstandsmitgliedern gegenüber der Stiftung, nicht hingegen eine Außenhaftung gegenüber Dritten.[858] Auch die Milderung der Haftung durch die *Stiftungssatzung* ist zum Nachteil der externen Gläubiger selbstverständlich nicht möglich. Es gilt aber zu eruieren, ob ein ehrenamtliches Vorstandsmitglied bei einfacher Fahrlässigkeit einen Freistellungsanspruch gegen die *Stiftung* entsprechend § 31a Abs. 2 BGB haben kann. Der Wortlaut des § 31a Abs. 2 BGB legt dies nahe, schließlich handelt es sich bei der hier beschriebenen Insolvenzverschleppungshaftung eines Organmitglieds um eine Pflicht gegenüber einem anderen zum Ersatz eines bei einer Ausübung von Vorstandsverpflichtungen entstandenen Schadens.[859] Gleichwohl harmoniert diese angesprochene Bestimmung nicht mit den spezifischen Eigenheiten der Insolvenzverschleppungshaftung. Denn es entsprach (sicher) nicht dem gesetzgeberischen Willen, dass jener Freistellungsanspruch durch die Insolvenz des Freistellungsschuldners (Stiftung) mit den Ansprüchen anderer Stiftungsgläubiger konkurriert oder deren Insolvenzquote mindert.[860] Ein solcher Freistellungsanspruch zu Lasten sämtlicher Gläubiger stünde in gewaltigem Widerspruch zu den auch schon oben dargelegten Wertungen des § 31a Abs. 1 BGB, wonach die generelle Begünstigung ehrenamtlicher Tätigkeit keinerlei Außenwirkung

855 Vgl. *BGH* NJW 2007, 2118, 2120; BGHZ 126, 181, 199; *Crezelius*, in: FS Röhricht, 787, 790; *Roth/Knof*, KTS 2009, 163, 177; *Veil*, ZGR 2006, 374, 377.

856 Vgl. *BGH* NJW 1994, 2149 ff.; *Haas*, SpuRt 1999, 1, 3; *Röcken*, ZStV 2010, 230, 232.

857 Siehe BGBl. I, 3161.

858 Vgl. *Roth*, npoR 2010, 1, 3; Staudinger-BGB/*Schwennicke*, § 42 Rn. 42; Uhlenbruck-InsO/*Hirte*, § 11 Rn. 220.

859 Vgl. *Müller*, ZIP 2010, 153, 156.

860 Siehe hierzu auch *Müller*, ZIP 2010, 153, 157.

gegenüber Dritten entfalten kann.[861] Im Gesetzgebungsverfahren gab es sicher auch Vorschläge, die Insolvenzverschleppungshaftung abzumildern.[862] Die existierende Regel wurde aber als sachgerecht bewertet und beibehalten.[863] Damit ist bezüglich des Verschuldens im Rahmen der Regelung des § 42 Abs. 2 S. 2 BGB gemeinhin nicht zwischen ehrenamtlicher oder nicht ehrenamtlicher Betätigung eines berufenen Vorstandsmitglieds zu unterscheiden.[864]

Der Haftungsumfang des § 42 Abs. 2 S. 2 BGB bestimmt sich danach, ob der Gläubiger die gegebene Forderung vor (*Altgläubiger*) respektive nach (*Neugläubiger*) dem Eintritt von Überschuldung beziehungsweise Zahlungsunfähigkeit erworben hat. Altgläubiger haben einen Rechtsanspruch auf die Erstattung des Quotenschadens, das heißt auf den Ersatz der Differenz zwischen der bei rechtzeitiger Stellung des Insolvenzantrags erzielbaren und der tatsächlichen Insolvenzquote des Gläubigers.[865] Dagegen erhalten vertragliche Neugläubiger umfassend das negative Interesse ersetzt (Vertrauensschaden). Sie können deshalb einfordern so behandelt zu werden, als ob sie nicht mit der zahlungsunfähigen respektive mit der überschuldeten Stiftung kontrahiert hätten.[866] Denn eine Aufgabe der Insolvenzantragspflicht liegt auch und besonders darin, die insolvenzreifen Rechtssubjekte mit beschränkter Haftungsmasse aus dem rechtlichen Verkehr entfernen zu können. Bei gesetzlichen Neugläubigern bleibt es allerdings beim Ersatz des Quotenschadens, weil derartige Ansprüche für

---

861 Vgl. auch *Müller*, ZIP 2010, 153, 156 f. In den Fällen einer Insolvenz ist jener Anspruch aus § 31a Abs. 2 BGB außerdem praktisch wertlos, weil eine Haftung nach § 42 Abs. 2 S. 2 BGB bereits fordert, dass von der Stiftung kein Ersatz zu verlangen ist; beachte hierzu beispielshalber auch noch Erman-BGB/*Westermann*, § 42 Rn. 6.

862 Siehe hierzu den Gesetzesantrag der Länder Saarland und Baden-Württemberg, BR-Drucks. 399/08, 9 f.

863 Beachte etwa die ablehnende Stellungnahme des Rechtsausschusses des Bundesrates, BR-Drucks. 399/1/08, 3.

864 Vgl. *Müller*, ZIP 2010, 153, 157.

865 Vgl. hierzu: *BGH* NJW-RR 2010, 1047; *OLG Köln* NJW-RR 1998, 686; Bamberger/Roth-BGB/*Schöpflin*, § 42 Rn. 11; Erman-BGB/*Westermann*, § 42 Rn. 7 f.; NK-BGB/*Eckardt*, § 42 Rn. 46 f.; Palandt-BGB/*Ellenberger*, § 42 Rn. 4; *Schmittmann*, ZStV 2019, 121, 122; Staudinger-BGB/*Schwennicke*, § 42 Rn. 44.

866 Siehe: *BGH* NJW 1994, 2220, 2222 unter Aufgabe der durch *BGH* NJW 1959, 623, 624 begründeten ständigen Rechtsprechung; NK-BGB/*Eckardt*, § 42 Rn. 46; Palandt-BGB/*Ellenberger*, § 42 Rn. 4; PWW-BGB/*Schöpflin*, § 42 Rn. 3; Uhlenbruck-InsO/*Hirte*, § 15a Rn. 40; a.A. dazu allerdings *Altmeppen*/*Wilhelm*, NJW 1999, 673 ff.; *Poertzgen*, NZG 2010, 772, 775.

gewöhnlich unfreiwillig und infolgedessen eben nicht im *Vertrauen* auf eine etwaige Leistungsfähigkeit der Stiftung erworben wurden.[867]

bb) Strafbarkeit nach § 15a Abs. 4 und 5 InsO

§ 42 Abs. 2 BGB begründet – ganz anders als mittlerweile[868] § 15a Abs. 4 und 5 InsO – keine Strafbewehrung der Insolvenzantragspflicht. Dass die rechtsformunabhängige Strafbarkeit der Insolvenzverschleppung für die Stiftung nicht greift, hat der Bundesgesetzgeber mit der durch das Gesetz vom 15.7.2013 eingeführten Regelung des jetzigen §15a Abs. 7 InsO ausdrücklich und unmissverständlich klargestellt. Damit ist eine Verletzung der gesetzlichen Antragspflicht aus §§ 86 S. 1, 42 Abs. 2 S. 1 BGB durch Mitglieder des Stiftungsvorstands generell nicht mit besonderen strafrechtlichen Konsequenzen bedroht.[869] Eine speziell normierte Strafbarkeit der Insolvenzverschleppung bei der Stiftung (und auch beim Verein) hielt der Gesetzgeber wegen der oftmals ehrenamtlichen Aktivität von Vereins- und auch von Stiftungsvorständen für nicht angemessen und im Übrigen für übermäßig.[870] Im Rahmen der Verhaltenssteuerung ist jedoch das Strafrecht oft das hilfreichste Mittel, da es komplett losgelöst von der Vermögenssituation eines betroffenen Täters seine beachtliche Wirkung entfalten kann.[871] Man mag vielleicht eine Strafandrohung aufgrund eines Verstoßes gegen die Insolvenzantragspflicht für ehrenamtliche Vorstände, die auch zivilrechtlich haften, für zu scharf halten. Allerdings ist eine Eingrenzung der Strafbarkeit lediglich dann gerechtfertigt, wenn keine *vorsätzliche* Tatbegehung durch das agierende Vorstandsmitglied vorliegt. Wer vorsätzlich zu Lasten der Gläubiger ein losgelöstes Rechtssubjekt unterhält, kann doch nicht wirklich eine Verschonung durch die Rechtsordnung erwarten – auch nicht als *ehrenamtlich tätiges* Vorstandsmitglied. Gerechtfertigt erscheint der Verzicht auf eine Strafbarkeit nur bei Fahrlässigkeit. Und hier auch bloß dann, wenn aufgrund der speziellen Umstände eine Sanktion durch das Strafrecht als unerwünscht strenge Reaktion einzuordnen wäre.[872] Eine solche Situation liegt meist vor, wenn eine

---

867 Vgl. *BGH* NJW 1999, 2182, 2183.

868 Siehe dazu etwa auch die früheren §§ 401 Abs. 1 Nr. 2 AktG, 84 Abs. 1 Nr. 2 GmbHG, 148 Abs. 1 Nr. 2 GenG und schließlich 130b HGB a.F.

869 Zur früheren Rechtslage und zur Bewertung der Neuregelung siehe etwa *Roth*, ZInsO 2012, 678 ff.; ausführlich nebstdem *Reschke*, Insolvenzverschleppung, 326 ff. (beachte dort auch S. 40 ff. und S. 281 ff. zur Untreue- und zur Bankrottstrafbarkeit).

870 Siehe dazu BT-Drucks. 17/11268, 21.

871 Vgl. *Roth*, ZInsO 2012, 678, 679.

872 So ebenfalls *Roth*, ZInsO 2012, 678, 679.

Insolvenzverschleppung letztlich auf eine gewisse Unerfahrenheit und zudem auf typische – und dadurch faktisch auch respektierbare – Gepflogenheiten verschiedener Gesellschaftssektoren zurückzuführen ist, die rudimentärsten kaufmännischen Buch- und außerdem Geschäftsführungsstrukturen gemeinhin nicht gerecht werden. Nur hier erscheint eine strafrechtliche Haftung verzichtbar, nicht jedoch bei den Vorstandsmitgliedern großer Unternehmensstiftungen, die in erheblichem Umfang am Wirtschaftsleben teilnehmen, insbesondere bedeutende Anstaltsstiftungen. Sie haben oftmalig Arbeitnehmer und etliche Geschäftsbeziehungen. Entgegen der Begründung des Gesetzgebers sind folglich die Verhältnisse in ebendiesen Fällen durchaus mit den Verhältnissen bei den werbenden Handelsgesellschaften zu vergleichen.[873] Weshalb dann jedoch die Strafandrohung nicht gilt, ist nicht nachvollziehbar.[874] Methodisch muss man jene Konstellationen nun präzise mit Hilfe der vorhandenen Werkzeuge des Strafrechts erfassen. So könnte zum Beispiel daran gedacht werden, *§ 15a Abs. 5 InsO* zu ergänzen. Die Ergänzung würde wohl lauten können:[875]

„*(5) [1]Handelt der Täter in den Fällen des Absatzes 4 fahrlässig, ist die Strafe Freiheitsstrafe bis zu einem Jahr oder Geldstrafe. [2]Das Gericht kann im Fall einer fahrlässigen Tatbegehung die Strafe nach dem eigenen Ermessen mildern (§ 49 Absatz 2 StGB) respektive auch komplett von einer Bestrafung nach dieser Vorschrift absehen, wenn*

---

873 Beachte etwa auch *Brand/Reschke*, NJW 2009, 2343, 2346 f.; *Laroche/Pruskowski/Schöttler/Siebert/Vallender*, ZIP 2012, 558, 566. Vgl. hierzu auch noch *Wochner*, in: Vermögensnachfolge, 141, 160.

874 So aber BT-Drucks. 17/11268, 21.

875 Bei etwa 80 bis 90 % aller Insolvenzen soll es nach Schätzungen zu einer Straftat kommen. In der Polizeilichen Kriminalstatistik (PKS) sind für das Jahr 2018 entsprechend 4.266 Fälle erfasst. Die Aufklärungsquote ist dabei mit über 99 % besonders hoch. Weil ferner die Insolvenzgerichte der Staatsanwaltschaft sowohl die Ablehnung der Eröffnung eines Insolvenzverfahrens mangels Masse als auch eine vollzogene Insolvenzeröffnung mitteilen müssen, soweit es nicht um ein Verfahren gegen eine Privatperson ohne Bezug zu einer gewerblichen Tätigkeit des Schuldners geht, ist hier von einem nur sehr geringen Dunkelfeld auszugehen. Bei allen statistisch erfassten insolvenzbezogenen Straftaten ist speziell die GmbH überdurchschnittlich repräsentiert. Trotz jener hohen Zahl von Ermittlungs- und Strafverfahren kommen bloß wenige Fälle vor die Rechtsmittelgerichte; vgl. zum Ganzen speziell MüKo-StGB/*Hohmann*, § 15a InsO Rn. 6 m.w.N. und zum staatsanwaltlichen Verhalten zu Lasten von Vereins- wie auch von Stiftungsvorständen nach § 15a Abs. 4 und 5 InsO auch noch BT-Drucks. 17/11268, 21.

1. *die juristische Person oder eine gleichwertige Gesellschaft (§ 15a Absatz 1 Satz 3 InsO) nicht einen wirtschaftlichen Geschäftsbetrieb bewirtschaftet, welcher nach Art und nach Umfang einer kaufmännischen Einrichtung (§ 1 Absatz 2 HGB) bedarf, und*
2. *der Täter unentgeltlich als organschaftlicher Vertreter agiert beziehungsweise lediglich eine solche Vergütung erhält, welche 840 Euro jährlich nicht übersteigt.“*

Satz 2 verschafft dem betroffenen Gericht einen Ermessensspielraum bei der Strafzumessung, welcher jedoch schon nach seinem Anwendungsbereich bloß bei juristischen Personen und gleichgestellten Gesellschaften eingreift, die gemeinhin nicht in einem größeren Ausmaß wirtschaftlich tätig sind. Erfasst werden also insbesondere kleinere Vereine und auch kleinere Stiftungen. Ausgeschlossen werden dagegen Großvereine und größere Stiftungen, die sich zwar im Rahmen des zulässigen Nebentätigkeitsprivilegs bewegen, allerdings dennoch in einem ganz erheblichem Umfang an dem Wirtschaftsverkehr teilnehmen. Praktisch werden so zuvörderst jene Vereine und Stiftungen – daneben aber auch andere Rechtsträger – erfasst, die ihre wirtschaftliche Betätigung nach § 33 HGB grundsätzlich ohnedem in das Handelsregister eintragen lassen müssten. Der noch relativ weite Anwendungsbereich wird – entsprechend der gesetzgeberischen Ziele – außerdem auf ehrenamtliche Vertreter begrenzt, weil die Milderung andernfalls auch hauptberufliche Geschäftsleiter einbeziehen würde. Diese sollen indes wegen der für gewöhnlich fehlenden Schutzbedürftigkeit von etwaigen Reduzierungen des gemeinen Strafrahmens ausgeschlossen bleiben. Meines Erachtens gelingt durch diese Einschränkungen genau das, was der Gesetzgeber durch die Einführung des aktuellen § 15a Abs. 7 InsO im Jahr 2013 zu erreichen versuchte, ohne hingegen dabei mit inkonsequenten rechtsformspezifischen Instrumenten hantieren zu müssen.[876] Das zugesprochene gerichtliche Ermessen

876 Die weite Formulierung des § 15a InsO sollte Strafbarkeitslücken schließen, die durch das vermehrte Auftreten von im Inland aktiven Auslandsgesellschaften (insbesondere die Ltd.) entstanden sind. Da die oben empfohlene Ergänzung der gesetzlichen Vorschrift in § 15a Abs. 5 InsO indes juristische Personen und ihnen vergleichbare Gesellschaften ebenfalls wortgleich erfasst, würde sich die schon angesprochene Debatte über eine Anwendung von § 15a Abs. 1 InsO oder von § 15a Abs. 7 InsO für die ausländischen Rechtsträger, die den Verwaltungssitz und den Betrieb im Inland haben sowie deutschem Insolvenzrecht unterliegen, erübrigen. Dadurch werden stets unerwünschte Schutzlücken im Gesetz vermieden und es wird Rechtssicherheit für die Betroffenen geschaffen; beachte zu diesen Aspekten insbesondere auch noch BT-Drucks. 16/6140, 55 sowie *Roth*, ZInsO 2012, 678.

gewährleistet überdies noch einen gewissen Handlungsspielraum innerhalb der gemeinhin erfassten Fälle.[877]

cc) Haftung für verbotene Zahlungen?

Nach § 64 S. 1 und 2 GmbHG a.F. war der Geschäftsführer einer GmbH der Gesellschaft zum Ersatz solcher Zahlungen verpflichtet, die nach dem Eintritt der Zahlungsunfähigkeit oder der Überschuldung der Gesellschaft für diese geleistet wurden, es sei denn, jene Zahlungen waren mit der Sorgfalt eines ordentlichen Geschäftsmanns vereinbar. Ähnliche Haftungsnormen gab es schließlich auch noch in § 93 Abs. 3 Nr. 6 AktG a.F. i.V.m. § 92 Abs. 2 S. 1 AktG a.F. und auch in § 34 Abs. 3 Nr. 4 GenG a.F. i.V.m. § 99 S. 1 GenG a.F. Durch das aktuelle Gesetz zur Fortentwicklung des Sanierungs- und Insolvenzrechts („SanInsFoG") hat der Gesetzgeber mit Wirkung zum 1.1.2021 die vorgenannten Vorschriften gestrichen und eine rechtsformneutrale Haftungsbestimmung mit § 15b InsO eingeführt. Auch hiernach sind sämtliche Zahlungen aus dem ***Gesellschaftsvermögen*** nach Eintritt von Zahlungsunfähigkeit respektive Überschuldung untersagt und endlich auch haftungsbewehrt, falls sie nicht mit der Sorgfalt eines ordentlichen Geschäftsführers vereinbar sind. Nach der Rechtsprechung des Bundesgerichtshofs handelt es sich hierbei um solche Erstattungsansprüche, die dem Gesamtinteresse der Gläubigerschaft an der gleichmäßigen Befriedigung dienen sollen.[878] In ihrer konkreten Ausformung hat sich jene Haftungsregelung als äußerst effektives Instrument für eine Anreicherung der Insolvenzmasse erweisen können. Im Stiftungs- oder Vereinsrecht findet sich bis heute keine eigene Regelung zur Erstattung von verbotenen Zahlungen. Eine verbreitete Ansicht in der Literatur wollte hier mit einer *entsprechenden Anwendung* der spezialgesetzlichen

877 Anders als hier hingegen *Roth*, ZInsO 2012, 678, 679, welcher durch den Verweis auf § 6 HGB eben doch eine ebenso rechtsformabhängige Privilegierungsregelung empfiehlt. Im Übrigen ignoriert der dortige Entwurf, dass der Gesetzgeber speziell ehrenamtliche Organmitglieder begünstigen wollte; professionelle Geschäftsleiter sind nämlich – auch wenn es um eine nicht wirtschaftliche Tätigkeit des betroffenen Rechtsträgers geht – auch nach der hiesigen Auffassung grundsätzlich nicht schutzwürdig; vgl. jedoch auch noch *Hirte*, ZInsO 2013, 171, 175.

878 Vgl. BGHZ 146, 264, 278; ebenso *Fleck*, GmbHR 1974, 224, 230; *Goette*, ZInsO 2005, 1, 3; *Haas*, NZG 2004, 737, 738; *Heitsch*, ZInsO 2009, 1571, 1576; *Röhricht*, ZIP 2005, 505, 509.

Zahlungsverbote im Wege einer Analogie aushelfen.[879] Der Bundesgerichtshof dagegen ist dem im Jahre 2010 nicht gefolgt.[880]

Die gesetzliche Neuregelung in § 15b Abs. 1 InsO fasst nun die gesellschaftsrechtlichen Normen über die Zahlungsverbote zusammen, soweit diese juristische Personen betreffen, bei denen die Insolvenzantragspflicht aus § 15a Abs. 1 S. 1 InsO resultiert.[881] Nicht anwendbar ist die Regelung des § 15b Abs. 1 InsO daher für die von der insolvenzrechtlichen Antragspflicht nach § 15a Abs. 1 InsO ausgenommenen Stiftungen und Vereine, welche einzig und allein der Antragspflicht gemäß § 42 Abs. 2 BGB unterliegen. Daraus könnte nun der Schluss zu ziehen sein, dass bei Stiftungen und gleichfalls bei Vereinen nach dem Willen des Gesetzgebers eben *kein Zahlungsverbot* bestehen darf. Nachfolgend soll nun gleichwohl überprüft werden, ob die Voraussetzungen für eine entsprechende Anwendung des § 15b InsO auf die Stiftung dennoch gegeben sind. Diese setzt bekanntermaßen voraus, dass das Gesetz eine (planwidrige) Regelungslücke aufweist und der zu begutachtende Sachverhalt unter rein juristischen Blickpunkten mit dem vom Gesetzgeber geregelten Sachverhalt so weit gleichartig ist, dass zu mutmaßen ist, der Gesetzgeber wäre bei einer Interessenabwägung, bei der er sich von den gleichen Gedanken hätte lenken lassen wie bei Erlass der herangezogenen Norm, zum identischen Abwägungsergebnis gelangt.[882]

---

879 Vgl. *Hirte*, in: FS O. Werner, 222, 228; *Passarge*, NZG 2008, 605, 608; *Roth/Knof*, KTS 2009, 163, 180; so für den Verein auch *Reuter*, NZG 2010, 808, 811; *Wischemeyer*, DZWIR 2005, 230, 233 f.; dagegen indes: *Müller*, ZIP 2010, 153, 158 f.; zum Verein a.A. etwa auch noch: Erman-BGB/*Westermann*, § 42 Rn. 7; *Koza*, DZWIR 2008, 98, 99.

880 Siehe *BGH* NZG 2010, 711, 712. Der *II. Senat* des *BGH* hat durch den Beschluss vom 8.2.2010 bestimmt, dass Vereinsvorstände für gewöhnlich nicht für masseschmälernde Zahlungen nach dem Eintritt einer Insolvenzreife des Vereins haften. § 42 Abs. 2 BGB enthalte insofern offenkundig keine planwidrige Regelungslücke, die eine Analogie möglich oder erforderlich machen würde. Der Gesetzgeber habe die Annahme einer derartigen Lücke immerhin dadurch unmöglich gemacht, dass er die bestehende Regelung in § 42 Abs. 2 BGB bei der Schaffung des § 15a InsO im Jahre 2008 unverändert ließ. Erst recht sei eine Analogie unvertretbar geworden, seit im Jahr 2009 die Haftung ehrenamtlicher Vereins- sowie Stiftungsvorstände für die Verletzung ihrer Amtspflichten auf Vorsatz und auf grobe Fahrlässigkeit begrenzt worden sei. Beachte dabei auch noch *OLG Hamburg* NZG 2009, 1036, 1037 sowie schließlich *OLG Karlsruhe* NZG 2009, 995, 996; *Hörnig/Knauth*, NZI 2017, 785, 786.

881 Siehe zur Kritik daran bereits oben, S. 205 ff.

882 Ständige Rechtsprechung, siehe hierzu beispielsweise: BGHZ 120, 239, 252 m.w.N.; *Canaris*, Feststellung von Lücken, 39; *Larenz*, Methodenlehre, 373.

Zunächst reicht mithin das alleinige Bestehen der Regelungslücke nicht aus. Vielmehr muss weiterhin stets ein positiver Nachweis erbracht werden, dass auch eine vom Gesetzgeber *ungewollte* Regelungslücke im gesetzlichen Normbestand vorliegt. Der *IX. Senat* des Bundesgerichtshofs führt dazu zu Recht aus, dass grundsätzlich sonst ein jedes Schweigen des Gesetzgebers – und das ist der Normalfall, wenn er etwas nicht regeln will – als planwidrige Lücke im Wege dieser Analogie von den Gerichten ausgefüllt werden könnte.[883] Hierbei ist für gewöhnlich der im Gesetz zum Ausdruck gebrachte Regelungsplan im Wege einer historischen und auch einer teleologischen Auslegung zu ermitteln.[884] Das Insolvenzverfahren dient der Befriedigung aller Gläubiger und erstrebt dafür eine Mehrung der zu verteilenden Insolvenzmasse. Dieses Ziel ist ergo Maßstab für die Beantwortung der Frage nach einer persönlichen Haftung von Geschäftsleitern für eine verbotene Zahlung im Allgemeinen und vorliegend auch noch für den ganz speziellen Fall der Krisen- sowie Insolvenzsituation der Stiftung. Die überaus begrenzte persönliche Haftung von Stiftungsvorständen stellt im Vergleich zu sonstigen Rechtsformen eine Schlechterstellung für die Gläubiger in der Insolvenz dar, die so nicht sachgerecht und infolgedessen auch planwidrig ist. Stiftungen sind inzwischen – anders als noch zu Zeiten des Inkrafttretens des BGB – verstärkt auch als unternehmenslenkende Rechtsträger am wirtschaftlich agierenden Markt tätig. So etwa sind ganz unterschiedliche Wirtschaftsunternehmen mit einer Stiftung verbunden, beispielsweise die anteilig in Stiftungsbesitz befindliche *thyssenkrupp AG* oder auch die *Fresenius SE & Co. KGaA*. Da Stiftungen demgemäß auch in ganz erheblichem Ausmaß am Wirtschaftsleben teilnehmen, müssen auch die Gläubiger in gleichartiger Weise geschützt werden, wie es bei anderen – ebenfalls wirtschaftlich tätigen – Rechtsformen der Fall ist. Aufgrund der im Gesetz gegenwärtig fehlenden Haftung für sogenannte verbotene Zahlungen durch einen Stiftungsvorstand sind die Gläubiger der Stiftung im Gegensatz zu den Gläubigern anderer Rechtsformen im Fall der Insolvenz zurückgesetzt. Eine wirklich evidente Rechtfertigung für eine derartige Schlechterstellung bleibt aus. Zugegeben: Auch heute fehlen konkrete Anzeichen für ein gesetzgeberisches Vorhaben zu einer umfangreichen Angleichung des stiftungsrechtlichen Gläubigerschutzes an den im Kapitalgesellschaftsrecht stets erprobten Gläubigerschutz, dem nun das Fehlen der Vorstandshaftung für Masseschmälerungen de facto widersprechen könnte. Es ist nebstdem korrekt, dass

---

883 Vgl. BGHZ 167, 178, 185; *Koch*, ZStV 2010, 92, 94; siehe ferner *Canaris*, Feststellung von Lücken, 51.

884 Vgl. hierzu BGHZ 170, 187, 191.

der Gesetzgeber § 42 Abs. 2 BGB zuletzt nicht um eine Haftung für verbotene Zahlungen ergänzt hat und dass nun auch § 15b InsO die Stiftung ausdrücklich nicht mitumfasst. Indessen kann sich die ungewollte Gesetzeslücke auch daraus ergeben, dass ein Regelungsbestand gerade nicht den Forderungen der konsequenten Gesamtrechtsordnung genügt.[885] Das zentrale Prinzip der Gleichbehandlung von gleichen Einzelfällen gehört zu diesen Forderungen.[886] Soweit die Interessenlage diverser Personengruppen – wie hier – betroffen ist, bindet das Prinzip der Gleichbehandlung immerzu den Gesetzgeber, so dass auch dessen eventuell abweichender Wille für die Rechtsfortbildung unbeachtlich bleibt.[887]

Damit ist man nunmehr bei der entscheidenden Frage angekommen, ob es zwischen der Interessenlage im Stiftungsrecht und im Kapitalgesellschaftsrecht ferner noch typische Unterschiede gibt, die einen *ungleichen Gläubigerschutz* im Hinblick auf den Schutz vor masseschmälernden Leistungen nach Insolvenzreife begründen können.[888] Soweit aus den fehlenden Kapitalschutzregeln im Vereinsrecht auf die vom Gesetzgeber anerkannte geringere Schutzbedürftigkeit aller Vereinsgläubiger geschlossen wird, ist dies generell kein tragfähiges Argument gegen die Erstattungspflicht eines Vereinsvorstands bei eventuell sorgfaltswidrigen Zahlungen nach Insolvenzreife. Denn jene Erstattungspflicht knüpft nach der vorherrschenden Meinung lediglich an zwei Voraussetzungen an, die im Fall eines Vereins (und ebenso im Fall einer Stiftung) in vollkommen gleicher Form erfüllt sind: die Begrenzung der Haftung auf das Vermögen der Kapitalgesellschaft beziehungsweise Genossenschaft sowie zudem die Geltung des Grundsatzes von der gleichmäßigen Befriedigung sämtlicher Gläubiger. Die Annahme der planwidrigen Lücke entspricht indessen einer kritischen Bewertung des Gesetzes am Horizont eines selbst gesetzten *Ziels* und des Grundgedankens einer *Gleichbehandlung des Gleichen*.[889]

Dass sich der Gesetzgeber im Rahmen der Beratungen zum „Gesetz zur Modernisierung des GmbH-Rechts und zur Bekämpfung von Missbräuchen“ wissentlich dagegen entschied, die lange existierende Bestimmung des § 42 Abs. 2 BGB in der eigens eingeführten Vorschrift in § 15a InsO aufgehen zu lassen, kann ausschließlich für diejenigen Regelungsinhalte etwas bedeuten, die

885 Vgl. auch *Reuter*, NZG 2010, 808, 810.

886 Vgl. *Larenz*, Methodenlehre, 401.

887 Siehe *Reuter*, NZG 2010, 808, 810.

888 Beachte hierzu auch die im methodischen Ansatz zutreffende Darstellung von *Koza*, DZWIR 2008, 98 ff.

889 Siehe *Larenz*, Methodenlehre, 401.

auch realiter zu dem regulierten Umfang des § 15a InsO in seiner ganz konkreten Ausgestaltung gehören.[890] Hierzu zählen offenkundig nicht die verschiedenen Vorschriften über die Haftung eines Vertretungsorgans für nach Eintritt der Insolvenzreife getätigte (verbotene) Zahlungen. Diese waren nach wie vor in den verschiedenen Spezialgesetzen zu finden.[891] Tatsächlich wurde mit jener Einführung des § 15a InsO keine Veränderung des nationalen materiellen Rechts bezweckt.[892] Vielmehr ging es dabei um die Herstellung von systematischer Klarheit und um die Gewährleistung der Zuständigkeit des deutschen Rechts im Hinblick auf internationales Privatrecht.[893] Die Frage nach Bestehen der planwidrigen Regelungslücke wird naturgemäß auch durch dieses Ausklammern von § 42 Abs. 2 BGB aus dem Anwendungsbereich des § 15a InsO eigentlich nicht berührt.[894]

Noch weniger überzeugend erscheinen die Anstrengungen des Bundesgerichtshofs, aus der normierten Haftungsprivilegierung für ehrenamtliche Vorstandsmitglieder aus § 31a BGB eine etwaige Planmäßigkeit jener Regelungslücke herzuleiten. Die Haftungsmilderung besteht allein für Vorstandsmitglieder, die unentgeltlich tätig sind oder eine solche Vergütung für ihre Tätigkeit erhalten, die 840 Euro jährlich nicht übersteigt. Schon ebendeswegen kann demnach in § 31a BGB nicht der gesetzgeberische Wille zum Ausdruck kommen, grundsätzlich für *alle* Stiftungsvorstände eine solche Erweiterung der gegenständlichen Haftungsgefahren durchweg ohne Ausnahmen auszuschließen.[895] Das vom Bundesgerichtshof herausgestellte Prinzip einer Wertungswiderspruchsfreiheit fordert im Hinblick auf § 31a BGB allein, dass sich jene für die Haftung wegen Masseschmälerung erforderliche Sorgfaltswidrigkeit bei ehrenamtlich aktiven Vorstandsmitgliedern am Maßstab des § 31a BGB zu orientieren hat.[896] Sicher ist jedoch auch das nicht, ist doch binnen des Gesetzgebungsverfahrens zu § 31a BGB auch eine Angleichung von § 42 Abs. 2 BGB gestrichen worden; auch diesen Aspekt übersieht der Bundesgerichtshof in seiner Argumentation. Was die bezahlten Vorstände angeht, so ist die dargelegte Haltung des Bundesgerichtshofs

---

890 Ebenso auch schon *Reuter*, NZG 2010, 808, 809. A.A. jedoch auch *Koch*, ZStV 2010, 92, 94.

891 Vgl. dazu etwa § 64 GmbHG a.F., § 92 Abs. 2 AktG a.F., § 99 GenG a.F.

892 Siehe BT-Drucks. 16/6140, 55.

893 Siehe BT-Drucks. 16/6140, 55. Gleiches gilt im Übrigen auch für die an § 15a InsO anknüpfende Regelung des § 15b InsO, siehe hierzu BT-Drucks. 19/24181, 96.

894 So etwa auch *Reuter*, NZG 2010, 808, 809.

895 Vgl. *Reuter*, NZG 2010, 808, 809.

896 Vgl. dazu *BGH* NZG 2010, 711, 712.

erst recht nicht überzeugend, denn jene sind tatbestandlich schon gar nicht von § 31a BGB erfasst. Und bei den *hauptberuflichen* Stiftungsvorständen handelt es sich keineswegs um besonders seltene Einzelfälle, welche man bei generalisierender Betrachtung unbeachtet lassen könnte. Gerade wenn eine Erstattung von Masseschmälerungen praktisch relevant wird, also speziell bei den unternehmensverbundenen Stiftungen, erhalten die Vorstandsmitglieder vielfach eine Vergütung, welche die Grenzen des § 31a BGB häufig beträchtlich überschreitet.[897] Überhaupt erscheint somit jene angenommene Ausstrahlungswirkung des § 31a BGB auf das gesamte weitere Haftungssystem des Stiftungs- und ferner auch des Vereinsrechts grundsätzlich vollkommen unverhältnismäßig.[898]

Erst recht ohne Relevanz sind die existierenden Regelungen über die Aufbringung eines Garantiekapitals, die vorhandenen Bilanzierungspflichten, die Publizitätspflichten und endlich auch die Prüfpflichten.[899] Die Pflicht zur Verschaffung eines nominalen Garantiekapitals steht in keinem direkten Zusammenhang mit der hier geprüften Frage des Vorliegens oder auch des Nichtvorliegens einer (planwidrigen) Lücke im Hinblick auf die allgemeine Vorstandshaftung für die masseschmälernden Zahlungen nach Insolvenzreife. Die aktuellen gesetzlichen Regeln stehen einem solchen Zusammenhang nämlich explizit entgegen. Denn so sieht beispielsweise das Genossenschaftsrecht eine Haftung für masseschmälernde Leistungen vor, obwohl es eine unabdingbare Kapitalaufbringungspflicht nicht kennt.[900] Die gängige Bilanzierungspflicht des Handelsrechts schließt ausschließlich an die Kaufmannseigenschaft an und trifft folglich auch die Stiftung, falls diese Kaufmannseigenschaft hat.[901] Richtig ist, dass das Gesetz etwa für den Fall von Kapitalgesellschaften und der Personengesellschaften ohne eine natürliche Person als persönlich haftendem Gesellschafter ebendiese Bilanzierungspflicht ausweitet und schließlich durch Publizitäts- sowie durch Prüfpflichten vervollständigt.[902] Auch für Stiftungen gelten die für Kapitalgesellschaften grundlegend bekannt gemachten Bestimmungen der §§ 264 ff. HGB aber weitgehend entsprechend, soweit § 1 Abs. 1 PublG zu bejahen ist.[903] Die hiermit generell zur Geltung gelangenden Bestimmungen des ersten und außerdem des

897 Vgl. etwa nur *Sandberg*, Führungskräfte, 100.
898 Siehe hierzu auch noch *Reuter*, NZG 2010, 808, 809; *Roth*, ZInsO 2012, 678.
899 Ebenso *Reuter*, NZG 2010, 808, 811.
900 Vgl. hierzu Beuthien-GenG/*Beuthien*, § 7 Rn. 6.
901 Siehe dazu schon *Kußmaul/Meyering*, DStR 2004, 371, 373.
902 Vgl. *Reuter*, NZG 2010, 808, 811.
903 Siehe auch *Kußmaul/Meyering*, DStR 2004, 371, 373.

zweiten Abschnitts des Publizitätsgesetzes beziehen sich in großen Teilen auf die angesprochenen Regeln im HGB.[904]

Da das Zahlungsverbot einer Masseschmälerung entgegen wirken soll, ist es regelmäßig umfassend auszulegen. Unzulässig ist demnach nicht allein die Erfüllung bereits zugesicherter Förderungen, sondern auch die Begründung neuer Ansprüche gegen eine Stiftung im Rahmen der unentgeltlichen Zweckverwirklichung.[905] Schwieriger zu fassen ist jedoch die Behandlung beispielsweise auch der sogenannten „gegenseitigen" Verträge. Unzweifelhaft dient das Zahlungsverbot hauptsächlich einer gleichbleibenden Masseverteilung an sämtliche Gläubiger einer Stiftung. Gerade vor diesem Hintergrund muss schließlich ein Masseausgleich auch stets die grundsätzlichen Haftungsgefahren begrenzen. Seit einer Grundsatzentscheidung durch den Bundesgerichtshof, in welcher die frühere Rechtsprechung zu der generellen Unbeachtlichkeit von Gegenleistungen aufgegeben wurde, steht für die *Praxis* fest, dass ein Ausgleich, welcher für eine Zahlung in die Masse gelangt, eine Haftung mindert oder auch ausschließt, sofern ein unmittelbarer Zusammenhang mit jener Zahlung gegeben ist respektive dieser Ausgleich nach einer wirtschaftlichen Betrachtung einer bestimmten masseschmälernden Zahlung zugewiesen werden kann.[906] Die exakte Bewertung eines Ausgleichsgegenstandes erfolgt dabei gemeinhin stets zu den Liquidationswerten. Bei einer Stiftung wird es regelmäßig an der *Angemessenheit* einer Gegenleistung fehlen, weil viele Stiftungen ihre Leistungen – zum Beispiel die Pflege in Heimen – nicht gegen ein angemessenes (also ein *kostendeckendes*) Entgelt anbieten sollen.[907]

Besonders bei der Kapitalstiftung offenbart sich noch eine weitere Fragestellung, die im Rahmen dieser Untersuchung bislang nicht behandelt wurde: Begründet jenes Zahlungsverbot die Verpflichtung zur Bewirtschaftung der künftigen Insolvenzmasse? Dies ist in der Regel zu bejahen, mit der einleuchtenden Konsequenz, dass die gewöhnliche stiftungsrechtliche Pflicht zur ordnungsgemäßen Vermögensverwaltung mit dem Eintritt der Insolvenzreife direkt darauf ausgerichtet ist, die Stiftung durch diese Krise zu führen.[908] Unter dem

---

904 Insbesondere die §§ 5 und 13 PublG.

905 Vgl. *Roth/Knof*, KTS 2009, 163, 180. Soweit eine Förderung ohne Gegenleistung des Empfängers zu erbringen ist, ist diese Forderung gemäß § 39 Abs. 1 Nr. 4 InsO nur nachrangig durch die Stiftung zu befriedigen.

906 Vgl. BGHZ 203, 218, 221 f.

907 Siehe auch schon *Roth/Knof*, KTS 2009, 163, 181.

908 Ebenso *Roth/Knof*, KTS 2009, 163, 181. Für die GmbH siehe auch *Altmeppen/Wilhelm*, NJW 1999, 673, 678.

Prinzip, das Vermögen der Stiftung für eine reibungslose Gläubigerbefriedigung zu erhalten, ist der Stiftungsvorstand gegebenenfalls zu diversen Vermögensumschichtungen gezwungen. Volatile oder risikoreiche Anlageformen sind aufzulösen, um dem bestehenden Risiko weiterer bevorstehender Verluste umgehend entgegenwirken zu können. Setzen jedoch die Vorstandsmitglieder der Stiftung die bisherige Geschäftsführung fort, so ist jenes Verhalten pflichtwidrig. Die Vorstände einer Stiftung müssen die Geschäfte, wenn diese der ursprünglichen Geschäftsführung zuzurechnen sind, auf eigene Rechnung nehmen. Als Folge des Verstoßes gegen die Verpflichtung zu einer Unterlassung der eigentlichen Zweckverfolgung haften die Vorstandsmitglieder ihrer Stiftung mithin auf das negative Interesse, demzufolge das Interesse daran, nicht zweckverwirklichend weitergeführt, sondern ordnungsgemäß abgewickelt zu werden.[909] Dem tätigen Vorstand einer Stiftung steht aber auch insofern ein gerichtsfester Ermessensspielraum zu. Einzig der Maßstab wird sich verändern:[910] Maßgeblich ist nun nicht länger ein ertragsorientierter Anlagehorizont, sondern nur zum Zwecke einer Masseverwertung ein kurzfristiger und liquiditätsbezogener.[911]

Insgesamt ist deutlich geworden, dass gewichtige Argumente für die Erweiterung der Haftung eines Stiftungsvorstands auch auf die sorgfaltswidrig masseschmälernden Leistungen nach dem Eintritt der Insolvenzreife sprechen. Die *Ratio* dieser angesprochenen Haftung trifft bei Stiftungen gleichsam ins Schwarze: Das Vermögen ist prinzipiell vor jeder unberechtigten Minderung zu schützen und gegebenenfalls wieder aufzufüllen.[912] Bei der Stiftung wird ferner noch ein zusätzlicher Aspekt augenscheinlich, denn das *sanktionierte Zahlungsverbot* ist auch Ausgleich für die Gewährung der außergerichtlichen Sanierungsmöglichkeit,[913] in erster Linie gerade dann, wenn es an einer Bestimmung fehlt, welche pauschaliert und auch unumgänglich das Scheitern jeder außergerichtlichen Sanierungsbemühung spätestens nach dem Schluss einer festgeschriebenen Frist regelt.[914] Das gesetzliche Zahlungsverbot verhindert in genau diesem

---

909 Vgl. dazu auch *Altmeppen/Wilhelm*, NJW 1999, 673, 678.

910 Vgl. *Roth/Knof*, KTS 2009, 163, 181.

911 Vgl. *Roth/Knof*, KTS 2009, 163, 181.

912 Siehe auch *Hirte*, in: FS O. Werner, 222, 228; *Passarge*, NZG 2008, 605, 608; *Roth/Knof*, KTS 2009, 163, 179.

913 So auch Baumbach/Hueck-GmbHG/*Haas*, § 64 Rn. 84; Roth/Altmeppen-GmbHG/*Altmeppen*, § 64 Rn. 7.

914 Vgl. hierzu besonders: *Roth/Knof*, KTS 2009, 163, 179 f. Das insolvenzrechtliche Zahlungsverbot hängt gerade nicht mit der möglichen unternehmerischen Betätigung einer juristischen Person (oder einer ihr gleichgestellten Personengesellschaft)

Zeitraum eine Minderung der künftigen Insolvenzmasse.[915] Die vorhandene Gesetzeslücke kann nun mit einer Analogie zu § 15b InsO sinnvoll ausgefüllt werden.[916] Im Streit um den gemeinen Beginn des Zahlungsverbots hatte sich der Bundesgerichtshof einer vorherrschenden Meinung angeschlossen, der zufolge das Verbot schon unmittelbar mit Insolvenzreife gilt, das heißt vor und nicht erst nach dem Bestehen der Antragspflicht.[917] Subjektiv setzt eine Erstattungspflicht eine schuldhafte Verletzung jenes Zahlungsverbots voraus. Insoweit ist Fahrlässigkeit zumeist ausreichend, weil die Geschäftsleiter in der Krise zur dauernden Kontrolle verpflichtet sind.[918]

Ein Zahlungsverbot entfällt jedoch in analoger Anwendung von § 15b Abs. 1 S. 2 InsO für gewöhnlich dann, wenn jene verbotene Zahlung mit der Sorgfalt eines ordentlichen Stiftungsvorstands zu vereinbaren ist. Auf den ersten Blick prinzipiell unvereinbar mit diesem Maßstab wirken beispielsweise Zahlungen zur unmittelbaren Verfolgung des ideellen Zwecks der Stiftung: Sie sind grundsätzlich nicht mit ernsthaften Sanierungsanstrengungen verbunden und überdies wären sie auch bei einer gerade noch rechtzeitigen Stellung des Insolvenzantrags gar nicht mehr geleistet worden.[919] Etwas anderes kann stattdessen in Anlehnung an ein Urteil des Bundesgerichtshofs gelten, wenn sich der Stiftungsvorstand gerade durch die Realisierung seiner Massesicherungspflicht der strafrechtlichen Verfolgung aussetzen müsste;[920] angesichts einer etwaigen Strafandrohung kann eine Vorrangstellung der Massesicherungspflicht folglich nicht anerkannt werden.[921] Vielmehr muss das einem strafbewehrten Gebot entsprechende Tätigwerden des Stiftungsvorstands als mit den Pflichten eines ordentlichen und des Weiteren auch gewissenhaften Geschäftsleiters vereinbar angesehen werden. Die Aufrechterhaltung der gemeinnützigkeitsbedingten Steuerbegünstigungen ist ein – generell auch durch § 266 StGB – abgesichertes Vermögensinteresse der Stiftung und konstituiert demnach eine Konfliktlage

zusammen, sondern ausschließlich mit der begrenzten Haftung und der Gewährung einer außergerichtlichen Sanierungsphase bei einer formal sogar bereits eingetretenen Insolvenzreife.

915 Ähnlich *Altmeppen/Wilhelm*, NJW 1999, 673, 678.

916 So ebenfalls *Passarge*, NZG 2008, 605, 608.

917 Siehe dazu nur BGHZ 143, 184, 185. Siehe hierzu nun § 15b Abs. 1 InsO.

918 Vgl. hierzu bereits Fn. 855. Zweifelhaft ist besonders, ob hier § 31a BGB entsprechend anwendbar wäre.

919 Vgl. nur Ulmer/Habersack/Löbbe-GmbHG/*Casper*, § 64 Rn. 117.

920 Vgl. hierzu *BGH* ZIP 2007, 1265, 1266.

921 Vgl. *BGH* NJW 2008, 2504, 2505; *Schmittmann*, ZStV 2019, 91, 95.

als Rechtfertigung für eine an sich verbotene Zahlung.[922] Pflichtverletzungen mit einem Bezug zu der steuerrechtlichen Gemeinnützigkeit können bewirken, dass eine Stiftung für einen und gar auch für mehrere Veranlagungszeiträume ihren steuerrechtlichen Status der Gemeinnützigkeit verliert.[923] Dies kann für die Stiftung erhebliche finanzielle Nachteile zur Folge haben, etwa die Nachforderung von Steuern.[924] Es fragt sich allerdings, ob in der Gefahr des Verlustes jener wirtschaftlich kostbaren Rechtsposition desgleichen auch wirklich noch ein realer Vermögensnachteil der Stiftung zu entdecken ist. Ein Vermögensnachteil liegt indes nach ständiger Rechtsprechung und nach herrschender Meinung auch schon bei hinreichender (konkreter) Gefährdung von Vermögenswerten vor, weil zwischen jener Gefährdung und dem völligen Verlust lediglich ein quantitativer, nicht allerdings ein qualitativer Unterschied vorhanden ist.[925] So kann in der Gefährdung der Gemeinnützigkeit der Stiftung – vornehmlich durch eine dem existenten Zahlungsverbot entsprechende Nichtausschüttung schon realisierter Stiftungserträge zu einer unmittelbaren Zweckverfolgung – prinzipiell ein tatbestandsmäßiger Vermögensnachteil der Stiftung gesehen werden.[926] Die Aufrechterhaltung der steuerlichen Gemeinnützigkeit kann aber ferner auch aus insolvenzrechtlichen Gründen als Rechtfertigung für Leistungen der Stiftung dienen. Im Einzelfall soll ein Vergleich der Gesamtvermögenslage der jeweiligen Stiftung mit und ohne eine Fortsetzung jener steuerbegünstigten Betätigung ein geeignetes Ergebnis liefern. Wenn infolge der Aufrechterhaltung jener Steuerprivilegierungen durch eine fortdauernde Verfolgung des Stiftungszwecks eine Masseschmälerung letztendlich niedriger ausfällt,[927] fehlt es an der verbotenen Leistung.[928] Der grundsätzliche Punkt indessen bleibt

922 Beachte hierzu etwa auch *Lassmann*, ZStV 2010, 141, 146.

923 Eingehend dazu *Becker*, DStR 2010, 953 ff.

924 Vgl. dazu § 175 Abs. 1 S. 1 Nr. 2 AO. Vielfach ist auch in entsprechenden Richtlinien für eine Gewährung von öffentlichen Zuwendungen vorausgesetzt, dass die einzelne juristische Person als Zuwendungsempfängerin nur gemeinnützige Zwecke im Sinne der Abgabenordnung fördert. Dies ist gegebenenfalls sogar von der jeweiligen juristischen Person zu belegen. Beachte darüber hinaus auch noch die Ausführungen in BFHE 186, 433 ff.

925 Siehe dazu lediglich BGHSt 40, 287, 296.

926 Vgl. auch *OLG Hamm* wistra 1999, 350, 354.

927 Praktisch bedeutet dies: Die Summe sämtlicher Zahlungen zur Förderung steuerbegünstigter Zwecke ist kleiner als die – im Fall einer Aberkennung der Gemeinnützigkeit – entstehende Nachforderung durch den Fiskus; vgl. hierzu auch noch *Roth/Knof*, KTS 2009, 163, 182.

928 Vgl. BGHZ 146, 264, 275.

ungelöst: die unzureichende Abstimmung zwischen Steuerrecht und endlich Insolvenzrecht.[929]

Unklar ist weiterhin, ob auch die mit dem Gesetz zur Modernisierung des GmbH-Rechts und zur Bekämpfung von Missbräuchen begründete Haftung speziell für existenzvernichtende Zahlungen an Gesellschafter im Stiftungsrecht analog anzuwenden ist (inzwischen geregelt in § 15b Abs. 5 InsO).[930] Problematisch daran ist weniger, dass es keine zur Existenzvernichtung führenden Leistungen bei einer alltäglichen Stiftung geben kann, als dass nicht vollkommen nachvollziehbar ist, wer genau in der Stiftung im Rahmen einer entsprechenden Anwendung dieser gesellschaftsrechtlichen Regelungen das Äquivalent zu der tatbestandsmäßigen Gesellschafterstellung einnimmt. Hinweise hierzu kann etwa § 39 Abs. 5 InsO geben, gemäß dem bei den Kapitalgesellschaften die Qualifizierung als Gesellschafterdarlehen dahinfällt, wenn jenes Darlehen von einem „nicht geschäftsführenden" Gesellschafter gewährt wurde, der mit 10 % oder weniger an dem Haftkapital der Gesellschaft beteiligt ist. Daraus wird deutlich, dass es für die Subordination eines Gesellschafterdarlehens entscheidend auf die Frage ankommt, ob der betroffene Gesellschafter grundsätzlich Einfluss oder auch Kontrolle bezüglich der Gesellschaft ausüben kann.[931] Diese mögliche Gegebenheit kann aber bei der Stiftung trotz Fehlens einer formalen Gesellschafterstellung in gerade dieser Grundform gegeben sein. Daher wird man beispielshalber bei einer Zahlung an Mitglieder des Stiftungsvorstands oder unter Umständen auch bei Leistungen an einen Stifter in der Regel zu prüfen haben, ob die jeweils betroffenen Personen in einer derartigen Größenordnung auf eine Stiftung einwirken können, dass sie dann dem maßgeblich beteiligten Gesellschafter einer Kapitalgesellschaft gleich geachtet werden können. Gewiss muss eine derartige Stellung angenommen werden, wenn die Kontrollrechte des Stifters im konkreten Einzelfall stärker als nach deutschem Stiftungsrecht ausgestaltet sind oder immerhin faktisch zugelassen werden.[932]

---

929 Vgl. zum Ganzen *Roth/Knof*, KTS 2009, 163, 181 f.

930 Siehe hierzu auch noch *Arnold*, in: Non Profit Law Yearbook 2009, 89, 101; *Hirte*, in: FS O. Werner, 222, 229.

931 Zur Erstreckung des Eigenkapitalersatzrechts auf kontrollierende Quasi-Gesellschafter vgl. etwa *Fleischer*, ZIP 1998, 313, 315 ff.; zu den Ansätzen einer normativen Korrektur des gesetzlichen Rollenbilds vom einflusslosen Fremdkapitalgeber siehe insbesondere *Servatius*, Gläubigereinfluss, 349 ff.

932 Siehe auch *Hirte*, in: FS O. Werner, 222, 233.

dd) Weitere relevante Anspruchsmöglichkeiten

Losgelöst von der Bestimmung in § 42 Abs. 2 BGB ist der Vorstand gemäß § 86 S. 1 i.V.m. § 27 Abs. 3 BGB grundsätzlich auch noch der jeweiligen Stiftung gegenüber verpflichtet, eine Eröffnung eines insolvenzrechtlichen Verfahrens zu beantragen. Soweit die Stiftung durch die Verletzung genau jener Verpflichtung einen Schaden erleidet (beispielsweise weil die Chance zur Sanierung vertan wird oder etwa weil sich Sanierungsbedingungen verschlechtern), haften sodann die Vorstandsmitglieder der Stiftung über § 280 Abs. 1 BGB. Für alle schuldhaft nicht korrekt geleisteten Steuern und Sozialabgaben sind darüber hinaus regelmäßig die besonderen Bestimmungen der §§ 34, 69 AO und § 823 Abs. 2 BGB i.V.m. § 266a StGB zu betrachten.[933]

c) Funktion der Stiftungsaufsichtsbehörde

Die einzelne Stiftungsaufsichtsbehörde ist weder selbst eine Insolvenzschuldnerin noch ist sie Gläubigerin einer notleidenden Stiftung. Nach insolvenzrechtlichen Prinzipien fehlt ihr mithin auch eine allgemeine Befugnis zur Stellung des Antrags. Die bedingungslose Gültigkeit dieser Feststellung ließe jedoch stiftungsrechtliche Eigenheiten außer Acht, welche sich insbesondere durch eine Wechselwirkung zwischen der staatlichen Aufsicht einerseits und der prinzipiellen Stiftungsautonomie andererseits manifestieren.[934] Zwar muss die Stiftung ein bestimmtes Maß an Handlungsfreiheit beanspruchen können, gleichwohl legitimiert sich die staatliche Aufsicht durch die charakteristische Organisationsstruktur einer selbstständigen Stiftung sowie letztlich ebenso noch durch die fortwährende Vermögensbindung. Anders nämlich als bei den anderen juristischen Personen privaten Rechts – zum Beispiel der rechtsfähige Verein – kommt bei der selbstständigen Stiftung gemeinhin kein Personenverband als Substrat des rechtlichen Trägers in Frage. Damit fehlt es der Stiftung an einer permanenten internen Überwachung hinsichtlich der zweckgebundenen Aufgabenerfüllung. Insoweit steht oftmals einzig der Stiftungsvorstand als autonomer Entscheidungsträger in der vollen Verantwortung. Dies eröffnet die Gefahr von Eingriffen in das vorhandene Vermögen einer Stiftung. Das deswegen für den grundsätzlichen Schutz der Stiftung und auch der satzungsgemäßen Aufgaben

---

933 Beachte hierzu näher lediglich *Arnold*, in: Non Profit Law Yearbook 2009, 89, 102 f.
934 Vgl. *Fritsche*, ZSt 2003, 211, 219.

erforderliche Regulativ ist dann die schon beschriebene hoheitliche Kontrolle in der konkreten Gestalt der Stiftungsaufsicht.[935]

aa) Genehmigung des Antrags?

Ein Blick auf die Stiftungsgesetze der Länder zeigt, dass beispielsweise die durch den Stiftungsvorstand beschlossene „Auflösung" einer Stiftung durch eine Genehmigung der zuständigen Stiftungsaufsichtsbehörde Wirksamkeit erlangt.[936] Zwar wird dem internen Impuls eine allgemeine Vorrangstellung eingeräumt, gleichwohl wird die staatliche Überwachung nicht vollkommen eingestellt, die nachgehende Kontrolle durch die Stiftungsbehörde wird jedoch begrenzt. Diese Feststellung führt deshalb zu der Frage, ob auch ein vom Vorstand ausgelöster Insolvenzantrag zu seiner Wirksamkeit einer aufsichtsbehördlichen Genehmigung bedarf; immerhin führt auch die Eröffnung der Insolvenz regelmäßig zum Erlöschen der notleidenden Stiftung.[937]

Unbeachtet bliebe nun hierbei jedoch die oben schon ausführlich beschriebene Vorstandspflicht zu einer pünktlichen Antragstellung nach § 42 Abs. 2 BGB. Ein etwaiger Genehmigungsvorbehalt würde also die organschaftliche Pflichtenwahrnehmung in das Ermessen einer Aufsichtsbehörde stellen. Letztlich läge hiermit auch die Realisierung der persönliche Haftung aus § 42 Abs. 2 S. 2 BGB nicht mehr einzig im Wirkungskreis der aktiven Stiftungsorgane. Im Übrigen sprechen auch noch formale Faktoren gegen den Genehmigungsvorbehalt. Der Antrag müsste zum einen unter der Bedingung dieser Genehmigung durch die Aufsichtsbehörde gestellt werden. Es ist indes schon lange allgemein anerkannt, dass bedingt gestellte Insolvenzanträge unzulässig sind.[938] Zum anderen könnte die zu der Genehmigung befugte Aufsichtsbehörde gegenüber der Stiftung schon einen Beschluss bezüglich des Insolvenzantrags treffen. Ob indes die Voraussetzungen der Insolvenzeröffnung tatsächlich vorliegen, wird einzig durch das Insolvenzgericht entschieden; bei Stiftungen kann nichts anderes gelten. Der Stiftungsaufsichtsbehörde kommt infolgedessen keine vorgreifende Entscheidungsmöglichkeit zu. Folglich bedarf der durch Stiftungsorgane

---

935 Eingehend dazu *Andrick/Suerbaum*, Stiftung und Aufsicht, § 4 Rn. 10 ff.; zum Ganzen auch noch *Fritsche*, ZSt 2003, 211, 219.

936 Vgl. hierzu etwa § 5 Abs. 2 NRWStiftG.

937 Siehe dazu § 86 S. 1 i.V.m. § 42 Abs. 1 S. 1 BGB.

938 Vgl. hierzu *BGH* NZI 2010, 441, 442; Kayser/Thole-InsO/*Sternal*, § 13 Rn. 4; MüKo-InsO/*Vuia*, § 13 Rn. 72; K. Schmidt-InsO/*Gundlach*, § 13 Rn. 8; Uhlenbruck-InsO/*Wegener*, § 13 Rn. 59.

gestellte Eigenantrag der Stiftung nicht der behördlichen Genehmigung. Seine allgemeine Erfolgsaussicht bestimmt sich demgemäß bloß nach den gesetzlichen Regelungen des Insolvenzrechts.[939]

bb) Antrag durch die Behörde

In Wahrnehmung ihrer Pflichten kann die Stiftungsaufsichtsbehörde als letztes gestalterisches Mittel entsprechend der gesetzlichen Regel des § 87 Abs. 1 BGB die Stiftung aufheben, wenn eine fortdauernde Zweckverfolgung unmöglich geworden ist oder mit einer weiteren Existenz der jeweiligen Stiftung eine echte Gemeinwohlgefährdung verknüpft ist. Die *Ratio* ebendieser Regelung dokumentiert den außerordentlich weitgehenden Schutzauftrag für die bezeichnete staatliche Behörde. Er muss also grundsätzlich auch noch nach dem Eintritt der Insolvenzreife nach wie vor eine juristische Gültigkeit besitzen. Da aber ein Eingreifen der Aufsichtsbehörde gemäß § 87 Abs. 1 BGB bei einem Vorliegen der insolvenzrechtlichen Voraussetzungen nicht mehr zulässig wäre, muss eine Aufsichtsbehörde stattdessen die Option haben, eine Eröffnung des Insolvenzverfahrens zu beantragen. Dem liegt keine Zweckmäßigkeitsüberlegung, sondern eine bestimmte Rechtmäßigkeitsentscheidung zugrunde.[940] Die gesetzliche Antragspflicht des schon diskutierten § 42 Abs. 2 S. 1 BGB schützt nämlich neben der Gläubigergesamtheit auch den gemeinen Rechtsverkehr vor insolventen

---

939 Zum Ganzen *Bach*, Insolvenz, 65; *Fritsche*, ZSt 2003, 211, 220. Ein Blick in das Familienrecht bestätigt zudem die Richtigkeit dieses gefundenen Ergebnisses. Der Vormund, der Abwesenheitspfleger (§ 1911 BGB) oder der Betreuer, der für den Schuldner einen Eigenantrag stellt, bedarf hierzu im Allgemeinen nicht der Genehmigung durch das Familiengericht nach § 1822 Nr. 12 BGB. Der Eröffnungsantrag steht dem Vergleich weder rechtlich noch wirtschaftlich gleich; siehe hierzu ferner: Jaeger-InsO/*Gerhardt*, § 13 Rn. 11; Kayser/Thole-InsO/*Sternal*, § 13 Rn. 5; MüKo-InsO/*Vuia*, § 13 Rn. 17; Uhlenbruck-InsO/*Wegener*, § 13 Rn. 14.

940 Vgl. auch *Bach*, Insolvenz, 66; *Fritsche*, ZSt 2003, 211, 219; *Schiffer/Sommer*, NWB 2010, 3046, 3048; *Stingl*, Vermögensverfall, 117; dagegen jedoch *Hirte*, in: FS O. Werner, 222, 227 f.; MüKo-BGB/*Weitemeyer*, § 86 Rn. 59; *Müller*, ZIP 2010, 153, 154. Siehe im Allgemeinen zur Antragsberechtigung von Aufsichtsbehörden schließlich ebenfalls noch MüKo-InsO/*Vuia*, § 13 Rn. 50 ff. Gegen den Eröffnungsantrag einer Aufsichtsbehörde kann die Stiftung unmittelbar den Verwaltungsrechtsweg bestreiten oder auf eine anschließende Kontrolle aller Eröffnungsvoraussetzungen im insolvenzgerichtlichen Verfahren vertrauen und eventuell sofortige Beschwerde nach § 34 Abs. 2 InsO gegen einen Eröffnungsbeschluss einlegen. Die Stiftung kann beide Rechtswege parallel beschreiten (und sollte dies gegebenenfalls auch tun).

Wirtschaftseinheiten, deren Bestimmung ebenso in einem Erlöschen liegt.[941] Kommt der pflichtige Vorstand seiner Antragspflicht jedoch nicht nach, obliegt es der Aufsichtsbehörde, im Rahmen ihrer Aufgaben für eine gewisse Sicherung der diversen Drittinteressen zu sorgen. Sie tritt hinsichtlich jener durch das reale Eintreten der Insolvenzreife aufkommenden Antragspflicht an die Stelle eines untätigen Vorstands einer betroffenen Stiftung. Verschiedene Landesstiftungsgesetze enthalten Regelungen für ein solches Eingreifen bei Untätigkeit der Stiftung im Wege der *Ersatzvornahme*.[942] An die Stelle jener insoweit formulierten „Kann-Bestimmung" tritt jedoch die allgemeine Handlungspflicht aus der vereinsrechtlichen Regelung des § 42 Abs. 2 S. 1 BGB. Einer Ersatzvornahme oftmals vorgeschaltet ist allerdings eine Handlungsaufforderung an das anfänglich tatenlos gebliebene Organ einer Stiftung. Nur soweit eine Antragstellung durch den Vorstand offenbar verweigert wird, muss diese Handlungsaufforderung zur Schadensreduzierung ausgespart bleiben.[943]

Der Insolvenzantrag durch eine Stiftungsaufsichtsbehörde kann sich gewöhnlich sowohl auf eine allgemeine Zahlungsunfähigkeit (§ 17 InsO) als auch auf eine Überschuldung (§ 19 InsO), grundsätzlich indes gerade nicht auf eine gegenwärtig einzig und allein drohende Zahlungsunfähigkeit nach § 18 InsO stützen. Die gerichtliche Geltendmachung einer lediglich drohenden Zahlungsunfähigkeit steht im Interesse der Aufsichtszwecke bloß dem zuständigen Stiftungsvorstand zu.[944] Er kann folglich entscheiden, ob die bestehende Situation der Stiftung die Insolvenzeröffnung rechtfertigt, oder ob weitere Eingriffsmaßnahmen – zum Beispiel eine Zweckänderung oder eine Zusammenführung mit einer anderen Stiftung – geboten sind; siehe insofern auch den Wortlaut des § 42

941 Beachte zum Beispiel zu § 15a InsO auch BT-Drucks. 16/6140, 55; siehe des Weiteren insbesondere auch noch Baumbach/Hueck-GmbHG/*Haas*, § 64 Rn. 144; K. Schmidt-InsO/*K. Schmidt*/*Herchen*, § 15a Rn. 1.

942 Vgl. etwa: Art. 18 BayStiftG, § 8 Abs. 3 BbgStiftG, § 13 Abs. 4 BremStiftG, § 11 Abs. 2 BWStiftG, § 6 Abs. 2 HbgStiftG, § 14 HeStiftG, § 6 Abs. 3 MVStiftG, § 13 Abs. 2 NdsStiftG, § 8 Abs. 3 NRWStiftG, § 9 Abs. 4 S. 4 RhPfStiftG, § 13 Abs. 2 SaarStiftG, § 7 Abs. 3 SächsStiftG, § 10 Abs. 6 SAStiftG, § 12 Abs. 4 S. 4 ThürStiftG.

943 Etwa, weil Mitglieder des Stiftungsvorstands ihre Pflichten bereits über einen längeren Zeitraum verletzt haben oder auch weil eine Eröffnung eines insolvenzrechtlichen Verfahrens eben keinen weiteren zeitlichen Aufschub in Gestalt einer Fristsetzung mehr duldet; vgl. auch hierzu noch *Fritsche*, ZSt 2003, 211, 219.

944 So insbesondere auch noch: *Fritsche*, ZSt 2003, 211, 219; *Stingl*, Vermögensverfall, 117; a.A. in Bezug hierauf allerdings *Bach*, Insolvenz, 67.

Abs. 2 S. 1 BGB. Im Vorfeld der Insolvenzreife bestehen für die Stiftungsbehörde folglich bloß die aufsichtsrechtlichen Maßnahmen nach § 87 BGB.[945]

cc) *Haftung bei Insolvenzverschleppung*

Neben einem vertretungsberechtigten Vorstandsmitglied kann ferner das einzelne Bundesland als *Rechtsträger* der Stiftungsaufsicht in die Haftung geraten. Anspruchsgrundlage dafür wäre dann die Amtshaftung (Art. 34 GG in Verbindung mit § 839 BGB) wegen der Verletzung ihrer Insolvenzantragspflicht trotz Kenntnis oder wenigstens aufgrund eigener fahrlässiger Unkenntnis von sämtlichen einen regelnden Eingriff begründenden Umständen.[946] Zu berücksichtigen ist indes, dass sich *reale* Verdachtsmomente für die zuständige Aufsichtsbehörde im Allgemeinen ausschließlich im Rahmen der jährlichen Rechnungslegung ergeben werden. An ein etwaiges Verschulden besonders in Bezug auf eine Einschätzung einer finanziellen Gesamtsituation der jeweiligen Stiftung ist entsprechend auch ein höherer Maßstab zu legen als an die gemeine Haftungsbegründung des Organmitglieds.[947]

d) *Stellung des Stifters sowie der Destinatäre*

Auch im Hinblick auf den Stifter ist zu prüfen, ob sich bei Insolvenzreife für diesen das Recht zur Insolvenzantragstellung ergeben wird. Der Stifter kann sich mit der Stiftungssatzung auch selbst in den Vorstand berufen. Als organschaftlicher Vertreter der Stiftung ist er selbstredend antragsberechtigt beziehungsweise sogar antragsverpflichtet. Gleiches gilt gewiss, wenn er als faktisches Stiftungsorgan in Erscheinung tritt.[948] Ansonsten findet sich für einen Stifter jedoch kein normiertes Antragsrecht in der Insolvenzordnung. Dies wirft indes die Frage auf, ob man dem Stifter ein eigenes Antragsrecht zubilligen kann, falls er sich im Stiftungsgeschäft bereits zu kontinuierlichen Zuwendungen an die Stiftung

---

945 Dies meint etwa die behördliche Änderung des Stiftungszwecks im Sinne von § 87 BGB. Vgl. dazu auch schon oben ab S. 146. Eine rechtliche Bindung des Gerichts an den Eröffnungsantrag der zuständigen Stiftungsbehörde besteht generell nicht. Das angerufene Gericht überprüft sämtliche Voraussetzungen für die Insolvenzeröffnung in eigener Verantwortung; vgl. Uhlenbruck-InsO/*Wegener*, § 13 Rn. 36 zu § 46b KWG.

946 Zur Amtshaftung einer Stiftungsaufsichtsbehörde beachte etwa auch noch Staudinger-BGB/*Hüttemann*/*Rawert*, Vorbem zu §§ 80 ff Rn. 154 ff.

947 Eingehend zur Rechnungslegung von Stiftungen etwa *Sandberg*, ZHR 164 (2000), 155 ff.

948 Siehe auch schon oben ab S. 202.

verpflichtet hat und folglich nun befürchten muss, auch im Rahmen einer Stiftungsinsolvenz immerwährend höchstpersönlich in Anspruch genommen zu werden; siehe dazu insbesondere § 82 BGB. Ausgangspunkt dafür ist vorab die gesetzliche Regelung des § 15 Abs. 1 S. 1 InsO, wonach gerade auch ein persönlich haftender Gesellschafter – zum Schutze seiner persönlichen Interessen – gemeinhin den Insolvenzantrag stellen kann.[949] Auf den Stifter kann ebenjener Grundgedanke je nach Einzelfall grundsätzlich auch Berücksichtigung finden.[950] Im Gegensatz zum persönlich haftenden Gesellschafter wird der betroffene Stifter seine Zuwendung zwar nicht bloß auf den Haftungsfall eingrenzen, denn seine zugesicherte Zuwendung soll gerade unabhängig davon fließen. Ein Insolvenzantrag hat für den Stifter jedoch gleichwohl eine schadensbegrenzende Wirkung, wenn seine anfängliche Leistungspflicht durch Insolvenzeröffnung erlischt. Sofern eine versprochene Zuwendung erst nach Insolvenzeröffnung fällig wird, ist die Zuwendung nicht mehr einklagbar und kann einer Insolvenzmasse nicht länger zugeführt werden. Ebenso wie eine Zustiftung, dient in der Regel auch jede Zuwendung der Förderung der Stiftungszwecks, der indes nach einer Eröffnung des Insolvenzverfahrens gar nicht mehr erfüllt werden kann. Damit entfällt mithin jede Grundlage für eine Leistungspflicht.[951] Etwas anderes kann jedoch gelten, wenn die Zuwendung nach der Bestimmung auch der Gläubigerbefriedigung dienen sollte, was allerdings bloß selten der Fall sein wird. Im Übrigen scheitert die Gleichstellung des Stifters mit einem persönlich haftenden Gesellschafter auch nicht an einer fehlenden Einbindung eines Stifters in die Organisation der selbstständigen Stiftung.[952] Ein lebender Stifter ist beispielshalber vor der Durchführung einer Maßnahme nach § 87 BGB anzuhören; ferner entspricht es dem Verhältnis von Stiftung sowie Stifter, einem noch lebenden Stifter zu erlauben, derartige Schritte der Aufsicht anzugreifen.[953]

Destinatäre, welche in den Vorstand der Stiftung bestellt werden, haben alle Rechte und Pflichten eines regulären Stiftungsvorstandsmitglieds.[954] Darüber hinaus allerdings haben jene Destinatäre keine Antragsrechte oder Antragspflichten, wenn sie nicht wie Insolvenzgläubiger eingeordnet werden können.

---

949 Vgl. Jaeger-InsO/*Müller*, § 15 Rn. 2; MüKo-InsO/*Klöhn*, § 15 Rn. 3.

950 A.A. hierzu allerdings *Bach*, Insolvenz, 69.

951 Vgl. auch *Bach*, Insolvenz, 106; beachte des Weiteren zu einem möglichen Antragsrecht des Stifters auch noch *Stingl*, Vermögensverfall, 114.

952 So aber *Bach*, Insolvenz, 69 f.

953 Vgl. hierzu etwa MüKo-BGB/*Weitemeyer*, § 87 Rn. 28.

954 Siehe auch *Bach*, Insolvenz, 70.

Als ebendiese „Insolvenzgläubiger“ sind gemäß § 38 InsO einzig diejenigen Gläubiger anzusehen, denen schon zur Zeit der Insolvenzeröffnung ein fundierter Vermögensanspruch gegen die betroffene Stiftung zugewiesen ist. Über die konkrete Stellung der Destinatäre findet sich im Bürgerlichen Gesetzbuch direkt keine Aussage. Ihre im Einzelfall zu untersuchende Rechtsstellung richtet sich, falls der Stifter hierzu denn überhaupt eine Weisung erlassen hat, nach der Satzung der Stiftung.[955] Nach der herrschenden Auffassung können sich aus dem mit der Satzung niedergelegten *Willen eines jeden Stifters* einklagbare Ansprüche auf Stiftungsleistungen und Beteiligungsrechte ergeben.[956] Die gewährte Gestaltungsfreiheit eines Stifters endet erst dort, wo den Stiftungsdestinatären eine vom anfänglichen Stifterwillen ganz losgelöste Willensbildung eingeräumt wird.[957] Bei der gegebenenfalls zwingenden Auslegung haben sich die nachfolgenden Grundsätze entwickelt: Aufgrund der Stiftungssatzung resultiert ein einklagbarer Anspruch auf eine Stiftungsleistung, falls der Stifter mit der Stiftungssatzung den Kreis der begünstigten Destinatäre durch objektive Kriterien vorgegeben hat, durch deren Erfüllung jene Stellung als sogenannter Destinatär gleich erworben wird, ohne dass allerdings einem Stiftungsorgan ein Handlungsspielraum verbleibt, und falls sämtliche satzungsgemäßen Anforderungen für die Gewährung der jeweiligen Leistung erfüllt werden. Wird jedoch einem Organ oder einem Dritten die Kompetenz eingeräumt, die Stiftungsdestinatäre aus einem bloß näher umschriebenen Personenkreis auszuwählen, so kann ein Anspruch auf eine Leistung nur dann eingeklagt werden, wenn der Bestimmungsberechtigte dem jeweils Ausgewählten diesen Anspruch auf die Leistung zuerkannt hat.[958] Solche Ermessensentscheidungen können freilich durch ein zuständiges Gericht auf ihre gemeine Vereinbarkeit mit den gegebenen Grundsätzen jener Satzung überprüft werden.[959]

Selbst wenn jedoch dem Bezugsberechtigten ein derartiger Rechtsanspruch auf eine Stiftungsleistung zusteht, so folgt hieraus trotzdem nicht die Stellung als Insolvenzgläubiger; denn die Stiftung ist zu den satzungsmäßigen Leistungen

---

955 Siehe hierzu ausschließlich *BGH* NJW 1987, 2364, 2366.

956 Vgl. hierzu insbesondere *BGH* NJW 1987, 2364, 2366; v. Campenhausen/Richter/*Hof*, Handbuch, § 7 Rn. 170; *Ebersbach*, Handbuch, 112; *Jakob*, Schutz der Stiftung, 166 ff.; MüKo-BGB/*Weitemeyer*, § 85 Rn. 40; *Muscheler*, WM 2003, 2213 ff.; Palandt-BGB/*Ellenberger*, § 85 Rn. 4; RGRK-BGB/*Steffen*, § 85 Rn. 4 sowie endlich auch Soergel-BGB/*Neuhoff*, § 85 Rn. 13; Staudinger-BGB/*Hüttemann*/*Rawert*, § 85 Rn. 38.

957 Vgl. Staudinger-BGB/*Hüttemann*/*Rawert*, § 85 Rn. 38.

958 Siehe auch hierzu *BGH* NJW 1987, 2364, 2366 f.

959 Vgl. *OLG Hamm* NJW-RR 1992, 451, 452.

nur insoweit verpflichtet, als Stiftungsmittel auch tatsächlich vorhanden sind. Fehlen aber die notwendigen Mittel, wie insbesondere im Fall der Insolvenz, entfällt die Leistungspflicht einer Stiftung und folglich der Anspruch der Destinatäre.[960] Ein Recht zur Stellung des Insolvenzantrags kann so den Destinatären grundsätzlich nicht zugesprochen werden. Die notwendige Abgrenzung satzungsmäßiger Verpflichtungen von sonstigen Verpflichtungen einer Stiftung kann mitunter durchaus kompliziert werden. Das *prinzipiell bedeutungsvollste Abgrenzungskriterium* besteht darin, dass die satzungsgemäßen Verpflichtungen gemein der Förderung des satzungsmäßigen Zwecks einer Stiftung dienen werden. Hat indessen der Stifter beispielshalber die Stiftung mit einem Vermächtnis beziehungsweise einer Auflage zugunsten seiner Angehörigen belastet, so handelt es sich hierbei nämlich gerade nicht um eine Verpflichtung zur reinen Verwirklichung der Zweckvorgabe. Folglich können alle hieraus Berechtigten stets Insolvenzgläubiger sein.[961]

3. *Fremdantrag seitens der Gläubiger einer Stiftung*

Grundsätzlich ist jeder Gläubiger berechtigt, einen Eröffnungsantrag zu stellen; siehe nämlich § 13 Abs. 1 InsO. Auch nachrangige Gläubiger (so bei Rangrücktrittsvereinbarung) haben das Recht, einen sogenannten *Fremdantrag* beim Insolvenzgericht zu stellen. Nähere Vorschriften für den Gläubigerantrag enthält § 14 InsO. Danach muss ein Gläubiger ein rechtliches Interesse an einer sofortigen Eröffnung des gewöhnlichen Insolvenzverfahrens haben und eine Forderung sowie den Eröffnungsgrund glaubhaft machen können. Mittel für gerade solch eine *Glaubhaftmachung* sind etwa Urkunden und nebstdem auch eidesstattliche Versicherungen.[962]

a) Glaubhaftmachung: Forderung und Grund

Damit das Insolvenzgericht und der Schuldner nicht mit böswilligen oder übereilten Anträgen bedrängt werden, muss ein antragstellender Gläubiger einheitlich *glaubhaft machen*, dass ihm eine Insolvenzforderung zusteht und dass überdies auch noch ein Eröffnungsgrund vorhanden ist, siehe hierzu § 14 Abs. 1 InsO. Das zuständige Gericht muss sich mithin davon überzeugen können, dass für beides die *überwiegende Wahrscheinlichkeit* spricht. Dieser Nachweis ist nur durch präsente Beweismittel möglich (etwa durch vorgelegte Rechnungen,

---

960 Vgl. etwa *Ebersbach*, Handbuch, 143 f.; *Richter*, S&S 3/2006, Rote Seiten, 6.

961 Vgl. *Ebersbach*, Handbuch, 144.

962 Siehe hierzu insbesondere auch § 294 ZPO.

Lieferscheine oder Kontoauszüge), gegebenenfalls auch durch eidesstattliche Versicherung, wenn sie persönliche Wahrnehmungen bestärkt.[963] Bei einem zulässigen Insolvenzantrag durch einen Gläubiger hat das Insolvenzgericht die Stiftung sowie im Übrigen als Garantin des in der Satzung geregelten Stifterwillens die Aufsichtsbehörde anzuhören.[964] Hierdurch besteht die Option, die Auskunft des antragstellenden Gläubigers durch eine *Gegenglaubhaftmachung* zu dämpfen.[965]

b) Interesse an einer Verfahrenseröffnung

Das Insolvenzrecht fordert bei einem Fremdantrag nach § 14 Abs. 1 S. 1 InsO zudem ein rechtliches Interesse des Gläubigers an einer Verfahrenseröffnung, um missbräuchliche Eröffnungsanträge weitgehend ausschließen zu können. Die Insolvenz darf nicht als Druckmittel dienen, um von dem an sich solventen Schuldner eine fällige Forderung durchzusetzen. Das rechtliche Interesse fehlt, falls der Gläubiger schon hinreichend dinglich abgesichert wird[966] oder durch seinen Antrag einzig andere Ziele als eine gemeinschaftliche Gläubigerbefriedigung anvisiert.[967] Dieses Motiv ist eigentlich nicht zu beweisen, sofern der Gläubiger jedenfalls auch ein Interesse an einer Absicherung seiner eigenen Insolvenzquote hat.[968] Der tätige Gläubiger muss zumindest vorab auch keineswegs eine Einzelzwangsvollstreckungsmaßnahme ohne Erfolg durchgeführt haben, um sein rechtliches Interesse an einer baldigen Insolvenzeröffnung zu manifestieren.[969]

4. Haftung bei einer unberechtigten Antragstellung

Ein unzulässiger oder auch ein unbegründeter Fremdantrag kann den Schuldner im Fall seines Bekanntwerdens sehr beträchtlich schädigen, etwa weil laufende Darlehensverträge gekündigt werden, weil existierende Geschäftsbeziehungen abgebrochen werden oder auch weil einzelne Kunden jenes Schuldners durch die Krise wegbleiben.[970] Grundsätzlich macht sich ein solcher Gläubiger, der

963 Vgl. *Foerste*, Insolvenzrecht, Rn. 89.
964 So beispielsweise auch *Bach*, Insolvenz, 70.
965 Siehe auch Andres/Leithaus-InsO/*Leithaus*, § 14 Rn. 7.
966 Vgl. *BGH* NZI 2008, 182, 183.
967 Vgl. *BGH* NZI 2006, 588, 590.
968 Siehe etwa auch *BGH* NZI 2011, 540, 541.
969 Vgl. *BGH* NZI 2004, 587, 589.
970 Vgl. auch *Zimmermann*, Grundriss, Rn. 35.

nur fahrlässig einen unbegründeten Eröffnungsantrag bei dem Insolvenzgericht stellt, nicht schadensersatzpflichtig.[971] Handelt er aber rechtsmissbräuchlich, so kommen durchaus Forderungen wegen Verletzung einer vertraglichen Nebenpflicht, ferner wegen einer vorsätzlichen und sittenwidrigen Schädigung sowie Kreditschädigung und zudem aus Eingriff in den eingerichteten und ausgeübten Gewerbebetrieb gegen jenen „*Gläubiger*" in Betracht.[972]

III. Zum Inhalt und zur Form des Insolvenzantrags

1. Formelle Voraussetzungen

Gemäß § 13 Abs. 1 S. 1 InsO kann das Insolvenzverfahren allein durch schriftlichen Antrag eröffnet werden. Nicht länger möglich ist eine Antragstellung zu Protokoll der Geschäftsstelle des Insolvenzgerichts.[973] Das Schriftformerfordernis verlangt allgemein die Einreichung eines Dokuments, welches handschriftlich beziehungsweise maschinell aufgesetzt ist und zusätzlich einen Antragsteller erkennen lässt. Anzuerkennen ist nach Maßgabe des § 130a ZPO nunmehr auch noch der elektronisch eingereichte Antrag. Fehlt es aber an der Schriftlichkeit und erfüllt der jeweilige Antragsteller jene Bedingung auch nach einer entsprechenden Aufforderung des Insolvenzgerichts nicht, so ist der gestellte Antrag generell unzulässig. Der schriftliche Antrag muss im Allgemeinen durch den Antragsteller selbst oder aber durch seinen Bevollmächtigten unterzeichnet sein. Soweit aber durch Rechtsverordnung ein Formular für jene Antragstellung durch den Schuldner eingeführt wird, ist ein Antrag einzig zulässig, falls er auf einem solchen korrekt ausgefüllten und unterschriebenen Formular gestellt wird. Vertretung, vor allem durch einen Rechtsanwalt, ist zulässig. Bei einem nicht anwaltlichen Bevollmächtigten bedarf es durchweg noch der Vorlage einer *Vollmacht* (siehe hierzu § 88 Abs. 2 ZPO).[974]

2. Zu dem Inhalt des Antrags

Inhaltlich muss ein gestellter Antrag eindeutig zum Ausdruck bringen, dass die Eröffnung des Insolvenzverfahrens über die bestehenden Vermögensgegenstände jener betreffenden Stiftung angestrebt wird. Der Eröffnungsgrund ist in

---

971 Siehe Gottwald/Haas/*Vuia*, Handbuch, § 4 Rn. 15.

972 Siehe *Zimmermann*, Grundriss, Rn. 36.

973 Das Schriftformerfordernis wurde eingeführt durch das *Gesetz zur Vereinfachung des Insolvenzverfahrens* vom 13.4.2007 (BGBl. I, 509).

974 Zum Ganzen siehe auch noch Kayser/Thole-InsO/*Sternal*, § 13 Rn. 6; K. Schmidt-InsO/*Gundlach*, § 13 Rn. 2.

substantiierter und ferner nachvollziehbarer Form darzulegen, wenn nicht das Gesetz eine Glaubhaftmachung verlangt.[975] Dem Insolvenzgericht ist darüber hinaus die ladungsfähige Anschrift des Schuldners mitzuteilen, da insoweit ebenso der § 253 Abs. 2 ZPO herangezogen wird.[976] *Erleichterungen* im Hinblick auf die Angabe der Anschrift des Schuldners sind bloß dann möglich, wenn die Anschrift unbekannt ist und wenn die Voraussetzungen einer öffentlichen Zustellung vorliegen.[977] Zu erwartende Mittel, so etwa eine potenzielle Anfrage bei der zuständigen Stiftungsaufsichtsbehörde, eine Postanfrage oder nebstdem eine Registerprüfung, müssen dementsprechend zuvor ergebnislos verlaufen sein.[978]

IV. Antragsrücknahme sowie Erledigungserklärung

1. Rücknahme bis zur Eröffnung

Bis zu der Entscheidung über eine Eröffnung des Insolvenzverfahrens beziehungsweise bis zu seiner rechtskräftigen Abweisung kann der bereits gestellte Insolvenzantrag fraglos durch eine Erklärung gegenüber dem zuständigen Gericht *zurückgenommen* werden. Zur Rücknahme des Insolvenzantrags kann gemeinhin allein der Antragsteller oder sein Gesamtrechtsnachfolger befugt sein.[979] Streitig ist die Rücknahmebefugnis hingegen, falls bei einer juristischen Person wie der Stiftung nicht sämtliche zur Vertretung ausgewählten Organmitglieder den gegebenen Eröffnungsantrag gestellt haben oder falls ein vormaliger Antragsteller aus einem Amt bereits ausgeschieden ist.[980] Während nach der herrschenden Auffassung eine Antragsrücknahme nur durch das antragstellende Organmitglied selbst und folglich nicht durch andere Mitglieder des Vertretungsorgans oder durch spätere Amtsnachfolger erlaubt ist,[981] stellt eine andere Ansicht lediglich auf die Vertretungsvorschriften ab,[982] so dass der von einem Vertretungsberechtigten gestellte Antrag auch von einem anderen Vertretungsberechtigten oder einem Amtsnachfolger zurückgenommen werden

975 Siehe dazu etwa § 14 Abs. 1 S. 1 InsO und § 15 Abs. 2 S. 1 InsO.

976 Vgl. § 4 InsO.

977 Vgl. *BGH* NJW 2003, 1530.

978 Vgl. auch hierzu *BGH* NJW 2003, 1530.

979 Siehe Kayser/Thole-InsO/*Sternal*, § 13 Rn. 33.

980 Vgl. zum Streitstand ausführlich *BGH* ZInsO 2008, 922.

981 Beachte dazu etwa: *LG Dortmund* ZIP 1985, 1341; *LG Tübingen* KTS 1961, 158, 159; *AG Duisburg* ZIP 1995, 582; *AG Magdeburg* ZInsO 1998, 43.

982 Vgl. hierzu *LG Berlin* KTS 1974, 182, 184.

kann. Im Ergebnis ist gemeinhin zu unterscheiden, denn es ist nicht Aufgabe der Insolvenzgerichte, bestehende Differenzen zwischen mehreren organschaftlichen Vertretern zu klären. Vor allem verträgt es sich nicht mit der Regel des § 15 Abs. 2 InsO, falls der von einem Vertretungsberechtigten gestellte Eröffnungsantrag sofort von einem anderen Vertretungsberechtigten wieder zurückgenommen wird.[983] Haben hingegen mehrere Vertreter den Eröffnungsantrag gemeinsam gestellt, kann der Antrag gewöhnlich bloß gemeinschaftlich zurückgenommen werden.[984] Ansonsten bleibt eine mögliche Rücknahmeerklärung prinzipiell ohne Auswirkung. Jedenfalls dann, wenn das vordem antragstellende Vorstandsmitglied einer Stiftung nach Antragstellung abberufen wird, kann ebenso ein verbliebenes Vorstandsmitglied den Antrag zurücknehmen, soweit sich dies nicht als restlos rechtsmissbräuchlich offenbart.[985]

Die Aufsichtsbehörde kann einen Insolvenzeigenantrag durch den Vorstand der Stiftung hingegen nicht zurücknehmen, sondern kann unmittelbaren Einfluss ausschließlich über die Organe ausüben.[986] Dies folgt aus der gemeinen Überzeugung, dass das geläufige Verständnis von einer umfassenden Obervormundschaft der staatlichen Aufsicht unter der Geltung unseres Grundgesetzes einer reinen Rechtmäßigkeitskontrolle gewichen ist. Letztlich kann und darf es auch im Hinblick auf ein etwaiges staatliches Rücknahmerecht doch gerade nicht die Aufgabe der Stiftungsbehörde sein, zu überprüfen, inwieweit die Anforderungen an einen erfolgreichen Eröffnungsantrag vorliegen.[987] Diese Prüfung obliegt einzig einem Insolvenzgericht.[988]

2. *Zur Erledigung in der Hauptsache*

Der antragstellende Gläubiger indes kann nicht nur den Antrag zurücknehmen, sondern ferner einen erklärten Antrag in der Hauptsache für erledigt erklären. Die Erledigungserklärung wird hierbei grundsätzlich – abgesehen von den Kostenfolgen – genauso wie auch eine Rücknahme des Eröffnungsantrags behandelt.[989] Allerdings genügt hierzu nicht bloß die einseitige Erledigungserklärung

---

983 So etwa auch *BGH* ZInsO 2008, 922.

984 Siehe Graf-Schlicker-InsO/*Kexel*, § 13 Rn. 46.

985 Vgl. auch *BGH* ZInsO 2008, 922, 923.

986 Vgl. hierzu: Kayser/Thole-InsO/*Sternal*, § 13 Rn. 33; a.A. jedoch *Bach*, Insolvenz, 72 f.; *Sommer*, ZInsO 2013, 1715, 1717.

987 Beachte hierzu auch schon oben ab S. 225.

988 Nicht konsequent daher *Bach*, Insolvenz, 65 und 72.

989 Vgl. nur *BGH* NZI 2008, 736.

des antragstellenden Gläubigers. Der gestellte Insolvenzantrag wird nur dann nicht weiter erörtert, wenn der Schuldner der Erledigungserklärung zustimmt – dann erfolgt entsprechend § 91a ZPO lediglich die Kostenentscheidung. Stimmt der Schuldner aber jener Erledigungserklärung nicht zu, so ist ebenjene Erledigungserklärung als Antrag auf Feststellung der Erledigung zu behandeln. Das zuvor angerufene Insolvenzgericht entscheidet dann zunächst über die Erledigung der Hauptsache und ferner auch über die Kostentragung.[990]

V. Gerichtliche Prüfung des Eröffnungsantrags

Das angerufene Insolvenzgericht hat anfangs zu prüfen, ob ein eingegangener Insolvenzantrag überhaupt zulässig ist. Dies ist der Fall, sofern er von einem Antragsberechtigten gestellt wird und sofern die allgemeinen Zulässigkeitsanforderungen realisiert sind. Bei einem Eigenantrag müssen im Übrigen auch noch sämtliche in § 13 Abs. 1 InsO ganz ausdrücklich vorgegebenen Zulässigkeitsanforderungen erfüllt sein. Bei einem antragstellenden Gläubiger ist zudem noch erforderlich, dass ein rechtliches Interesse an einer Verfahrenseröffnung existiert und dass der Eröffnungsgrund und der Gläubigeranspruch glaubhaft gemacht sind. Die Begründetheit eines Insolvenzantrags verlangt, dass der Eröffnungsgrund durch das Insolvenzgericht eruiert wurde und eine die Kosten des insolvenzrechtlichen Verfahrens deckende Masse existent ist; beachte dazu auch bereits § 26 Abs. 1 InsO. Die Begründetheitsprüfung geschieht von Amts wegen.[991]

D. Beschluss über die Verfahrenseröffnung

I. Grundsätzliches und Vorbemerkungen

Ist die Amtsermittlung beendet, so wird das angerufene Insolvenzgericht abschließend über den Eröffnungsantrag entscheiden. Eine mögliche Entscheidung ist, dass das Gericht den Antrag als unzulässig abweist. Das Gericht kann einen eingereichten Insolvenzantrag überdies als unbegründet abweisen (etwa weil kein Eröffnungsgrund gegeben ist). Abgesehen aber von ebendiesen beiden Möglichkeiten stehen dem angerufenen Gericht bloß noch zwei zusätzliche Entscheidungsvarianten im Hinblick auf den Insolvenzantrag zur Verfügung. Es kann bei dem Vorliegen von einer (drohenden) Zahlungsunfähigkeit und/oder bei einer bereits eingetretenen Überschuldung für gewöhnlich das insolvenzgerichtliche

990 Vgl. hierzu nur K. Schmidt-InsO/*Gundlach*, § 13 Rn. 37.
991 Zum Ganzen siehe nur Uhlenbruck-InsO/*Wegener*, § 13 Rn. 140.

Verfahren durch Beschluss eröffnen oder den eingegangenen Antrag auf Eröffnung des Insolvenzverfahrens mangels hinlänglicher Masse abweisen; vergleiche hierzu insbesondere § 26 Abs. 1 InsO. Das Gericht befindet letztlich verbindlich darüber, ob die betroffene Stiftung ein hoheitlich koordiniertes Verfahren mit einem speziell bestellten Insolvenzverwalter bekommt oder aber ob im Unterschied hierzu eine grundhafte insolvenzrechtliche Abwicklung in Eigenregie vorgenommen werden kann.[992]

II. Einstweilige Maßnahmen des Gerichts

1. Einzelne Grundlagen und Allgemeines

Zwischen der anfänglichen Stellung eines Insolvenzeröffnungsantrags und einer Entscheidung des Gerichts über eine Eröffnung des Verfahrens können Tage, häufig auch Wochen oder sogar Monate vergehen. In ebendieser Zeit muss die vorhandene Masse ganz speziell vor jedweder möglichen Gefährdung geschützt werden. Sobald die Zulässigkeit des Insolvenzantrags feststeht, hat das Gericht folglich von Amts wegen „Sicherungsmaßnahmen" zu treffen, die erforderlich erscheinen, um bis zur Entscheidung über den Insolvenzantrag eine den Gläubigern nachteilige Veränderung in der Vermögenslage des betroffenen Schuldners zu verhüten; hierzu § 21 Abs. 1 S. 1 InsO. Die notwendigen Informationen hierzu hat speziell der Schuldner dem Insolvenzgericht zu überbringen.[993] Zudem kann ein Gericht einen vorläufigen Gläubigerausschuss einsetzen. Auf diese Weise können alle Gläubiger schon früh Einfluss auf das Eröffnungsverfahren und ein anschließendes Insolvenzverfahren nehmen. Strebt indes der Schuldner die *Eigenverwaltung* an, so kann gegebenenfalls schon vorläufige Eigenverwaltung angeordnet werden und es kommt auch ein sogenanntes Schutzschirmverfahren in Betracht.[994]

2. Zu den Sicherungsmitteln im Einzelnen

a) Verfügungsverbot sowie Zustimmungsvorbehalt

Nach § 21 Abs. 2 S. 1 Nr. 2 Alt. 1 InsO kann das Gericht der Stiftung zum Beispiel ein allgemeines Verfügungsverbot auferlegen. Erfasst wird hierbei das Vermögen, welches im Falle der Insolvenzeröffnung zur Masse im Sinne von § 35 InsO gehören würde, ergo generell auch solche Gegenstände, die erst nach Erlass

992 Beachte hierzu bereits §§ 270–285 InsO.

993 Vgl. dazu § 20 Abs. 1 in Verbindung mit § 97 Abs. 1 S. 1 InsO.

994 Siehe *Foerste*, Insolvenzrecht, Rn. 95.

eines Verbots erlangt wurden. Eine gegen jenes Verbot verstoßende Verfügung ist absolut unwirksam.[995] Teilweise ist jedoch ein gutgläubiger Erwerb solch gesicherter Gegenstände möglich: Wer nämlich in Unkenntnis der existierenden Verfügungsbeschränkung auf das Grundbuch vertraut, ist gesichert.[996] Umgekehrt befreit eine Leistung an die Stiftung den leistenden Schuldner genauso lediglich bei einer Unkenntnis von der Sicherungsanordnung von seiner Verbindlichkeit. Zum Schutz der Masse muss das Verbot dementsprechend schnell veröffentlicht, der Stiftung und ihren Schuldnern zugestellt sowie in Grundbuch und einschlägigen Registern (z.B. das Handelsregister) eingetragen werden.[997]

Weniger eingriffsintensiv stellt sich die Anordnung eines allgemeinen oder ebenso eines gegenständlich beschränkten Zustimmungsvorbehalts dar.[998] Der dabei unbedingt notwendige „vorläufige" Insolvenzverwalter tritt insoweit nicht an die Stelle, sondern bloß neben das auch weiterhin noch zur Geschäftsführung berechtigte Stiftungsorgan. Dem meist verantwortlichen Vorstand obliegt hierbei generell die Vermögensverwaltung, er bedarf indes hinsichtlich jeder einzelnen Verfügung über bereits gesicherte Vermögensteile der Zustimmung des vorläufigen Verwalters; beachte § 21 Abs. 2 S. 1 Nr. 2 Alt. 2 InsO. In ebendiesem Umfang besteht sodann eine Verfügungsbeschränkung; die betroffene Stiftung kann folglich nicht länger selbstständig über die erfassten Gegenstände verfügen. Der vorläufige Insolvenzverwalter ist hierzu in aller Regel zwar genauso wenig berechtigt, zumindest nicht ohne die konkrete Ermächtigung durch das Gericht. Immerhin kann er aber Verfügungen der Stiftung unterbinden und endlich ebenso zulassen, so dass man dabei im Allgemeinen von „halb-starker" Verwaltung sprechen kann.[999]

b) Anordnung anderer Sicherungsmittel

Weitergehenden Schutz für die zukünftige Masse vermittelt die Untersagung oder Einstellung von diversen Vollstreckungsmaßnahmen in das bewegliche Vermögen.[1000] Im Hinblick auf die Immobiliarwerte ist eine einstweilige Einstellung

995 Vgl. § 24 Abs. 1 in Verbindung mit § 81 Abs. 1 S. 1 InsO.
996 Siehe § 81 Abs. 1 S. 2 InsO.
997 Vgl. dazu § 23 InsO.
998 Insoweit hat sich ebendieser Zustimmungsvorbehalt mittlerweile sogar schon zum Regelfall einer gerichtlichen Sicherungsanordnung entwickelt; vgl. hierzu auch Uhlenbruck-InsO/*Vallender*, § 22 Rn. 17.
999 Vgl. *Foerste*, Insolvenzrecht, Rn. 103a.
1000 Vgl. hierzu § 21 Abs. 2 Nr. 3 InsO.

der Vollstreckung stets allein nach Maßgabe von § 30d Abs. 4 ZVG möglich; sie setzt dabei besonders einen Antrag durch den vorläufigen Insolvenzverwalter voraus. Schließlich erlaubt die „Generalklausel" des § 21 Abs. 1 S. 1 InsO auch noch zusätzliche Maßnahmen, etwa eine Beschlagnahme von Geschäftsräumen oder von Geschäftsunterlagen jener gescheiterten Stiftung, eine Kontosperre, ein Hausverbot gegen den Stiftungsvorstand und überdies sogar dessen Inhaftierung.[1001] Darüber hinaus kann das Gericht nach § 21 Abs. 2 S. 1 Nr. 4 InsO überdies auch noch eine vorläufige *Postsperre* bestimmen.[1002]

3. *Entscheidung sowie Bekanntmachung*

Steht für das Insolvenzgericht fest, dass prinzipiell keinerlei Bedenken bezüglich der Zulässigkeit des Insolvenzantrags bestehen, muss es sich sogleich Gewissheit über den Inhalt und den Umfang einzelner Maßnahmen verschaffen. Aufgrund des grundrechtlichen Bezugs der Eingriffe steht die gerichtliche Entscheidung unter der *Prämisse der Verhältnismäßigkeit*. Aus diesem Grund bemisst sich eine zulässige Eingriffsintensität der Sicherungsmaßnahme grundsätzlich an dem Grad der möglichen Vermögensgefährdung. Wichtiger Anhaltspunkt ist speziell das bisherige Verhalten der (verantwortlichen) Vorstandsmitglieder einer Stiftung. – Nach § 23 Abs. 1 InsO sind ausschließlich die in § 21 Abs. 2 S. 1 Nr. 2 InsO normierten Sicherungsanordnungen und eine entsprechende Verwalterbestellung bekannt zu machen. Der zugrundeliegende Beschluss ist ferner dem zuständigen Stiftungsorgan, den Schuldnern jener Stiftung und dem vorläufigen Insolvenzverwalter zuzustellen.[1003] Ausdrücklich des Wortlauts von § 23 Abs. 2 InsO ist ferner eine Eintragung in das für die betroffene Rechtsform maßgebende Register (etwa das Vereins- oder auch das Handelsregister) vorzunehmen. Für alle selbstständigen Stiftungen bürgerlichen Rechts existiert ein bundeseinheitliches Zentralregister aber nicht.[1004] Keine Eintragungspflicht besteht im Hinblick auf die nach Landesrecht geführten Stiftungsverzeichnisse. Anders als bei allen durch § 23 Abs. 2 InsO geregelten Registern kommt ihnen weder eine

---

1001 Vgl. dazu etwa auch *BGH* NZI 2007, 231, 233.

1002 Vgl. *OLG Celle* NJW-RR 2001, 634, 635 f.

1003 Gleichzeitig sind die Schuldner dieser Stiftung gemäß § 23 Abs. 1 S. 3 InsO aufzufordern, allein noch unter der Berücksichtigung jenes Beschlusses an die Stiftung zu leisten. Allerdings genügt nach § 9 Abs. 3 InsO generell auch die öffentliche Bekanntmachung zum Nachweis der Zustellung an sämtliche Beteiligten. Vgl. sodann zum Ganzen insbesondere auch noch *Fritsche*, ZSt 2003, 243, 245.

1004 Eine relevante Ausnahme gibt es indessen nach § 33 HGB für Unternehmensträgerstiftungen; siehe hierzu auch noch MüKo-BGB/*Weitemeyer*, § 80 Rn. 218.

positive noch eine negative Publizitätswirkung zu. Sie begründen insoweit eben auch keinen Vertrauensschutz in die Richtigkeit und nebstdem nicht in eine Vollständigkeit der verschiedenen Eintragungen.[1005]

4. Rechtsbehelfe gegen Sicherungsmittel

Sicherungsmaßnahmen unterliegen gemäß § 21 Abs. 1 S. 2 InsO einer sofortigen Beschwerde durch den betroffenen Schuldner. Rechtsbehelfsbefugt ist folglich der Stiftungsvorstand; siehe hierzu nämlich auch noch §§ 86 S. 1, 26 BGB. Daneben steht dem Schuldner auch gegen eine Anordnung der Postsperre ausdrücklich eine sofortige Beschwerde zu.[1006] Gleiches gilt endlich gemäß §§ 21 Abs. 3 i.V.m. 98 Abs. 3 S. 3 InsO unzweifelhaft für die Anordnung von Haft.[1007]

III. Entscheidung über einen Insolvenzantrag

Über den Insolvenzantrag befindet nach § 18 Abs. 1 Nr. 1 RPflG immer der Richter, wenn der Antrag entscheidungsreif ist.[1008] Mit Insolvenzeröffnung geht diese funktionelle Zuständigkeit erst auf einen Rechtspfleger über, falls sich der Richter nicht die weitere Abwicklung gänzlich oder jedenfalls zum Teil vorbehalten hat. Die erforderliche Eröffnungsentscheidung ist an alle normierten Voraussetzungen gebunden, welche dem zuständigen Gericht eine Eröffnung ohne Ermessen vorgeben. Allerdings darf das Gericht bei der Festlegung des *Eröffnungszeitpunktes* in engen Grenzen ausnahmsweise Handlungsspielräume ausreizen, so etwa um Abrechnungen (Lohn sowie Gehalt) und die Abwicklung der Insolvenzgeldvorfinanzierung zu erleichtern.[1009]

1. Ablehnung der Verfahrenseröffnung

a) Unzulässigkeit und Unbegründetheit

Der gestellte Insolvenzantrag wird vom Gericht abgewiesen, wenn er unzulässig oder wenn er unbegründet ist. Zurückweisung als *unzulässig* ist durch Beschluss

---

1005 Siehe hierzu auch: *Schlüter/Stolte*, Stiftungsrecht, Kap. 6 Rn. 29; Staudinger-BGB/*Hüttemann/Rawert*, Vorbem zu §§ 80 ff Rn. 158.

1006 Siehe § 21 Abs. 2 Nr. 4 in Verbindung mit § 99 Abs. 3 InsO.

1007 Zum Ganzen siehe auch *Fritsche*, ZSt 2003, 243, 245.

1008 Daran kann es beispielshalber fehlen, solange das Verfahren ruht, da es ein Verbraucher-Insolvenzverfahren ist (vgl. dazu § 304 InsO) und der Gemeinschuldner einen Eröffnungsantrag gestellt hat (genauer hierzu auch noch § 306 Abs. 1 sowie 3 InsO).

1009 Vgl. etwa Uhlenbruck-InsO/*Zipperer*, § 27 Rn. 8.

geboten, wenn eine Zulässigkeitsvoraussetzung nicht vorliegt, wie zum Beispiel die Zuständigkeit des angerufenen Insolvenzgerichts, die gemeine Insolvenzfähigkeit des Schuldners oder die prinzipiell bei dem Gläubigerantrag zwingende Glaubhaftmachung des Eröffnungsgrundes sowie einer Forderung und das Bestehen eines rechtlichen Interesses. Sind jedoch bloß Angaben oder Unterlagen des Antragstellers unvollständig, so fordert das Gericht ihn zunächst auf, den Mangel binnen einer angemessenen Frist zu beseitigen.[1010] *Unbegründet* ist der Insolvenzantrag indessen, wenn ein Insolvenzgrund zu dem ausschließlich maßgeblichen Zeitpunkt einer Eröffnungsentscheidung nicht mit der für eine Insolvenzeröffnung immer *notwendigen Überzeugung* festgestellt ist.[1011]

b) Zur Nichteröffnung mangels Masse

Auch wenn ein Insolvenzgrund gegeben ist, wird ein Insolvenzverfahren allein eröffnet, wenn zugleich die Finanzierung des Verfahrens abgesichert ist: Der Eröffnungsantrag ist demgemäß abzuweisen, wenn das Vermögen der Stiftung voraussichtlich nicht mehr ausreichen wird, um die Verfahrenskosten zu decken und nebstdem auch kein hinlänglicher Massekostenvorschuss geleistet wird; siehe hierzu § 26 Abs. 1 InsO.[1012] Seit dem 30.9.2009 normiert das Bürgerliche Gesetzbuch ebenso wie bereits zuvor die verschiedenen Regelungen zu den meisten sonstigen juristischen Personen die *Auflösung* ebenjener Stiftung für den Augenblick der rechtskräftigen Ablehnung eines Insolvenzantrags mangels Masse (vergleiche nur: §§ 86 S. 1, 42 Abs. 1 BGB in Verbindung mit § 26 InsO); ob in einem solchen Fall eine Fortsetzung der Stiftung möglich bleibt, ist sogar nach der vollzogenen Reform des Insolvenzrechts unklar. Entscheidend dürfte dabei sein, dass die aufgelöste Stiftung für eine Fortführung grundsätzlich den Insolvenzgrund dadurch beseitigen muss, dass neues Kapital zugeführt wird.[1013] Im Übrigen könnte allerdings aus der nach § 42 Abs. 1 S. 2 BGB nun gegebenen

---

1010 Beachte dazu auch § 13 Abs. 3 InsO. Beispiel: Das durch den Gemeinschuldner vorzulegende Verzeichnis aller Gläubiger fehlt.

1011 Näher hierzu etwa *Zipperer*, NZI 2003, 590 ff.

1012 Als Kosten des eröffneten Insolvenzverfahrens sind diejenigen nach § 54 InsO anzusetzen; vergleiche dazu nur Uhlenbruck-InsO/*Vallender*, § 26 Rn. 8 ff. Es handelt sich dabei um alle gerichtlichen Kosten jenes Verfahrens nach § 54 Nr. 1 InsO sowie die Vergütungen aus § 54 Nr. 2 InsO. Die Kosten gemäß § 54 Nr. 1 und Nr. 2 InsO sind hierbei für gewöhnlich auch immer als gleichrangig zu behandeln und auch einzustufen.

1013 Vgl. hierzu auch MüKo-InsO/*Haarmeyer*/*Schildt*, § 26 Rn. 53; Uhlenbruck-InsO/*Hirte*, § 11 Rn. 155.

Option, im Rahmen des Insolvenzplans die Fortsetzung der Stiftung zu statuieren, im Umkehrschluss abgeleitet werden, dass in sonstigen Fällen der *Auflösung* ein „Fortführungsbeschluss" nicht gestattet werden soll.[1014]

Mit der Auflösung der Stiftung wird ebendiese vorbehaltlich der Gesamtrechtsnachfolge zu einer auch fernerhin *rechtsfähigen Stiftung in Liquidation.* Der Wortlaut des § 88 S. 1 BGB spricht zwar grundsätzlich von Erlöschen; nichtsdestotrotz bleibt die Stiftung ebenso wie auch der Verein als unabhängige Rechtspersönlichkeit fortbestehen, bis sie umfassend abgewickelt wurde.[1015] Aufgelöste Stiftungen privaten Rechts können zwar grundsätzlich über ihr letztlich noch verbliebenes Vermögen verfügen. Dies dient aber ausschließlich dem Zweck der Liquidation, mithin der Abwicklung der Stiftung unter Verteilung ihres Vermögens an die Gläubiger und – hier wohl lediglich Theorie – des Überschusses an sämtliche in einer Satzung bestimmten Anfallberechtigten. Liquidatoren sind grundsätzlich gemäß § 48 Abs. 1 S. 1 BGB die Vorstandsmitglieder einer aufzulösenden Stiftung. Der Stifter kann aber in der Verfassung auch eine andere Vorschrift treffen und etwaige Liquidatoren vorgeben; für die Bestellung der Liquidatoren sind dann alle für die Vorstandsbestellung vorhandenen Normen maßgebend.[1016]

2. *Eröffnungsbeschluss durch Gericht*

a) *Voraussetzungen für einen Eröffnungsbeschluss*

Die Insolvenzeröffnung darf bloß erfolgen, wenn ein zulässiger Eröffnungsantrag vorliegt, die Verfahrenskosten gedeckt sind (§ 26 Abs. 1 InsO) und der Insolvenzgrund nach § 16 InsO zur Überzeugung des zuständigen Insolvenzgerichts vorhanden ist.[1017] Bei „Parallelverfahren" hat das angerufene Gericht ein Verfahren wegen sämtlicher zulässiger sowie begründeter Anträge in einem *einheitlichen Beschluss* zu eröffnen, weil über dasselbe Vermögen bloß ein einzelnes

---

1014 Vgl. auch MüKo-InsO/*Haarmeyer/Schildt*, § 26 Rn. 53.

1015 Vgl. auch MüKo-BGB/*Reuter*, § 49 Rn. 15 ff.; Staudinger-BGB/*Hüttemann/Rawert*, § 88 Rn. 11.

1016 Siehe dazu § 48 Abs. 1 S. 2 BGB.

1017 Die Verfahrenseröffnung setzt eine Zulässigkeit des Antrags gemäß §§ 13, 14 InsO voraus. Es müssen dazu die ganz allgemeinen Prozessvoraussetzungen vorhanden sein, die Verfahrenseröffnung wäre anderenfalls nämlich bereits nichtig: Der Schuldner muss deutscher Gerichtsbarkeit unterliegen und zudem insolvenzverfahrensfähig gemäß §§ 11, 12 InsO sein. Fehlende Prozessfähigkeit (§ 51 ZPO) jedoch begründet keine gemeine Nichtigkeit ebenjener insolvenzgerichtlichen Eröffnungsentscheidung.

Insolvenzverfahren eröffnet werden kann; mehrere Antragsverfahren sind bei einer Eröffnung zu verbinden.[1018] Die Anträge bleiben jedoch insoweit selbstständig, als jeder für sich zulässig sein muss, jeder eine eigenständige Antragsgebühr verlangt und ferner auch zurückgenommen respektive für erledigt erklärt werden kann. Sicherungsmaßnahmen gemäß der Bestimmung in § 21 InsO können sodann für *sämtliche Eröffnungsanträge gemeinsam* angeordnet werden.[1019]

b) Bekanntmachung und Eintragung der Insolvenz

Die Geschäftsstelle des Insolvenzgerichts hat den Eröffnungsbeschluss nach § 30 Abs. 1 InsO „sofort" öffentlich bekanntzumachen, das bedeutet im Internet.[1020] Ergänzend wird ebendieser Beschluss zugestellt (§ 30 Abs. 2 InsO), so nämlich allen Gläubigern sowie ferner Schuldnern der betroffenen Stiftung und selbstverständlich auch der Stiftung selbst. Im *Grundbuch* ist auf Ersuchen des Insolvenzgerichts ein Insolvenzvermerk einzutragen, damit ein redlicher Erwerb „beschlagnahmter" Immobilien ausgeschlossen wird (§ 32 InsO). Gelingen kann das natürlich lediglich für derartige Immobilien, welche schon bekannt sind oder später bekannt werden.[1021]

IV. Rechtsmittel gegen Eröffnungsentscheidung

Anfechtbar ist die Eröffnung eines Insolvenzverfahrens mit einer *sofortigen Beschwerde*, aber ausschließlich für den Schuldner; siehe § 34 Abs. 2 InsO. Das Rechtsmittel hat indessen keine aufschiebende Wirkung.[1022] Gegen einen Beschluss, der die Insolvenzeröffnung ablehnt, steht dem Antragsteller eine sofortige Beschwerde nach § 34 Abs. 1 InsO zu. Das gleiche Recht hat schließlich

---

1018 Vgl. auch K. Schmidt-InsO/*Keller*, § 27 Rn. 9.

1019 Vgl. K. Schmidt-InsO/*Keller*, § 27 Rn. 9.

1020 Die öffentliche Bekanntmachung (siehe www.insolvenzbekanntmachungen.de) hat das Ziel, einer gerichtlichen Entscheidung nach außen hin Geltung zu verschaffen und die Publizitätswirkung auch gegenüber den Personen eintreten lassen zu können, an welche eine Einzelzustellung gerade nicht erfolgt.

1021 Siehe auch *Foerste*, Insolvenzrecht, Rn. 130.

1022 Vgl. § 4 InsO in Verbindung mit § 570 Abs. 1 ZPO. Hatte der Insolvenzschuldner den Eröffnungsantrag vorher selbst gestellt, so ist seine *Beschwer* grundsätzlich fraglich. Ausnahmsweise kann selbst „materielle" Beschwer ausreichen, etwa bei dem zwischenzeitlichen Wegfall des Eröffnungsgrundes (vgl. hierzu auch: *BGH* NJW-RR 2007, 765). – Für die Gläubiger ist der Beschluss selbst dann unanfechtbar, wenn ihnen das Insolvenzverfahren schadet, beispielsweise weil sie ansonsten noch die Aussicht auf eine erfolgreiche Zwangsvollstreckung hätten.

noch der Schuldner, sofern eine Eröffnung des Insolvenzverfahrens aufgrund einer zu geringen Masse abgelehnt wurde. Gegen den Beschwerdebeschluss des *Landgerichts* muss beim BGH eine Rechtsbeschwerde erhoben werden, wenn diese zugelassen wurde.[1023]

V. Zu der Einstellung des Insolvenzverfahrens

Kann die Hauptaufgabe eines insolvenzrechtlichen Verfahrens, nämlich die gemeinschaftliche Befriedigung aller Insolvenzgläubiger, *nicht mehr erreicht werden*, wird jenes Verfahren vom Insolvenzgericht *vorzeitig eingestellt.*[1024] Der häufigste Einstellungsgrund ist der, dass die vorhandene Masse nicht ausreicht um die Verfahrenskosten und/oder die Masseverbindlichkeiten zu begleichen.[1025] Weitere Einstellungsgründe sind nebstdem prinzipiell auch der Wegfall des Insolvenzeröffnungsgrundes und schließlich noch die Zustimmung der Insolvenzgläubiger.[1026]

§ 3 Stiftung im eröffneten Insolvenzverfahren

Durch die gerichtliche Eröffnung des insolvenzrechtlichen Verfahrens wird die gesamte Insolvenzmasse einer gescheiterten Stiftung beschlagnahmt. Dies hat besonders ernst zu nehmende Auswirkungen auf eine juristische Existenz jener selbstständigen Stiftung sowie auf die allgemeine Verwaltung der Stiftung und zudem auf die existenten Organmitglieder.[1027]

A. Konsequenzen der Verfahrenseröffnung für die Stiftung

I. Auflösen der juristischen Person

Die selbstständige Stiftung privaten Rechts wird durch die Eröffnung des Insolvenzverfahrens im Allgemeinen gemäß §§ 86 S. 1, 42 Abs. 1 S. 1 BGB aufgelöst. Mit gerade jener Auflösung verliert eine Stiftung indes gewöhnlich nicht ihre eigene Rechtspersönlichkeit. Wie etwa auch andere juristische Personen und Gesellschaften erlischt eine Stiftung als Rechtsträger generell nicht bereits durch die Auflösung, vielmehr wird sie dadurch einzig in das insolvenzrechtliche

1023 Siehe hierzu § 4 InsO in Verbindung mit § 574 Abs. 1 S. 1 Nr. 2 ZPO.
1024 Vgl. auch Braun-InsO/*Ludwig*, Vorbemerkung vor §§ 207–216 Rn. 2.
1025 Vgl. dazu auch Uhlenbruck-InsO/*Ries*, § 207 Rn. 2.
1026 Siehe §§ 212, 213 InsO.
1027 Siehe auch *Bach*, Insolvenz, 81.

„Liquidationsstadium" transformiert.[1028] Im Unterschied zu den übrigen juristischen Personen privaten Rechts[1029] erlischt eine aufgelöste Stiftung hingegen automatisch mit dem Eintritt der Vermögenslosigkeit und im Fall einer endgültigen Gesamtrechtsnachfolge.[1030] Grund dafür ist die außerordentliche Position der Stiftung als ein unabhängiges Zweckvermögen unter Ausfall personeller Mittel in der Form von Mitgliedern. Ohne Vermögen kann die Stiftung als eigener Rechtsträger auch nicht mehr länger fortbestehen, weil eines der charakteristischen Merkmale ausgefallen ist.[1031] Die Aberkennung der Rechtsfähigkeit – namentlich als actus contrarius zur behördlichen Anerkennung – hat damit lediglich deklaratorische Wirkung für die Existenz der Stiftung und ist bloß für den Verkehrsschutz relevant.[1032] Umgekehrt führt letztlich eine bloße Aufhebung allein zum Erlöschen, falls hiermit die *Gesamtrechtsnachfolge* verbunden ist.[1033]

II. Zum Fortbestehen einer Stiftung

Wird hingegen das Insolvenzverfahren auf Antrag einer Stiftung eingestellt (§ 213 InsO) oder nach der Bestätigung (§ 248 InsO) eines Insolvenzplans, welcher den Fortbestand der Stiftung vorsieht, aufgehoben, so kann eine Stiftung prinzipiell nach § 86 S. 1 BGB in Verbindung mit § 42 Abs. 1 S. 2 BGB fortgesetzt werden. Nach § 42 Abs. 1 S. 2 BGB entscheidet jedoch über die Fortsetzung eines Vereins die Mitgliederversammlung, die es indes bei der selbstständigen Stiftung nicht gibt. An die Stelle der Mitgliederversammlung tritt dabei das für die Verwaltung zuständige Stiftungsorgan sowie ferner die nach dem Landesstiftungsrecht

---

1028 Vgl. *Bach*, Insolvenz, 82; *Roth/Knof*, KTS 2009, 163, 170; Staudinger-BGB/*Hüttemann/Rawert*, § 86 Rn. 92.

1029 Die Vollbeendigung verlangt hier neben der Vermögenslosigkeit auch die Registerlöschung als actus contrarius zu der Entstehung der eigenständigen Rechtspersönlichkeit.

1030 Siehe hierzu *Roth/Knof*, KTS 2009, 163, 170; MüKo-BGB/*Weitemeyer*, § 88 Rn. 2.

1031 Die Rechtsordnung knüpft als erforderliches Substrat bei Körperschaften an eine Personenmehrheit und bei den juristischen Personen ohne Mitglieder an die gemeine Organisation des Vermögen an. Daher wird zum Beispiel von der völlig vorherrschenden Auffassung eine (dauerhaft) mitgliederlose Kooperation eben nicht anerkannt.

1032 Vgl. dazu *Roth/Knof*, KTS 2009, 163, 171.

1033 Beachte in diesem Zusammenhang allerdings auch noch MüKo-BGB/*Weitemeyer*, § 87 Rn. 19.

zuständige Aufsichtsbehörde.[1034] Sie kommen in ihrer Funktion einer Mitgliederversammlung am nächsten, welche nach § 32 Abs. 1 S. 1 BGB stets bei *allen Angelegenheiten* eines Vereins entscheidet, soweit diese nicht dem Vorstand oder einem weiteren Organ zugeteilt wurden.[1035]

Gemäß § 86 S. 1 BGB ist ebenfalls § 42 Abs. 1 S. 3 BGB auf die selbstständige Stiftung des bürgerlichen Rechts entsprechend anwendbar. Danach kann die Satzung bestimmen, dass die Stiftung im Fall der Eröffnung des insolvenzrechtlichen Verfahrens gewöhnlich auch als nicht selbstständige Stiftung fortbesteht. Das Vermögen der selbstständigen Stiftung verbleibt dabei allerdings grundsätzlich in der Insolvenzmasse und wird damit nicht auf eine unselbstständige Stiftung übertragen.[1036] Nur über die nicht vom Insolvenzverfahren erfassten Vermögenswerte kann eine unselbstständige Stiftung als eine *Fortsetzungsstiftung* verfügen. Wenn das geführte Insolvenzverfahren abgeschlossen ist, muss ein berufener Insolvenzverwalter ein verbliebenes Vermögen an eine Fortsetzungsstiftung auskehren. Die Forderungen gegen die nun insolvente Stiftung richten sich dann gegen die Fortsetzungsstiftung, so dass die Fortsetzung nur sinnvoll ist, sofern sämtliche Gläubiger im Insolvenzverfahren befriedigt werden oder wenigstens zum Teil auf ihre Ansprüche verzichten.[1037] Ein Fortsetzungsbeschluss eines Stiftungsvorstands ist in diesem Fall grundsätzlich nicht notwendig.[1038] Auch falls die Verfassung einen Fortbestand als nicht selbstständige Stiftung normiert, kann unter den beschriebenen Voraussetzungen von § 42 Abs. 1 S. 2 BGB auch die Fortsetzung als *selbstständige Stiftung* beschlossen werden.[1039]

B. Abwicklung einer Stiftung durch den Insolvenzverwalter

I. Zur Rechtsstellung eines Insolvenzverwalters

Zentrale Figur des Insolvenzverfahrens ist der Insolvenzverwalter, wobei in Anlehnung an die wesentlichen Grundsätze des früheren Konkursrechts die Befugnisse und ebenso die Pflichten des Insolvenzverwalters erweitert worden sind.[1040] Die Hauptaufgabe des Insolvenzverwalters besteht darin, sämtliche

1034 So auch Palandt-BGB/*Ellenberger*, § 86 Rn. 1.
1035 Beachte dazu auch noch § 86 S. 1 BGB in Verbindung mit § 26 Abs. 1 BGB.
1036 Vgl. auch MüKo-BGB/*Reuter*, § 42 Rn. 11.
1037 Siehe hierzu Staudinger-BGB/*Schwennicke*, § 42 Rn. 29.
1038 Vgl. dazu etwa Uhlenbruck-InsO/*Hirte*, § 11 Rn. 222.
1039 Vgl. hierzu Gottwald/Haas/*Mock*, Handbuch, § 93 Rn. 57.
1040 Siehe auch *Frege*/*Keller*/*Riedel*, Insolvenzrecht, Rn. 985.

Gegenstände der Insolvenzmasse umgehend nach der Eröffnung einer Insolvenz in den Besitz zu nehmen und nach Maßgabe der gesetzlichen Verfahrensaufgabe zu verwalten und zu verwerten und hierdurch eine verteilungsfähige Insolvenzmasse herzustellen und an die Gläubiger auszuschütten. Insofern wird das Insolvenzverfahren materiell durch den Insolvenzverwalter gestaltet. Daneben hat er diverse Ordnungsaufgaben zu erfüllen, vor allem das Vermögen und außerdem die Gläubiger aufzunehmen und dies letztlich in entsprechenden Verzeichnissen niederzuschreiben.[1041] Letztlich obliegt es ihm zusätzlich, nicht gerechtfertigte Vermögensübertragungen vor Insolvenzeröffnung mit allen Maßnahmen im Anfechtungsrecht zu berichtigen. Er übt seine Betätigung im Rahmen eines privaten Amtes aus,[1042] welches ihm stets mit der Bestellung vonseiten eines zuständigen Insolvenzgerichts zugeschrieben wird.[1043]

II. Vom Insolvenzverfahren erfasstes Vermögen

1. Massezugehöriges Vermögen einer Stiftung

Vom allgemeinen Insolvenzverfahren wird das gesamte Vermögen der *Stiftung* erfasst, das ihr zur Zeit der Eröffnung dieses insolvenzrechtlichen Verfahrens gehört und das sie während des Verfahrens erlangt; siehe § 35 Abs. 1 InsO. Gemeint ist eine Soll-Masse, also eine Gesamtheit all jener Vermögenswerte, die rechtlich zur gemeinschaftlichen Befriedigung der persönlichen Gläubiger dienen, welche einen zum Zeitpunkt der Insolvenzeröffnung begründeten Anspruch gegen die Stiftung haben.[1044] Eingang in diese Insolvenzmasse findet damit zunächst das noch verbliebene umlauffähige Ertragskapital. Hierzu gehören neben den Barmitteln zudem künftig realisierbare Vermögenswerte, beispielsweise Ansprüche in jeder Gestalt, Anwartschaften wie auch Grundpfandrechte.[1045] Neben dem

---

1041 Vgl. §§ 151 ff. und 174 ff. InsO.

1042 Vgl. *BVerfG* NJW 2006, 2613.

1043 Zum Ganzen auch *Frege/Keller/Riedel*, Insolvenzrecht, Rn. 985.

1044 Siehe hierzu Andres/Leithaus-InsO/*Leithaus*, § 35 Rn. 2.

1045 Hat der Stifter zum Zeitpunkt der Insolvenzeröffnung das mit dem Stiftungsgeschäft zugesagte Vermögen noch nicht (gänzlich) auf die Stiftung übertragen, so kann der bestellte Verwalter sämtliche noch offenen Leistungen zur Insolvenzmasse einziehen. Die verfahrensbedingte Auflösung einer Stiftung lässt diese durch das wirksame Stiftungsgeschäft begründeten Pflichten des Stifters zur Vermögensausstattung nicht entfallen; insoweit verhält es sich prinzipiell nämlich nicht anders als mit der Einlageschuld eines Gesellschafters. Vgl. dazu insbesondere auch noch *Roth/Knof*, KTS 2009, 163, 172.

Ertragskapital haftet im Übrigen auch der Grundstock einer jeden Stiftung; alle dazu gehörenden Werte zählen zur Masse. In Betracht kommen besonders werthaltige Gegenstände in Form von Grundstücken, Kunstgegenständen oder auch Beteiligungen an Unternehmen. Denkbar sind indes auch Immaterialgüterrechte, zum Beispiel Patente und Urheberrechte. Neuerwerb gehört auch zur Masse. Stiftungsrelevant sind in erster Linie Spenden und Zuwendungen, auf die aber wegen ihrer Freiwilligkeit für gewöhnlich kein Anspruch der Stiftung bestehen soll. Sie mehren die Masse außerhalb von einer verbindlichen Zusicherung im Allgemeinen erst nach dem *tatsächlichen* Zufluss zum Stiftungsvermögen.[1046]

Abweichendes gilt hingegen bei Zustiftungen. Sie sind Schenkungsverträge und werden grundsätzlich als Auflagen- oder als Zweckschenkung qualifiziert.[1047] Bei der Einordnung der Zustiftung als Auflagenschenkung steht die Zuwendung unter dem Vorbehalt der Vollziehung nach § 527 Abs. 1 BGB. Die Vollziehung ebendieser Auflage wird in einer Stiftungsinsolvenz jedoch regelmäßig an der insolvenzbedingten Unmöglichkeit einer dauernden Zweckerfüllung durch die notleidende Stiftung scheitern. Der einzelne Zustifter kann mithin das Zugewendete nach Bereicherungsrecht zurückfordern, wenn die Voraussetzungen für das Rücktrittsrecht bei gegenseitigen Verträgen vorliegen. *Insolvenzrechtlich* stellt ebenjener bereicherungsrechtliche Herausgabeanspruch eine „einfache“ Insolvenzforderung gemäß dem § 38 InsO dar.[1048]

Auch die im Wege einer Zweckschenkung vorausgesetzte dauernde Förderung eines mit der konkreten Zuwendung verbundenen Zwecks wird durch die Insolvenz der Stiftung in aller Regel unmöglich. Liegen insofern die Anforderungen nach § 313 BGB vor, kann ein Zustifter von dem Schenkungsversprechen zurücktreten und die Herausgabe der Leistung entsprechend § 346 Abs. 1 BGB fordern. Insolvenzrechtlich ist allerdings ein Zustifter auch in diesem Falle einzig und alleine Inhaber einer einfachen Insolvenzforderung im Sinne von § 38 InsO.

2. *Exkurs: Insolvenzfreies Stiftungsvermögen?*

Fraglich ist, ob bestimmte Gegenstände eines Stiftungsvermögens vor einer Zugehörigkeit zur Insolvenzmasse geschützt werden sollen. Nicht zur Masse

---

1046 Siehe zum Ganzen etwa auch noch *Fritsche*, ZSt 2003, 243, 247.

1047 Eingehend hierzu *A. Werner*, Zustiftung, 124 ff.; a.A. jedoch *Muscheler*, WM 2008, 1669, 1670 (entsprechende Anwendung der §§ 80 ff. BGB).

1048 Vgl. auch: *Roth/Knof*, KTS 2009, 163, 173; anders allerdings noch *Fritsche*, ZSt 2003, 243, 247: Der Herausgabeanspruch aus § 527 Abs. 1 BGB begründet insolvenzrechtlich ein Aussonderungsrecht im Sinne von § 47 InsO.

gehören nach § 36 Abs. 1 S. 1 InsO diejenigen Vermögensgegenstände, welche regelmäßig auch einer Einzelzwangsvollstreckung entzogen sind. Doch mit jener Regelung wird in erster Linie die private Existenz natürlicher Personen abgesichert. In der Insolvenz der juristischen Personen soll ebendiese rechtliche Bestimmung demgegenüber allerdings für gewöhnlich keine einschränkende Rolle spielen.[1049]

Eine Ausnahme davon kann sich allerdings aus § 36 Abs. 1 S. 1 InsO in Verbindung mit § 882a Abs. 2 ZPO ergeben. Soweit nämlich über das Vermögen einer juristischen Person des öffentlichen Rechts die Eröffnung eines Insolvenzverfahrens gestattet ist,[1050] findet prinzipiell auch die Bestimmung des § 35 InsO Anwendung. Von vielen Rechtspersonen privaten Rechts unterscheidet sich indessen jene „juristische Person des öffentlichen Rechts" dadurch, dass sie zur Verfolgung öffentlicher Aufgaben gegründet wurde. Diese öffentliche Aufgabenförderung steht in einem eklatanten Widerspruch zur „Versilberung" des gesamten Vermögens durch den gerichtlich bestellten Verwalter.[1051] § 36 Abs. 1 S. 1 InsO mit seinem vorgesehenen Verweis auf § 882a Abs. 2 ZPO trägt ebenjenem Umstand besonders dadurch Rechnung, dass verschiedene Gegenstände des schuldnerischen Gesamtvermögens als „insolvenzfreie Masse" dem Verfahren entzogen werden.[1052] Gemeint sind hierbei Sachen (§ 90 BGB), welche für die Wahrnehmung der öffentlichen Aufgaben des Gesamtschuldner unentbehrlich sind oder deren Veräußerung, mögen sie selbst entbehrlich sein, ein öffentliches Interesse entgegensteht (beispielsweise: Kunstschätze, Museen, Bibliotheken, Archive, Schwimmbäder, Sportanlagen und dergleichen).[1053]

Anzudenken wäre jetzt, ob nicht ebenso die Vermögen von privaten Stiftungen unter bestimmten Bedingungen *generell* vor dem Gläubigerzugriff in der Insolvenz geschützt werden sollten. Ausgangspunkt für die analoge Anwendung von § 882a Abs. 2 ZPO ist zuerst die außergewöhnliche Charakteristik der selbstständigen Stiftung, welche prinzipiell mehr als jede weitere Rechtsform auf ein Vermögen zur Durchsetzung ihrer satzungsgemäßen Zweckbestimmung angewiesen ist. Darüber hinaus hat letztlich das Bundesverfassungsgericht festgestellt, dass die gesetzliche Regelung in § 882a ZPO die Erfüllung öffentlicher

---

1049 Siehe hierzu etwa auch *Fritsche*, ZSt 2003, 243, 248; Gottwald/Haas/*Haas*/*Kolmann*/*Pauw*, Handbuch, § 90 Rn. 368; *Müller*, ZStV 2010, 201, 204.

1050 Siehe dazu § 12 InsO.

1051 Vgl. hierzu auch Uhlenbruck-InsO/*Hirte*/*Praß*, § 35 Rn. 377.

1052 Beachte daneben auch noch § 170 Abs. 3 VwGO sowie § 152 Abs. 3 FGO.

1053 Siehe BT-Drucks. 1/3284, 23 f.

Aufgaben vor Beeinträchtigungen schützen soll. Die Erfüllung von öffentlichen Aufgaben steht dabei im starken Gegensatz zu Gläubigerschutzinteressen. Nichts anderes gilt jedoch für Stiftungen des Privatrechts, falls jene öffentliche Aufgaben wahrnehmen. Eine fortwährende Förderung des statuierten Stiftungszwecks kann nur mit der Hilfe des gewidmeten Grundstockvermögens garantiert werden. Gerade bei *gemeinnützigen Stiftungen*, die vermehrt ursprünglich staatliche Funktionen wahrnehmen, hat der Bestandschutz in einer Abwägung gegenüber den Interessen der Insolvenzgläubiger eine vergleichbar hohe Bedeutung sowie Relevanz wie bei juristischen Personen des öffentlichen Rechts. Gäbe es, immerhin für gemeinnützige Stiftungen privaten Rechts, insolvenzfreies Stiftungsvermögen, wäre eine Verwirklichung des Zwecks dauerhaft geschützt. In dem Fall wäre die gemeinnützige Stiftung für die *Ewigkeit* geschaffen.[1054]

Streit herrscht darüber, ob die von § 32 Abs. 3 S. 1 InsO vorausgesetzte Möglichkeit des Verwalters, Gegenstände aus der Insolvenzmasse freizugeben, da sich etwa deren Verwertung nicht auszahlt, zulässig ist. Bezweifelt wird eine solche Freigabebefugnis gemeinhin aufgrund der Stellung des Insolvenzverwalters. Im Ergebnis verlange nämlich die Vollbeendigung einer insolventen juristischen Person, sofern etwa eine Reorganisation ausscheide, dass das gesamte Schuldnervermögen auch der Verwaltungsbefugnis sowie zudem der Verfügungsbefugnis des Insolvenzverwalters unterliege.[1055] Primat eines Insolvenzverfahrens ist allerdings regelmäßig die gleichmäßige Gläubigerbefriedigung. Hierfür kann eine Freigabe auch masseschädigender Vermögensgegenstände erforderlich und sogar vom Insolvenzverwalter vorzunehmen sein.[1056]

III. Anreicherung der Masse durch Anfechtung

Wer als Stifter mit seinen persönlichen Mitteln einem bestimmten Zweck nachgeht, indem er hinreichende Vermögenswerte derartig widmet, dass diese letztendlich in Form der Stiftung verselbstständigt werden und der Disposition des Stifters entzogen sind, kann dadurch oftmals die Befriedigungschancen seiner

---

1054 Vgl. dazu etwa auch *Hof*, DStR 1992, 1549.

1055 Siehe MüKo-InsO/*Peters*, § 35 Rn. 118; *Müller*, ZStV 2010, 201, 204; *K. Schmidt*, NJW 2010, 1489, 1491.

1056 So auch die ganz überwiegende Meinung unter Geltung der gegenwärtigen Rechtslage: Vgl. dazu insbesondere *BGH* WM 2005, 1084 ff.; in diesem Sinne jetzt auch *BVerwG* WM 2005, 233; siehe zudem *Fritsche*, ZSt 2003, 243, 248; *Haberzettl*, NZI 2017, 474, 476; MüKo-InsO/*Peters*, § 35 Rn. 127 ff.; *Stingl*, Vermögensverfall, 133; Uhlenbruck-InsO/*Hirte*/*Praß*, § 35 Rn. 72.

persönlichen Gläubiger mindern. Ebenso werden endlich die Befriedigungsaussichten der Stiftungsgläubiger verschlechtert, wenn eine Stiftung die Erträge an ihre Destinatäre ausschüttet. Aus der Sicht des Insolvenzrechts sind insofern besonders zwei unterschiedliche Konstellationen wichtig: Zum einen nämlich stellt sich in der Insolvenz einer Stiftung die Frage, ob deren Gläubiger sogar auf die Vermögensgegenstände zugreifen können, die von der Stiftung bereits an ihre Destinatäre ausgezahlt wurden. Zum zweiten fragt sich bei einer Insolvenz eines Stifters, ob dessen Gläubiger selbst auf die Vermögenswerte der Stiftung Zugriff haben, wenn ein Stifter diese Gegenstände vorher aus seinem Privatvermögen auf das (eigenständige) Vermögen ebenjener bürgerlichrechtlichen Stiftung übertragen hat.[1057]

1. Anfechtung von Leistungen an Destinatäre

Für den Fall der Stiftungsinsolvenz hat es für einen Insolvenzverwalter enorme Bedeutung, ob auch jenes Vermögen, welches diese Stiftung bereits in der Vergangenheit an ihre Destinatäre ausgeschüttet hat, wiederum zur Masse herangezogen werden kann. In jener Gesamtlage wäre es grundsätzlich durchaus vorstellbar, eine sogenannte „Schenkungsanfechtung" entsprechend § 134 Abs. 1 InsO zu ermöglichen. Denn gänzlich unabhängig davon, ob die Destinatäre ihr Anspruchsrecht direkt aus der Satzung herleiten oder erst durch eine Auswahl des Vorstands gewinnen, liegt in beiden Fällen eine unentgeltliche Leistung im Sinne von § 134 Abs. 1 InsO vor, da der Zuwendung an die Stiftungsdestinatäre de facto keinerlei Gegenleistung mehr gegenübersteht.[1058] Die Destinatäre haben *keinen* satzungsmäßig entstandenen Anspruch auf Erfüllung des Stiftungszwecks, sodass eine Gegenleistung ferner nicht im Erlöschen eines derartigen Anspruchs gegen die Stiftung gesehen werden kann.[1059] Ganz in ebenjene Richtung hat auch bereits das Reichsgericht § 2327 BGB auf die satzungsgemäßen

---

1057 Vgl. *Roth/Knof*, KTS 2009, 163, 182 f. Nimmt man jetzt an dieser Stelle die Situation der Insolvenz des Stifters näher in den Blick, kann schließlich danach differenziert werden, ob der Stifter in einem anfechtungsrelevanten Zeitraum einer vorhandenen Stiftung die Zuwendung gemacht hat oder ob jene Zuwendung im Zusammenhang mit der Stiftungserrichtung erfolgt, mithin als Erstdotierung (beachte dazu insbesondere bereits oben ab S. 84).

1058 Siehe auch *Fritsche*, ZSt 2003, 243, 248; *Jakob*, ZSt 2005, 99, 105; *Roth/Knof*, KTS 2009, 163, 194.

1059 Siehe *Muscheler*, AcP 203 (2003), 469, 479; *Roth/Knof*, KTS 2009, 163, 194; a.A. *Jakob*, ZSt 2005, 99, 105.

Anspruchsrechte der Destinatäre, die zudem auch Pflichtteilsberechtigte jenes *Stifters* waren, analog angewandt.[1060]

Kehrt schließlich der Vorstand einen besonders hohen Betrag aus, um Vermögen an den Stiftungsgläubigern vorbei zu übertragen, so können nebstdem die Bestimmungen hinsichtlich der Absichtsanfechtung anwendbar werden. Dies ist selbstverständlich. Auch sind die übrigen Tatbestände der Insolvenzanfechtung (siehe hierzu §§ 130–132 InsO) ohne stiftungsrechtliche Besonderheit anwendbar, sofern die einzelnen Voraussetzungen erfüllt sind.[1061]

2. *Gläubiger des Stifters und ihr Verhältnis zur Stiftung*

Abzulehnen ist eine Anwendbarkeit der Anfechtungsregeln auf Zuwendungen im Rahmen einer Stiftungserrichtung.[1062] Dies zum einen, weil ein Stifter durch seine (unentgeltliche) Leistung eben keine bestehende Person bereichert, sondern vielmehr in einem mehrteiligen Gründungsgeschehen eine Existenzgrundlage für eine neu geschaffene rechtliche Person schafft. Zum anderen allerdings auch, weil eine Zulassung der Insolvenzanfechtung bedeuten könnte, dass die Stiftung nach der Anerkennung vier Jahre lang bangen müsste, dass die Insolvenz des Stifters stets einen *Durchgriff auf das Stiftungsvermögen* zur Folge hätte.[1063]

IV. Abwicklung gegenseitiger Rechtsgeschäfte

Die Eröffnung des Insolvenzverfahrens führt regelmäßig nicht automatisch zum Erlöschen der Erfüllungsansprüche aus gegenseitigen Verträgen. Verhindert wird vorläufig einzig und allein eine rechtliche Durchsetzbarkeit.[1064] Eine finale Entscheidung bezüglich der Abwicklung wird durch den Insolvenzverwalter im Wege des Wahlrechts getroffen. Spricht sich letztendlich der Insolvenzverwalter gegen die Erfüllung aus, kann der Vertragspartner einen Anspruch wegen Nichterfüllung einzig als Insolvenzgläubiger geltend machen. Dagegen macht eine Erfüllungswahl eines Insolvenzverwalters eine Gegenforderung zu einer *Masseverbindlichkeit* im Sinne von § 55 Abs. 1 Nr. 2 InsO. Ausnahmen hierzu existieren hingegen insbesondere im Hinblick auf die mietrechtlichen Vereinbarungen. Sie bleiben gemäß § 108 Abs. 1 InsO selbst nach einer Insolvenzeröffnung bestehen. Befindet sich die Stiftung in der Position des Mieters oder Pächters, kann der

---

1060 Vgl. hierzu RGZ 54, 399, 401.

1061 Ebenso *Jakob*, ZSt 2005, 99, 106; *Roth/Knof*, KTS 2009, 163, 195.

1062 Siehe auch *Jakob*, ZSt 2005, 99, 106; *Richter*, S&S 3/2006, Rote Seiten, 12.

1063 Vgl. *Hinz*, Verbindlichkeiten, 127.

1064 Grundlegend hierzu *BGH* NZI 2002, 375, 376.

Verwalter nach § 109 Abs. 1 InsO das Sonderkündigungsrecht für die Stiftung ausüben. Für einen Vermieter oder Verpächter ist überdies die Kündigungssperre aus § 112 InsO zu berücksichtigen. Besonderheiten gelten zudem bei Fixgeschäften sowie darüber hinaus auch bei Finanztermingeschäften. War nämlich die Lieferung solcher Waren, die einen Markt- oder Börsenpreis haben, genau zu einer festbestimmten Zeit oder indes auch innerhalb einer festbestimmten Frist vereinbart und tritt diese Zeit oder aber ein Fristablauf erst nach der Insolvenzeröffnung ein, so kann nicht Erfüllung verlangt, sondern bloß eine Forderung wegen Nichterfüllung als Insolvenzgläubiger geltend gemacht werden. Beschäftigt eine Stiftung auch Arbeitnehmer, so bleiben alle vereinbarten Arbeitsverhältnisse von einer Verfahrenseröffnung zunächst unberührt. Allerdings werden durch diese fortlaufenden Personalkosten auch weitere Masseverbindlichkeiten gemäß § 55 Abs. 1 Nr. 2 InsO begründet, die das haftende Vermögen zusätzlich belasten werden. Deshalb hat der Verwalter die Möglichkeit, die Dienstverhältnisse gemäß § 113 Abs. 1 InsO zu kündigen.[1065] Dieses Recht haben im Übrigen sogar die Arbeitnehmer, welche ein Interesse an dem frühzeitigen Verlassen der gescheiterten Stiftung haben können. Durch eine selbstständige Stiftung beauftragte externe Berater sind oft auf Grundlage von Geschäftsbesorgungsverträgen tätig.[1066] Nach §§ 115, 116 InsO enden jene Verträge vorbehaltlich des § 115 Abs. 2 und 3 InsO mit Eröffnung jenes Verfahrens vonseiten des Gerichts. Dies gilt letztlich ebenfalls für Vollmachten, die gegenüber einem Dritten erteilt worden sind; siehe § 117 InsO. Keiner besonderen Regelung bedarf es hinsichtlich der Rechte der Destinatäre. Ihre Begünstigung steht ja gerade unter dem Vorbehalt der Leistungsfähigkeit der betroffenen selbstständigen Stiftung. Im Rahmen des Fehlens notwendiger Stiftungsmittel erlöschen im Allgemeinen ebenfalls sämtliche Forderungsrechte jener Stiftungsdestinatäre.[1067]

V. Zu der Befriedigung der Stiftungsgläubiger

1. Grundprinzipien zur Verteilung der Insolvenzmasse

Im gerichtlichen Insolvenzverfahren ist gemeinhin zwischen verschiedenen Gläubigergruppen zu unterscheiden.[1068] Je nach dem, zu welcher Gruppe ein Gläubiger zählt, kann er in anderem Umfang Befriedigung seiner Forderung

---

1065 Eingehend zum Arbeitsrecht in der Insolvenz etwa *Heinze*, NZA 1999, 57 ff.

1066 Vgl. *Fritsche*, ZSt 2003, 243, 246.

1067 Siehe auch zum Ganzen *Fritsche*, ZSt 2003, 243, 246.

1068 Siehe hierzu beispielsweise auch *Frege/Keller/Riedel*, Insolvenzrecht, Rn. 927.

bekommen. Das geltende Recht verlangt für einen Insolvenzgläubiger einen zur Zeit der Eröffnung eines Insolvenzverfahrens begründeten Vermögensanspruch gegen die Stiftung, dazu § 38 InsO. Insolvenzgläubiger können dann ihre Forderung einzig und allein gemäß den gesetzlichen Regelungen über das insolvenzrechtliche Verfahren verfolgen (§ 87 InsO). *Zwangsvollstreckungen* für einzelne Insolvenzgläubiger sind während der Dauer des Insolvenzverfahrens verboten (§ 89 InsO). In jedem Falle bedingt eine (quotale) Erfüllung der *zugrundeliegenden Forderung* ihre Feststellung gemäß § 178 InsO.

Abzugrenzen sind jene Insolvenzgläubiger von den sonstigen Anspruchsberechtigten im insolvenzrechtlichen Verfahren. Soweit an einzelnen Gegenständen eines Stiftungsvermögens Absonderungsrechte entsprechend der §§ 49 ff. InsO bestehen, dienen jene Gegenstände in aller Regel ausschließlich einer Befriedigung der den einzelnen Inhabern ebendieser Rechte zustehenden Forderungen. Absonderungsgläubiger sind insoweit vor den Insolvenzgläubigern zu befriedigen. Gleiches gilt darüber hinaus schließlich auch für die im Rahmen des § 53 InsO gesetzlich bezeichneten Massegläubiger. Ihre Forderungen stammen vielfach aus Maßnahmen des vorläufigen oder des endgültigen Insolvenzverwalters und überdies endlich auch noch aus Kosten des Insolvenzverfahrens an sich.[1069] Keinen Einfluss auf die Insolvenzquote allerdings haben Forderungen der nachrangigen Insolvenzgläubiger. Eine Berücksichtigung ferner von Ansprüchen aus § 39 InsO setzt die vollständige Befriedigung aller übrigen Verbindlichkeiten voraus, was praktisch besonders bei Insolvenzen juristischer Personen *kaum* vorstellbar ist.[1070]

Während die Insolvenzmasse zum einen durch einen Verwalter ergänzt werden kann, ist sie zum anderen zu bereinigen. Denn zur Soll-Masse gehören lediglich die dem Schuldner bei der Verfahrenseröffnung zustehenden Sachen und auch Rechte. Das Vermögen aller sonstigen Personen ist mithin weder beschlagnahmt noch zur Verteilung bestimmt. Vielmehr ist solches (nichthaftendes) Vermögen zu schützen. Dafür sorgt bei der „Einzelzwangsvollstreckung" die Drittwiderspruchsklage (§ 771 ZPO), im Insolvenzverfahren indessen tut dies gewöhnlich die Aussonderung. Zu einer sogenannten Aussonderung berechtigen prinzipiell dingliche oder auch persönliche Rechte. Sie bewirken, dass der Gegenstand, an welchem sie existieren, nicht zu der Insolvenzmasse zählt und

---

1069 Siehe dazu §§ 54, 55 InsO.

1070 Die Forderungen nachrangiger Insolvenzgläubiger sind nach § 174 Abs. 3 S. 1 InsO demzufolge lediglich dann anzumelden, wenn das Insolvenzgericht gerade zu der Anmeldung ebenjener Forderungen auffordert.

infolgedessen nicht von dem insolvenzrechtlichen Verfahren umfasst ist; hierzu § 47 S. 1 InsO. Folglich sind „aussonderungsberechtigte" Gläubiger gerade auch keine gemeinen Insolvenzgläubiger.[1071] Ihre Rechte auf Aussonderung des Gegenstandes bestimmen sich letztendlich nach jenen Vorschriften, die dann auch ohne Insolvenz gelten.[1072]

2. Exkurs: Eigenkapitalersatz auch bei den Stiftungen?

Nach dem verfassungsrechtlich gestützten Grundsatz der Privatautonomie können die Parteien eines Darlehensvertrages grundsätzlich ohne Weiteres vereinbaren, dass der Rückzahlungsanspruch im Regelinsolvenzverfahren über das Vermögen des Darlehensnehmers nur nachrangig zu berücksichtigen sein soll.[1073] Das Darlehen wird auf ebendiese Weise rechtsgeschäftlich zu Eigenkapitalersatz des Darlehensnehmers umgewidmet. Eine solche vertragliche Widmung ist vollkommen unabhängig von der konkreten Rechtsform jenes Darlehensnehmers möglich und auch zulässig.[1074] Eigenkapitalersatz kann auch bei einer selbstständigen Stiftung bürgerlichen Rechts auftreten, und zwar nicht einzig und allein durch die entsprechende rechtsgeschäftliche Widmung, sondern auch *infolge objektiver Umwidmung* entsprechend der früheren Lehre über eigenkapitalersetzende Gesellschafterdarlehen.[1075] Durch die Tatsache, dass es der Stiftung an einer Verbandsstruktur fehlt, ist eine Übertragung der gesetzlich fixierten insolvenzbezogenen Regelungen nämlich für gewöhnlich noch nicht ausgeschlossen.[1076] Die Grundgedanken einer ordnungsmäßigen Gesellschaftsfinanzierung richten sich im Allgemeinen an die Personen, die auf eine Gesellschaft einwirken können.[1077] Eine solche Stellung ist jedoch ebenfalls bei einer mitgliederlosen Rechtsform wie der selbstständigen Stiftung vorstellbar. Das zeigt etwa schon der oben beschriebene Fall der Ausübung von Einfluss oder

---

1071 Vgl. auch K. Schmidt-InsO/*Thole*, § 47 Rn. 3.

1072 Siehe hierzu nur Uhlenbruck-InsO/*Brinkmann*, § 47 Rn. 126.

1073 Siehe dazu nur Andres/Leithaus-InsO/*Leithaus*, § 39 Rn. 9; K. Schmidt-InsO/*K. Schmidt*/*Herchen*, § 39 Rn. 21; Uhlenbruck-InsO/*Hirte*, § 39 Rn. 54.

1074 Vgl. § 39 Abs. 2 InsO.

1075 Siehe hierzu nunmehr auch § 39 Abs. 1 Nr. 5 InsO und ebenso § 135 InsO.

1076 Vgl. in diesem Kontext beispielsweise insbesondere auch noch *Hirte*, in: FS O. Werner, 222, 232; *Oepen*, NZG 2001, 209, 215.

1077 Siehe Andres/Leithaus-InsO/*Leithaus*, § 39 Rn. 8; Braun-InsO/*Bäuerle*, § 39 Rn. 21; Uhlenbruck-InsO/*Hirte*, § 39 Rn. 40.

auch Kontrolle durch der Stiftung nahestehende Personen.[1078] So ist besonders der noch lebende Stifter mit einem Gesellschafter vergleichbar, falls er – wie beispielsweise nach liechtensteinischem Recht – über starke Kontrollmöglichkeiten verfügt.[1079] Gleiches kann schließlich zudem für Destinatäre gelten.[1080]

C. Zur Rechtsstellung der Stiftungsorgane in der Insolvenz

I. Kurze Vorbemerkungen und Grundlagen

Mit der Eröffnung eines Insolvenzverfahrens gehen gemeinhin die Verwaltungs- und auch die Verfügungsbefugnisse über das Vermögen einer Stiftung nach Maßgabe von § 80 Abs. 1 InsO auf den gerichtlich berufenen Insolvenzverwalter über.[1081] Soweit nun die Kompetenzen jenes Insolvenzverwalters reichen, verdrängt er umgehend die tatsächlichen Stiftungsorgane aus der ursprünglichen Betätigung. Diese übernehmen dann die Verantwortung für eine regelgerechte Wahrnehmung der Schuldnerrolle in der Insolvenz. Darüber hinaus verbleibt den Organen ein originärer insolvenzfreier Bereich. Bei Durchführung verschiedener Maßnahmen müssen aber Stiftungsorgane sowie Insolvenzverwalter zusammen agieren.[1082] Diese zunächst sehr grob beschriebene Struktur erfordert eine Konkretisierung in den folgenden Ausführungen.[1083]

II. Exekutivorgan nach Verfahrenseröffnung

1. Zur Organstellung sowie zum Anstellungsverhältnis

Der bisher tätige Vorstand bleibt gewöhnlich im Amt. Das durch die Satzung befähigte Organ kann diverse Vorstandsmitglieder indes abberufen sowie neue

---

1078 Beachte dazu *Hirte*, in: FS O. Werner, 222, 233; *Oepen*, NZG 2001, 209, 215. Siehe diesbezüglich auch bereits oben ab S. 223.

1079 Vgl. *Hirte*, in: FS O. Werner, 222, 233; *Oepen*, NZG 2001, 209, 215.

1080 Vgl. dazu *Oepen*, NZG 2001, 209, 215.

1081 Vgl. hierzu auch noch §§ 35–37 InsO. Eine bedeutende Ausnahme dazu besteht indessen bei einer sogenannten Eigenverwaltung, beachte diesbezüglich speziell auch S. 261 f.

1082 Eingehend hierzu besonders *Weber*, KTS 1970, 73, 77 ff.; ferner *Noack*, ZIP 2002, 1873, 1874 f.; siehe darüber hinaus beispielsweise noch Braun-InsO/*Kroth*, § 80 Rn. 11; *Müller*, ZStV 2010, 201; K. Schmidt-InsO/*Sternal*, § 80 Rn. 5; Uhlenbruck-InsO/*Hirte*, § 11 Rn. 118; abweisend allerdings und infolgedessen für eine umfassende Verdrängung aller betroffenen gesellschaftsrechtlichen Organe *Schulz*, KTS 1986, 389 ff.

1083 Siehe zum Ganzen noch *Müller*, ZStV 2010, 201.

bestellen. Auch alle Rechte der Stiftungsaufsichtsbehörde bleiben in dieser Hinsicht bestehen. Der Insolvenzverwalter endlich kann dieses organschaftliche Verhältnis weder beenden noch darf ein anderes Organverhältnis durch einen Insolvenzverwalter geschaffen werden. Wohl jedoch kann der Insolvenzverwalter bei dem zuständigen Amtsgericht jederzeit eine Bestellung eines Notvorstands nach Maßgabe der §§ 86, 29 BGB beantragen.

Neben die organschaftliche Beziehung tritt im Übrigen noch ein rechtsgeschäftliches Anstellungsverhältnis, welches die schuldrechtliche Rechtsbeziehung zwischen der Stiftung und dem jeweiligen Amtswalter festlegt. Bei den ehrenamtlich tätigen Vorstandsmitgliedern ist stets Auftragsrecht entsprechend anzuwenden.[1084] Mit der Eröffnung des Insolvenzverfahrens erlischt dieses Auftragsverhältnis automatisch, indes nur insofern, als es einen Bezug zur Insolvenzmasse hat; beachte § 115 Abs. 1 InsO. Ist der Vorstand hingegen einzig gegen eine tatsächliche Vergütung tätig, so erlischt der zugrundeliegende Dienstvertrag nicht automatisch mit der Verfahrenseröffnung.[1085] Allerdings kann ein Vorstandsmitglied die vor Insolvenzeröffnung begründeten Gehaltsforderungen nur als schlichte Insolvenzforderung nach § 38 InsO geltend machen. Die künftigen Gehaltsforderungen begründen im Unterschied hierzu Masseverbindlichkeiten gemäß § 55 Abs. 1 Nr. 2 InsO.[1086] Der Insolvenzverwalter darf die laufenden Löhne jedoch mit Blick auf die Vermögenssituation einer gescheiterten Stiftung nach dem Gedanken des § 87 Abs. 2 AktG kürzen.[1087] Darüber hinaus kann der Verwalter das Dienstverhältnis jederzeit kündigen, und zwar unabhängig von einem vereinbarten Ausschluss des Rechts zur ordentlichen Kündigung; hierzu § 113 S. 1 InsO. Die Kündigungsfrist letztlich beträgt prinzipiell drei Monate, wenn nicht eine andere gesetzliche oder eine vertragliche Frist maßgeblich ist. Kündigt sodann der Insolvenzverwalter, kann das jeweilige Vorstandsmitglied wegen Beendigung seines Dienstverhältnisses als Insolvenzgläubiger Ersatz beanspruchen.[1088]

2. *Aufgaben und Kompetenzen im Insolvenzverfahren*

Die selbstständige Stiftung ist als Gesamtschuldnerin selbstverständlich auch selbst Beteiligte des Insolvenzverfahrens. Ihre *Verfahrensrechte* üben die

---

1084 Vgl. dazu nur v. Campenhausen/Richter/*Hof*, Handbuch, § 8 Rn. 159.

1085 Vgl. § 108 Abs. 1 InsO.

1086 Vgl. Uhlenbruck-InsO/*Hirte*, § 11 Rn. 127 und 129.

1087 Vgl. *Müller*, ZStV 2010, 201, 202.

1088 Siehe hierzu § 113 S. 3 InsO.

Mitglieder des Vorstands regelmäßig in einer vertretungsberechtigten Zahl aus.[1089] Fehlt es aber an einer satzungsgemäßen Vorgabe der Vertretung, ist von Gesamtvertretung auszugehen.[1090] Eine Unterbevollmächtigung für die Ausübung einzelner Verfahrensrechte ist allerdings ohne weiteres zulässig. Zur Unterrichtung des Vorstands ist es generell ausreichend, wenn der Insolvenzverwalter sie gegenüber nur einem einzelnen Mitglied vornimmt. Bei Ausübung ebenjener Verfahrensrechte untersteht der Vorstand weiterhin der Überwachung durch eine Stiftungsbehörde. – Die Vorstandsmitglieder haben über relevante Sachverhalte Auskunft zu erteilen.[1091] Darüber hinaus besteht die stetige Pflicht, den Zweck des insolvenzrechtlichen Verfahrens aktiv zu fördern und sogleich alles zu unterlassen, was dessen Verwirklichung gefährden könnte.[1092] Nimmt ein bestellter Verwalter die Dienste von Vorstandsmitgliedern in erheblichem Ausmaß in Anspruch, so besteht sodann auch ein Anspruch auf angemessene Vergütung.[1093] Die Kündigung eines Anstellungsvertrags kann sich endlich im Einzelfall auch als rechtsmissbräuchlich erweisen. Ein früheres Mitglied des Vorstands, welches nicht früher als zwei Jahre vor der Insolvenzantragstellung aus seinem Amt ausgeschieden ist, ist auch zu einer Auskunft verpflichtet.[1094] Durch einen Rücktritt kann sich ein Amtswalter infolgedessen nicht seiner Verfahrenspflicht entziehen;[1095] die Pflicht zur Auskunft bleibt durch das Ausscheiden aus der konkreten Amtsstellung folglich unberührt.[1096]

Der Stiftungsvorstand behält seine Kompetenzen sodann regelmäßig bei masseneutralen Vorgängen, mithin also insbesondere bei solchen Angelegenheiten, die ein Vorstand aufgrund seiner satzungsgemäßen Position ausübt.[1097] Die allgemeine Stiftungsverwaltung nimmt daher weiterhin der Vorstand wahr. Im Rahmen jedoch der Vermögensbewirtschaftung verbleibt für den Stiftungsvorstand lediglich jener Bereich, welcher sogenannte *insolvenzfreie* Gegenstände jener notleidenden Stiftung betreffen wird.[1098] Ansonsten ist jede Verfügung

---

1089 Siehe Gottwald/Haas/*Haas*/*Kolmann*/*Pauw*, Handbuch, § 90 Rn. 340.
1090 Vgl. hierzu nur v. Campenhausen/Richter/*Hof*, Handbuch, § 8 Rn. 34.
1091 Vgl. § 101 Abs. 1 InsO in Verbindung mit § 97 Abs. 1 InsO.
1092 Vgl. hierzu § 97 Abs. 2 InsO.
1093 Siehe auch Gottwald//Haas*Haas*/*Kolmann*/*Pauw*, Handbuch, § 90 Rn. 336.
1094 Vgl. §§ 101 Abs. 1 S. 2, 97 Abs. 1, 98 InsO.
1095 Vgl. auch *Müller*, ZStV 2010, 201, 203.
1096 Vgl. auch hierzu *Müller*, ZStV 2010, 201, 203.
1097 Siehe auch *Müller*, ZStV 2010, 201, 203.
1098 Vgl. dazu auch *Fritsche*, ZSt 2003, 243, 248; *Müller*, ZStV 2010, 201, 204; *Schäfer*, Kompetenzen, 148; *Stingl*, Vermögensverfall, 144.

über einen Gegenstand der Masse unwirksam. Verpflichtungsgeschäfte kann der Vorstand hingegen auch nach einer Eröffnung des Insolvenzverfahrens noch eingehen. Der berufene Stiftungsvorstand *vertritt* die betroffene Stiftung letztendlich weiterhin gerichtlich und auch außergerichtlich.[1099]

III. Fakultatives Stiftungsorgan und Insolvenz

Nicht jedes Gremium einer Stiftung ist zugleich ein Stiftungsorgan. Organ im juristischen Sinne ist allein eine solche Organisationseinheit, die über persönliche satzungsgemäße Rechte und Verpflichtungen verfügt; sie muss in einer Satzung genannt sein. Darüber hinausgehende Gremien, beispielshalber bloße Ehrengremien, bedürfen zwar keiner ausdrücklichen Nennung in der Verfassung; ihnen stehen indessen keine satzungsgemäßen Rechte oder Pflichten zu.[1100]

1. Kontrollorgane der Stiftung

a) Organstellung und Vergütung

Häufig schreibt eine Verfassung der Stiftung noch ein Kontrollorgan vor, das zumeist als Kuratorium, Beirat oder auch Verwaltungsrat bezeichnet wird.[1101] Dieses Organ bleibt bei der Stiftungsinsolvenz gemeinhin bestehen.[1102] Bestellung und auch Abberufung aller Amtswalter richten sich auch nach Eröffnung eines Insolvenzverfahrens nach allen in der Stiftungssatzung vorgegebenen Regelungen. Aber die konkreten Auswirkungen der stiftungsinternen Kontrolle bleiben stark begrenzt, denn eine Überwachung kann sich allein auf das dem Vorstand noch verbliebene Betätigungsfeld beziehen, nicht indes auf die gesetzlich einem Insolvenzverwalter zugeschriebenen Aufgabengebiete. Im Hinblick jedoch auf die ganz besonders eingeschränkte Verantwortlichkeit jenes Kontrollorgans entfallen nach der gänzlich herrschenden Auffassung etwaige Lohnansprüche *dieser Organmitglieder* im Anschluss an die Verfahrenseröffnung.[1103]

1099 Vgl. *Stingl*, Vermögensverfall, 144.

1100 Vgl. dazu auch v. Campenhausen/Richter/*Hof*, Handbuch, § 8 Rn. 99.

1101 Siehe nur v. Campenhausen/Richter/*Hof*, Handbuch, § 8 Rn. 80.

1102 Vgl. RGZ 81, 332, 335; *KG Berlin* AG 2005, 736, 737; *Müller*, ZStV 2010, 201, 204; *Oechsler*, AG 2006, 606; *Stingl*, Vermögensverfall, 145.

1103 Vgl. hierzu auch: RGZ 81, 332, 338 f.; Gottwald/Haas/*Haas*/*Kolmann*/*Pauw*, Handbuch, § 90 Rn. 361; *Müller*, ZStV 2010, 201, 204; *Oechsler*, AG 2006, 606, 607 f.; anders hingegen für den bei einer Stiftung praktisch nur selten relevanten Ausnahmefall eines hauptberuflich tätigen Aufsichtsratsmitglieds, siehe dazu beispielsweise allein *Müller*, ZStV 2010, 201, 204.

b) Aufgaben des Kontrollorgans

Das satzungsmäßig installierte Kontrollorgan einer Stiftung muss in der Insolvenz stets darauf hinwirken, dass der eigentlich zuständige Stiftungsvorstand die Gemeinschuldnerrechte sowie -pflichten ordnungsgemäß ausübt. Es ist auch persönlich zur Auskunft und zur Mitwirkung im insolvenzrechtlichen Verfahren verpflichtet. Dem Insolvenzverwalter bieten sich auf diese Art und Weise häufig Chancen, um an neue Informationen zu gelangen.[1104] Wichtig wird solch ein Vorgehen im Besonderen bei der notwendigen Überprüfung von möglichen Ersatzansprüchen gegen die Vorstandsmitglieder. Dass hierbei sogar die Mitglieder des Kontrollorgans selbst in Anspruch genommen werden können, soll keine Rolle spielen. Hinsichtlich der Unterstützung eines Insolvenzverwalters ist anzumerken, dass von allen Mitgliedern des Kontrollorgans bloß eine funktionsadäquate Tätigkeit erwartet wird.[1105] Eine weitergehende aktive Mitwirkung bei Verwaltung oder Verwertung der Insolvenzmasse wird nicht geschuldet, denn dies ginge über den satzungsmäßig definierten Kontrollauftrag hinaus.[1106] Das Kontrollorgan bleibt, falls nach der Stiftungssatzung dazu berufen, gewöhnlich zuständig für eine Bestellung und Abberufung der einzelnen Vorstandsmitglieder. Es ist hingegen nicht berechtigt, neue Anstellungsverträge zu Lasten einer übrigen Insolvenzmasse abzuschließen oder unlängst abgeschlossene Verträge zu kündigen. Auch ist es ausschließlich Aufgabe eines Insolvenzverwalters, Ansprüche gegen andere Organwalter durchzusetzen. Eine vom Kontrollorgan erteilte Entlastung des Vorstands hat in einer Insolvenz keine Verzichtswirkung mehr.[1107] Satzungsgemäße Zustimmungsregeln werden sodann in aller Regel insoweit obsolet, wie sie sich auch auf ein vermögensbezogenes Rechtsgeschäft beziehen.[1108] Schließlich entfällt zudem die Schuldigkeit,[1109] Jahresabschlüsse zu überprüfen, denn jene Pflicht geht nach der Insolvenzeröffnung auf den Verwalter über.[1110]

1104 Beachte hierzu auch §§ 101 Abs. 1 S. 1, 97–99 InsO.
1105 Vgl. *Müller*, ZStV 2010, 201, 205.
1106 Vgl. *Müller*, ZStV 2010, 201, 205.
1107 Siehe hierzu beispielsweise Gottwald/Haas/*Haas*/*Kolmann*/*Pauw*, Handbuch, § 90 Rn. 358; *Müller*, ZStV 2010, 201, 205; Uhlenbruck-InsO/*Hirte*, § 11 Rn. 189.
1108 Siehe auch *Müller*, ZStV 2010, 201, 205.
1109 Beachte dazu etwa auch Art. 16 Abs. 1 S. 1 BayStiftG, § 9 Abs. 2 Nr. 3 BWStiftG, § 7 Abs. 1 S. 1 NRWStiftG, § 4 Abs. 2 SächsStiftG.
1110 Vgl. RGZ 81, 332, 338; *Müller*, ZStV 2010, 201, 205.

2. *Zusätzliche Stiftungsorgane*

Mitunter hat jedoch ein Stifter in der Satzung auch noch zusätzliche Organe wie zum Beispiel Beratungs- und auch Repräsentationsorgane vorgesehen.[1111] Für derartige Stiftungsorgane gilt das oben Ausgeführte regelmäßig entsprechend. Ihre Existenz bleibt durch eine Eröffnung des Insolvenzverfahrens unberührt. Die Zusammensetzung ebendieser Stiftungsorgane richtet sich weiterhin nach allen in der Stiftungssatzung enthaltenen Bestimmungen. Auf eine Verwaltung der Masse haben sie keinerlei Einfluss. Anders als Vertretungs- sowie Kontrollorgane werden Mitglieder anderer Organe nicht durch eigene Mitwirkungspflichten in eine Abwicklung jener Stiftung eingebunden.[1112] Etwaige Lohnansprüche *erlöschen* mit einer Insolvenzeröffnung.[1113]

IV. Besonderheiten bei der Eigenverwaltung

Abweichend ist die Lage indessen, wenn das Gericht gemäß §§ 270–285 InsO ausnahmsweise Eigenverwaltung anordnet. Die Stiftung ist dann – anders als in der Regelinsolvenz – generell ermächtigt, unter der *Aufsicht* eines Sachwalters die Verwaltungs- und Verfügungsrechte über ihr Vermögen weitgehend zu behalten.[1114] Besonders wichtige Handlungen kann der Vorstand dann einzig mit Zustimmung jenes Sachwalters durchführen. Dem Sachwalter ist es außerdem vorbehalten, die Ansprüche der Insolvenzgläubiger auf Ersetzung etwaiger Gesamtschäden zu realisieren und nicht gerechtfertigte Vermögensverschiebungen nach §§ 129–147 InsO wieder rückgängig zu machen.[1115] Verbreitet war die Ansicht, dass bei der Eigenverwaltung stets eine innere Überwachung durch die übrigen Organe ausbleibe.[1116] Für einen solchen Eingriff in die Stiftungsorganisation findet sich mittlerweile in § 276a InsO ein Anhalt, wonach der Vorstand nicht länger der Überwachung durch ein satzungsmäßig vorgeschriebenes Organ unterliegt, so dass eine allgemeine Überwachung der jeweiligen Geschäftsleitung nunmehr einzig und allein durch den Sachwalter erfolgen kann. Der Stiftungsvorstand bleibt hingegen auch nach wie vor der Überwachung durch die Aufsichtsbehörde unterworfen.[1117] Die Pflichten erfassen insofern auch die laufende

---

1111 Siehe v. Campenhausen/Richter/*Hof*, Handbuch, § 8 Rn. 93 ff. und 105.
1112 Vgl. § 101 Abs. 1 InsO.
1113 Vgl. *Müller*, ZStV 2010, 201, 205.
1114 Siehe hierzu §§ 274 ff. InsO.
1115 Siehe § 280 InsO.
1116 Vgl. hierzu etwa auch *Müller*, ZStV 2010, 201, 205 m.w.N.
1117 Siehe auch *Müller*, ZStV 2010, 201, 205 f.

Rechnungslegung, weil der Vorstand hierzu im Falle einer Eigenverwaltung ohne Probleme in der Lage ist.[1118] Die Aufsichtsbehörde muss jedoch nunmehr beachten, dass der satzungsmäßige Stiftungszweck durch die speziellen Ziele eines Insolvenzverfahrens auch bei einer Eigenverwaltung überlagert wird. Die Untersagung von Rechtsgeschäften, die zu der Gläubigerbefriedigung erforderlich sind, wäre folglich ermessensfehlerhaft. Zu den Aufgaben der Aufsicht gehört es jedoch, stets auch auf die Wahrnehmung von Sanierungsmöglichkeiten hinzuweisen, um den Fortbestand einer Stiftung zu fördern. Die „Eigenverwaltung" durch den Vorstand bietet Platz zur Realisierung des *Stifterwillens*, der nicht ungenutzt bleiben sollte.[1119]

V. Exkurs: Stellung der Stiftungsdestinatäre

Bezüglich der konkreten rechtlichen Stellung der Stiftungsdestinatäre ist gewöhnlich nach der rechtlichen Klassifizierung ihrer jeweiligen Forderung zu unterscheiden. Soweit diese allein unter dem generellen Vorbehalt einer entsprechenden Leistungsfähigkeit einer selbstständigen Stiftung stehen, entfällt jene Forderung aufgrund eines dokumentierten Fehlens ausreichender Mittel durch die Insolvenzeröffnung. Existieren solche Ansprüche aber ohne diesen Vorbehalt oder sind sie im konkreten Einzelfall bereits vor Insolvenzeröffnung fällig gewesen, so nimmt der Stiftungsdestinatär hinsichtlich dieser rückständigen Forderungen jedenfalls die rechtliche Stellung eines *nachrangigen Insolvenzgläubigers* im Sinne von § 39 Abs. 1 Nr. 4 InsO ein.[1120]

D. Stiftungsaufsicht nach Insolvenzeröffnung

I. Insolvenzverwalter und Aufsicht

Der bestellte Insolvenzverwalter steht entsprechend § 58 Abs. 1 S. 1 InsO unter der Aufsicht durch das Insolvenzgericht. Der Kontrolle unterliegt dabei jedoch ausschließlich die Rechtmäßigkeit der Insolvenzverwaltung, nicht aber die Zweckmäßigkeit. Über den realen Anlass sowie den Umfang einzelner Kontrollmaßnahmen entscheidet das Gericht nach einer pflichtgemäßen Ermessensausübung. Es kann gemeinhin diverse Auskünfte sowie ferner Berichte fordern und möglicherweise Gebote und endlich Verbote anordnen. Zur Realisierung

---

1118 Siehe § 281 InsO.

1119 Vgl. zum Ganzen auch *Müller*, ZStV 2010, 201, 205 f.

1120 Gleichermaßen etwa auch noch MüKo-BGB/*Weitemeyer*, § 85 Rn. 43; *Muscheler*, WM 2003, 2213, 2217.

kann *Zwangsgeld* angedroht und letztlich festgesetzt werden. Gegen die Festsetzung kann sich ein Verwalter gemäß § 58 Abs. 2 S. 3 InsO mit der sofortigen Beschwerde wehren.[1121]

Nicht zu folgen ist hingegen der Ansicht, der bestellte Insolvenzverwalter unterstehe der Rechtsaufsicht durch die Aufsichtsbehörde. Denn jene Stiftungsaufsicht dient einer Sicherung des in der Stiftungsverfassung vorgeschriebenen Stifterwillens.[1122] An einen Stifterwillen aber kann ebendieser Insolvenzverwalter nicht gebunden sein. Er untersteht somit also gerade nicht der Stiftungsaufsicht, sondern vielmehr lediglich den abschließenden Verpflichtungen sowie gesetzlichen Bindungen der Insolvenzordnung. Zu den kennzeichnenden insolvenzrechtlichen Verpflichtungen zählt gemäß § 199 S. 2 InsO beispielshalber regelmäßig auch eine Verteilung eines eventuellen Restvermögens, so dass gerade entgegen *Neuhoff* für eine Überwachung der *Satzungsmäßigkeit* des Vermögensanfalls durch die zuständige Stiftungsaufsichtsbehörde kein Raum mehr bleibt. Das hat schließlich zur Konsequenz, dass ein bestellter Insolvenzverwalter bei der Amtswahrnehmung gerade nicht einer *aufsichtsbehördlichen* Genehmigung bedarf.[1123]

II. Aufsicht über die Stiftungsorgane

In diesem Zusammenhang ist schließlich noch der Frage nachzugehen, ob die Stiftungsorgane nach Eröffnung des Insolvenzverfahrens auch weiterhin einer behördlichen Aufsicht durch die zuständigen Stiftungsbehörden unterstehen. Durch den Übergang der Verwaltungs- und ferner der Verfügungsbefugnis auf den Insolvenzverwalter werden die Organwalter aus ihrer bislang zugewiesenen Funktion verdrängt.[1124] Dagegen behält ein Stiftungsvorstand die Kompetenzen in den insolvenzfreien Bereichen einer gescheiterten Stiftung. Dazu zählt auch, jener Aufsicht die zur Führung der einzelnen Stiftungsverzeichnisse erforderlichen Angaben zuzuleiten, etwa personelle Veränderungen innerhalb der Organe zu melden.[1125] Darüber hinaus muss etwa der Vorstand alle von der Stiftungsbehörde geforderten Auskünfte erteilen. Zur Rechnungslegung gegenüber der

---

1121 Vgl. hierzu auch *Foerste*, Insolvenzrecht, Rn. 50.

1122 Vgl. dazu MüKo-BGB/*Weitemeyer*, § 86 Rn. 62; *Müller*, ZStV 2010, 201, 204.

1123 A.A. in Bezug hierauf aber *Fritsche*, ZSt 2003, 243, 244; Schauhoff/*Gotthardt*, Gemeinnützigkeit, § 20 Rn. 23; Soergel-BGB/*Neuhoff*, § 86 Rn. 17; *Stingl*, Vermögensverfall, 143.

1124 Siehe dazu auch § 80 Abs. 1 InsO.

1125 Vgl. etwa § 7 Abs. 1 SächsStiftG, § 12 Abs. 3 ThürStiftG.

Aufsichtsbehörde ist er nach der Inbesitznahme der Geschäftsbücher durch den Insolvenzverwalter indes nicht länger in der Lage.[1126] Aber letztendlich zählt eine Verwaltung des *insolvenzfreien Vermögens* ebenfalls zu den Aufgaben des Vorstands; die Kontrolle durch eine Aufsichtsbehörde bezieht sich also auch auf jenes Aufgabenfeld. Im Hinblick endlich auf diverse Verfahrensrechte unterliegen die Organe ebenfalls der Aufsicht durch die Behörde.[1127]

E. Beendigung des eröffneten Insolvenzverfahrens

I. Aufhebung des Verfahrens nach Durchführung

Bei dem üblichen Verlauf endet ein Insolvenzverfahren nach einer Schlussverteilung, nämlich mit einer Aufhebung durch das angerufene Insolvenzgericht. Damit entfallen insbesondere die Wirkungen der Verfahrenseröffnung, das bedeutet für gewöhnlich der Insolvenzbeschlag wird aufgehoben, sämtlichen Gläubigern verbleibt ein Nachforderungsrecht.[1128] In *Planverfahren* – dazu in Kürze – wird ein insolvenzrechtliches Verfahren stets aufgehoben, soweit der von den Gläubigern beschlossene „Insolvenzplan“ vonseiten des Gerichts rechtskräftig bestätigt ist.[1129]

II. Zur Vollabwicklung einer juristischen Person

Sofern eine Stiftung nach Befriedigung sämtlicher Gläubiger noch über Vermögen verfügt, ist der Verwalter zur Verteilung eines eventuellen *Überschusses* an die Anfallberechtigten dieser Stiftung verpflichtet; § 199 S. 2 InsO.[1130] Die Regelung trägt der Tatsache Rechnung, dass der Zweck des Insolvenzverfahrens nicht ausschließlich auf die Gläubigerbefriedigung beschränkt ist, sondern grundsätzlich auch die Vollabwicklung des Rechtsträgers umfasst. Den Anfall des Stiftungsvermögens bestimmt zuvörderst das Stiftungsgeschäft, subsidiär allerdings die Regel in § 88 S. 2 BGB, welcher den Fiskus des Sitzungslandes, hingegen bloß unter dem Vorbehalt einer anderweitigen Bestimmung des Anfallberechtigten durch maßgebliche landesgesetzliche Vorschriften, beruft.[1131] Der Fiskus kann

---

1126 Vgl. dazu jedoch erneut Art. 16 Abs. 1 S. 1 BayStiftG, § 9 Abs. 2 Nr. 3 BWStiftG, § 7 Abs. 1 S. 1 NRWStiftG, § 4 Abs. 2 SächsStiftG.

1127 Vgl. hierzu *Müller*, ZStV 2010, 201, 203.

1128 Siehe Uhlenbruck-InsO/*Wegener*, § 200 Rn. 13.

1129 Siehe hierzu § 258 Abs. 1 InsO.

1130 Vgl. dazu auch noch § 88 S. 3 BGB in Verbindung mit § 47 BGB.

1131 Beachte diesbezüglich allerdings auch noch *Muscheler*, ZSt 2004, 3, 10.

den Beleg für eine Gesamtrechtsnachfolge durch ein dem Erbschein entsprechendes Zeugnis führen.[1132] Gemäß § 46 S. 1 BGB richten sich darüber hinaus auch die sonstigen Rechtsfolgen nach *Erbrecht*. Der Fiskus kann den Vermögensanfall also nicht ausschlagen. Seine Haftung bleibt indes auf das *angefallene Vermögen* begrenzt.[1133]

§ 4 Besondere Verfahren in der Insolvenz

Das etwaige Auftreten ganz bestimmter Anforderungen kann es für eine Stiftung zweckmäßig beziehungsweise erforderlich machen, ein von der Regelinsolvenz vollkommen abweichendes Verfahren einzuleiten. Gemeint sind ganz besonders solche Fälle, in denen die Insolvenz eben nicht auch das Ende jener juristischen Person bedeuten muss oder eine Übernahme eines ganz konkreten Vermögens mit außergewöhnlichen Haftungsrisiken einhergeht. Da es sich aber um Ausnahmen handelt, beschränken sich die Ausführungen auf einen nur knappen Überblick.

A. Stiftungssanierung durch Planverfahren

In einem *Insolvenzplan* können die Befriedigung der absonderungsberechtigten Gläubiger und der Insolvenzgläubiger, eine Verwertung der Masse sowie deren Verteilung an die Beteiligten und nebstdem die Verfahrensabwicklung und schließlich die Haftung des Schuldners nach der Verfahrensbeendigung alternativ bestimmt werden. Zur Vorlage eines Insolvenzplans, welche stets auch mit einem Eröffnungsantrag verbunden werden kann, ist neben dem Verwalter auch der Schuldner befugt; § 218 Abs. 1 InsO. Als juristische Person wird eine *Stiftung* dabei durch ihren eigenen Vorstand vertreten; auch eventuelle Begrenzungen der Vertretungsmacht finden hierbei Anwendung.[1134]

Unklar ist jedoch, ob nebstdem auch die zuständige Aufsichtsbehörde eine Befugnis zur Vorlage eines Insolvenzplans hat. Dies wird wohl anzunehmen sein, weil in der üblichen Literatur auch eine auf eine Existenz der Stiftung gerichtete Schutzfunktion der Stiftungsbehörde befürwortet wird.[1135] Losgelöst davon, dass die Stiftungsaufsicht eine tatsächliche Realisierung des objektiven Stifterwillens garantiert, trägt sie obendrein eine Verantwortung für die Existenz

1132 Vgl. § 46 S. 1 BGB.
1133 Siehe hierzu §§ 88 S. 3, 46 S. 1, 2011, 1994 Abs. 1 S. 2 BGB.
1134 Vgl. hierzu auch Uhlenbruck-InsO/*Hirte*, § 11 Rn. 159.
1135 A.A. hingegen *Bach*, Insolvenz, 141.

der Stiftung als juristische Person und als Rechtsinstitut, denn eine Stiftung ist speziell für Missbrauch von innen und zudem für Begehrlichkeiten von außen anfällig und dadurch gefährdet. Die allgemeine Bereitschaft zu stiften lebt im Besonderen von dem Vertrauen eines Stifters in die freie Schutzfunktion des Staates.[1136] Es kann hier an dieser Stelle offen bleiben, ob ebenjene Obhutsfunktion letztlich identisch ist mit jener Aufgabe, den objektiven Willen eines Stifters im Rahmen der Rechtsaufsicht zu wahren, denn nur zu dessen Verwirklichung dient überhaupt eine juristische Person Stiftung, und daran besteht allein dann ein öffentliches Interesse, wenn sich der Wille des Stifters auf die Erfüllung eines öffentlichen beziehungsweise auf die Verwirklichung einer *gemeinnützigen* Zweckbestimmung bezieht.[1137]

Systematisch unterscheidet das Gesetz in § 219 S. 1 InsO grundsätzlich zwischen einem *darstellenden* sowie einem *gestaltenden* Teil des Plans. Der darstellende Teil beschreibt vorab all jene Maßnahmen, die nach Insolvenzeröffnung beschlossen worden sind respektive alsbald beschlossen werden sollen, um die Grundlagen für eine angestrebte Gestaltung der Rechte der Beteiligten zu schaffen. Dies fordert auch die Darstellung der gegenwärtigen Vermögens- und der Ertragslage. Weiterhin muss erörtert werden, woher neue Mittel für die Befriedigung aller Gläubiger erwirtschaftet werden können. Damit verbunden ist für eine Stiftung indessen kaum eine Verwertung diverser Vermögensgegenstände als vielmehr die zielgerichtete Einwerbung kapitalauffrischender Zuwendungen. Schließlich ist noch eine Prognose über die tatsächlichen Auswirkungen der beschlossenen Maßnahmen und ein Abriss der organisatorischen sowie der personellen Umgestaltungen notwendig.

Im gestaltenden Teil dieses Insolvenzplans wird vorgegeben, wie die rechtliche Stellung sämtlicher an dem Insolvenzplanverfahren Beteiligten (Insolvenzgläubiger, Absonderungsberechtigte sowie zuletzt ein Insolvenzschuldner) geändert werden soll.[1138] Nur in die Rechte jener Beteiligten kann der Plan eingreifen. Unantastbar sind allerdings die Positionen aller aussonderungsberechtigten Gläubiger und zudem auch noch aller Massegläubiger. Selbstverständlich können aber auch *Nicht-Beteiligte* freiwillig auf Rechte verzichten und dazu beitragen, dass jener Plan eine Mehrheit erzielt.

Für die Insolvenz der *selbstständigen Stiftung* erscheint eine Durchführung dieses Insolvenzplanverfahrens nicht schon per se ungeeignet.[1139] Ohne ein

---

1136 Siehe hierzu etwa auch *Andrick/Suerbaum*, NWVBl. 1999, 329, 333.

1137 Vgl. auch *Schlüter/Stolte*, Stiftungsrecht, Kap. 3 Rn. 6.

1138 Siehe dazu § 221 InsO.

1139 So aber *Bach*, Insolvenz, 141.

angemessenes Vermögen ist eine Stiftung zwar grundsätzlich nicht handlungsfähig. Sie hat indessen gleichwohl die Möglichkeit sich finanziell zu regenerieren, weil sie insbesondere durch Zustiftungen und ebenso durch Spenden weiteres Kapital einwerben kann. Darüber hinaus kommen sogar bei der Stiftung Zugeständnisse durch die einzelnen Betroffenen in Betracht. Dies umfasst die Chance, im Rahmen einer Gesundung jener Stiftung eine Befriedigung zu erlangen, welche über eine im Zuge der Abwicklung eines Regelinsolvenzverfahrens zu erwartende Quote hinausgeht. Diesbezüglich kann auch relevant werden, den Namen der Stiftung – gerade im Gedenken an einen gegebenenfalls verstorbenen Stifter – zu bewahren. Für den Insolvenzplan ist mithin bei der Stiftung hinreichend Raum.[1140]

B. Insolvenzverfahren über den Nachlass

Schließlich kann ebenfalls ein Nachlassinsolvenzverfahren (§§ 315–331 InsO) für die Stiftung von Relevanz sein. Dies umfasst zum einen die denkbare Variante, dass eine bereits errichtete Stiftung durch letztwillige Verfügung begünstigt wird, sowie zum anderen die Möglichkeit der Stiftungserrichtung von Todes wegen. In beiden Fällen haftet jene Stiftung, soweit sie die Stellung einer Erbin erreicht hat, auf der Grundlage des Gebots der „Universalsukzession" gemäß § 1967 Abs. 1 BGB für sämtliche Schulden des Erblassers. Hierzu gehören außer allen vom Erblasser herrührenden Schulden auch die den Erben als solchen treffenden Schulden, so beispielshalber die Verbindlichkeiten aus Pflichtteilsrechten, aus Vermächtnissen und darüber hinaus aus Auflagen.[1141] Reicht das geerbte Kapital für eine Befriedigung aller nun bestehenden Schulden nicht aus, haftet eine Stiftung auch mit dem *übrigen* Vermögen.

Bei der Dotation einer unlängst existierenden Stiftung sollte der Vorstand, soweit dieser die Erbschaft nicht bereits ausgeschlagen hat,[1142] stets eine Nachlassverwaltung respektive ein Nachlassinsolvenzverfahren beantragen, um eine

1140 Anders jedoch *Bach*, Insolvenz, 141.

1141 Vgl. § 1967 Abs. 2 BGB.

1142 Über die Annahme oder auch Ablehnung von Zuwendungen haben die Stiftungsorgane unter Bindung an die Stiftungssatzung nach Ausübung ihres pflichtgemäßen Ermessens zu entscheiden. Ist die Stiftung sodann als Erbin eines überschuldeten Nachlasses berufen worden, so reduziert sich jenes Auswahlermessen auch ganz und gar auf Null. Die Ausschlagung jener Erbschaft ist dann nicht bloß das Recht, sondern sogar die Pflicht des jeweiligen Vorstandes einer Stiftung; beachte hierzu insbesondere auch MüKo-BGB/*Weitemeyer*, § 83 Rn. 18.

Haftung auf den noch bestehenden Nachlass zu beschränken. Eine Nachlassverwaltung kommt gemeinhin in Frage, falls ein Nachlass aller Voraussicht nach für eine Befriedigung sämtlicher Nachlassgläubiger genügt. Ist hingegen ein Nachlass überschuldet oder zahlungsunfähig, so ist die Beantragung einer Nachlassinsolvenz nach § 1980 Abs. 1 BGB erforderlich. Die Eröffnung eines Nachlassinsolvenzverfahrens führt dann zu einer haftungsrechtlichen Trennung des Nachlasses vom weiteren Eigenvermögen der erbenden Stiftung. Im Anschluss wird jener Nachlass letztendlich insolvenzrechtlich verwaltet und sodann auch verwertet.

Soll der Nachlass indes der Errichtung einer Stiftung von Todes wegen dienen, hindert die Überschuldung respektive auch die Zahlungsunfähigkeit ebendieses Nachlasses schon die Anerkennungsfähigkeit der Stiftung; eine solche Stiftung gelangt bereits nicht zu einer Entstehung. Erfolgt dennoch die Anerkennung durch die Stiftungsbehörde, so muss der Vorstand wegen § 1980 Abs. 1 BGB *unverzüglich* die Nachlassinsolvenz beantragen.

§ 5 Steuerbefreiung der gescheiterten Stiftung

A. Zum Verlust der Steuerbefreiung

Die gemeinnützigkeitsbedingte Steuerbefreiung der Stiftung endet, sobald die Anforderungen der §§ 51–68 AO nicht mehr erfüllt sind. Wird beispielshalber die satzungsgemäße Vorschrift über die Vermögensbindung nachträglich derartig verändert, dass sie den gesetzlichen Bedingungen des § 55 Abs. 1 Nr. 4 AO nicht länger entspricht, so gilt sie „von Beginn an" als steuerlich nicht ausreichend; vergleiche nämlich § 61 Abs. 3 S. 1 AO. In weiteren Fällen einer Beendigung der Voraussetzungen für jene gemeinnützigkeitsrechtlichen Steuerbefreiungen ist die Stiftung ab dem Veranlagungszeitraum, in welchem die Gemeinnützigkeit erlischt, wieder gemäß den herkömmlichen Regeln zu besteuern.[1143] Im Folgenden soll erörtert werden, ob die Insolvenzeröffnung zu einer Beendigung der gesetzlichen Voraussetzungen gemäß der §§ 51–68 AO führen muss und zudem ob die Stiftung infolgedessen ihre steuerrechtlichen Vergünstigungen verliert. Dabei wird unterstellt, dass durchweg alle satzungsmäßigen Regeln der gemeinnützigen Stiftung den Bedingungen aus § 55 Abs. 1 Nr. 4 AO entsprechen.[1144]

1143 Beachte dazu beispielshalber auch noch: Schauhoff/*Bott*, Gemeinnützigkeit, § 10 Rn. 51; *Sommer*, ZInsO 2014, 1642, 1650.

1144 Beachte hierzu und zum Folgenden auch noch *Sommer*, ZInsO 2014, 1642, 1644.

B. Problematik bei einer Insolvenz

I. Grundlegende Vorbemerkungen

Im weiteren Verlauf der vorliegenden Untersuchung ist zwischen zwei Konstellationen zu differenzieren. Es ist zunächst vorstellbar, dass eine betroffene Stiftung ihre gemeinnützige Betätigung schon vor der Insolvenzeröffnung vollständig aufgegeben hat beziehungsweise die gemeinnützige Betätigung unmittelbar nach Insolvenzeröffnung durch den Insolvenzverwalter gänzlich aufgegeben wird.[1145] Die andere Variante betrifft den Streitfall, dass eine notleidende Stiftung die steuerlich begünstigte Betätigung in dem Zeitpunkt der Insolvenzeröffnung sowie besonders während der Durchführung eines Insolvenzplanverfahrens wirklich noch ausübt.[1146]

II. Urteil des BFH vom 16.5.2007

Der Bundesfinanzhof hatte in seinem Urteil vom 16.5.2007 über die Steuerbegünstigung einer gemeinnützigen Stiftung zu befinden, die sich vor allem in der Jugend- und Suchtkrankenhilfe sowie in der Arbeit für psychisch Kranke engagierte. Sie führte psychosoziale Beratungs- und Behandlungsstellen, eine Fachklinik als Rehabilitationseinrichtung für Suchtkranke wie ferner ein Alten- und auch Pflegeheim. Ihr Stiftungsvermögen bestand in allererster Linie aus einem bebauten Grundstück, das sie an eine als gemeinnützig angesehene Institution vermietete, und einer Beteiligung an einer GmbH, auf welche jene Stiftung mit Wirkung vom 1.11.1996 einen Bereich ihrer Suchthilfebetreuung ausgegliedert hatte. Über das gesamte Vermögen ebenjener Stiftung wurde mit Beschluss vom 9.12.1997 ein Konkursverfahren eröffnet. Den voraus zum Betrieb des Alten- und Pflegeheims abgeschlossenen Pachtvertrag kündigte diese Stiftung mit Wirkung zum 10.12.1997, das Haus wurde bald von einer anderen Gesellschaft gepachtet und endlich unter einem neuen Namen als Alten- und Pflegeheim fortgeführt. Spätestens aber zum Ende des Jahres 1997 stellte die Stiftung ihre Aktivität durchweg ein. Seit dem Streitjahr 1998 erwirtschaftete sie neben Mieteinnahmen aus ihrem Grundbesitz nur noch Zinseinnahmen aus dem bestehenden Bankguthaben. Der Gewinn betrug 1998 für die Stiftung 64.593,32 DM.[1147]

Das zuständige Finanzamt war nunmehr der Auffassung, die Stiftung sei ab dem Jahre 1998 nicht mehr als gemeinnützig anzuerkennen, und erließ sofort

---

1145 Siehe dazu ab S. 269.

1146 Hierzu siehe ab S. 274.

1147 Vgl. dazu *BFH* DStR 2007, 1438.

einen entsprechenden Bescheid für die Körperschaftssteuer. Der dagegen eingereichten Klage gab das Finanzgericht Niedersachsen schließlich mit Urteil vom 15.9.2005 statt.[1148] Es erklärte, die genaue Tätigkeit der Stiftung könne zwar nicht mehr als gemeinnützig eingestuft werden, bejahte allerdings die Gemeinnützigkeit und auch die Steuerfreiheit der Stiftung dennoch mit einem Umkehrschluss zu der vom Bundesfinanzhof anerkannten Anlaufphase.[1149] Mit der Revision rügte sodann das Finanzamt eine Verletzung materiellen Rechts. Das Finanzamt beantragte, jenes angefochtene Urteil des Finanzgerichts aufzuheben und die Klage abzuweisen. Der Bundesfinanzhof zuletzt hat das angefochtene Urteil später aufgehoben und hat die Klage durch den Konkursverwalter der betroffenen Stiftung abgewiesen. Er hat jene Entscheidung hierbei wie folgt begründet:[1150]

Die tatsächliche Geschäftsführung jener Stiftung sei im maßgebenden Zeitraum eben nicht mehr wie doch ganz ausdrücklich nach § 5 Abs. 1 Nr. 9 KStG erforderlich auf eine ausschließliche und unmittelbare Förderung der steuerbegünstigten satzungsgemäßen Zwecke gerichtet gewesen. Die hier betroffene Stiftung habe ihre steuerbegünstigte Tätigkeit schon im Jahr 1997 eingestellt und sich anschließend auf die Vermietung des Grundstücks und überdies auf die bloße Erwirtschaftung von Zinsen des Bankguthabens beschränkt. Die Verwaltung der eigenen Vermögensgegenstände sei allerdings gerade kein steuerbegünstigter Zweck im Sinne der §§ 52–54 AO. Eine andere Bewertung folge auch nicht aus der Tatsache, dass die Stiftung ihre nunmehr erzielten Erträge aus der Vermögensbewirtschaftung für eine Erfüllung diverser Verbindlichkeiten aufgewendet hat, welche aus der gemeinnützigkeitsbedingten privilegierten Betätigung stammten. Auch eine Begleichung solcher Schulden nach einer Einstellung der satzungsgemäßen Aktivität sei nicht steuerbegünstigt. Es komme des Weiteren ebenfalls nicht in Frage, der insolventen Stiftung vergleichbar mit einer Anlaufphase eine Abwicklungsphase zu gewähren.[1151] Die Stiftung habe im Streitjahr 1998 nur die Interessen ihrer Gläubiger, nicht aber die Interessen der Allgemeinheit verfolgt. Durch Einstellung der steuerbegünstigten Tätigkeit und durch die Eröffnung eines Konkursverfahrens über das Vermögen jener Stiftung habe sich ebenso ihre Zweckvorgabe verändert. Statt den in § 53 AO genannten Personenkreis selbstlos zu befördern respektive die Allgemeinheit auf materiellem, geistigem oder sittlichem Gebiet selbstlos zu befördern, ziele diese

1148 Siehe *FG Niedersachsen* EFG 2006, 1195.
1149 Siehe hierzu *BFH* NVwZ-RR 2004, 449, 450.
1150 Siehe im Einzelnen *BFH* DStR 2007, 1438.
1151 Vgl. *BFH* NVwZ-RR 2004, 449, 450.

Stiftung allein darauf ab, alle Gläubiger durch eine Verwertung des Vermögens zu befriedigen.[1152] Es sei auch unerheblich, ob jene Stiftung nach der Beendigung des Konkursverfahrens möglicherweise wieder die satzungsgemäßen Zwecke realisieren könne, weil sämtliche Bedingungen für die Steuerbegünstigung für jeden einzelnen Veranlagungszeitraum abgesondert zu überprüfen seien und darüber hinaus selbstverständlich gleichfalls noch während des gänzlichen Veranlagungszeitraums *erhalten bleiben müssten*.[1153]

III. Zum Erhalt der Gemeinnützigkeit

Teile der Literatur haben der behandelten Entscheidung des Bundesfinanzhofs vom 16.5.2007 zwar – teilweise indes ohne nähere Begründung – zugestimmt. Überwiegend hingegen hat die Entscheidung zu Recht Widerspruch erfahren. Wie nämlich das erstinstanzliche Finanzgericht Niedersachsen plädiert die herrschende Meinung im Schrifttum im Ergebnis ebenfalls für eine (steuerbegünstigte) Abwicklungsphase.[1154] Der urteilende Bundesfinanzhof macht durch seine Entscheidung besonders jene Frage, ob nach der Eröffnung des Insolvenzverfahrens weiterhin die ursprüngliche steuerbegünstigte Betätigung bestehen bleibt, zum zentralen Ausgangspunkt seiner Überlegungen. Wie selbstverständlich geht der Bundesfinanzhof mithin davon aus, jene Gemeinnützigkeit knüpfe auch im Falle einer Insolvenzeröffnung weiterhin an die eigentliche begünstigte Betätigung an. Richtig ist zunächst, dass die abgabenrechtlichen Normen über die Gemeinnützigkeit keine Vorschrift für den Insolvenzfall vorsehen. Das Thema „Steuern in der Insolvenz" ist in besonders vielen Bereichen wie kaum ein anderes von erheblicher rechtlicher Unsicherheit geprägt. Der Gesetzgeber hat es bis jetzt unterlassen, ein in sich abgeschlossenes Insolvenzsteuerrecht zu kodifizieren.[1155] Fehlt – wie nun hier – eine ausdrückliche gesetzliche Vorschrift, so muss durch eine Abwägung der Wertungsprinzipien des Steuerrechts sowie des Insolvenzrechts die Entscheidung getroffen werden.[1156]

So geht indessen der Bundesfinanzhof eben nicht vor. Er wendet bei seiner Kontrolle der Gemeinnützigkeit nach Insolvenzeröffnung die gleichen Kriterien an wie auch vor der Insolvenz und prüft bloß, ob eine steuerbegünstigte

1152 Siehe dazu nunmehr § 1 S. 1 InsO.

1153 Siehe *BFH* DStR 2007, 1438.

1154 Beachte hierzu *Dehesselles*, DStR 2008, 2050, 2052; *Kahlert/Eversberg*, ZIP 2010, 260; *Roth/Knof*, KTS 2009, 163, 174; *Sommer*, ZInsO 2014, 1642, 1653.

1155 Vgl. auch die Darstellung bei *Roth*, Insolvenz-Steuerrecht, Rn. 1.1 ff.

1156 Vgl. *Kahlert/Eversberg*, ZIP 2010, 260, 261.

Tätigkeit fortgeführt wird. Dies verneint er allerdings, weil nach Insolvenzeröffnung lediglich Vermögensverwaltung betrieben werde und nun die gemeinschaftliche Gläubigerbefriedigung im Mittelpunkt stehe. Der Bundesfinanzhof unterscheidet dabei allerdings nicht klar zwischen dem satzungsmäßig vorgegebenen Zweck des insolventen Rechtssubjekts und dem Zweck des nunmehr eröffneten insolvenzrechtlichen Verfahrens. Nach der zutreffenden Meinung ist aber allein der Zweck des Insolvenzverfahrens auf eine gemeinschaftliche Gläubigerbefriedigung und auf Abwicklung gerichtet.[1157] Darüber hinaus ist hier noch ein zusätzlicher Aspekt für die sachgerechte Lösung der Streitfrage von spezieller Relevanz. Durch die Steuerbefreiung jener gemeinnützigen Körperschaften überlässt der Fiskus nämlich deren Gläubigern das prinzipiell zur Verfügung stehende Vermögen als Haftungsmasse. Für den Fall, dass nun über das Vermögen der gemeinnützigen Körperschaft ein insolvenzrechtliches Verfahren eröffnet wird, müssten – würde eine Insolvenzeröffnung die Steuerbefreiung beenden – die Steuern aus Einkünften, die aus dem bislang begünstigten Vermögen der gemeinnützigen Körperschaft herrühren, stets als Masseverbindlichkeiten im Sinne des § 55 Abs. 1 Nr. 1 InsO beurteilt werden. Denn sie fallen häufig wegen einer Aktivität des Insolvenzverwalters durch eine Verwaltungs- respektive eine Verwertungsmaßnahme an. Eine vorrangige Berichtigung aus der bereinigten Insolvenzmasse wäre daher folglich die Konsequenz. Dadurch verschlechtert sich indes die rechtliche Position der weiteren Gläubiger einer insolventen Körperschaft. Dies ist hingegen grundsätzlich weder nach den Wertungen des Gemeinnützigkeitsrechts noch nach den landläufigen Wertungen des Insolvenzrechts gerechtfertigt.[1158] Zudem verkennt der Bundesfinanzhof in seinem Urteil vom 16.5.2007 vor diesem Hintergrund auch, dass die vom Insolvenzverwalter zu erfüllenden Gläubigeransprüche in der Vergangenheit schließlich gerade durch Förderung gemeinnütziger Zwecke entstanden sind und dass deren Befriedigung in einem Insolvenzverfahren jetzt auch aus gemeinnützigkeitsrechtlicher Sicht doch wohl nicht auf einmal schädlich werden kann.[1159]

Der Bundesfinanzhof hält eine gemeinnützigkeitsrechtlich unschädliche „Auslaufphase“ nicht gänzlich für unzulässig, der *I. Senat* hat diese Frage in

---

1157 Vgl. dazu etwa Gottwald/Haas/*Haas*, Handbuch, § 89 Rn. 60; K. Schmidt/Uhlenbruck/*K. Schmidt*, GmbH, Rn. 7.5.

1158 Siehe dazu auch noch *Kahlert/Eversberg*, ZIP 2010, 260, 261 f.; Sonnleitner/*Sonnleitner*, Insolvenzsteuerrecht, Kap. 7 Rn. 36.

1159 Vgl. hierzu auch *Becker/Meining*, FR 2006, 686, 687; *Dehesselles*, in: FS Spiegelberger, 1255, 1261.

dem schon oben genannten Urteil nämlich offen gelassen. Da das normierte Gemeinnützigkeitsrecht gerade keine ausdrückliche Regelung zur steuerrechtlichen Behandlung einer Auslaufphase ideeller Betätigung enthält, ist nunmehr die Schaffung einer entsprechenden gesetzlichen Vorschrift – zum Beispiel in einem neu eingeführten § 58 Nr. 11 AO – geboten.[1160] Dieser Ansatz ist in erster Linie als Anregung an den Gesetzgeber zu verstehen, steuerbegünstigten Körperschaften größere Rechtssicherheit in Bezug auf abwickelnde Aktivitäten zu gewähren, indem gesetzliche Regeln hinsichtlich der Insolvenz der gemeinnützigen Körperschaften *präzisiert* werden. Zu Recht weist auch *Hüttemann* in diesem Zusammenhang darauf hin, dass die Abwicklungsphase – genau wie die Gründungsphase – ein rechtlich unter allen Umständen erforderlicher Bestandteil der Existenz einer Körperschaft sei. Dies muss sich ebenfalls im Gemeinnützigkeitsrecht widerspiegeln.[1161]

Die steuerbegünstigte Auslaufphase ergibt sich schließlich ebenfalls aus dem Grundsatz der Vermögensbindung gemäß §§ 55 Abs. 1 Nr. 4, 61 Abs. 1 AO. Nach der oben dargestellten Entscheidung des Bundesfinanzhofs wäre allerdings das entsprechend der Vermögensbindung auszukehrende Vermögen geschmälert durch eine Steuerforderung des Fiskus, welche sich für die Zeit ab *Eröffnung eines Insolvenzverfahrens* ergibt.[1162] Damit würden dann unsachgemäße Ergebnisse erzielt, weil nicht nur die zur Begleichung gemeinnützigkeitsrechtlich begründeter Verbindlichkeiten vorhandene Masse, sondern auch das der Vermögensbindung unterliegende Vermögen zu Unrecht belastet würde. Es ist somit zwingend, die Zeit zwischen Eröffnung der Insolvenz sowie einer Schlussverteilung in die Prüfung der Steuerbefreiung einzubeziehen.[1163]

Der steuerpflichtige wirtschaftliche Geschäftsbetrieb (§ 64 AO) ist regelmäßig vor einer Insolvenzeröffnung nicht steuerbefreit und auch eine Ermäßigung bei der Umsatzsteuer findet vor Insolvenzeröffnung keine Anwendung.[1164] Aus ebendiesem Grund ist ein steuerpflichtiger wirtschaftlicher Geschäftsbetrieb auch während der Insolvenz steuerpflichtig. Dies gilt ebenso für jene vorstellbare Konstellation der Veräußerung sämtlicher Vermögensgegenstände

---

1160 Ebenso *Schauhoff/Kirchhain*, DStR 2007, 1985, 1991; siehe dazu außerdem *Sommer*, ZInsO 2014, 1642, 1646.

1161 Vgl. dazu *Hüttemann*, Gemeinnützigkeitsrecht, Rn. 2.23 ff.

1162 Vgl. *Becker*, FR 2008, 909, 911; *Dehesselles*, in: FS Spiegelberger, 1255, 1256 f.

1163 Siehe auch *Kahlert/Eversberg*, ZIP 2010, 260, 263.

1164 Vgl. hierzu etwa § 5 Abs. 1 Nr. 9 S. 2 KStG, § 3 Nr. 6 S. 2 GewStG, § 12 Abs. 2 Nr. 8 lit. a S. 2 UStG.

dieses steuerpflichtigen wirtschaftlichen Geschäftsbetriebs *im Rahmen eines Insolvenzverfahrens.*[1165]

IV. Ausführung eines Planverfahrens

Die gemeinnützigkeitsrechtliche Steuerbegünstigung kann für die praktische Umsetzung eines Insolvenzplanverfahrens von großer Bedeutung sein. Problematisch ist vor jenem Hintergrund nämlich, dass der Sanierungserfolg ernsthaft in Gefahr zu geraten drohte, wenn es letztendlich nicht gelänge, steuerrechtliche Vergünstigungen nach §§ 51 bis 68 AO in Verbindung mit den Einzelsteuergesetzen im Insolvenzplanverfahren zu erhalten. Übt die notleidende Stiftung ihre gemeinnützige Tätigkeit im Zeitpunkt des Insolvenzeröffnungsverfahrens tatsächlich noch aus und wird diese während des gesamten Planverfahrens aufrechterhalten und kann letztlich auch die jeweilige Stiftung saniert aus einem durchgeführten Planverfahren entlassen werden, muss stets die Gemeinnützigkeit der Stiftung erhalten bleiben können. Wird solch ein Planverfahren zur Eigensanierung der Stiftung durchgeführt, sind sämtliche Voraussetzungen der AO für die Steuerbegünstigung selbst nach einer Insolvenzeröffnung gegeben.[1166] Für jene Frage, ob eine „gemeinnützige" Betätigung vorliegt, kann es doch wohl nicht ernsthaft darauf ankommen, ob eine solche unter dem Schutz des Insolvenzrechts erfolgt. Entscheidend ist lediglich, dass jene Betätigung immer unter der Beachtung aller gemeinnützigkeitsrechtlichen Anforderungen des Steuerrechts stattfindet. Dieses Resultat entspricht schließlich auch dem Sinn und dem Zweck des geregelten Insolvenzplanverfahrens. Würde die Stiftung nämlich nach Insolvenzeröffnung prinzipiell keinen gemeinnützigen Zweck mehr fördern können, würde sich das Steuerrecht in einen Widerspruch zum Insolvenzrecht begeben.[1167] Dem Insolvenzverwalter wäre so faktisch die Möglichkeit der Sanierung im Wege des Insolvenzplanverfahrens versagt. Ein allgemeiner Verlust der Steuerbegünstigung durch Insolvenzeröffnung widerspräche letztlich der Intention des Gesetzgebers, sogar eine Fortsetzung der Stiftung nach Verfahrensende zu arrangieren.[1168]

1165 Vgl. *Kahlert/Eversberg*, ZIP 2010, 260, 263.

1166 Genauso *Denkhaus/Mühlenkamp*, ZInsO 2002, 956, 961; *Matzke*, ZInsO 2010, 2314, 2315; *Pöhlmann/Fölsing*, ZInsO 2010, 612, 613 f.; *Roth*, Insolvenz-Steuerrecht, Rn. 3.77.

1167 Vgl. *Sommer*, ZInsO 2014, 1642, 1652.

1168 Vgl. so auch *Sommer*, ZInsO 2014, 1642, 1652.

C. Zur Stiftung in der Liquidation

Wird indessen eine gescheiterte Stiftung liquidiert, so erfolgt nach der Begleichung sämtlicher Schulden, nach dem Einzug sämtlicher Forderungen und nach der *Versilberung* des Vermögens die Weitergabe aller verbliebenen Wertgegenstände an die in der Stiftungssatzung bestimmten Anfallberechtigten. Im Liquidationszeitraum bleibt indessen nach der Ansicht der Finanzverwaltung die gemeinnützigkeitsrechtliche Steuerbefreiung bestehen, sogar wenn eine unmittelbare *Zweckverwirklichung* während der Liquidationsphase (mindestens das Sperrjahr) ausgesetzt bleibt. Bei einer konsequenten Anwendung der oben geschilderten Rechtsprechung des Bundesfinanzhofs müsste ferner mit dem Beginn einer Liquidation eine Gemeinnützigkeit aberkannt werden.[1169] Der Grund, jene Steuerbegünstigung bei der Liquidation allerdings doch nicht abzuerkennen, wird möglicherweise darin liegen, dass aufgrund der Anfallklausel immer gewährleistet ist, dass das restliche Stiftungsvermögen nach der Beendigung jener Liquidation ausschließlich und unmittelbar für alle steuerbegünstigten Zweckvorgaben eingesetzt wird.[1170]

D. Zusammenfassendes Resümee

Unabhängig davon, welche gesetzlichen Auswirkungen die Eröffnung einer Insolvenz auf den rechtlichen Status der gescheiterten Stiftung hat,[1171] sind ebenjene Umstände etwa im Bereich der Körperschaftsteuer nicht von Bedeutung. Das körperschaftsteuerrechtliche Subjekt besteht prinzipiell fort, bis eine satzungsmäßige Tätigkeit stillgelegt und das Vermögen verteilt ist.[1172]

Die Eröffnung des Insolvenzverfahrens über die Vermögenswerte einer gemeinnützigen Stiftung bewirkt nicht automatisch das Ende der Steuerbegünstigung und damit auch nicht das Ende der abgabenrechtlichen Befreiung etwa von der Körperschaftsteuer, Gewerbesteuer oder Grundsteuer und außerdem nicht das Ende der Umsatzsteuerermäßigung einzelner Leistungen im Rahmen des Zweckbereichs. Dementsprechend sind sogar Zuwendungen nach § 10b EStG an eine *gemeinnützige Stiftung*, über deren Vermögen ein Insolvenzverfahren eröffnet worden ist, als „Sonderausgaben" zu berücksichtigen, und jene insolvente (gemeinnützige) Stiftung ist dementsprechend dann auch berechtigt, entsprechende Spendenbestätigungen auszustellen.[1173]

1169 So auch *Dehesselles*, S&S 1/2009, 22.

1170 Vgl. *Sauer/Schwarz*, StiftungsBrief 2010, 228, 232.

1171 Beachte hierzu bereits oben ab S. 244.

1172 Siehe auch *Becker/Meining*, FR 2006, 686.

1173 Siehe auch *Kahlert/Eversberg*, ZIP 2010, 260, 263.

Kapitel 5: Unselbstständige Stiftung in der Krise

§ 1 Grundlegende Vorbemerkungen

Unter einer *unselbstständigen* Stiftung, teilweise auch als *treuhänderische* oder *fiduziarische* Stiftung bezeichnet, versteht man die Widmung von Vermögenswerten mit der Maßgabe, jene Werte fortwährend für die Verfolgung von Zwecken zu nutzen, die der Übertragende, also der Stifter, zuvor vorgegeben hat.[1174] Sie entspringt aus dem ganz speziellen stiftungsspezifischen Rechtsgeschäft der Widmung, wonach letztlich sämtliche Stiftungsbeteiligten die Möglichkeit bekommen, im Rahmen ihrer privatautonomen Gestaltungsfreiheit differente, ihren jeweiligen Interessen entsprechende Rechtsgebilde zu erzeugen. Wendete man auf ein derartiges Gebilde allein das gemäß dem Wortlaut einschlägige Schuld- und ferner Erbrecht unseres bürgerlichen Rechts an, unterläge jene unselbstständige Stiftung weitgehend einem „unpassenden" Recht, weil jene mit ebendieser Stiftung zu verfolgenden Zwecke ein viel bedeutsameres Maß an rechtlicher Selbstständigkeit von Stiftungsorganisation und Stiftungsvermögen fordern, als es die schuldrechtlichen und erbrechtlichen Bestimmungen hergeben.[1175] Die Praxis muss sich bei jener eröffneten Möglichkeit für eine Rechtsfortbildung an den tatsächlichen Bedürfnissen und an dem systematischen Umfeld orientieren.[1176] Das praktische Bedürfnis verlangt speziell gegenüber einer selbstständigen Stiftung eine unbürokratisch zu handhabende Alternative, die im jeweiligen Einzelfall durch die große Flexibilität und durch geringen Verwaltungsaufwand vorzugswürdig wirken kann.[1177]

1174 Beachte bloß Staudinger-BGB/*Hüttemann*/*Rawert*, Vorbem zu §§ 80 ff Rn. 319 m.w.N. Der in Abgrenzung zur normierten selbstständigen Stiftung gebrauchte Begriff der *Unselbstständigkeit* soll hier allein zum Ausdruck bringen, dass ein Vermögen auf einen Stiftungsträger übertragen wird; eine fehlende Verselbstständigung jener Stiftung im Rahmen von Personifikationsaspekten soll mit dieser Terminologie gerade nicht bekundet werden.

1175 So auch noch: *Elicker*, ZStV 2012, 135, 136; *Koos*, Widmung, 131 ff.; *K. Schmidt*, in: Stiftungsrecht in Europa, 175, 182 ff.; Soergel-BGB/*Neuhoff*, Vor § 80 Rn. 23; *Westebbe*, Stiftungstreuhand, 26.

1176 Vgl. *Elicker*, ZStV 2012, 135, 137.

1177 Vgl. Staudinger-BGB/*Hüttemann*/*Rawert*, Vorbem zu §§ 80 ff Rn. 328.

Wie etwa eine Gesamthand im Personenverband ist folglich auch die unselbstständige Stiftung der Teilpersonifikation zugänglich, die schließlich auch als Zuordnungssubjekt für das wirtschaftliche Eigentum dient.[1178] Zumindest vermögensrechtlich wird auf diese Weise eine bestimmte Gleichstellung von selbstständiger und unselbstständiger Stiftung erreicht.[1179] Als Konsequenz dieses Gedankens erschöpft sich der Widmungsakt auch bei dieser unselbstständigen Stiftung – wie nämlich auch beim Stiftungsgeschäft im Fall einer Gründung einer selbstständigen BGB-Stiftung – nicht ausschließlich in dem schuldrechtlichen Zuwendungsversprechen, sondern enthält zusätzlich einen Organisationsgesichtspunkt, der die Grundlage zur Begründung der Personifikation des Gebildes darstellt. Die Widmung induziert eine verbandsmäßige Struktur jener Stiftung als Grundlage für die Personifikation; Stifter und Stiftungsträger erscheinen mitgliedsähnlich. Die erforderliche *Bindung* des Stiftungsträgers an den Stiftungszweck folgt aus den mitgliedsähnlichen Pflichten im Rahmen einer Organisation ebenjener Stiftung. Damit handelt ein Stiftungsträger – ähnlich wie ein Organ – ausschließlich im Interesse des bestimmten Stiftungszwecks. Nachdem auch der Stifter selbst Bestandteil der Organisation ist, treffen ihn diverse Pflichten bezüglich des Stiftungszwecks, so dass ihm eine Ausübung der Rechte, die einem Treugeber privatnützig zustehen, nur stiftungszweckbezogen erlaubt werden kann.[1180]

Im Endergebnis entfallen durch jene Konstruktion einige Schwächen der einfachen Treuhandlösung: Der Stifter und seine Erben können dieses Treuhandverhältnis nicht kündigen und das Stiftungsvermögen herausverlangen; in der Insolvenz des Stifters oder seiner Erben ist schließlich § 115 InsO nicht anzuwenden. Die generelle Legitimation für diese Weiterentwicklung der unselbstständigen Stiftung folgt einerseits bereits aus dem Auftrag des historischen Gesetzgebers an Rechtswissenschaft, Rechtspraxis oder auch Rechtsprechung zur Rechtsfortbildung in dem Bereich der unselbstständigen Stiftungen,[1181] andererseits aber auch aus der Annahme eines durch den Gesetzgeber vernachlässigten Verfassungsauftrags, eine der gängigen Praxis genügende Rechtsform bereitzustellen.[1182] Das von *v. Savigny* herangebildete Abstraktionsprinzip[1183]

1178 Ebenso *Koos*, Widmung, 354.

1179 Vgl. hierzu auch *Koos*, Widmung, 281; Staudinger-BGB/*Hüttemann*/*Rawert*, Vorbem zu §§ 80 ff Rn. 321.

1180 Vgl. *Koos*, Widmung, 354.

1181 Siehe auch Soergel-BGB/*Neuhoff*, Vor § 80 Rn. 23 ff.

1182 Vgl. hierzu auch *Elicker*, ZStV 2012, 169 ff.; *Koos*, Widmung, 33 f.

1183 Vgl. dazu *v. Savigny*, Obligationenrecht II, 254 ff.

kann dabei vor diesem Hintergrund nicht stören.[1184] Wenngleich jenes Abstraktionsprinzip für den Schutz des Rechtsverkehrs eine spezielle Rolle spielt, untersteht das Privatrecht doch gewöhnlich der Freiheit privatautonomer Gestaltung; insofern schafft der Parteiwille als Grenze dieses Abstraktionsprinzips selbstbestimmte Gestaltungsräume, welche als Ausnahmen vom Abstraktionsprinzip zu verstehen sind.[1185]

Nach dem Ausgeführten ist zu konstatieren, dass eine rechtliche Verselbstständigung von Stiftungsvermögen nicht nur durch staatliche Anerkennung herbeigeführt werden kann. Es ist im heutigen verfassungsrechtlichen Umfeld eindeutig, dass die Schaffung der Rechtspersönlichkeit nicht ausschließlich durch den behördlichen Akt der Anerkennung erfolgen kann, sondern auch unmittelbar durch das Gesetz und schließlich auch dort, wo der Gesetzgeber die Rechtsentwicklung ausdrücklich Lehre und Praxis überlassen hat, wie eben für die *unselbstständige Stiftung*. Hier ist es Aufgabe wie auch Pflicht aller zur Rechtsentwicklung Berufenen, die nötigen Anpassungen auch *sine lege* an die praktischen Wünsche mit Blick auf das anerkannte „Grundrecht auf Stiftung“ zu erreichen.[1186]

§ 2 Verfall des Stiftungsvermögens

Im Hinblick auf einen denkbaren Vermögensverfall bei einer unselbstständigen Stiftung ist im Besonderen fraglich, inwieweit dafür der Anwendungsbereich des § 87 BGB erweitert werden kann und erweitert werden soll. Die Leitentscheidung des Reichsgerichts über die Behandlung der unselbstständigen Stiftung lehnt die Analogie ab, weil die unselbstständige Stiftung ihrem rechtlichen Wesen nach so verschieden von der selbstständigen Stiftung sei, dass eine analoge Anwendung des § 87 BGB auf keinen Fall in Betracht komme.[1187] Aus der jetzigen Erfahrung bezüglich komplizierter werdender wirtschaftlicher Verhältnisse und einer damit verbundenen Notwendigkeit wandlungsfähiger Organisationen haben stiftungsrechtliche Stimmen vermehrt besonders eine analoge Anwendung von § 87 BGB gefordert.[1188] Die aktuellen ökonomischen Rahmenbedingungen verlangen klare rechtsstaatliche Anweisungen, wie in zahlreichen

1184 A.A. *Heiner*, ZSt 2004, 216 f.; Staudinger-BGB/*Hüttemann*/*Rawert*, Vorbem zu §§ 80 ff Rn. 322.

1185 Siehe dazu bloß *Lieder*, JuS 2014, 393, 396; *Lieder*/*Berneith*, JuS 2016, 673, 674 m.w.N.

1186 Siehe auch *Elicker*, ZStV 2012, 135, 138.

1187 Siehe RGZ 105, 305, 306.

1188 Vgl. hierzu auch Soergel-BGB/*Neuhoff*, Vor § 80 Rn. 30.

Fällen von unselbstständigen Stiftungen mit Änderungsbedarf zu handeln ist. Ist die unselbstständige Stiftung vermögensrechtlich der selbstständigen Stiftung gleichgestellt,[1189] so steht aktuell der umfassenden[1190] analogen Anwendung hauptsächlich von § 87 BGB nichts mehr im Wege.[1191]

§ 3 Insolvenzrechtliche Auswirkungen

Die unselbstständige Stiftung ist keine juristische Person. Sie besitzt zudem auch keine eigene Rechtspersönlichkeit im traditionellen Sinne. Für ihre juristische Handhabung im Rahmen der Insolvenz soll nun erörtert werden, ob der unselbstständigen Stiftung aus insolvenzrechtlichen Gründen nicht doch eine Quasi-Rechtspersönlichkeit zukommen kann. Nach geltendem Recht ist heute die Durchführung eines insolvenzrechtlichen Verfahrens auch über solche Vermögen ausdrücklich möglich, die nicht einem rechtlich gänzlich verselbstständigten Träger in Gestalt der juristischen Person, sondern die bloß einer rechtlich lediglich teilweise verselbstständigten Organisationsform zugewiesen sind oder die von den anderen Vermögenssphären des Trägers haftungsrechtlich abgegrenzt werden (§ 11 Abs. 2 InsO). Dementsprechend kann mithin sogar das gesamte Vermögen einer unselbstständigen Stiftung losgelöster Gegenstand eines eigenen Insolvenzverfahrens sein.[1192] Die Gleichstellung mit weiteren juristischen Personen entspricht für gewöhnlich der weitgehenden rechtlichen sowie praktischen Verselbstständigung auch der unselbstständigen Stiftung. Auch für die *unselbstständige Stiftung* wird in der Rechtsprechung zum Beispiel vermehrt Namensschutz nach § 12 BGB gewährt; auf eine möglicherweise nicht vorhandene Rechtspersönlichkeit kommt es daher nicht an.[1193] Nach hier

---

1189 Siehe oben S. 277. Vgl. auch Soergel-BGB/*Neuhoff*, Vor § 80 Rn. 30.

1190 Mit diversen Einschränkungen, etwa hinsichtlich einer Befugnis zu Zweckanpassungen.

1191 Siehe hierzu: Palandt-BGB/*Ellenberger*, Vorb v § 80 Rn. 10; Soergel-BGB/*Neuhoff*, Vor § 80 Rn. 30; a.A. aber die herrschende Meinung, beachte besonders *Ebersbach*, Handbuch, 183; Staudinger-BGB/*Hüttemann*/*Rawert*, Vorbem zu §§ 80 ff Rn. 362; *Westebbe*, Stiftungstreuhand, 36.

1192 Vgl. MüKo-InsO/*Vuia*, § 11 Rn. 9. Anders hingegen die völlig h.M. Beachte hierzu etwa *Bach*/*Knof*, ZInsO 2005, 729, 734; MüKo-InsO/*Vuia*, § 11 Rn. 19; *Sommer*, ZInsO 2013, 1715, 1719; Uhlenbruck-InsO/*Hirte*, § 11 Rn. 227; beachte hierzu darüber hinaus auch noch *Rohrberg-Braun*, Insolvenz, 158.

1193 Vgl. etwa *BGH* NJW 1988, 1912; *OLG Hamburg* NJW-RR 1986, 1305 f.; *OLG Thüringen* ZStV 2013, 192 f.

vertretener Meinung werden letztlich die Regelungen über die selbstständige Stiftung – zumindest teilweise – auch auf die unselbstständige Stiftung angewandt.[1194] Die unselbstständige Stiftung ist im Hinblick auf ihre *Vermögenszuordnung* eine Gesamthand, die wie die Gesamthandsgesellschaften fähig ist, Träger von Rechten und Pflichten zu sein; jenes Gesamthandsvermögen steht sodann allen Gläubigern dieser Gesamthand gleich zur Verfügung, wobei in der Insolvenz der Gesamthand stets eine Trennung zwischen Privatvermögen der Quasi-Gesellschafter und gesamthänderisch gebundenem „Stiftungsvermögen" zu berücksichtigen ist.[1195] Für die Verbindlichkeiten dieser unselbstständigen Stiftung haftet einzig und allein das Stiftungsvermögen, nicht allerdings der Stiftungsträger respektive der Stifter mit dem Privatvermögen. Rechtlich bleibt eine Insolvenz über die Vermögensgegenstände einer unselbstständigen Stiftung aufgrund dessen regelmäßig eine Sonderinsolvenz.[1196] Denn der Gegenstand ebenjenes insolvenzrechtlichen Verfahrens ist ausschließlich ein gesamthänderisch gebundenes Vermögen, somit das Stiftungsvermögen.[1197]

§ 4 Steuerrechtliche Gesichtspunkte

Die unselbstständige Stiftung wird durch § 1 Abs. 1 Nr. 5 KStG explizit zu einem (originären) Steuersubjekt deklariert.[1198] Der Bundesfinanzhof geht entsprechend dieser Gesetzeslage auch von einer Rechtsfähigkeit der unselbstständigen Stiftung inklusive ihrer Parteifähigkeit in den finanzgerichtlichen Verfahren aus.[1199] Die Meinung, der agierende Stiftungsträger müsse stets gegen den an eine unselbstständige Stiftung gerichteten Steuerbescheid vorgehen, wird mithin ausdrücklich durch den Senat zurückgewiesen.[1200] Auch in erbschafts- sowie letztlich genauso in schenkungssteuerrechtlicher Hinsicht werden die selbstständigen und die unselbstständigen Stiftungen gemeinhin gleich behandelt.[1201] Bei entsprechender Zwecksetzung kann sogar eine unselbstständige Stiftung sämtliche steuerlichen Privilegierungen wegen Gemeinnützigkeit im Sinne der

1194 Siehe oben S. 279. Vgl. auch Soergel-BGB/*Neuhoff*, Vor § 80 Rn. 30.
1195 Vgl. hierzu nur Andres/Leithaus-InsO/*Leithaus*, § 11 Rn. 6 m.w.N.
1196 Vgl. auch Uhlenbruck-InsO/*Hirte*, § 11 Rn. 230.
1197 Vgl. Uhlenbruck-InsO/*Hirte*, § 11 Rn. 230.
1198 Vgl. auch *Elicker*, ZStV 2012, 135, 138.
1199 Siehe *BFH* ZEV 2003, 258.
1200 Siehe auch hierzu *BFH* ZEV 2003, 258.
1201 Vgl. bereits *Hof*, DStR 1992, 1587, 1588.

Abgabenordnung erlangen.[1202] Gemeinnützigkeit des Trägers ist dafür grundsätzlich nicht erforderlich. Allerdings darf die Satzung der unselbstständigen Stiftung im Allgemeinen nicht vorsehen, dass ihr Stiftungsvermögen für Zwecke des Trägers eingesetzt werden soll.[1203]

1202 Siehe hierzu bereits oben S. 65 ff. und S. 268 ff.

1203 Vgl. *Hof*, DStR 1992, 1587, 1588.

Kapitel 6: Schlussbetrachtungen

§ 1 Zusammenfassende Thesen

Verwerfungen an den internationalen Finanzmärkten sowie wirtschaftliche Krisen wirken sich oftmals auf sämtliche Marktteilnehmer und damit in aller Regel eben selbst auf die Stiftungen ganz besonders negativ aus.[1204] Dies hat zur Konsequenz, dass ein bedeutender Grundgedanke des Stiftungsrechts, nämlich der eigentümliche Ewigkeitsanspruch der Stiftung, im jeweiligen Einzelfall gegenstandslos werden kann. Mit der vorliegenden Arbeit ist erläutert worden, dass Krise und Insolvenz auch bei einer Stiftung eine große Vielzahl höchst komplexer rechtlicher Fragen aufwerfen. Im Folgenden werden nun abschließend die wesentlichen Ergebnisse sowie Schlussfolgerungen dieser Untersuchung durch die Abfassung knapper Thesen gesammelt:[1205]

(A) Ihre typischen rechtlichen Eigenheiten machen eine selbstständige Stiftung bürgerlichen Rechts allgemein zu dem am wenigsten insolvenzanfälligen Rechtssubjekt des gesamten deutschen Gesellschaftsrechts. Allerdings droht nun die Gefahr, dass speziell infolge der wirtschaftlichen Gesamtsituation in der Bundesrepublik in absehbarer Zeit eine Vielzahl von Stiftungen existente Pflichten nicht mehr erfüllen und insolvent werden könnten.[1206]

(B) Das Gesetz zur Modernisierung des Stiftungsrechts aus dem Jahr 2002 hat am Erfordernis einer ausreichenden Vermögensausstattung einer selbstständigen Stiftung des bürgerlichen Rechts nichts geändert. Die massive Bedeutung der Widmung eines für ein Minimum an Zweckförderung hinlänglichen Vermögens wird nämlich besonders durch den neu geschaffenen § 81 Abs. 1 S. 2 BGB noch einmal untermauert.[1207]

(C) Stiftungsrechtlich ist zudem – besonders bei unternehmensverbundenen Stiftungen – ein nominales Mindestkapital vorstellbar. Die zweistufige Bestimmung eines erforderlichen Stiftungsvermögens ist dabei eine praxistaugliche Methode. Als erster Schritt kann dann geprüft werden, ob die Erträge des Stiftungsvermögens ausreichen, um den Zweck jener Stiftung

---

1204 Siehe dazu auch noch *Schiffer/Sommer*, NWB 2010, 3046, 3052.

1205 Vgl. noch *Hof*, DStR 1992, 1549.

1206 Siehe hierzu oben S. 78 ff.

1207 Hierzu oben S. 82.

dauernd zu fördern. Für eine taugliche Sicherung auch gegen unternehmerische Gefahren ist schließlich in einem zweiten Schritt zu erörtern, dass zusätzlich wenigstens ein Kapital in Höhe von 50.000 Euro vorhanden ist. Auf diese Art ist ein Mindestkapital bestimmt, das ausreichend Erträge für eine fortwährende Zweckverfolgung generiert.[1208]

(D) Die Haftung des Stifters bezüglich des der Stiftung zugesicherten Vermögens regelt sich nach den auch sonst im Stiftungsrecht gemäß § 86 BGB in Bezug genommenen Normen des Vereinsrechts, welche den Weg zu einem insgesamt angemessenen Ergebnis weisen und die Haftung des Stifters über die des Schenkers ausweiten. Ebenso gilt Vereinsrecht für Zustifter, zumindest wenn ihre Zuwendung bei der Überprüfung der Lebensfähigkeit nach § 80 Abs. 2 BGB durch die jeweilige Aufsichtsbehörde eingeplant worden sind.[1209]

(E) Als wichtigsten Grundgedanken für die Bewirtschaftung des Stiftungsvermögens regeln die Stiftungsgesetze der Länder durchweg das Gebot einer (ungeschmälerten) Erhaltung eines zugesicherten Grundstockvermögens. Dabei bedeutet Erhaltung des Vermögens in seinem Bestand gemäß der richtigen Auffassung Erhaltung in seinem „wirtschaftlichen" Wert und mithin in seiner Ertrags- beziehungsweise Kaufkraft. Es handelt sich dabei um ein für die Existenz der Stiftung grundlegendes Gebot, wenngleich sich häufig Probleme im Hinblick auf das steuerrechtliche Mittelverwendungsgebot ergeben. Der Vorstand ist grundsätzlich verpflichtet, ein angemessenes Kapitalerhaltungskonzept zu entwerfen.[1210]

(F) Bei steuerbefreiten Stiftungen ist neben dem zivilrechtlichen Admassierungsverbot auch das Gebot der zeitnahen Mittelverwendung zu beachten. Um jedoch die Lebensfähigkeit einer jeden Stiftung dauerhaft sicherzustellen, erscheint es dringend geboten – neben der Möglichkeit zur Bildung der „freien" Rücklage – zu gestatten, sogar Minderungen eines Grundstockvermögens mit den Erträgen aufzufangen. Insoweit könnte ein erforderlicher Gleichlauf zwischen Stiftungsrecht sowie Gemeinnützigkeitsrecht vollzogen werden.[1211]

1208 Vgl. auch S. 88 f.

1209 Vgl. auch S. 86.

1210 Vgl. auch S. 93 f.

1211 Siehe hierzu oben S. 110 f. und S. 103 ff.

(G) Entgegen der Rechtsprechung oder auch der Finanzverwaltung ist die Verlustentstehung im wirtschaftlichen Geschäftsbetrieb nicht per se gemeinnützigkeitsschädlich, es kommt vielmehr auf die Ursache des einzelnen Verlustes an. Solange die steuerbefreite Stiftung mit Gewinnerzielungsabsicht agiert, handelt es sich bei konkreten Verlusten aus solchen Tätigkeiten im Allgemeinen lediglich um die Realisierung eines gewöhnlichen unternehmerischen Risikos. § 55 Abs. 1 Nr. 1 AO untersagt indes bloß die Alimentation von Dauerverlustaktivitäten mit steuerbegünstigten Mitteln, nicht indes einen Ausgleich als solchen. Für die finale Frage, wann eine Mittelfehlverwendung vorliegt, wird sodann als Referenz auf Gedanken der einkommensteuerlichen Liebhaberei abzustellen sein.[1212]

(H) Die Gesamtbetrachtung der vielzähligen Änderungen des KonTraG zeigt, dass sogar die Stiftungen jenes Gesetz berücksichtigen müssen. Dies betrifft zuvörderst die geschäftsführende Leitung, welche für die Einrichtung eines risikoorientierten sowie zukunftsbezogenen Überwachungssystems zu sorgen hat. Wesentliche Signifikanz dabei hat das Frühwarnsystem. Darüber hinaus ist ein Aufsichtsorgan immer angehalten, seine Kontrollaufgabe in qualifizierter Form wahrzunehmen. Eine enorme Wichtigkeit kommt dabei auch der Zusammenarbeit dieses Aufsichtsorgans mit dem Abschlussprüfer zu.[1213]

(I) Unabhängig von eventuellen erfolgsgebundenen Vergütungsbestandteilen kann auch ein Stiftungsvorstand bei äußerster Verschlechterung der wirtschaftlichen Lage der Stiftung gemäß § 87 Abs. 2 AktG analog angewiesen sein, einer temporären Herabsetzung seiner Geschäftsführerbezüge zuzustimmen. In einer Notsituation, in welcher eine Fortführung der Stiftung zweifelhaft ist, also sofern der Stiftung durch die Vergütungszahlung Mittel entzogen werden, die sie zum Überleben braucht, kann ein Anspruch der Stiftung gegen den eigenen Vorstand auf Zustimmung zur Herabsetzung jener Bezüge gegeben sein.[1214]

(J) Die Vor-Stiftung kann bereits vor Erlangung der Rechtsfähigkeit eigenhändige Trägerin von diversen Rechten und Pflichten sein, wenn sie ein Sondervermögen gebildet hat und im geschäftlichen Verkehr auch schon in Erscheinung getreten ist. Auch wenn in der enumerativen Auflistung in § 11 Abs. 2 InsO die Vor-Stiftung nicht genannt ist, so kann daraus eben

1212 Siehe dazu oben S. 107 f. auch zu Verlusten aus Vermögensverwaltung.
1213 Siehe dazu oben S. 130 f.
1214 Siehe dazu oben S. 138 f.

nicht zwangsläufig geschlossen werden, dass diese Vor-Stiftung nicht insolvenzfähig ist. Dies folgt letztlich auch daraus, dass die Insolvenzfähigkeit im Sinne des § 11 InsO gemäß dem tatsächlichen Willen des Gesetzgebers die Fragestellung einer Rechtsnatur nicht präjudiziert.[1215] Daher ist richtigerweise davon auszugehen, dass auch die Vor-Stiftung insolvenzfähig ist, bis die Verteilung ihres Vermögens vollendet ist.[1216]

(K) Folgt man der vermögensrechtlichen Trennung innerhalb der Stiftung, so ließe sich schlussfolgern, eine eventuelle Zahlungsunfähigkeit begründe sich bereits aus einer Unmöglichkeit, existente Verbindlichkeiten mit Hilfe des Ertragsvermögens befriedigen zu können. Ein Zugriff auf den Kapitalstock wäre selbst in insolvenzrechtlicher Hinsicht nicht mehr zulässig. Dem muss jedoch entgegengehalten werden, dass die Stiftung ihren Gläubigern stets mit ihrem gesamten Vermögen haftet. Überträgt man ebendiesen Punkt auf die Situation der Insolvenzeröffnung, dann liegt ein auf die Zahlungsunfähigkeit der Stiftung gestützter und auch ein begründeter Insolvenzeröffnungsantrag erst nach einem totalen Aufbrauchen eines für gewöhnlich zu erhaltenden Grundstockvermögens vor.[1217]

(L) Wegen der gängigen Verwendung einer Stiftung zur ideellen Zweckförderung stellt sich die Frage, ob und wie letztlich die Korrektur einer Überschuldungsbilanz aufgrund einer positiven Fortführungsprognose zulässig ist. Kommt es einzig darauf an, dass Liquidität der juristischen Person sichergestellt werden kann, ist der Ursprung der Zahlungsströme für die Fortführungsprognose gleichgültig. Nicht ohne Einfluss ist die Herkunft der Mittel indes bei einer konkreten Prognoseentscheidung. Denn die Klarheit der Fortführungsprognose hängt zumeist davon ab, mit welcher Wahrscheinlichkeit die zukünftigen Mittelzuflüsse vorhergesagt werden können. Gesetzlich normierter Mindeststandard ist dabei eine mit der Vorhersagbarkeit im unternehmerischen Rahmen „vergleichbare" Grundlage.[1218]

(M) Der Gesetzgeber könnte eine Vielzahl von Unklarheiten und Zweifeln beseitigen, indem er die vorhandene bürgerlichrechtliche Sonderbestimmung des § 42 Abs. 1 BGB aufgibt und in § 15a Abs. 1 InsO integriert. Damit würde letztendlich auch das gesetzgeberische Anliegen, nämlich

1215 Vgl. hierzu BT-Drucks. 12/2443, 113.
1216 Beachte hierzu oben S. 176 ff.
1217 Siehe hierzu oben S. 185 f.
1218 Vgl. oben S. 188 ff.

die rechtliche Einordnung der Insolvenzantragspflicht als eine Pflicht des Insolvenzrechts, untermauert und gestärkt. Die rechtspolitisch erstrebenswerten Privilegien für ehrenamtliche Vorstände sollten rechtsformlosgelöst gewährt werden.[1219]

(N) Das gesetzgeberische Ziel, die Verfolgung von Vereins- und Stiftungsvorständen gemäß § 15a Abs. 4 und 5 InsO einzuschränken, kann effektiver durch eine Anpassung der gegenwärtig bestehenden Strafbarkeitsandrohung bewirkt werden. Dazu ist lediglich die gesetzliche Regelung des § 15a Abs. 5 InsO um eine Strafmilderungsbestimmung zu ergänzen, um einem Übermaß von strafrechtlichen Sanktionen überlegt zu begegnen.[1220]

(O) Nach der Gesetzesbegründung ist der Zweck des § 31a BGB die Förderung der Bereitschaft zu ehrenamtlicher Tätigkeit. Zwar ist die ehrenamtliche Wahrnehmung von Vorstandsaufgaben grundsätzlich schutzwürdig und zu begrüßen. Doch darf dies gerade nicht dazu führen, dass die Förderung auf dem Rücken Dritter erfolgt, nämlich auf dem Rücken der Gläubiger ebendieser betroffenen Organisation. Damit kann schließlich bezüglich der Sorgfaltsanforderungen im Rahmen des § 42 Abs. 2 BGB prinzipiell nicht zwischen ehrenamtlicher und nicht ehrenamtlicher Betätigung unterschieden werden.[1221]

(P) Ein haftungsbewehrtes Zahlungsverbot entsprechend § 15b InsO existiert für Vorstände von Stiftungen nicht, was bei Stiftungsinsolvenzen zu einer (systemwidrigen) Gläubigerbenachteiligung führt. Diese vorhandene Lücke kann durch eine analoge Anwendung des § 15b InsO auf den durchaus vorstellbaren Fall einer insolventen Stiftung systemgerecht geschlossen werden. Danach ist der Stiftungsvorstand bei Insolvenz jener Stiftung zum Ersatz von Zahlungen verpflichtet, welche erst nach dem Eintritt der Zahlungsunfähigkeit beziehungsweise erst nach Feststellung der Überschuldung geleistet werden und nicht mit der Sorgfalt eines ordentlichen Geschäftsmanns vereinbar sind.[1222]

1219 Vgl. oben S. 203 ff.

1220 Vgl. oben S. 210 ff.

1221 Siehe oben S. 208 f.

1222 Beachte hierzu oben S. 213 ff. Ein zusätzlicher Blick führt dabei auf den Konflikt zwischen Insolvenzrecht und steuerlichem Gemeinnützigkeitsrecht. Die Aufrechterhaltung der gemeinnützigkeitsrechtlichen Steuerbefreiung kann eine an sich verbotene Zahlung rechtfertigen, wenn die Summe aller Zahlungen für steuerbefreite Zwecke kleiner ist als die ansonsten entstehende Steuerschuld. Das eigentliche Problem bleibt hier eine unbefriedigende Abstimmung zwischen Insolvenzrecht auf der einen sowie dem Gemeinnützigkeitsrecht auf der anderen Seite.

(Q) Eine existenzvernichtende Zahlung an ein Vorstandsmitglied und genauso an den Stifter kann in den Geltungsbereich beispielshalber von § 15b Abs. 5 InsO analog fallen, sofern jene Protagonisten in dem konkreten Einzelfall in einem derartigen Ausmaß „Kontrolle" über jene betroffene Stiftung ausüben, dass sie auch schon einem maßgeblich beteiligten Gesellschafter innerhalb einer Kapitalgesellschaft „gleich geachtet" werden müssten.[1223]

(R) Der Stifter kann sich mit der Satzung in den Stiftungsvorstand berufen. Als Mitglied des Stiftungsvorstands ist er folglich als organschaftlicher Vertreter immer antragsberechtigt beziehungsweise antragsverpflichtet. Ansonsten kann ihm ein Antragsrecht in der Regel dann zustehen, wenn er sich im Stiftungsgeschäft auch schon zu weiteren Zuwendungen an die Stiftung verpflichtet hat und infolgedessen befürchten muss, im Rahmen der Stiftungsinsolvenz höchstpersönlich auf Zahlung in Anspruch genommen zu werden.[1224]

(S) Destinatäre, welche in den Vorstand bestellt worden sind, haben sämtliche Rechte sowie Pflichten eines Vorstandsmitglieds. Darüber hinaus haben Destinatäre gewöhnlich keine Antragsrechte oder Antragspflichten, falls sie nicht als Insolvenzgläubiger einer Stiftung in Betracht kommen können. Sie sind gerade nicht Bestandteil der Organisationsstruktur und haben ferner gegenüber einer Stiftung grundsätzlich auch keine haftungsrechtlichen Pflichten, welche etwa im Rahmen einer Insolvenz geltend gemacht werden könnten.[1225]

(T) Fraglich ist, ob die im Insolvenzverfahren begriffene Stiftung als juristische Person über insolvenzfreies Vermögen verfügen kann. Von speziellem Interesse ist diesbezüglich im Rahmen der Stiftungsinsolvenz die entsprechende Anwendbarkeit von § 36 Abs. 1 InsO in Verbindung mit § 882a Abs. 2 ZPO auch auf eine gemeinnützige sowie steuerbefreite Stiftung bürgerlichen Rechts. Danach sind jene Gegenstände vor dem Zugriff Dritter im Zuge des Insolvenzverfahrens geschützt, die für die Erfüllung gemeinnütziger Aufgaben der Stiftung notwendig sind oder deren Veräußerung das öffentliche Interesse durchkreuzt.[1226]

(U) Eine weitere Möglichkeit, Bestandteile des Stiftungsvermögens von der Insolvenzmasse auszuschließen, ist die sogenannte Freigabe von einzelnen

---

1223 Siehe oben S. 223.

1224 Siehe oben S. 228 f.

1225 Siehe oben S. 229 ff.

1226 Beachte hierzu oben S. 248 ff.

Gegenständen sogar in einem Insolvenzverfahren über eine Stiftung. Hauptzweck des Insolvenzverfahrens ist generell die gleichmäßige Befriedigung der verschiedenen Gläubiger. Hierfür kann eine Freigabe masseschädigender Vermögenswerte geboten und vom Verwalter vorzunehmen sein.[1227]

(V) Das Stiftungsrecht selbst enthält keine eigene Aussage zu einer Insolvenzanfechtung stiftungsrechtlicher Vermögensverfügungen. Es kommen aber häufig stiftungsrechtliche Wertungen ins Spiel, welche es gerechtfertigt wirken lassen, in einigen Ausnahmefällen gängige Gläubigerschutzbestimmungen zurückzustellen. Allerdings nicht allgemein und pauschal, aber immer dann, wenn eine Interessenabwägung ergibt, dass die Realisierung der Gläubigerinteressen nicht den Vorzug verdient. Dies ist in aller erster Linie bei einer Stiftungserrichtung der Fall, mit dem rechtlichen Ergebnis der teleologischen Reduktion sämtlicher Anfechtungsvorschriften, da der Stifter eben keine bereits vorhandene Person bereichert, sondern durch mehraktigen Konstitutivakt eine neue Rechtsperson erschafft.[1228]

(W) Eigenkapitalersatz kann gemeinhin auch bei der Stiftung auftreten, und das nicht nur bei rechtsgeschäftlicher Widmung, sondern zudem kraft objektiver Umwidmung gemäß der früheren Lehre über die kapitalersetzenden Darlehen. Eine generelle Übertragung dieser Lehre auf die Stiftungen ist zu befürworten, weil sich bei dem Vergleich mit denjenigen Rechtsformen, bei denen die Lehre galt, keinerlei Abweichungen in Aspekten ergeben, die für Sinn und Zweck des Eigenkapitalersatzes dringend erforderlich sind.[1229]

(X) Nicht zu folgen ist der Auffassung, ein Insolvenzverwalter unterliege der Rechtsaufsicht durch die Aufsichtsbehörde. Das Insolvenzrecht beinhaltet gerade abschließende Regeln über Zuständigkeit sowie rechtliche Bindung des Verwalters. Die Zuständigkeit umfasst auch die Verteilung eventuellen Restvermögens, so dass für die mögliche Überwachung kein Raum mehr bleibt. Schließlich erlischt die Stiftung mit dem endgültigen Abschluss der Verteilung. Einer zusätzlichen Aufhebung nach § 87 Abs. 1 BGB bedarf es nicht.[1230]

1227 Siehe dazu oben S. 250.

1228 Beachte hierzu oben S. 251 f. sowie S. 86. Zur Anfechtbarkeit von Leistungen an die Destinatäre einer Stiftung siehe darüber hinaus außerdem auch noch oben ab S. 252.

1229 Siehe dazu oben S. 255 f.

1230 Beachte hierzu oben S. 263.

(Y) Die steuerrechtliche Einordnung der Beendigungw gemeinnütziger Betätigungen ist selbst unter der Berücksichtigung der einzelnen Erwägungen des Bundesfinanzhofs noch nicht gänzlich abschließend geklärt.[1231] Es konnte skizziert werden, dass sich eine prinzipielle Aberkennung der Gemeinnützigkeit im Fall einer Insolvenz weder aus dem behandelten Urteil des Bundesfinanzhofs noch aus steuerrechtlichen Regeln ergibt. Für die Frage, ob eine Stiftung gemeinnützig agiert, kann es niemals darauf ankommen, ob dies unter dem Schutz des Insolvenzrechts passiert. Entscheidend ist lediglich, ob eine „gemeinnützige" Betätigung unter Beachtung sämtlicher formeller Voraussetzungen der Abgabenordnung gegeben ist. Ein allgemeines Versagen der steuerrechtlichen Privilegierung während der Insolvenz würde der gesetzgeberischen Absicht widersprechen, die Weiterführung jener Betätigung nach einer Insolvenz zu gestatten.[1232] Dies würde endlich einen Widerspruch zwischen Abgabenrecht sowie Insolvenzrecht bedeuten, der verhindert werden muss.[1233]

(Z) Insolvenzfähig wie zum Beispiel eine juristische Person ist letztlich auch die sogenannte „unselbstständige" Stiftung. Denn auf die unselbstständige Stiftung werden zu Recht die Bestimmungen über die selbstständige Stiftung analog angewandt. Die unselbstständige Stiftung ist hinsichtlich der Vermögenszuordnung eine Gesamthand, welche so wie eine Gesamthandsgesellschaft stets fähig ist, Träger von Rechten sowie Pflichten zu sein; das Vermögen gehört einer „unselbstständigen" Stiftung selbst. Zur Zwangsvollstreckung in das Vermögen der Stiftung genügt dementsprechend ein gegen jene Stiftung ergangenes rechtskräftiges Urteil.[1234] Für Verbindlichkeiten haftet einzig das Stiftungsvermögen.[1235]

§ 2 Ausblick sowie Entwicklung

Die meisten Stiftungen in Deutschland kränkeln. Sie kränkeln besonders deshalb, weil für ihre tägliche Arbeit nicht genügend Mittel gewonnen werden.

1231 Beachte in ebendiesem Zusammenhang beispielsweise auch noch *Becker*, FR 2008, 909, 911 und daneben auch *Sommer*, ZInsO 2014, 1642, 1653.

1232 Siehe hierzu insbesondere § 1 S. 1 InsO.

1233 Vgl. dazu oben S. 271 ff. Zum Konflikt zwischen Insolvenzrecht und Gemeinnützigkeitsrecht siehe im Übrigen auch noch beim insolvenzrechtlichen Zahlungsverbot, oben S. 221 ff.

1234 Vgl. hierzu etwa auch noch § 735 ZPO.

1235 Siehe hierzu oben S. 277 ff.

Einige der Stiftungen beispielsweise haben in jüngster Vergangenheit nicht ordentlich gewirtschaftet. Viele verfügen schon mit der Anerkennung über ein zu geringes Vermögen. Alle Stiftungen haben aber Schwierigkeiten im aktuellen Niedrigzinsumfeld. Ausgeben darf die selbstständige Stiftung grundsätzlich bloß die mit Hilfe des Grundstockvermögens erzielten Erträge. Deren generelle Dimension richtet sich gewöhnlich nach einem Risikopotenzial dieser ausgewählten Kapitalanlagen. Zu hohes Risiko bei der Auswahl steht der allgemeinen Verpflichtung entgegen, das Vermögen zu *erhalten*.[1236]

Zuletzt ist die Wirtschaft auf der gesamten Welt zudem durch die COVID-19-Pandemie mit großer Härte getroffen worden. Die von zahlreichen Regierungen ergriffenen Maßnahmen zur Eindämmung jener Pandemie haben zu ganz beträchtlichen Beeinträchtigungen für etliche Betriebe und auch Lieferketten geführt. Für unzählige Unternehmen hat dies erhebliche sowie unkalkulierbare Umsatzeinbußen zur Folge, weil es einerseits an weiteren Aufträgen und auch am Absatz fehlt, andererseits aber auch die eigenen Kapazitäten besonders stark beeinträchtigt werden können.[1237] Daher fehlen etwa nicht selten liquide Mittel. Im unterdessen verkündeten „*Gesetz zur vorübergehenden Aussetzung der Insolvenzantragspflicht und zur Begrenzung der Organhaftung bei einer durch die COVID-19-Pandemie bedingten Insolvenz*" ist die befristete Aussetzung der Insolvenzantragspflicht geregelt. Flankierend dazu wird die Organhaftung bei Insolvenzreife reduziert.[1238] Auch Risiken für Gläubiger, welche mit dem Schuldner weiterhin Geschäfte tätigen, wurden durch den umfangreichen Ausschluss der Insolvenzanfechtung und durch eine Begünstigung von Kreditgewährung beschränkt. Schließlich können Fremdanträge ausschließlich auf das Bestehen eines Insolvenzgrundes vor dem 1.3.2020 gestützt werden.[1239]

Unter dem 27.2.2018 veröffentlichte die Bund-Länder-Arbeitsgruppe „Stiftungsrecht" einen Diskussionsentwurf für ein Gesetz zur Vereinheitlichung des Stiftungsrechts.[1240] Auf dieser Grundlage hat das Bundesministerium der Justiz und für Verbraucherschutz einen Gesetzentwurf zur Umbildung des Stiftungsrechts erarbeitet. Die Stärkung der Zivilgesellschaft und auch des Ehrenamts

---

1236 Siehe zum Ganzen speziell auch *Muscheler*, ZRP 2018, 217.

1237 Vgl. dazu auch BT-Drucks. 19/18110, 2.

1238 Vgl. hierzu *Schluck-Amend*, NZI 2020, 289, 292.

1239 Vgl. insgesamt hierzu etwa auch *Schluck-Amend*, NZI 2020, 289 ff.

1240 Siehe dazu https://www.innenministerkonferenz.de/IMK/DE/termine/to-beschluesse/2018-06-08_06/anlage-zu-top-46.pdf?__blob=publicationFile&v=2 (zuletzt abgerufen am 13.12.2021).

forderte bereits der Koalitionsvertrag zwischen der CDU, der CSU und der SPD.[1241] Am 22.7.2021 wurde das neue Recht schließlich im Bundesgesetzblatt verkündet. In Kraft treten werden die Neuregelung allerdings erst zum 1.7.2023, die neuen Regelungen zum Stiftungsregister sogar erst zum 1.1.2026. Einerseits sollen die Länder Gelegenheit erhalten, landesgesetzliche Regelungen anzupassen; andererseits sollen bestehende Stiftungen die Möglichkeit erhalten, sich auf das neue Recht vorzubereiten. – Die Absicht der Reform, das Stiftungsrecht zu großen Teilen bundeseinheitlich zu normieren, ist zu begrüßen. Insgesamt führt die Reform in eine richtige Richtung und kann letztlich durch die geschaffene Klarheit auch zur weiteren Popularisierung der „Rechtsform Stiftung" beitragen.[1242] Die rechtlichen Rahmenbedingungen für die Stiftung werden verbessert, so dass die Stiftung auch in Zukunft vielfach als Gestaltungsmittel für eine Nachfolgeregelung gewählt werden kann. Stiftungen bieten die Option, verbindlich und ferner dauerhaft festzulegen, zu welchem Zweck ein bestimmtes Vermögen genutzt werden kann.[1243]

1241 Siehe dazu https://www.bundesregierung.de/resource/blob/974430/847984/5b8bc23590d4cb2892b31c987ad672b7/2018-03-14-koalitionsvertrag-data.pdf?download=1 (zuletzt abgerufen am 13.12.2021), Rn. 5548 ff.

1242 Vgl. dazu auch *Mehren*, DStR 2018, 1773, 1778.

1243 Siehe *Mehren*, DStR 2018, 1773, 1778.

Literaturverzeichnis

Achilles, Wilhelm-Albrecht: Die Aufsicht über die kirchlichen Stiftungen der evangelischen Kirche in der Bundesrepublik Deutschland, zugl. Diss. (Göttingen 1984/1985), Tübingen 1986 (zitiert: *Achilles*, Aufsicht)

Adloff, Frank: Philantropisches Handeln. Eine historische Soziologie des Stiftens in Deutschland und den USA, zugl. Habil.-Schr. (Göttingen 2009), Frankfurt/ New York 2010 (zitiert: *Adloff*, Philantropisches Handeln)

Ahrendt, Carolin: Krisenmanagement für Stiftungen, in: Stiftungen in Theorie, Recht und Praxis. Handbuch für ein modernes Stiftungswesen, hrsgg. v. Rupert Graf Strachwitz und Florian Mercker, Berlin 2005, S. 748–762 (zitiert: *Ahrendt*, in: Stiftungen in Theorie, Recht und Praxis)

Ahrens, Martin / Gehrlein, Markus / Ringstmeier, Andreas (Hrsg.): Insolvenzrecht. Kommentar, 4. Aufl., Köln 2020 (zitiert: Ahrens/Gehrlein/Ringstmeier-Insolvenzrecht/*Bearbeiter*)

Aigner, Pia Maria: Der Schutz der Stiftung vor Einflußnahme Dritter. Rechtsvergleichung im deutschsprachigen Rechtsraum, zugl. Diss. (Augsburg 1999), Frankfurt am Main u.a. 2000 (zitiert: *Aigner*, Schutz)

Aleth, Franz / Harlfinger, Wolf: Die Fortführungsprognose i. S. von § 19 II InsO – eine Handlungsanweisung für Geschäftsführer, in: NZI 2011, S. 166–173

Allgäuer, Jörg Emil: Die linke und die rechte Hand: Motive der Gründung einer Stiftung, zugl. Diss. (Bayreuth 2005), Baden-Baden 2008 (zitiert: *Allgäuer*, Motive)

Alscher, Sarah: Die Stiftung des öffentlichen Rechts, zugl. Diss. (Göttingen 2005), München 2006 (zitiert: *Alscher*, Stiftung des öffentlichen Rechts)

Altmeppen, Holger: Die Auswirkungen des KonTraG auf die GmbH, in: ZGR 1999, S. 291–313

Altmeppen, Holger / Wilhelm, Jan: Quotenschaden, Individualschaden und Klagebefugnis bei der Verschleppung des Insolvenzverfahrens über das Vermögen der GmbH, in: NJW 1999, S. 673–681

Andres, Dirk / Leithaus, Rolf: Insolvenzordnung (InsO). Kommentar, 4. Aufl., München 2018 (zitiert: Andres/Leithaus-InsO/*Bearbeiter*)

Andrick, Bernd: Das novellierte nordrhein-westfälische Stiftungsgesetz, in: ZSt 2005, S. 187–198

Andrick, Bernd: Die Entwicklung zum modernisierten Stiftungsrecht, in: ZSt 2003, S. 3–13

Andrick, Bernd: Die staatliche Anerkennung der Stiftung, in: DVBl. 2003, S. 1246–1252

Andrick, Bernd: Stiftungsrecht und Staatsaufsicht unter besonderer Berücksichtigung der nordrhein-westfälischen Verhältnisse, zugl. Diss. (Münster 1987/1988), Baden-Baden 1988 (zitiert: *Andrick*, Staatsaufsicht)

Andrick, Bernd / Suerbaum, Joachim: Stiftung und Aufsicht. Dogmatik – Stiftungspraxis – Reformbestrebungen, München 2001 (zitiert: *Andrick/Suerbaum*, Stiftung und Aufsicht)

Andrick, Bernd / Suerbaum, Joachim: Das Konzessionssystem – Hindernis oder Garant eines leistungsfähigen Stiftungswesens?, in: NWVBl. 1999, S. 329–334

Anheier, Helmut Klaus: Das Stiftungswesen in Deutschland: Eine Bestandsaufnahme in Zahlen, in: Handbuch Stiftungen. Ziele – Projekte – Management – Rechtliche Gestaltung, hrsgg. v. d. Bertelsmann Stiftung, 2. Aufl., Wiesbaden 2003, S. 43–85 (zitiert: *Anheier*, in: Bertelsmann Handbuch)

Anheier, Helmut Klaus / Seibel, Wolfgang: The nonprofit sector in Germany. Between state, economy and society, Manchester/New York 2001 (zitiert: *Anheier/Seibel*, The nonprofit sector in Germany)

App, Michael: Nachweispflichten des Schuldners bei Geltendmachung der drohenden Zahlungsunfähigkeit, in: DGVZ 2004, S. 132–133

Arnold, Arnd: Die Organhaftung in Verein und Stiftung (unter besonderer Berücksichtigung des neuen § 31a BGB), in: Non Profit Law Yearbook 2009, hrsgg. v. Rainer Hüttemann u.a., Köln 2010, S. 89–113 (zitiert: *Arnold*, in: Non Profit Law Yearbook 2009)

Arnold, Arnd: Die zivil- und steuerrechtlichen Schranken der Rücklagenbildung bei Stiftungen, in: NZG 2007, S. 805–809

Autenrieth, Karlheinz: Werdende Stiftung vor staatlicher Anerkennung ist steuerlich wie eine unselbständige Stiftung zu behandeln, in: GmbHR 2016, S. 745–748

Bach, Alexander: Die Insolvenz der Stiftung, zugl. Diss. (Jena 2002), Jena 2002 (zitiert: *Bach*, Insolvenz)

Bach, Alexander / Knof, Béla: Insolvenzfähigkeit der Stiftung, in: ZInsO 2005, S. 729–735

Backert, Wolfram: Anforderungen an die Vermögensausstattung rechtsfähiger Stiftungen bürgerlichen Rechts, in: ZSt 2003, S. 129–131

Ballerstedt, Kurt / Salzwedel, Jürgen: Soll das Stiftungsrecht bundesgesetzlich vereinheitlicht und reformiert werden, gegebenenfalls mit welchen Grundzügen? Gutachten für den 44. Deutschen Juristentag, in: Verhandlungen des vierundvierzigsten Deutschen Juristentages, hrsgg. v. d. Ständigen Deputation des Deutschen Juristentages, Band I (Gutachten), 5. Teil, Tübingen 1962 (zitiert: *Ballerstedt/Salzwedel*, Gutachten 44. DJT I/5)

Bamberger, Heinz Georg / Roth, Herbert / Hau, Wolfgang / Poseck, Roman (Hrsg.): Kommentar zum Bürgerlichen Gesetzbuch, Band 1 (§§ 1–480), 4. Aufl., München 2019 (zitiert: Bamberger/Roth-BGB/*Bearbeiter*)

Bauder, Wolfgang: Die Bezüge des GmbH-Geschäftsführers in Krise und Konkurs der Gesellschaft, in: BB 1993, S. 369–375

Baumann-Gretza, Marcus: Die kirchliche Aufsicht über (Unternehmens-)Stiftungen – Rechtsgrundlagen, Maßstäbe und Inhalte kirchlicher Stiftungsaufsicht unter besonderer Berücksichtigung der Rechtslage in Nordrhein-Westfalen, in: Die Stiftung – Jahreshefte zum Stiftungswesen 3 (2009), S. 79–87

Baumbach, Adolf / Hueck, Alfred: Gesetz betreffend die Gesellschaften mit beschränkter Haftung, 22. Aufl., München 2019 (zitiert: Baumbach/Hueck-GmbHG/*Bearbeiter*)

Bea, Franz Xaver / Kötzle, Alfred: Ursachen von Unternehmenskrisen und Maßnahmen zur Krisenvermeidung, in: DB 1983, S. 565–571

Beck, Siegfried / Depré, Peter (Hrsg.): Praxis der Insolvenz. Ein Handbuch für die Beteiligten und ihre Berater, 3. Aufl., München 2017 (zitiert: Beck/Depré/*Bearbeiter*, Handbuch)

Becker, Alexander: Der Wegfall des gemeinnützigkeitsrechtlichen Status – Eine Bestandsaufnahme und Hilfestellung für die Praxis, in: DStR 2010, S. 953–960

Becker, Alexander: Das Recht auf Scheitern einer gemeinnützigen Körperschaft, in: FR 2008, S. 909–911

Becker, Alexander / Meining, Steffen: Auswirkungen des Scheiterns einer Körperschaft auf deren gemeinnützigkeitsrechtlichen Status, in: FR 2006, S. 686–689

Becker, Christoph: Insolvenzrecht, 3. Aufl., Köln 2010 (zitiert: *Becker*, Insolvenzrecht)

Becker, Hans-Jürgen: Der Städel-Paragraph (§ 84 BGB), in: Festschrift für Heinz Hübner zum 70. Geburtstag am 7. November 1984, hrsgg. v. Gottfried Baumgärtel u.a., Berlin/New York 1984, S. 21–33 (zitiert: *Becker*, in: FS Hübner)

Beise, Marc: Politische Stiftungen, in: Handbuch Stiftungen. Ziele – Projekte – Management – Rechtliche Gestaltung, hrsgg. v. d. Bertelsmann Stiftung, 2. Aufl., Wiesbaden 2003, S. 205–225 (zitiert: *Beise*, in: Bertelsmann Handbuch)

Benicke, Christoph: Pflichten des Vermögensverwalters beim Investitionsprozess, in: ZGR 2004, S. 760–812

Benke, Holger: 1 Million ist zu wenig. Kleinstiftungen und Stiftungsboom – ein Zwischenruf, in: S&S 4/2006, S. 30–31

Benke, Holger: Vermögensanlage in gemeinnützigen Stiftungen, in: Die Bank 1997, S. 654–657

Benke, Holger / Maucher, Rainer: Erfolgreich wie die „Großen" – Anlagestrategien für kleinere Stiftungen, in: S&S 3/2007, S. 29–32

Berg, Claus / Treffert, Jürgen: Die Unternehmenskrise – Organisatorische Probleme und Ansätze zu ihrer Lösung, in: ZfB 1979, S. 459–473

Berndt, Hans / Götz, Hellmut: Stiftung und Unternehmen, 8. Aufl., Herne 2009 (zitiert: Berndt/Götz/*Bearbeiter*, Unternehmen)

Bethge, Herbert: Die Grundrechtsberechtigung juristischer Personen nach Art. 19 Abs. 3 Grundgesetz, Passau 1985 (zitiert: *Bethge*, Grundrechtsberechtigung)

Beuthien, Volker: Genossenschaftsgesetz mit Umwandlungs- und Kartellrecht sowie Statut der Europäischen Genossenschaft, 16. Aufl., München 2018 (zitiert: Beuthien-GenG/*Bearbeiter*)

Binz, Mark Karlheinz / Sorg, Martin: Erbschaftsteuerprobleme der Familienstiftung, in: DB 1988, S. 1822–1825

Bitter, Georg / Kresser, Matthias: Positive Fortführungsprognose trotz fehlender Ertragskraft? Zur Überschuldung nach § 19 Abs. 2 Satz 1 InsO, insbesondere bei kriselnden Assetfinanzierungen, in: ZIP 2012, S. 1733–1743

Blisse, Holger: Vermögensanlage in der Stiftung. Ein Überblick über Anlagemöglichkeiten und deren Risiken, in: ZStV 2010, S. 134–140

Bockamp, Guido / Tesfaiesus, Awet: Der Stiftungssitz nach der GmbH-Reform – Freiheit für das Kapital?, in: ZSt 2008, S. 124–127

Böckenförde, Björn: Unternehmenssanierung, 2. Aufl., Stuttgart 1996 (zitiert: *Böckenförde*, Unternehmenssanierung)

Bockslaff, Klaus: Die eventuelle Verpflichtung zur Errichtung eines sicherungstechnischen Risikomanagements durch das KonTraG, in: NVersZ 1999, S. 104–110

Borgolte, Michael: Die Stiftungen des Mittelalters in rechts- und sozialhistorischer Sicht, in: ZRG (KA) 74 (1988), S. 71–94

Bork, Reinhard: Einführung in das Insolvenzrecht, 9. überarbeitete Aufl., Tübingen 2019 (zitiert: *Bork*, Insolvenzrecht)

Bork, Reinhard: Pflichten der Geschäftsführung in Krise und Sanierung, in: ZIP 2011, S. 101–109

Bork, Reinhard: Zahlungsunfähigkeit, Zahlungsstockung und Passiva II, in: ZIP 2008, S. 1749–1753

Bork, Reinhard: Grundfragen der Zahlungsunfähigkeit (§ 17 InsO), in: KTS 2005, S. 1–13

Bork, Reinhard: Wie erstellt man eine Fortführungsprognose?, in: ZIP 2000, S. 1709–1713

Brand, Christian / Reschke, Dennis: Insolvenzverschleppung – künftig auch im eingetragenen Verein strafbar?, in: NJW 2009, S. 2343–2347

Brandmüller, Gerhard / Lindner, Reinhold: Gewerbliche Stiftungen. Unternehmensträgerstiftung – Stiftung & Co. KG – Familienstiftung, 3., überarbeitete Aufl., Berlin 2005 (zitiert: *Brandmüller/Lindner*, Gewerbliche Stiftungen)

Brandstätter, Jörn: Die Prüfung der Sanierungsfähigkeit notleidender Unternehmen. Grundlagen, Durchführung und Unterstützung durch Expertensysteme, zugl. Diss. (München 1992), München 1993 (zitiert: *Brandstätter*, Sanierungsfähigkeit)

Braun, Eberhard (Hrsg.): Insolvenzordnung (InsO). Kommentar, 8. Aufl., München 2020 (zitiert: Braun-InsO/*Bearbeiter*)

Brockhoff, Klaus: Optimierung der Vermögensanlage einer Stiftung, in: Non Profit Law Yearbook 2002, hrsgg. v. Wolfgang Rainer Walz u.a., Köln u.a. 2003, S. 221–234 (zitiert: *Brockhoff*, in: Non Profit Law Yearbook 2002)

Bruck, Eberhard Friedrich: Kirchenväter und soziales Erbrecht. Wanderungen religiöser Ideen durch die Rechte der östlichen und westlichen Welt, Berlin u.a. 1956 (zitiert: *Bruck*, Kirchenväter)

Brüning, Christoph / Vogelsang, Klaus: Die Kommunalaufsicht. Aufgaben – Rechtsgrundlagen – Organisation, 2. Aufl., Berlin 2009 (zitiert: *Brüning/Vogelsang*, Kommunalaufsicht)

Brunner, Heinrich: Abhandlungen zur Rechtsgeschichte. Gesammelte Aufsätze, hrsgg. v. Karl Rauch, Band 2, unveränderter Nachdr. der Originalausgabe (Weimar 1931), Leipzig 1965 (zitiert: *Brunner*, Rechtsgeschichte II)

Buchna, Johannes / Leichinger, Carina / Seeger, Andreas / Brox, Wilhelm: Gemeinnützigkeit im Steuerrecht. Die steuerlichen Begünstigungen für Vereine, Stiftungen und andere Körperschaften – steuerliche Spendenbehandlung, 11. Aufl., Achim bei Bremen 2015 (zitiert: *Buchna/Leichinger/Seeger/Brox*, Gemeinnützigkeit)

Büermann, Wulf: Stiftungsautonomie und Staatsaufsicht, in: Handbuch Stiftungen. Ziele – Projekte – Management – Rechtliche Gestaltung, hrsgg. v. d. Bertelsmann Stiftung, 2. Aufl., Wiesbaden 2003, S. 835–863 (zitiert: *Büermann*, in: Bertelsmann Handbuch)

Bundesverband Deutscher Stiftungen (Hrsg.): Zahlen, Daten, Fakten zum deutschen Stiftungswesen, Berlin 2021 (zitiert: Bundesverband Deutscher Stiftungen, Zahlen, Daten, Fakten)

Bund-Länder-Arbeitsgruppe Stiftungsrecht, eingesetzt vom Bundesministerium der Justiz und für Verbraucherschutz (BMJV), Bericht an die Ständige

Konferenz der Innenminister und -senatoren der Länder vom 9. September 2016 (zitiert: Bund-Länder-Arbeitsgruppe, Bericht v. 9.9.2016)

Bund-Länder-Arbeitsgruppe Stiftungsrecht, eingesetzt vom Bundesministerium der Justiz, Bericht vom 19. Oktober 2001 (zitiert: Bund-Länder-Arbeitsgruppe, Bericht v. 19.10.2001)

Burgard, Ulrich: Foundation Governance, in: ZStV 2015, S. 1–9

Burgard, Ulrich: Das Gesetz zur Begrenzung der Haftung von ehrenamtlich tätigen Vereinsvorständen, in: ZIP 2010, S. 358–365

Burgard, Ulrich: Die Anerkennungsfähigkeit von Unternehmensstiftungen, in: Die Stiftung – Jahreshefte zum Stiftungswesen 3 (2009), S. 31–51

Burgard, Ulrich: Gestaltungsfreiheit im Stiftungsrecht. Zur Einführung korporativer Strukturen bei der Stiftung, zugl. Habil.-Schr. (Darmstadt 2000/2001), Köln 2006 (zitiert: *Burgard*, Gestaltungsfreiheit)

Burgard, Ulrich: Mitgliedschaft und Stiftung – Die rechtsfähige Stiftung als Ersatzform des eingetragenen Vereins –, in: Non Profit Law Yearbook 2005, hrsgg. v. Wolfgang Rainer Walz u.a., Köln u.a. 2006, S. 95–124 (zitiert: *Burgard*, in: Non Profit Law Yearbook 2005)

Burgard, Ulrich: Das neue Stiftungsprivatrecht, in: NZG 2002, S. 697–702

Burgard, Ulrich / Heimann, Carsten: Entlastung, Verjährung und Verjährenlassen von Schadensersatzansprüchen gegen Organmitglieder von Stiftungen und Aktiengesellschaften, in: NZG 2016, S. 166–172

Burger, Anton / Schellberg, Bernhard: Die Auslösetatbestände im neuen Insolvenzrecht, in: BB 1995, S. 261–266

Buth, Andrea / Hermanns, Michael (Hrsg.): Restrukturierung, Sanierung, Insolvenz – Handbuch, 4. Aufl., München 2014 (zitiert: Buth/Hermanns/*Bearbeiter*, Restrukturierung)

Campenhausen, Axel Freiherr von: Geschichte des Stiftungswesens, in: Handbuch Stiftungen. Ziele – Projekte – Management – Rechtliche Gestaltung, hrsgg. v. d. Bertelsmann Stiftung, 2. Aufl., Wiesbaden 2003, S. 19–42 (zitiert: *v. Campenhausen*, in: Bertelsmann Handbuch)

Campenhausen, Axel Freiherr von / Richter, Andreas (Hrsg.): Stiftungsrechts-Handbuch, 4. Aufl., München 2014 (zitiert: v. Campenhausen/Richter/*Bearbeiter*, Handbuch)

Canaris, Claus-Wilhelm: Die Feststellung von Lücken im Gesetz. Eine methologische Studie über Voraussetzungen und Grenzen der richterlichen Rechtsfortbildung praeter legem, zugl. Diss. (München 1963), Berlin 1964 (zitiert: *Canaris*, Feststellung von Lücken)

Carstensen, Carsten: Vermögensverwaltung, in: Handbuch Stiftungen. Ziele – Projekte – Management – Rechtliche Gestaltung, hrsgg. v. d. Bertelsmann Stiftung, 2. Aufl., Wiesbaden 2003, S. 535–563 (zitiert: *Carstensen*, in: Bertelsmann Handbuch)

Carstensen, Carsten: Die ungeschmälerte Erhaltung des Stiftungsvermögens, in: WPg 1996, S. 781–793

Carstensen, Carsten: Vermögensverwaltung, Vermögenserhaltung und Rechnungslegung gemeinnütziger Stiftungen, zugl. Diss. (Hannover 1994), 2. Aufl., Frankfurt am Main u.a. 1996 (zitiert: *Carstensen*, Vermögensverwaltung)

Cranshaw, Friedrich: Anlegergerechte Beratung für Stiftungen, in: npoR 2016, S. 156–158

Crezelius, Georg: Überschuldung und Bilanzierung, in: Festschrift für Volker Röhricht zum 65. Geburtstag, Gesellschaftsrecht, Rechnungslegung, Sportrecht, hrsgg. v. Georg Crezelius u.a., Köln 2005, S. 787–808 (zitiert: *Crezelius*, in: FS Röhricht)

Crone, Andreas / Werner, Henning: Modernes Sanierungsmanagement. Sanierungskonzepte, Finanzierungsinstrumente, Insolvenzverfahren, Haftungsrisiken, Arbeitsrecht und Verhandlungsführung, 5., überarbeitete und erweiterte Aufl., München 2017 (zitiert: *Crone/Werner*, Sanierungsmanagement)

Damrau, Jürgen: Vor-Stiftung und Pflichtteilsanspruch sowie dessen Verjährung, in: ZEV 2010, S. 12–17

Damrau, Jürgen / Wehinger, Markus: Übersicht zum Mindeststiftungsvermögen nach dem Recht der Bundesländer, in: ZEV 1998, S. 178–179

Däubler, Wolfgang: Zur aktuellen Bedeutung des Fideikommißverbots, in: JZ 1969, S. 499–502

Dehesselles, Thomas: Die gescheiterte Stiftung – Steuerbegünstigung in Insolvenz und Liquidation, in: S&S 1/2009, S. 22–23

Dehesselles, Thomas: Insolvenz, Liquidation und Gemeinnützigkeit, in: Vertragsgestaltung im Zivil- und Steuerrecht, Festschrift für Sebastian Spiegelberger zum 70. Geburtstag, hrsgg. v. Thomas Wachter, Bonn 2009, S. 1255–1263 (zitiert: *Dehesselles*, in: FS Spiegelberger)

Dehesselles, Thomas: Gemeinnützige Körperschaften in der Insolvenz, in: DStR 2008, S. 2050–2052

Dehesselles, Thomas: Legal definierter Zweckbetrieb oder steuerpflichtiger wirtschaftlicher Geschäftsbetrieb? – zum Verhältnis von § 68 zu § 65 AO, in: DStR 2003, S. 537–539

Deischl, Andreas: Familie und Stiftung, zugl. Diss. (München 2000), München 2000 (zitiert: *Deischl*, Familie)

Denkhaus, Stefan / Mühlenkamp, Jörg: Auswirkungen eines Insolvenz(plan)verfahrens auf die steuerliche Gemeinnützigkeit eines Vereins, in: ZInsO 2002, S. 956–962

Dettling, Warnfried: Politik und Lebenswelt. Vom Wohlfahrtsstaat zur Wohlfahrtsgesellschaft, Gütersloh 1995 (zitiert: *Dettling*, Politik und Lebenswelt)

Deutsch, Erwin: Die Fahrlässigkeit im neuen Schuldrecht, in: AcP 202 (2002), S. 889–911

Deutscher Juristentag: Vorschläge zur Reform des Stiftungsrechts. Bericht der Studienkommission des Deutschen Juristentages, München 1968 (zitiert: Deutscher Juristentag, Stiftungsrecht)

Deutsches Rechts-Lexikon: Band 3 (Q–Z), hrsgg. v. Horst Tilch und Frank Arloth, 3. Aufl., München 2001 (zitiert: Deutsches Rechts-Lexikon III)

Dewald, Stephan: Die privatrechtliche Stiftung als Instrument zur Wahrnehmung öffentlicher Zwecke, zugl. Diss. (Kiel 1989), Frankfurt am Main u.a. 1990 (zitiert: *Dewald*, Instrument)

Dietlein, Johannes / Thiel, Markus: Ringen um eine „Kultur des Gebens" – Renaissance des Stiftungswesens?, in: ZRP 2001, S. 72–77

Di Fabio, Udo: Wettbewerbsprinzip und Verfassung. Der freie Wettbewerb und die Verantwortung des Staates, in: ZWeR 2007, S. 266–276

Dißars, Ulf-Christian / Berssenbrügge, Johannes: Ausgleich von Verlusten aus einem wirtschaftlichen Geschäftsbetrieb und bei Vermögensanlagen gemeinnütziger Vereine, in: BB 1999, S. 1411–1415

Dreier, Horst (Hrsg.): Grundgesetz. Kommentar, Band I (Präambel, Artikel 1–19), 3. Aufl., Tübingen 2013 (zitiert: Dreier-GG/*Bearbeiter*)

Droege, Michael: Europäisierung des Gemeinnützigkeitsrechts – Der offene Steuerstaat im europäischen Gemeinwohlverbund, in: StuW 2012, S. 256–268

Droege, Michael: Gemeinnützigkeit im offenen Steuerstaat, zugl. Habil.-Schr. (Frankfurt am Main 2008/2009), Tübingen 2010 (zitiert: *Droege*, Steuerstaat)

Drukarczyk, Jochen: Überschuldung, in: Festschrift für Theodor Baums zum siebzigsten Geburtstag, Band I, hrsgg. v. Helmut Siekmann, Tübingen 2017, S. 339–365 (zitiert: *Drukarczyk*, in: FS Baums)

Drukarczyk, Jochen / Schüler, Andreas: Eröffnungsgründe: drohende Zahlungsunfähigkeit und Überschuldung, in: ZInsO 2017, S. 61–67

Drygala, Tim / Drygala, Anja: Wer braucht ein Frühwarnsystem?, in: ZIP 2000, S. 297–305

Duden: Deutsches Universalwörterbuch, hrsgg. v. d. Dudenredaktion, 8. Aufl., Berlin 2015 (zitiert: *Duden*, Universalwörterbuch)

Ebersbach, Harry: Handbuch des deutschen Stiftungsrechts, teilw. zugl. Habil.-Schr. (Göttingen 1971), Göttingen 1972 (zitiert: *Ebersbach*, Handbuch)

Ebersbach, Harry: Die Stiftung des öffentlichen Rechts, Göttingen 1961 (zitiert: *Ebersbach*, Stiftung öffentlichen Rechts)

Eckert, Jörn: Der Kampf um die Familienfideikommisse in Deutschland. Studien zum Absterben eines Rechtsinstitutes, zugl. Habil.-Schr. (Kiel 1991), Frankfurt am Main u.a. 1992 (zitiert: *Eckert*, Familienfideikommisse)

Eggemann, Gerd / Konradt, Thomas: Risikomanagement nach KonTraG aus dem Blickwinkel des Wirtschaftsprüfers, in: BB 2000, S. 503–509

Ehlers, Jannike: Anforderungen an die Fortführungs-/Fortbestehensprognose, in: ZInsO 2016, S. 1244–1249

Elicker, Michael: Zum Streit über die Verselbständigung der fiduziarischen Stiftung – Teil 1, in: ZStV 2012, S. 135–139

Elicker, Michael: Zum Streit über die Verselbständigung der fiduziarischen Stiftung – Teil 2, in: ZStV 2012, S. 169–177

Engisch, Karl: Einführung in das juristische Denken, 11. Aufl., Stuttgart u.a. 2010 (zitiert: *Engisch*, Einführung)

Enneccerus, Ludwig / Nipperdey, Hans Carl: Allgemeiner Teil des Bürgerlichen Rechts. Ein Lehrbuch. Erster Halbband: Allgemeine Lehren, Personen, Rechtsobjekte, 15. Aufl., Tübingen 1959 (zitiert: *Enneccerus/Nipperdey*, AT I)

Erb, Gerald: Sammelvermögen und Stiftung. Ihre Verknüpfung nach englischem und deutschem Recht, zugl. Diss. (Münster 1969), Baden-Baden 1971 (zitiert: *Erb*, Sammelvermögen)

Erhart, Gabriele: Das Stiftungsvermögen in der Stiftungsbilanz. Ein Querschnitt von Grundlagen, Widersprüchen und Besonderheiten, in: npoR 2017, S. 107–111

Erman, Walter (Begr.): Bürgerliches Gesetzbuch, hrsgg. v. Harm Peter Westermann u.a., Band 1 (§§ 1–778, AGG), 16. Aufl., Köln 2020 (zitiert: Erman-BGB/*Bearbeiter*)

Feick, Martin: Die Verbrauchsstiftung im Zivil- und Steuerrecht, in: Die Stiftung – Jahreshefte zum Stiftungswesen 4 (2010), S. 121–130

Felix, Günther: Förderung der Allgemeinheit als Voraussetzung der Gemeinnützigkeit, in: FR 1961, S. 236–238

Fenske, Ralf: Zur Unbrauchbarkeit des Überschuldungstatbestandes, in: AG 1997, S. 554–559

Fischer, Christian: Stiftung und Arbeitsrecht, in: Die Stiftung – Jahreshefte zum Stiftungswesen 8 (2014), S. 27–46

Fischer, Gero: Zur Feststellung der Zahlungsunfähigkeit – Folgerungen aus der Rechtsprechung des IX. Zivilsenats, in: Festschrift für Hans Gerhard Ganter zum 65. Geburtstag, Sanierung, Insolvenz, Berufsrecht der Rechtsanwälte und Notare, hrsgg. v. Christian Berger u.a., München 2010, S. 153–168 (zitiert: *Fischer*, in: FS Ganter)

Fischer, Gero: Fortbestehensprognose und Sanierung, in: NZI 2016, S. 665–674

Fischer, Hardy: Ausstieg aus dem Dritten Sektor. Juristische Probleme bei Beendigung der Gemeinnützigkeit, zugl. Diss. (Hamburg 2005), Köln u.a. 2005 (zitiert: *Fischer*, Ausstieg)

Fischer, Peter: Gemeinnützigkeitsrechtliche Förderung der Allgemeinheit in Deutschland und Europa, in: Gestaltung der Steuerrechtsordnung, Festschrift für Joachim Lang zum 70. Geburtstag, hrsgg. v. Klaus Tipke u.a., Köln 2010, S. 281–294 (zitiert: *Fischer*, in: FS Lang)

Fischer, Peter: Unorthodoxe Überlegungen zur Verfassungsarchitektur Europas am Beispiel des Falles „Stauffer“, in: FR 2007, S. 361–368

Fischer, Thomas / Sander, Sascha: Die Verwaltung des Stiftungsvermögens, in: Stiftungen in Theorie, Recht und Praxis. Handbuch für ein modernes Stiftungswesen, hrsgg. v. Rupert Graf Strachwitz und Florian Mercker, Berlin 2005, S. 493–516 (zitiert: *Fischer/Sander*, in: Stiftungen in Theorie, Recht und Praxis)

Flämig, Christian: Die Familienstiftungen unter dem Damoklesschwert der Erbersatzsteuer – Ein Beitrag zu dem Begriff der Familienstiftung im Sinne des § 1 Abs. 1 Nr. 4 ErbStG –, in: DStZ 1986, S. 11–17

Flämig, Christian: Die Erhaltung der Leistungskraft von gemeinnützigen Stiftungen. Ein Beitrag zur Reform des Stiftungssteuerrechts, Essen 1984 (zitiert: *Flämig*, Erhaltung)

Fleck, Hans-Joachim: Das Organmitglied – Unternehmer oder Arbeitnehmer?, in: Festschrift für Marie Luise Hilger und Hermann Stumpf, hrsgg. v. Thomas Dieterich u.a., München 1983, S. 197–226 (zitiert: *Fleck*, in: FS Hilger/Stumpf)

Fleck, Hans-Joachim: Zur Haftung des GmbH-Geschäftsführers, in: GmbHR 1974, S. 224–235

Fleege-Althoff, Fritz: Die notleidende Unternehmung, Erster Band: Krankheitserscheinungen und Krankheitsursachen, Stuttgart 1930 (zitiert: *Fleege-Althoff*, Unternehmung)

Fleischer, Holger: Aktuelle Entwicklungen der Managerhaftung, in: NJW 2009, S. 2337–2343

Fleischer, Holger (Hrsg.): Handbuch des Vorstandsrechts, München 2006 (zitiert: Fleischer/*Bearbeiter*, Vorstandsrecht)

Fleischer, Holger: Covenants und Kapitalersatz, in: ZIP 1998, S. 313–321

Flitner, Hugbert: Stiftungsprofile. Berichte aus der Arbeit amerikanischer und europäischer Stiftungen, Baden-Baden 1972 (zitiert: *Flitner*, Stiftungsprofile)

Flory, Maurice: Der Standort der Stiftungen im Forschungssystem. Ein OECD-Report, Essen-Bredeney 1974 (zitiert: *Flory*, Forschungssystem)

Flues, Thomas: Die Zustiftung im Zivilrecht, im Steuerrecht und in der Rechnungslegung unter Berücksichtigung der Rechtslage in Österreich und der Schweiz, zugl. Diss. (Hamburg 2013), Hamburg 2015 (zitiert: *Flues*, Zustiftung)

Flume, Werner: Allgemeiner Teil des Bürgerlichen Rechts. Erster Band, Zweiter Teil. Die juristische Person, Berlin u.a. 1983 (zitiert: *Flume*, AT I/2)

Foerste, Ulrich: Insolvenzrecht, 7. Aufl., München 2018 (zitiert: *Foerste*, Insolvenzrecht)

Förster, Jutta: Grenzüberschreitende Gemeinnützigkeit – Spenden schwer gemacht?, in: BB 2011, S. 663–669

Forsthoff, Ernst: Lehrbuch des Verwaltungsrechts. Erster Band. Allgemeiner Teil, 10. Aufl., München 1973 (zitiert: *Forsthoff*, Verwaltungsrecht AT)

Frankfurter Kommentar zur Insolvenzordnung mit EuInsVO, InsVV und weiteren Nebengesetzen, hrsgg. v. Klaus Wimmer, 9. Aufl., Köln 2018 (zitiert: FK-InsO/*Bearbeiter*)

Franz, Christoph: Grundlagen der Besteuerung gemeinnütziger Körperschaften bei wirtschaftlicher Betätigung, zugl. Diss. (Darmstadt 1989), Berlin 1991 (zitiert: *Franz*, Besteuerung)

Frege, Michael / Keller, Ulrich / Riedel, Ernst: Insolvenzrecht, 8. Aufl., München 2015 (zitiert: *Frege/Keller/Riedel*, Insolvenzrecht)

Freilinger, Christian / Klis, Norbert: Organisation 2000. Die Erfolgsfaktoren schlanker Unternehmen, Wiesbaden 1994 (zitiert: *Freilinger/Klis*, Organisation 2000)

Freundl, Fabian: Die Stiftung – das Gestaltungsinstrument der Unternehmensnachfolge, in: DStR 2004, S. 1509–1514

Friedrich, Till: Die Anlage des Stiftungsvermögens, zugl. Diss. (Bonn 2011), Baden-Baden 2012 (zitiert: *Friedrich*, Anlage des Stiftungsvermögens)

Frind, Frank: Gültigkeit von thematischen Teil-Richtervorbehalten gem. § 18 Abs. 2 RPflG, in: ZInsO 2001, S. 993–995

Fritsche, Stefan: Die Stiftung des bürgerlichen Rechts im Regelinsolvenzverfahren (Teil 1), in: ZSt 2003, S. 211–221

Fritsche, Stefan: Die Stiftung des bürgerlichen Rechts im Regelinsolvenzverfahren (Teil 2), in: ZSt 2003, S. 243–251

Fritz, Stefan: Die Anlageentscheidung der Stiftung, in: ZStV 2010, S. 161–167

Fritz, Stefan: Stifterwille und Stiftungsvermögen, zugl. Diss. (Jena 2008), Baden-Baden 2009 (zitiert: *Fritz*, Stifterwille)

Frommhold, Georg: Die Familienstiftung, in: AcP 117 (1919), S. 87–142

Frowein, Jochen Abraham: Grundrecht auf Stiftung. Dokumentation einer Vortragsveranstaltung anläßlich der Mitgliederversammlung des Stifterverbandes am 27. April 1976 in München, Essen-Bredeney 1976 (zitiert: *Frowein*, Grundrecht)

Frystatzki, Christian: Die insolvenzrechtliche Fortführungsprognose – Zahlungsfähigkeits- oder Ertragsfähigkeitsprognose?, in: NZI 2011, S. 173–179

Frystatzki, Christian: Ungeklärte Probleme bei der Ermittlung der Zahlungsunfähigkeit und der neue IDW PS 800, in: NZI 2010, S. 389–395

Fuchs, Karlhans: Die Zuständigkeitsverteilung zwischen Richter und Rechtspfleger im Insolvenzeröffnungs- und eröffneten Insolvenzverfahren, in: ZInsO 2001, S. 1033–1037

Gantenbrink, Matthias: Die Zusammenführung von Stiftungen, in: Die Stiftung – Jahreshefte zum Stiftungswesen 7 (2013), S. 79–121

Gantenbrink, Matthias: Die hoheitliche Beendigung der Stiftung durch die Stiftungsbehörde. Zur Aufhebung und Zusammenführung von Stiftungen, zugl. Diss. (Bochum 2010), Frankfurt am Main 2011 (zitiert: *Gantenbrink*, Beendigung)

Gantenbrink, Matthias: Zum Mindestumfang anfänglicher Vermögensausstattung von Stiftungen und den Folgerungen für Vorrats-, Einkommens- und Sammelstiftungen, in: Die Stiftung – Jahreshefte zum Stiftungswesen 2 (2008), S. 59–68

Ganter, Hans Gerhard: Die Anforderungen der höchstrichterlichen Rechtsprechung an eine zuverlässige Fortführungsprognose bei der Sanierungsprüfung, in: NZI 2014, S. 673–679

Ganter, Hans Gerhard: Die Bedeutung der „Bugwelle" für die Feststellung der Zahlungsunfähigkeit, in: ZInsO 2011, S. 2297–2302

Gaul, Björn: Änderungskündigung zur Absenkung oder Flexibilisierung von Arbeitszeit und/oder Arbeitsentgelt, in: DB 1998, S. 1913–1917

Gehrlein, Markus: Das Gesetz über den Stabilisierungs- und Restrukturierungsrahmen für Unternehmen (StaRUG) – ein Überblick, in: BB 2021, S. 66–81

Gehrlein, Markus: Reichweite und Grenzen der Befugnisse von Gesellschaftern und Anteilseignern in der Regelinsolvenz, in: ZInsO 2017, S. 1977–1991

Geimer, Reinhold: Internationales Zivilprozessrecht, 8. Aufl., Köln 2020 (zitiert: *Geimer*, IZPR)

Gerlach, Sonja: Vertrauensschutz und Haftung im Spendenrecht, zugl. Diss. (Osnabrück 2004), Frankfurt am Main 2005 (zitiert: *Gerlach*, Vertrauensschutz)

Germann, Michael: Amortisationsgesetzgebung, in: Handwörterbuch zur deutschen Rechtsgeschichte, hrsgg. v. Albrecht Cordes u.a., Band 1, 2. Aufl., Berlin 2008, Sp. 204–207 (zitiert: *Germann*, in: HRG I)

Gierke, Otto von: Deutsches Privatrecht. Erster Band. Allgemeiner Teil und Personenrecht, Unveränderter Neudruck der ersten Auflage (Leipzig 1895), München/Leipzig 1936 (zitiert: *v. Gierke*, Deutsches Privatrecht I)

Gierlich, Michael: Vertrauensschutz und Haftung bei Spenden, in: FR 1991, S. 518–522

Gless, Sven-Erik: Unternehmenssanierung. Grundlagen – Strategien – Maßnahmen, zugl. Diss. (Berlin 1995), Wiesbaden 1996 (zitiert: *Gless*, Unternehmenssanierung)

Gmach, Gertlieb: Freizeitaktivitäten und Gemeinnützigkeit, in: FR 1996, S. 308–313

Goerdeler, Reinhard: Stiftungen in der Bundesrepublik aus heutiger Sicht, in: Festschrift für Theodor Heinsius zum 65. Geburtstag am 25. September 1991, hrsgg. v. Friedrich Kübler u.a., Berlin/New York 1991, S. 169–182 (zitiert: *Goerdeler*, in: FS Heinsius)

Goette, Wulf: Zur systematischen Einordnung des § 64 Abs. 2 GmbHG, in: ZInsO 2005, S. 1–5

Gola, Peter (Hrsg.): Datenschutz-Grundverordnung. Kommentar, 2. Aufl., München 2018 (zitiert: Gola-DS-GVO/*Bearbeiter*)

Gottwald, Peter / Haas, Ulrich (Hrsg.): Insolvenzrechts-Handbuch, 6. Aufl., München 2020 (zitiert: Gottwald/Haas/*Bearbeiter*, Handbuch)

Gottwald, Peter: Rechtliche Möglichkeiten der Unternehmenssanierung im Insolvenzfall, in: KTS 1984, S. 1–26

Graf-Schlicker, Marie Luise (Hrsg.): InsO. Kommentar zur Insolvenzordnung, 5. Aufl., Köln 2020 (zitiert: Graf-Schlicker-InsO/*Bearbeiter*)

Gräwe, Daniel: Zur Notwendigkeit und Ausgestaltung von Nonprofit Governance-Systemen, in: ZStV 2013, S. 81–90

Gräwe, Daniel / Maltzahn, Ruprecht Freiherr von: Die Untreuestrafbarkeit von Stiftungsvorstand und -beirat: Vermeidungsstrategien bei stiftungstypischen Maßnahmen, in: BB 2013, S. 329–336

Greil, Stefan / Herden, Eva: Drohende Zahlungsunfähigkeit und Fortbestehensprognose. Zugleich Rechtfertigung eines Insolvenzeröffnungsgrundes, in: ZInsO 2011, S. 109–116

Greil, Stefan / Herden, Eva: Die Überschuldung als Grund für die Eröffnung des Insolvenzverfahrens, in: ZInsO 2010, S. 833–841

Grigoleit, Hans Christoph: Gesellschafterhaftung für interne Einflussnahme im Recht der GmbH. Dezentrale Gewinnverfolgung als Leitprinzip des dynamischen Gläubigerschutzes, zugl. Habil.-Schr. (München 2003), München 2006 (zitiert: *Grigoleit*, Gesellschafterhaftung)

Grimm, Jacob / Grimm, Wilhelm (Begr.): Deutsches Wörterbuch, Band 18 (X, II, 2), Nachdr. der Erstausgabe (Leipzig 1941), München 1984 (zitiert: *Grimm/ Grimm*, DWB Bd. 18)

Groß, Paul: Grundsatzfragen der Unternehmenssanierung, in: DStR 1991, S. 1572–1576

Groß, Paul: Sanierung durch Fortführungsgesellschaften. Der Weg von der Sanierungsprüfung bis zur Konstituierung und finanziellen Entlastung der Fortführungsgesellschaft in betriebswirtschaftlicher, rechtlicher und steuerlicher Sicht, 2. Aufl., Köln 1988 (zitiert: *Groß*, Sanierung)

Groß, Paul / Amen, Matthias: Going-Concern-Prognosen im Insolvenz- und im Bilanzrecht – Grundlagen, Unterschiede und wechselseitige Verflechtungen – , in: DB 2005, S. 1861–1868

Gundlach, Ulf / Müller, Udo: Der Insolvenzantrag des faktischen GmbH-Geschäftsführers, in: ZInsO 2011, S. 1055–1057

Gutzschebauch, Gerhard: Umwandlung und Aufhebung von Stiftungen infolge der Geldumstellung, in: BB 1949, S. 119

Haas, Ulrich: Der Erstattungsanspruch nach § 64 II GmbHG, in: NZG 2004, S. 737–745

Haas, Ulrich: Die Haftung des Vereinsvorstands bei Insolvenzverschleppung, in: SpuRt 1999, S. 1–5

Häberle, Peter: Verfassungsschutz der Familie – Familienpolitik im Verfassungsstaat, Heidelberg 1984 (zitiert: *Häberle*, Verfassungsschutz)

Haberzettl, Kai: Die Freigabe im Insolvenzverfahren, in: NZI 2017, S. 474–479

Hagemann, Hans-Rudolf: Die Stellung der Piae Causae nach justinianischem Rechte, Basel 1953 (zitiert: *Hagemann*, Piae Causae)

Hahn, Dietger / Krystek, Ulrich: Betriebliche und überbetriebliche Frühwarnsysteme für die Industrie, in: ZfbF 1979, S. 76–88

Hammer, Felix: Die Gemeinnützigkeitsregelungen des Steuerrechts im Spiegel der deutschen Staats- und Verfassungsentwicklung, in: StuW 2001, S. 19–25

Handkommentar: Bürgerliches Gesetzbuch, hrsgg. v. Reiner Schulze u.a., 10. Aufl., Baden-Baden 2019 (zitiert: Hk-BGB/*Bearbeiter*)

Happ, Annette: Stifterwille und Zweckänderung. Möglichkeiten und Grenzen einer Änderung des Stiftungszwecks durch Organbeschluss, zugl. Diss. (Hamburg 2007), Berlin 2007 (zitiert: *Happ*, Stifterwille)

Hardorp, Benediktus: Die steuerliche Förderung gemeinnütziger Zwecke – ein negatives Steuerrecht?, in: BB 1986, S. 2341–2344

Härtl, Peter: Ist das Stiftungsrecht reformbedürftig? Eine vergleichende Untersuchung der Landesstiftungsgesetze unter Berücksichtigung der Stiftungspraxis bei den staatlichen Stiftungsgenehmigungs- und -aufsichtsbehörden, zugl. Diss. (Münster 1989), Baden-Baden 1990 (zitiert: *Härtl*, Stiftungsrecht)

Harz, Michael: Kriterien der Zahlungsunfähigkeit und der Überschuldung unter Berücksichtigung der Änderungen nach dem neuen Insolvenzrecht, in: ZInsO 2001, S. 193–202

Harz, Michael / Baumgartner, Uwe / Conrad, Günther: Kriterien der Zahlungsunfähigkeit und der Überschuldung – Stand und Sichtweisen nach knapp sieben Jahren InsO, in: ZInsO 2005, S. 1304–1311

Harz, Michael / Bornmann, Martina / Conrad, Günther / Ecker, Tobias: Zahlungsunfähigkeit, drohende Zahlungsunfähigkeit und Überschuldung – eine Betrachtung aus wirtschaftsforensischer Praxis –, in: NZI 2015, S. 737–743

Häsemeyer, Ludwig: Insolvenzrecht, 4. Aufl., Köln/München 2007 (zitiert: *Häsemeyer*, Insolvenzrecht)

Heiner, Michael: Rezension von „Koos, Fiduziarische Person und Widmung", in: ZSt 2004, S. 216–217

Heintzen, Markus: Steuerliche Anreize für gemeinwohlorientiertes Engagement Privater, in: FR 2008, S. 737–744

Heinze, Meinhard: Das Arbeitsrecht der Insolvenzordnung, in: NZA 1999, S. 57–64

Heise, Arnold: Grundriss eines Systems des Gemeinen Civilrechts. Zum Behuf von Pandecten-Vorlesungen, Nachdr. der 3. Aufl. (Heidelberg 1819), Hildesheim u.a. 1989 (zitiert: *Heise*, Grundriss)

Heitsch, Joachim: Zur Haftung bei Insolvenzverschleppung: § 43 Abs. 2 GmbHG, § 93 Abs. 2 AktG als Anspruchsgrundlagen, in: ZInsO 2009, S. 1571–1577

Hennerkes, Brun-Hagen / Binz, Mark Karlheinz / Sorg, Martin: Die Stiftung als Rechtsform für Familienunternehmen (I) – Die unternehmensverbundene Stiftung unter besonderer Berücksichtigung der Stiftung & Co. KG –, in: DB 1986, S. 2217–2221

Hennerkes, Brun-Hagen / Binz, Mark Karlheinz / Sorg, Martin: Die Stiftung als Rechtsform für Familienunternehmen (II) – Die unternehmensverbundene Stiftung unter besonderer Berücksichtigung der Stiftung & Co. KG –, in: DB 1986, S. 2269–2274

Herbert, Ulrich: Die Mittel- und Vermögensbindung gemeinnütziger Körperschaften, in: BB 1991, S. 178–190

Herbert, Ulrich: Der wirtschaftliche Geschäftsbetrieb des gemeinnützigen Vereins, zugl. Diss. (Bochum 1987/1988), Köln 1988 (zitiert: *Herbert*, Geschäftsbetrieb)

Herlinghaus, Andreas: Forderungsverzichte und Besserungsvereinbarungen zur Sanierung von Kapitalgesellschaften. Zivilrechtliche Grundlagen, Bilanz- und Steuerrecht, zugl. Diss. (Bonn 1994), Köln 1994 (zitiert: *Herlinghaus*, Forderungsverzichte)

Hermanns, Michael / Blome, Tim: Forbestehensprognosen (FBP) – Eine unterschätzte Aufgabenstellung und gleichzeitig eine Abgrenzung zu anderen Prognoserechnungen bzw. Unternehmensplanungen in der Krise, in: ZInsO 2018, S. 362–370

Hess, Harald (Hrsg.): Sanierungshandbuch, 6. Aufl., Köln 2013 (zitiert: Hess/*Bearbeiter*, Sanierungshandbuch)

Heuel, Markus: Die Entwicklung der Unternehmensträgerstiftung in Deutschland, zugl. Diss. (Münster 2000), Baden-Baden 2001 (zitiert: *Heuel*, Unternehmensträgerstiftung)

Hey, Johanna: Die Steuerbegünstigung der gemeinnützigen Tätigkeit der öffentlichen Hand. Gedanken zur Anwendung des Gemeinnützigkeitsrechts auf die öffentliche Hand, in: StuW 2000, S. 467–474

Hinz, Michael: Die Haftung der Stiftung für Verbindlichkeiten des Stifters, zugl. Diss. (Jena 1995), Baden-Baden 1996 (zitiert: *Hinz*, Verbindlichkeiten)

Hippel, Thomas von: Grundprobleme von Nonprofit-Organisationen. Eine zivilrechtsdogmatische, steuerrechtliche und rechtsvergleichende Untersuchung über Strukturen, Pflichten und Kontrollen und wirtschaftliche Tätigkeit von Vereinen und Stiftungen, zugl. Habil.-Schr. (Hamburg 2005/2006), Tübingen 2007 (zitiert: *v. Hippel*, Grundprobleme)

Hippel, Thomas von: Zukunft des deutschen Gemeinnützigkeitsrechts nach der „Stauffer"-Entscheidung des EuGH, in: EuZW 2006, S. 614–618

Hippeli, Michael: Anlegergerechte Beratung von Stiftungen – Stand und Folgerungen aus den aktuellen Entwicklungen 2015, in: ZStV 2015, S. 121–126

Hirte, Heribert: Kapitalgesellschaftsrecht, 8. Aufl., Köln 2016 (zitiert: *Hirte*, Kapitalgesellschaftsrecht)

Hirte, Heribert: Stellungnahme zum Regierungsentwurf eines Gesetzes zur Verkürzung des Restschuldbefreiungsverfahrens und zur Stärkung der Gläubigerrechte (BT-Drucks. 17/11268) für den Deutschen Bundestag, in: ZInsO 2013, S. 171–177

Hirte, Heribert: Stiftung und Insolvenz, in: Gründen und Stiften, Festschrift zum 70. Geburtstag des Jenaer Gründungsdekans und Stiftungsrechtlers Olaf Werner, hrsgg. v. Ingo Saenger u.a., Baden-Baden 2009, S. 222–238 (zitiert: *Hirte*, in: FS O. Werner)

Historisch-kritischer Kommentar zum BGB: Band 1, Allgemeiner Teil (§§ 1–240), hrsgg. v. Mathias Schmoeckel u.a., Tübingen 2003 (zitiert: HKK-BGB/*Bearbeiter*)

Hof, Hagen: Zur Typologie der Stiftung, in: Handbuch Stiftungen. Ziele – Projekte – Management – Rechtliche Gestaltung, hrsgg. v. d. Bertelsmann Stiftung, 2. Aufl., Wiesbaden 2003, S. 765–796 (zitiert: *Hof*, in: Bertelsmann Handbuch)

Hof, Hagen: Stiftungen im deutschen Recht, in: Stiftungsrecht in Europa. Stiftungsrecht und Stiftungsrechtsreform in Deutschland, den Mitgliedstaaten der Europäischen Union, der Schweiz, Liechtenstein und den USA, hrsgg. v. Klaus Jürgen Hopt und Dieter Reuter, Köln u.a. 2001, S. 301–341 (zitiert: *Hof*, in: Stiftungsrecht in Europa)

Hof, Hagen: Die Vermögensausstattung von Stiftungen privaten Rechts (Teil I), in: DStR 1992, S. 1549–1552

Hof, Hagen: Die Vermögensausstattung von Stiftungen privaten Rechts (Teil II), in: DStR 1992, S. 1587–1591

Hof, Hagen / Bianchini-Hartmann, Maren / Richter, Andreas: Stiftungen. Errichtung – Gestaltung – Geschäftstätigkeit – Steuern, 2. Aufl., München 2010 (zitiert: *Hof/Bianchini-Hartmann/Richter*, Stiftungen)

Höhn, Reinhard: Das Unternehmen in der Krise. Krisenmanagement und Krisenstab, Bad Harzburg 1974 (zitiert: *Höhn*, Unternehmen)

Holtwiesche, Marian Fabio: Der Stiftungsvorstand bei der Vermögensverwaltung. Haftung, Bedeutung der Gemeinnützigkeit, Gestaltungsmöglichkeiten, zugl. Diss. (Bayreuth 2016), Baden-Baden 2017 (zitiert: *Holtwiesche*, Stiftungsvorstand)

Holzer, Johannes: Krisenerkennung bei insolvenzgefährdeten Unternehmen aus Sicht der gerichtlichen Praxis, in: NZI 2005, S. 308–316

Hölzle, Gerrit: Nachruf: Wider die Überschuldungs-Dogmatik in der Krise, in: ZIP 2008, S. 2003–2005

Hölzle, Gerrit: Nochmals: Zahlungsunfähigkeit – Nachweis und Kenntnis im Anfechtungsprozess, in: ZIP 2007, S. 613–619

Hörnig, Normen / Knauth, Philipp: Die Insolvenzantragspflicht von Stiftungen und Vereinen, in: NZI 2017, S. 785–787

Huh, Yun: Verfassung und Binnenhaftung der Stiftung, zugl. Diss. (Bochum 2017), Frankfurt am Main 2017 (zitiert: *Huh*, Verfassung)

Huh, Yun: Die Vorstiftung – Ein juristisches Phantom oder doch eine reale Erscheinung?, in: Die Stiftung – Jahreshefte zum Stiftungswesen 8 (2014), S. 139–159

Hunnius, Steffi: Die Vorstiftung, zugl. Diss. (Jena 1999), Jena 1999 (zitiert: *Hunnius*, Vorstiftung)

Hushahn, Johannes: Unternehmensverbundene Stiftungen im deutschen und schwedischen Recht. Ein Rechtsvergleich zur Behandlung der Konstellation verdeckter Unternehmensselbstzweckstiftungen, zugl. Diss. (Hamburg 2008), Köln/München 2009 (zitiert: *Hushahn*, Rechtsvergleich)

Hüttemann, Rainer: Stiftungs- und gemeinnützigkeitsrechtliche Rahmenbedingungen der Vermögensanlage steuerbegünstigter Stiftungen – Teil I –, in: WM 2016, S. 625–629

Hüttemann, Rainer: Stiftungs- und gemeinnützigkeitsrechtliche Rahmenbedingungen der Vermögensanlage steuerbegünstigter Stiftungen – Teil II –, in: WM 2016, S. 673–681

Hüttemann, Rainer: Gemeinnützigkeits- und Spendenrecht, 4. neu bearbeitete Aufl., Köln 2018 (zitiert: *Hüttemann*, Gemeinnützigkeitsrecht)

Hüttemann, Rainer: Zur Rechnungslegung von Stiftungen, in: DB 2013, S. 1561–1570

Hüttemann, Rainer: Der Stiftungszweck nach dem BGB, in: Festschrift für Dieter Reuter zum 70. Geburtstag am 16. Oktober 2010, hrsgg. v. Michael Martinek u.a., Berlin/New York 2010, S. 121–140 (zitiert: *Hüttemann*, in: FS Reuter)

Hüttemann, Rainer: Die Vorstiftung – ein zivil- und steuerrechtliches Phantom, in: Festschrift für Sebastian Spiegelberger zum 70. Geburtstag, Vertragsgestaltung im Zivil- und Steuerrecht, hrsgg. v. Thomas Wachter, Bonn 2009, S. 1292–1300 (zitiert: *Hüttemann*, in: FS Spiegelberger)

Hüttemann, Rainer: Ehrenamt, Organvergütung und Gemeinnützigkeit, in: DB 2009, S. 1205–1209

Hüttemann, Rainer: Stiftungsgeschäft und Vermögensausstattung, in: Gründen und Stiften, Festschrift zum 70. Geburtstag des Jenaer Gründungsdekans und Stiftungsrechtlers Olaf Werner, hrsgg. v. Ingo Saenger u.a., Baden-Baden 2009, S. 85–100 (zitiert: *Hüttemann*, in: FS O. Werner)

Hüttemann, Rainer: Gesetz zur weiteren Stärkung des bürgerschaftlichen Engagements und seine Auswirkungen auf das Gemeinnützigkeits- und Spendenrecht, in: DB 2007, S. 2053–2059

Hüttemann, Rainer: Steuervergünstigungen wegen Gemeinnützigkeit und europäisches Beihilfenverbot – Auswirkungen des EuGH-Urteils vom 10.1.2006 (Italienische Bankenstiftungen) auf das deutsche Steuerrecht –, in: DB 2006, S. 914–921

Hüttemann, Rainer: Das Gesetz zur Modernisierung des Stiftungsrechts, in: ZHR 167 (2003), S. 35–65

Hüttemann, Rainer: Der neue Anwendungserlass zum Gemeinnützigkeitsrecht (§§ 51 bis 68 AO), in: FR 2002, S. 1337–1347

Hüttemann, Rainer: Der Grundsatz der Vermögenserhaltung im Stiftungsrecht, in: Festgabe für Werner Flume zum 90. Geburtstag, hrsgg. v. Horst Heinrich Jakobs u.a., Berlin u.a. 1998, S. 59–98 (zitiert: *Hüttemann*, in: FG Flume)

Hüttemann, Rainer: Wirtschaftliche Betätigung und steuerliche Gemeinnützigkeit, zugl. Diss. (Bonn 1990), Köln 1991 (zitiert: *Hüttemann*, Wirtschaftliche Betätigung)

Hüttemann, Rainer / Helios, Marcus: Gemeinnützige Zweckverfolgung im Ausland nach der „Stauffer"-Entscheidung des EuGH, in: DB 2006, S. 2481–2490

Hüttemann, Rainer / Herzog, Rainer: Organhaftung bei Non Profit Organisationen, in: Non Profit Law Yearbook 2006, hrsgg. v. Wolfgang Rainer Walz u.a., Köln u.a. 2007, S. 33–55 (zitiert: *Hüttemann/Herzog*, in: Non Profit Law Yearbook 2006)

Hüttemann, Rainer / Rawert, Peter: Die notleidende Stiftung, in: ZIP 2013, S. 2136–2147

Hüttemann, Rainer / Rawert, Peter: Der Modellentwurf eines Landesstiftungsgesetzes, in: ZIP 2002, S. 2019–2028

Hüttemann, Rainer / Schauhoff, Stephan: Der BFH als Wettbewerbshüter – Neue Rechtsprechung zum steuerbegünstigten Zweckbetrieb –, in: DB 2011, S. 319–325

Hüttemann, Rainer / Schön, Wolfgang: Vermögensverwaltung und Vermögenserhaltung im Stiftungs- und Gemeinnützigkeitsrecht, Köln/München 2007 (zitiert: *Hüttemann/Schön*, Vermögensverwaltung)

Hüttemann, Rainer / Richter, Andreas / Weitemeyer, Birgit (Hrsg.): Landesstiftungsrecht, Köln 2011 (zitiert: Hüttemann/Richter/Weitemeyer/*Bearbeiter*, Landesstiftungsrecht)

Ihering, Rudolf von: Der Zweck im Recht, Erster Band, Leipzig 1877 (zitiert: *v. Ihering*, Zweck I)

Ihle, Jörg: Stiftungen als Instrument der Unternehmens- und Vermögensnachfolge – Teil 1 –, in: RNotZ 2009, S. 557–573

Ihle, Jörg: Stiftungen als Instrument der Unternehmens- und Vermögensnachfolge – Teil 2 –, in: RNotZ 2009, S. 621–642

Ipsen, Jörn: Staat und Stiftung – Überlegungen zum verfassungsrechtlichen Standort der Stiftung des privaten Rechts, in: Deutsches Stiftungswesen

1977–1988, hrsgg. v. Rolf Hauer u.a., Augsburg/Bonn 1989, S. 151–163 (zitiert: *Ipsen*, in: Deutsches Stiftungswesen 1977–1988)

Isensee, Josef: Gemeinwohl und Bürgersinn im Steuerstaat des Grundgesetzes. Gemeinnützigkeit als Bewährungsprobe des Steuerrechts vor der Verfassung, in: Das akzeptierte Grundgesetz, Festschrift für Günter Dürig zum 70. Geburtstag, hrsgg. v. Hartmut Maurer u.a., München 1990, S. 33–65 (zitiert: *Isensee*, in: FS Dürig)

Jachmann, Monika: Zivilgesellschaft und Steuerrecht, in: Die Stiftung – Jahreshefte zum Stiftungswesen 4 (2010), S. 131–165

Jachmann, Monika: Die Entscheidung des EuGH im Fall Stauffer – Nationale Gemeinnützigkeit in Europa, in: BB 2006, S. 2607–2611

Jacke, Fritz: Die Haftung des Stifters und seines Erben, zugl. Diss. (Rostock 1905), Borna-Leipzig 1905 (zitiert: *Jacke*, Haftung)

Jaeger, Ernst (Begr.): Insolvenzordnung. Großkommentar, Erster Band (§§ 1–55), hrsgg. v. Wolfram Henckel und Walter Gerhardt, Berlin 2004 (zitiert: Jaeger-InsO/*Bearbeiter*)

Jäger, Karl-Heinz: Die Zahlungsunfähigkeit im neuen Insolvenzrecht, in: BB 1997, S. 1575–1577

Jakob, Dominique: Schutz der Stiftung. Die Stiftung und ihre Rechtsverhältnisse im Widerstreit der Interessen, zugl. Habil.-Schr. (München 2006), Tübingen 2006 (zitiert: *Jakob*, Schutz der Stiftung)

Jakob, Dominique: (Insolvenz-)Anfechtung und Stiftungsrecht, in: ZSt 2005, S. 99–107

Jarass, Hans Dieter / Pieroth, Bodo: Grundgesetz für die Bundesrepublik Deutschland. Kommentar, 16. Aufl., München 2020 (zitiert: Jarass/Pieroth-GG/*Bearbeiter*)

Jäschke, Dirk: Verstöße gegen die Rechtsordnung und Extremismus im Gemeinnützigkeitsrecht. Zur neuen Regelung des § 51 Abs. 3 AO, in: DStR 2009, S. 1669–1677

Jauernig, Othmar (Begr.): Bürgerliches Gesetzbuch. Kommentar, hrsgg. v. Rolf Stürner, 18. Aufl., München 2021 (zitiert: Jauernig-BGB/*Bearbeiter*)

Jeß, Kay: Das Verhältnis des lebenden Stifters zur Stiftung unter besonderer Berücksichtigung der Gestaltungsmöglichkeiten der Stiftungsverfassung und des Rechtsschutzes der Stiftung vor Übergriffen des Stifters, zugl. Diss. (Kiel 1991), Ammersbek 1991 (zitiert: *Jeß*, Verhältnis)

Jülicher, Marc: Die Familienstiftung i.S.d. § 1 Abs. 1 Nr. 4 ErbStG. Zugleich Anmerkung zum Urteil des Hessischen Finanzgerichts vom 14.12.1993, in: StuW 1995, S. 71–79

Jung, Hans: Allgemeine Betriebswirtschaftslehre, 12., aktualisierte Aufl., München 2010 (zitiert: *Jung*, Betriebswirtschaftslehre)

Kahlert, Günter / Eversberg, Horst: Insolvenz und Gemeinnützigkeit, in: ZIP 2010, S. 260–263

Kallerhoff, Dieter: Das kommunalaufsichtliche Beanstandungs- und Aufhebungsrecht in der Rechtsprechung des OVG NW, in: NWVBl. 1996, S. 53–57

Kamm, Janine / Köchling, Marcel: Zur Abgrenzung von Zahlungsstockung und Zahlungsunfähigkeit, in: ZInsO 2006, S. 732–736

Kämmerer, Jörn Axel: Kommunale Stiftungen zwischen Stifterwille und Gemeinwohl, in: Non Profit Law Yearbook 2004, hrsgg. v. Wolfgang Rainer Walz u.a., Köln u.a. 2005, S. 59–81 (zitiert: *Kämmerer*, in: Non Profit Law Yearbook 2004)

Kant, Immanuel: Die Metaphysik der Sitten (Königsberg 1797). Mit einer Einleitung, hrsgg. v. Hans Ebeling, Stuttgart 1990 (zitiert: *Kant*, Metaphysik der Sitten)

Kästner, Karl-Hermann / Couzinet, Daniel: Der Rechtsstatus kirchlicher Stiftungen staatlichen Rechts des 19. Jahrhunderts. Eine Untersuchung am Beispiel der Stiftung Liebenau, Tübingen 2008 (zitiert: *Kästner/Couzinet*, Rechtsstatus)

Kayser, Georg: Sanierungsfähigkeitsprüfung insolvenzbedrohter Unternehmen, in: BB 1983, S. 415–419

Kayser, Godehard / Thole, Christoph (Hrsg.): Insolvenzordnung, 10. Aufl., Heidelberg 2020 (zitiert: Kayser/Thole-InsO/*Bearbeiter*)

Keller, Ulrich: Osterhasen und Weihnachtsmänner im Sinne des Gesetzes, oder: Die funktionelle Zuständigkeit am Insolvenzgericht, in: Rpfleger 2011, S. 417–419

Keller, Ulrich: Insolvenzrecht, 2. Aufl., München 2020 (zitiert: *Keller*, Insolvenzrecht)

Kiefer, Regine: Die Abgrenzung von Vermögensverwaltung und wirtschaftlichem Geschäftsbetrieb unter besonderer Berücksichtigung der Stiftungsproblematik, zugl. Diss (Heidelberg 1999), Frankfurt am Main u.a. 2000 (zitiert: *Kiefer*, Abgrenzung)

Kiefner, Hans: Das Städel`sche Kunstinstitut. Zugleich zu C. F. Mühlenbruchs Beurteilung eines berühmten Rechtsfalls, in: Quaderni fiorentini 11/12 (1982/83), S. 339–397

Kieser, Alfred / Walgenbach, Peter: Organisation, 6., überarbeitete Aufl., Stuttgart 2010 (zitiert: *Kieser/Walgenbach*, Organisation)

Kießling, Axel / Kießling, Erik: Kontrolle durch Interne Revision in Kreditinstituten – Aufsichtsrechtliche Anforderungen und deren gesellschaftsrechtliche Relevanz –, in: WM 2003, S. 513–523

Kiethe, Kurt: Die Haftung des Stiftungsvorstands, in: NZG 2007, S. 810–814

Kilian, Ulrike: Zum Verhältnis zwischen Vorstand und fakultativem Stiftungsorgan (Beirat), in: S&S 5/2002, Rote Seiten

Kirchhain, Christian: Gemeinnützige Familienstiftung. Die Grenzen der steuerlichen Gemeinnützigkeit einer rechtsfähigen Stiftung bürgerlichen Rechts bei privatnütziger Versorgung der Stifterfamilie – Zur Auslegung des § 58 Nr. 5 AO, zugl. Diss. (Osnabrück 2006), Frankfurt am Main u.a. 2006 (zitiert: *Kirchhain*, Gemeinnützige Familienstiftung)

Kirchhof, Hans-Peter: Die Ziele des Insolvenzverfahrens in der Rechtsprechung des Bundesgerichtshofs, in: Festschrift für Walter Gerhardt, hrsgg. v. Eberhard Schilken u.a., Köln 2004, S. 443–456 (zitiert: *Kirchhof*, in: FS Gerhardt)

Kirchhof, Paul / Seer, Roman (Hrsg.): Einkommensteuergesetz. Kommentar, 20. Aufl., Köln 2021 (zitiert: Kirchhof/Seer-EStG/*Bearbeiter*)

Kirmse, Doreen: Mindestkapital für unternehmensverbundene Stiftungen?, in: Grenzen der Instrumentalisierung von Stiftungen, hrsgg. v. Christoph Mecking und Martin Schulte, Tübingen 2003, S. 27–41 (zitiert: *Kirmse*, in: Grenzen der Instrumentalisierung)

Klassmann, Ralf: Die Jahresabrechnung mit Vermögensübersicht, in: Die Stiftung – Jahreshefte zum Stiftungswesen 8 (2014), S. 91–96

Klein, Franz (Begr.): Abgabenordnung, 15., völlig neubearbeitete Aufl., München 2020 (zitiert: Klein-AO/*Bearbeiter*)

Kluge, Friedrich (Begr.): Etymologisches Wörterbuch der deutschen Sprache, 25. Aufl., Berlin/Boston 2011 (zitiert: *Kluge*, Etymologisches Wörterbuch)

Knobbe-Keuk, Brigitte: Die Konkurrentenklage im Steuerrecht, in: BB 1982, S. 385–390

Knolle, Eike / Tetzlaff, Christian: Zahlungsunfähigkeit und Zahlungsstockung, in: ZInsO 2005, S. 897–902

Koch, Christian / Holt, Thomas von: Überlegungen zur verantwortungsvollen Führung von Stiftungen. Von der Corporate zur Nonprofit Governance, in: S&S 1/2005, Rote Seiten

Koch, Karl / Scholtz, Rolf-Detlev (Hrsg.): Abgabenordnung, 5., völlig überarbeitete und erweiterte Aufl., Köln u.a. 1996 (zitiert: Koch/Scholtz-AO/*Bearbeiter*)

Koch, Raphael: Fehlerhafte Weisungen eines Stiftungsrates und die Haftung des Stiftungsvorstandes, in: WM 2016, S. 2105–2109

Koch, Raphael: Die Ersatzpflicht des Stiftungsvorstands für Zahlungen nach Eintritt der Zahlungsunfähigkeit oder Feststellung der Überschuldung, in: ZStV 2010, S. 92–96

Koenig, Ulrich (Hrsg.): Abgabenordnung. Kommentar, 3. völlig neubearbeitete Aufl., München 2014 (zitiert: Koenig-AO/*Bearbeiter*)

Kölner Schrift zur Insolvenzordnung, hrsgg. v. Arbeitskreis für Insolvenzwesen Köln e.V., 3. Aufl., Münster 2009 (zitiert: Kölner Schrift/*Bearbeiter*)

Koos, Stefan: Fiduziarische Person und Widmung. Das stiftungsspezifische Rechtsgeschäft und die Personifikation treuhänderisch geprägter Stiftungen, zugl. Habil.-Schr. (Konstanz 2003), München 2004 (zitiert: *Koos*, Widmung)

Kopp, Ferdinand / Ramsauer, Ulrich: Verwaltungsverfahrensgesetz. Kommentar, 22. Aufl., München 2021 (zitiert: Kopp/Ramsauer-VwVfG/*Bearbeiter*)

Koppel, Andre: Feststellung des Zeitpunkts der Zahlungsunfähigkeit, in: ZInsO 2017, S. 74–78

Koppenhöfer, Jörg: Gefährden Verluste aus Vermögensverwaltung die Gemeinnützigkeit?, in: S&S 3/2003, S. 30–32

Koss, Claus / Koß, Uwe: Die kirchliche Stiftung, in: Stiftungen in Theorie, Recht und Praxis. Handbuch für ein modernes Stiftungswesen, hrsgg. v. Rupert Graf Strachwitz und Florian Mercker, Berlin 2005, S. 409–412 (zitiert: *Koss/Koß*, in: Stiftungen in Theorie, Recht und Praxis)

Koss, Claus / Koß, Uwe: Stiftungen kirchlichen Rechts, in: Stiftungen in Theorie, Recht und Praxis. Handbuch für ein modernes Stiftungswesen, hrsgg. v. Rupert Graf Strachwitz und Florian Mercker, Berlin 2005, S. 351–355 (zitiert: *Koss/Koß*, in: Stiftungen in Theorie, Recht und Praxis)

Köster, Thomas: Gemeinnützigkeitsrechtliche Neuerungen auf Grund der Änderungen des Anwendungserlasses zur AO (AEAO), in: DStZ 2012, S. 195–205

Kotzenberg, Jochen / Lorenz, Karsten: Das neue Transparenzregister – beantwortete und noch offene Fragen nach Veröffentlichung der „FAQs“ des Bundesverwaltungsamts vom 22.9.2017, in: NZG 2017, S. 1325–1331

Koza, Axel: Haften Vereinsvorstände analog §§ 64 Abs. 2 GmbHG, 93 Abs. 3 Nr. 6 AktG, 34 Abs. 3 Nr. 4 GenG auf Ersatz aller Zahlungen nach Insolvenzreife?, in: DZWIR 2008, S. 98–100

Kraft, Josef: Die steuerrechtliche Gemeinnützigkeit, in: VJSchrStFR 1932, S. 315–402

Krauß, Sabine: Zahlungsunfähigkeitsprüfung und Bugwelleneffekt aus Sicht der wirtschaftlichen Praxis, in: ZInsO 2016, S. 2361–2366

Krieger, Gerd / Schneider, Uwe (Hrsg.): Handbuch Managerhaftung, 2. Aufl., Köln 2010 (zitiert: Krieger/Schneider/*Bearbeiter*, Managerhaftung)

Kröger, Gerhard: Vereinsförderungsgesetz und karitative Zwecke, in: DStZ 1990, S. 79–84

Kröger, Gerhard: Steuerrecht und Nächstenliebe, in: DStZ 1986, S. 419–430

Kronke, Herbert: Familien- und Unternehmensträgerstiftungen, in: Stiftungsrecht in Europa. Stiftungsrecht und Stiftungsrechtsreform in Deutschland, den Mitgliedstaaten der Europäischen Union, der Schweiz, Liechtenstein und den USA, hrsgg. v. Klaus Jürgen Hopt und Dieter Reuter, Köln u.a. 2001, S. 159–173 (zitiert: *Kronke*, in: Stiftungsrecht in Europa)

Kronke, Herbert: Stiftungstypus und Unternehmensträgerstiftung. Eine rechtsvergleichende Untersuchung, zugl. Habil.-Schr. (Trier 1986), Tübingen 1988 (zitiert: *Kronke*, Stiftungstypus)

Krystek, Ulrich: Unternehmungskrisen. Beschreibung, Vermeidung und Bewältigung überlebenskritischer Prozesse in Unternehmungen, Wiesbaden 1987 (zitiert: *Krystek*, Unternehmungskrisen)

Kübler, Bruno Maria (Hrsg.): Handbuch Restrukturierung in der Insolvenz. Eigenverwaltung und Insolvenzplan, 3. Aufl., Köln 2019 (zitiert: Kübler/*Bearbeiter*, HRI)

Kümpel, Andreas: Die Besteuerung steuerpflichtiger wirtschaftlicher Geschäftsbetriebe, in: DStR 1999, S. 1505–1512

Kümpel, Andreas: Die steuerliche Behandlung von Zweckbetrieben, in: DStR 1999, S. 93–98

Kuna, Heiner: Feststellungsprüfung der Zahlungsunfähigkeit. Zahlungszusagen und Kreditsicherheiten als Zahlungsmittel i.S.v. § 17 Abs. 2 S. 1 InsO (Aktiva II), in: GmbHR 2018, S. 723–725

Künnemann, Ulf: Die Stiftung im System des Unterordnungs-Konzerns, zugl. Diss. (Münster 1995), Frankfurt am Main u.a. 1996 (zitiert: *Künnemann*, Unterordnungs-Konzern)

Kunze, Otto: Unternehmensträger-Stiftung und Unternehmensrechtsreform, in: Wirtschaftsfragen der Gegenwart, Festschrift für Carl Hans Barz zum 65. Geburtstag am 6. Dezember 1974, hrsgg. v. Robert Fischer u.a., Berlin/New York 1974, S. 171–188 (zitiert: *Kunze*, in: FS Barz)

Kußmaul, Heinz / Meyering, Stephan: Die Rechnungslegung der Stiftung, in: DStR 2004, S. 371–376

Kußmaul, Heinz / Meyering, Stephan / Richter, Michael: Rechnungslegung der Stiftung – Darstellung und Analyse der jüngsten Entwicklungen, in: DStR 2015, S. 1328–1332

Lang, Joachim: Gemeinnützigkeitsabhängige Steuervergünstigungen. Ein Grundsatzthema zum Abbau von Steuersubventionen, in: StuW 1987, S. 221–252

Lange, Knut Werner: Die Bedeutung institutionenökonomischer Erkenntnisse für das Verständnis von Herrschaft und Kontrolle in der Stiftung, in: AcP 214 (2014), S. 511–541

Larenz, Karl: Methodenlehre der Rechtswissenschaft, 6. Aufl., Berlin u.a. 1991 (zitiert: *Larenz*, Methodenlehre)

Laroche, Peter / Pruskowski, Wolfgang / Schöttler, Alexandra / Siebert, Volker / Vallender, Heinz: Insolvenzrechtsreform 2. Stufe – die geplanten Änderungen in der Insolvenz natürlicher Personen, in: ZIP 2012, S. 558–568

Lassmann, Tom: Gefährdung der Gemeinnützigkeit – auch ein Fall für den Staatsanwalt?, in: ZStV 2010, S. 141–146

Lassmann, Tom: Stiftungsuntreue, zugl. Diss. (Hamburg 2007), Berlin 2008 (zitiert: *Lassmann*, Stiftungsuntreue)

Laule, Gerhard / Heuer, Carl-Heinz: Familienstiftungen als Objekt der Erbschaftsteuer. Ein Beitrag zur Auslegung des § 1 Abs. 1 Nr. 4 ErbStG, in: DStZ 1987, S. 495–504

Lehleiter, Robert: Die Familienstiftung als Instrument zur Sicherung der Unternehmenskontinuität bei Familienunternehmen, zugl. Diss. (Dresden 1995), Frankfurt am Main u.a. 1996 (zitiert: *Lehleiter*, Familienstiftung)

Lehner, Ulrich / Schmidt, Markus: Risikomanagement im Industrieunternehmen, in: BFuP 2000, S. 261–272

Leichinger, Carina: Vermögensverwaltung und Erhaltung des Grundstockvermögens aus Sicht der Verwaltung, in: npoR 2015, S. 237–241

Leisner, Walter: Anmerkung zu BVerfG, Beschl. vom 8.3.1983, 2 BvL 27/81 (BVerfGE 63, 312), in: StiftRspr. III, S. 162–165 (zitiert: *Leisner*, in: StiftRspr. III)

Leisner, Walter: Stiftungsrecht in der Diskussion, in: Deutsches Stiftungswesen 1966–1976, hrsgg. v. Rolf Hauer u.a., Tübingen 1977, S. 119–126 (zitiert: *Leisner*, in: Deutsches Stiftungswesen 1966–1976)

Leisner, Walter Georg: Die mildtätige Familienstiftung, in: DB 2005, S. 2434–2436

Leisner-Egensperger, Anna: Die Selbstlosigkeit im Gemeinnützigkeitsrecht. Begriff – Systematik – Einzelprobleme, in: DStZ 2008, S. 292–300

Leisner-Egensperger, Anna: Verfassungsrecht der steuerlichen Gemeinnützigkeit, in: Staat im Wort, Festschrift für Josef Isensee, hrsgg. v. Otto Depenheuer u.a., Heidelberg 2007, S. 895–909 (zitiert: *Leisner-Egensperger*, in: FS Isensee)

Lenger, Norman / Finsterer, Daniel: Die Insolvenzantragspflicht von Stiftungen und Vereinen – Schlechterstellung durch Privilegierung?!, in: NZI 2016, S. 571–574

Lensdorf, Lars: IT-Compliance – Maßnahmen zur Reduzierung von Haftungsrisiken von IT-Verantwortlichen, in: CR 2007, S. 413–418

Leuschner, Lars: Der eingetragene Verein im System des körperschaftsrechtlichen Gläubigerschutzes, in: ZHR (175) 2011, S. 787–826

Lieder, Jan: Trennung und Abstraktion im Recht der Stellvertretung, in: JuS 2014, S. 393–397

Lieder, Jan / Berneith, Daniel: Echte und unechte Ausnahmen vom Abstraktionsprinzip, in: JuS 2016, S. 673–678

Liermann, Hans: Geschichte des Stiftungsrechts, 2. Aufl. (unveränderter Nachdr. der ersten Auflage 1963), Tübingen 2002 (zitiert: *Liermann*, Geschichte)

Liermann, Hans: Die Staatsaufsicht über Stiftungen – ihre Aufgaben und ihre Grenzen, in: Deutsches Stiftungswesen 1948–1966, hrsgg. v. Albert Karl Franz u.a., Tübingen 1968, S. 211–227 (zitiert: *Liermann*, in: Deutsches Stiftungswesen 1948–1966)

Liermann, Hans: Die Stiftung als Rechtspersönlichkeit. Aufgaben, Möglichkeiten und Grenzen des Stiftungswesens, in: Deutsches Stiftungswesen 1948–1966, hrsgg. v. Albert Karl Franz u.a., Tübingen 1968, S. 153–172 (zitiert: *Liermann*, in: Deutsches Stiftungswesen 1948–1966)

Liermann, Hans: Die unselbständigen Stiftungen, in: Deutsches Stiftungswesen 1948–1966, hrsgg. v. Albert Karl Franz u.a., Tübingen 1968, S. 229–245 (zitiert: *Liermann*, in: Deutsches Stiftungswesen 1948–1966)

Liermann, Hans: Persönlichkeitswert der Stiftung – ihr Recht auf Name und Wesensart, in: Deutsches Stiftungswesen 1948–1966, hrsgg. v. Albert Karl Franz u.a., Tübingen 1968, S. 173–189 (zitiert: *Liermann*, in: Deutsches Stiftungswesen 1948–1966)

Liersch, Oliver: Deutsches Internationales Insolvenzrecht, in: NZI 2003, S. 302–311

Lindemann, Silvio: Herabsetzung der Geschäftsführerhaftung in der Krise und Insolvenz, in: GmbHR 2009, S. 737–743

Lissner, Benjamin: Das Gemeinnützigkeits- und Spendenrecht unter dem Einfluss der europäischen Grundfreiheiten, zugl. Diss. (Bonn 2008/2009), Hamburg 2009 (zitiert: *Lissner*, Grundfreiheiten)

Löwe, Christian von: Familienstiftung und Nachfolgegestaltung. Deutschland – Österreich – Schweiz – Liechtenstein, zugl. Diss. (Stuttgart 1998), Düsseldorf 1999 (zitiert: *v. Löwe*, Nachfolgegestaltung)

Luth, Sebastian: Die Vertretungsbefugnis des Vorstandes in rechtsfähigen Stiftungen des Privatrechts, zugl. Diss. (Kiel 2003), Berlin 2005 (zitiert: *Luth*, Vertretungsbefugnis)

Lutter, Marcus (Begr.): Umwandlungsgesetz. Kommentar mit systematischer Darstellung des Umwandlungssteuerrechts und Kommentierung des SpruchG, Band II, §§ 123–325, SpruchG, hrsgg. v. Walter Bayer und Jochen Vetter, 6. Aufl., Köln 2019 (zitiert: Lutter-UmwG/*Bearbeiter*)

Lutter, Marcus / Hommelhoff, Peter: GmbH-Gesetz. Kommentar, 20. Aufl., Köln 2020 (zitiert: Lutter/Hommelhoff-GmbHG/*Bearbeiter*)

Luttermann, Claus / Vahlenkamp, Jörg: Wahrscheinlichkeitsurteile im Insolvenzrecht und internationale Bewertungsstandards (Ratingagenturen), in: ZIP 2003, S. 1629–1637

Malcharek, Volker: Die Anlage des Stiftungsvermögens in Zeiten der Krise, in: Die Stiftung – Jahreshefte zum Stiftungswesen 10 (2016), S. 23–38

Manssen, Gerrit: Privatrechtsgestaltung durch Hoheitsakt. Verfassungsrechtliche und verwaltungsrechtliche Grundfragen, zugl. Habil.-Schr. (Regensburg 1993), Tübingen 1994 (zitiert: *Manssen*, Privatrechtsgestaltung)

Martini, Ruben: Der Gemeinnützigkeitsstatus beschränkt steuerpflichtiger Körperschaften, in: ISR 2015, S. 97–103

Maser, Siegfried: Die Geltung der Grundrechte für juristische Personen und teilrechtsfähige Verbände, zugl. Diss. (Bonn 1964), München 1964 (zitiert: *Maser*, Grundrechte)

Matzke, Robin: Der steuerbefreiende Gemeinnützigkeitsstatus in der Insolvenz, in: ZInsO 2010, S. 2314–2316

Maulbetsch, Hans-Christoph / Klumpp, Axel / Rose, Klaus-Dieter (Hrsg.): Umwandlungsgesetz, 2. Aufl., Heidelberg 2017 (zitiert: Maulbetsch/Klumpp/Rose-UmwG/*Bearbeiter*)

Mecking, Christoph: Stiftungslandschaft in Deutschland. Das aktuelle Erscheinungsbild der deutschen Stiftungen, in: S&S 2/2005, Rote Seiten

Mecking, Christoph: Zur Situation der Stiftungen in Deutschland, in: Stiftungsrecht in Europa. Stiftungsrecht und Stiftungsrechtsreform in Deutschland, den Mitgliedstaaten der Europäischen Union, der Schweiz, Liechtenstein und den USA, hrsgg. v. Klaus Jürgen Hopt und Dieter Reuter, Köln u.a. 2001, S. 33–54 (zitiert: *Mecking*, in: Stiftungsrecht in Europa)

Medicus, Dieter: Pflichtteilsergänzung wegen Zuwendungen an Stiftungen?, in: Recht im Spannungsfeld zwischen Theorie und Praxis, Festschrift für Helmut Heinrichs zum 70. Geburtstag, hrsgg. v. Andreas Heldrich u.a., München 1998, S. 381–396 (zitiert: *Medicus*, in: FS Heinrichs)

Mehren, Judith: Die Reform des Stiftungsrechts nimmt Gestalt an, in: DStR 2018, S. 1773–1778

Meincke, Jens Peter: Erbersatzsteuer und Gleichheitssatz, in: StuW 1982, S. 169–172

Menges, Evelyne Dominica: Die kirchliche Stiftung in der Bundesrepublik Deutschland. Eine Untersuchung zur rechtlichen Identität der kirchlichen Stiftung staatlichen Rechts mit der kanonischen Stiftung, zugl. Diss. (München 1994), St. Ottilien 1995 (zitiert: *Menges*, Identität)

Merten, Heike: Die Genehmigung einer sog. parteinahen Stiftung – Aspekte zur Ermittlung des Stiftungszwecks –, in: NWVBl. 1997, S. 44–50

Meyn, Christian / Richter, Andreas / Koss, Claus: Die Stiftung. Umfassende Erläuterungen, Beispiele und Musterformulare für die Rechtspraxis, 2. Aufl., Freiburg u.a. 2009 (zitiert: Meyn/Richter/Koss/*Bearbeiter*, Stiftung)

Milatz, Jürgen / Kemcke, Tom / Schütz, Robert: Stiftungen im Zivil- und Steuerrecht. Ein Praxisleitfaden, Heidelberg 2004 (zitiert: *Milatz/Kemcke/Schütz*, Stiftungen)

Möllmann, Peter: Haftungsfalle Ehrenamt – Persönliche Haftung des ehrenamtlichen Vereinsvorstands für Steuerschulden des gemeinnützigen Vereins, in: DStR 2009, S. 2125–2132

Mosiek, Marcus: Risikosteuerung im Unternehmen und Untreue – zur Untreuestrafbarkeit Unternehmensverantwortlicher in Aktiengesellschaft und GmbH bei Verstößen gegen gesetzliche Risikosteuerungspflichten –, in: wistra 2003, S. 370–375

Mugdan, Benno: Die gesammten Materialien zum Bürgerlichen Gesetzbuch für das Deutsche Reich, I. Band (Einführungsgesetz und Allgemeiner Theil), Berlin 1899 (zitiert: *Mugdan*, Materialien I)

Mühlenbruch, Christian Friedrich: Rechtliche Beurtheilung des Städelschen Beerbungsfalles, Nebst einer Einleitung über das Verhältniß der Theorie zur Praxis, Halle 1828 (zitiert: *Mühlenbruch*, Rechtliche Beurtheilung des Städelschen Beerbungsfalles)

Mühlhäuser, Kurt: Publizität bei Stiftungen, zugl. Diss. (München 1970), München 1970 (zitiert: *Mühlhäuser*, Publizität)

Müller, Hans-Friedrich: Die Rechtsstellung der Stiftungsorgane in der Insolvenz, in: ZStV 2010, S. 201–206

Müller, Hans-Friedrich: Haftung des Stiftungsvorstands wegen Insolvenzverschleppung, in: ZIP 2010, S. 153–159

Müller, Rainer: Krisenmanagement in der Unternehmung. Vorgehen, Maßnahmen und Organisation, 2. Aufl., Frankfurt am Main u.a. 1986 (zitiert: *Müller*, Krisenmanagement)

Münchener Handbuch des Gesellschaftsrechts: Band 5, Verein, Stiftung bürgerlichen Rechts, hrsgg. v. Volker Beuthien u.a., 5. Aufl., München 2021 (zitiert: Münch.Hdb.GesR V/*Bearbeiter*)

Münchener Kommentar zum Aktiengesetz: Band 2 (§§ 76–117 AktG; MitbestG; DrittelbG), hrsgg. v. Wulf Goette und Matthias Habersack, 5. Aufl., München 2019 (zitiert: MüKo-AktG/*Bearbeiter*)

Münchener Kommentar zum Bürgerlichen Gesetzbuch: Band 1, Allgemeiner Teil (§§ 1–240, AllgPersönlR, ProstG, AGG), hrsgg. v. Franz Jürgen Säcker u.a., 9. Aufl., München 2021 (zitiert: MüKo-BGB/*Bearbeiter*)

Münchener Kommentar zur Insolvenzordnung: Band 1 (§§ 1–79 InsO, InsVV), hrsgg. v. Hans-Peter Kirchhof u.a., 4. Aufl., München 2019 (zitiert: MüKo-InsO/*Bearbeiter*)

Münchener Kommentar zum Strafgesetzbuch: Band 7 (Nebenstrafrecht II), hrsgg. v. Wolfgang Joecks und Klaus Miebach, 3. Aufl., München 2019 (zitiert: MüKo-StGB/*Bearbeiter*)

Muscheler, Karlheinz: Die geplante Reform des Stiftungsrechts, in: ZRP 2018, S. 217

Muscheler, Karlheinz: Vermögenserwerb der Stiftung und Vermögenshaftung des Stifters, in: Die Stiftung – Jahreshefte zum Stiftungswesen 11 (2017), S. 169–188

Muscheler, Karlheinz: Stiftungsrecht. Gesammelte Beiträge, 2. Aufl., Baden-Baden 2011 (zitiert: *Muscheler*, Beiträge)

Muscheler, Karlheinz: Die Verbrauchsstiftung, in: Gründen und Stiften, Festschrift zum 70. Geburtstag des Jenaer Gründungsdekans und Stiftungsrechtlers Olaf Werner, hrsgg. v. Ingo Saenger u.a., Baden-Baden 2009, S. 129–145 (zitiert: *Muscheler*, in: FS O. Werner)

Muscheler, Karlheinz: Das Wesen der Zustiftung, in: WM 2008, S. 1669–1671

Muscheler, Karlheinz: Die Haftung des Stiftungsvorstands, in: Die Stiftung – Jahreshefte zum Stiftungswesen 2 (2008), S. 51–57

Muscheler, Karlheinz: Die Unternehmensstiftung, besser: Die unternehmensverbundene Stiftung, Teil 1, in: ErbR 2008, S. 134–143

Muscheler, Karlheinz: Die Unternehmensstiftung, besser: Die unternehmensverbundene Stiftung, Teil 2, in: ErbR 2008, S. 174–181

Muscheler, Karlheinz: Nachträgliche Änderung der Stiftungssatzung, in: ZErb 2005, S. 4–10

Muscheler, Karlheinz: Bundesrechtliche Vorgaben und Grenzen für eine Reform der Landesstiftungsrechte, in: ZSt 2004, S. 3–10

Muscheler, Karlheinz: § 84 BGB und die lebzeitige Stiftungsgründung, in: DNotZ 2003, S. 661–687

Muscheler, Karlheinz: Das vertragliche Stiftungsgeschäft, in: ZEV 2003, S. 41–49

Muscheler, Karlheinz: Die Rechtsstellung der Stiftungsdestinatäre, in: WM 2003, S. 2213–2221

Muscheler, Karlheinz: Normativ- oder Konzessionssystem im Stiftungsrecht?, in: Grenzen der Instrumentalisierung von Stiftungen, hrsgg. v. Christoph

Mecking und Martin Schulte, Tübingen 2003, S. 139–170 (zitiert: *Muscheler*, in: Grenzen der Instrumentalisierung)

Muscheler, Karlheinz: Stiftung und Gemeinwohlgefährdung, in: NJW 2003, S. 3161–3166

Muscheler, Karlheinz: Stiftung und Schenkung – Zum Kausalverhältnis in den Beziehungen zwischen Stifter, Stiftung, Destinatären, Anfallberechtigten –, in: AcP 203 (2003), S. 469–510

Muscheler, Karlheinz: Stiftungsautonomie und Stiftereinfluss in Stiftungen der öffentlichen Hand, in: ZSt 2003, S. 67–78 und S. 99–112

Muscheler, Karlheinz: Zur Verbindlichkeit des Verbindlichen im Stiftungsakt, in: JR 2003, S. 441–446

Muscheler, Karlheinz: Plädoyer für ein staatsfreies Stiftungsrecht, in: ZRP 2000, S. 390–395

Mutius, Albert von: Grundrechtsfähigkeit, in: Jura 1983, S. 30–42

Mylich, Falk: Zur Abgrenzung von Zahlungsstockung und Zahlungsunfähigkeit, in: ZIP 2018, S. 514–519

Nagel, Kurt / Ley, Dirk: Unternehmenssignale. Situationsbewertung, Strategieanalyse, Neupositionierung, Landsberg/Lech 1994 (zitiert: *Nagel/Ley*, Unternehmenssignale)

Nebinger, Robert: Verwaltungsrecht. Allgemeiner Teil, 2. Aufl., Stuttgart 1949 (zitiert: *Nebinger*, Verwaltungsrecht AT)

Nerlich, Jörg / Kreplin, Georg (Hrsg.): Münchener Anwalts-Handbuch Insolvenz und Sanierung, 3. Aufl., München 2019 (zitiert: Nerlich/Kreplin/*Bearbeiter*, MAH-Insolvenz)

Neu, Peter / Ebbinghaus, Mark: Die Feststellung der Zahlungsunfähigkeit und die Prognoseproblematik, in: ZInsO 2012, S. 2229–2235

Neuhoff, Klaus: Zur historischen Herkunft von (‚ewige') Dauer und ‚Nachhaltigkeit' im Stiftungsrecht, in: Die Stiftung – Jahreshefte zum Stiftungswesen 2 (2008), S. 11–27

Neuhoff, Klaus: Nonprofit-Insolvenzen (bei so genannten Idealvereinen), in: NZI 2004, S. 486–489

Neuhoff, Klaus: Um der juridicial correctness willen: Spende, keine Schenkung!, in: ZSt 2004, S. 90–91

Neumaier, Markus: Wann wird eine Zahlungsstockung zur Zahlungsunfähigkeit?, in: NJW 2005, S. 3041–3043

Neumann, Steffen: Steuerliche Verbesserungen für das bürgerschaftliche Engagement und die Folgen aus der Stauffer-Entscheidung des EuGH für den Spendenabzug, in: FR 2008, S. 745–751

Nietzer, Wolf Michael / Stadie, Volker: Die Familienstiftung & Co. KG – eine Alternative für die Nachfolgeregelung bei Familienunternehmen, in: NJW 2000, S. 3457–3461

Nissel, Reinhard: Das neue Stiftungsrecht. Stiftungen bürgerlichen Rechts, Baden-Baden 2002 (zitiert: *Nissel*, Stiftungsrecht)

Noack, Ulrich: "Holzmüller" in der Eigenverwaltung – Zur Stellung von Vorstand und Hauptversammlung im Insolvenzverfahren, in: ZIP 2002, S. 1873–1879

NomosKommentar zum BGB: Band 1, Allgemeiner Teil und EGBGB, hrsgg. v. Thomas Heidel u.a. (Gesamtherausgeber: Barbara Dauner-Lieb u.a.), 4. Aufl., Baden-Baden 2021 (zitiert: NK-BGB/*Bearbeiter*)

Oberle, Thomas: Außergerichtliche Sanierung oder Sanierung in der Insolvenz? – Ansätze für eine Vergleichsrechnung –, in: Festschrift für Jobst Wellensiek zum 80. Geburtstag, hrsgg. v. Michael Flitsch u.a., München 2011, S. 73–89 (zitiert: *Oberle*, in: FS Wellensiek)

Obermüller, Manfred: Insolvenzrecht in der Bankpraxis, 8. neu bearbeitete Aufl., Köln 2011 (zitiert: *Obermüller*, Bankpraxis)

Obermüller, Manfred: Rechtliche Konstruktionen außergerichtlicher Unternehmenssanierungen, in: ZInsO 2002, S. 597–606

Oechsler, Jürgen: Der Aufsichtsrat in der Insolvenz, in: AG 2006, S. 606–613

Oepen, Klaus: Eigenkapitalersatz bei Stiftungen, in: NZG 2001, S. 209–215

Oertzen, Christian von / Hosser, Marcus: Asset Protection mit inländischen Familienstiftungen, in: ZEV 2010, S. 168–174

Oetker, Hartmut: Zusammenführung von Stiftungen und Gesamtrechtsnachfolge – eine Herausforderung an Gesetzgeber und Rechtswissenschaft, in: Gründen und Stiften, Festschrift zum 70. Geburtstag des Jenaer Gründungsdekans und Stiftungsrechtlers Olaf Werner, hrsgg. v. Ingo Saenger u.a., Baden-Baden 2009, S. 207–221 (zitiert: *Oetker*, in: FS O. Werner)

Oexle, Otto Gerhard: Die Gegenwart der Toten, in: Death in the middle ages, hrsgg. v. Herman Braet und Werner Verbeke, Löwen 1983, S. 19–77 (zitiert: *Oexle*, in: Death in the middle ages)

Ogris, Werner: Tote Hand, in: Handwörterbuch zur deutschen Rechtsgeschichte, hrsgg. v. Adalbert Erler u.a., Band 5, Berlin 1998, Sp. 281–282 (zitiert: *Ogris*, in: HRG V)

Orth, Manfred: Verluste gemeinnütziger Stiftungen aus Vermögensverwaltung, in: DStR 2009, S. 1397–1405

Orth, Manfred: Outsourcing durch gemeinnützige Einrichtungen, in: S&S 5/1999, Rote Seiten

Orth, Manfred: Outsourcing durch Stiftungen, in: S&S 1/1998, S. 20–22

Orth, Manfred: Zur Rechnungslegung von Stiftungen – Überlegungen aus Anlaß des IDW-Diskussionsentwurfs –, in: DB 1997, S. 1341–1351

Otto, Lieselotte (Hrsg.): Handbuch der Stiftungspraxis – Stiftungsrecht, Steuerrecht und Rechnungslegung bei Stiftungen –, 2. überarbeitete und erweiterte Aufl., Köln 2015 (zitiert: Otto/*Bearbeiter*, Handbuch)

Palandt, Otto (Begr.): Bürgerliches Gesetzbuch, 80. Aufl., München 2021 (zitiert: Palandt-BGB/*Bearbeiter*)

Parzinger, Josef: Die neue EuInsVO auf einen Blick, in: NZI 2016, S. 63–68

Paschke, Marian: Herabsetzung der Vergütung von Geschäftsleitern und Führungskräften in der Krise, in: Festschrift für Dieter Reuter zum 70. Geburtstag am 16. Oktober 2010, hrsgg. v. Michael Martinek u.a., Berlin/New York 2010, S. 1107–1121 (zitiert: *Paschke*, in: FS Reuter)

Passarge, Malte: Zur Haftung des Stiftungsvorstands für in der Krise geleistete Zahlungen gem. §§ 92 III, 93 III Nr. 6 AktG analog, in: NZG 2008, S. 605–609

Pavel, Uwe: Eignet sich die Stiftung für den Betrieb erwerbswirtschaftlicher Unternehmen?, zugl. Diss. (Frankfurt am Main 1966), Bad Homburg v. d. Höhe u.a. 1967 (zitiert: *Pavel*, Betrieb)

Peiniger, Gunhild: Haftungsprobleme in Stiftungen, in: S&S 6/2001, S. 21–23

Petersen, Jens: Das Stiftungsrecht des BGB, in: Jura 2007, S. 277–279

Picot, Gerhard: Überblick über die Kontrollmechanismen im Unternehmen nach KonTraG, in: Risikomanagement nach dem KonTraG, hrsgg. v. Knut Werner Lange und Friederike Wall, München 2001, S. 5–37 (zitiert: *Picot*, in: Risikomanagement)

Picot, Gerhard / Aleth, Franz: Unternehmenskrise und Insolvenz. Vorbeugung – Turnaround – Sanierung, München 1999 (zitiert: *Picot/Aleth*, Unternehmenskrise)

Piekenbrock, Andreas: Die Überschuldung als Insolvenzeröffnungsgrund in Europa, in: KTS 2017, S. 333–363

Pleimes, Dieter: Weltliches Stiftungsrecht. Geschichte der Rechtsformen, Forschungen zum deutschen Recht, Band III 3, Weimar 1938 (zitiert: *Pleimes*, Geschichte)

Poertzgen, Christoph: (K)Eine „neue" Insolvenzverschleppungshaftung für Vereinsvorstände?, in: ZInsO 2012, S. 1697–1708

Poertzgen, Christoph: Vorstandshaftung wegen Insolvenzverschleppung (§ 42 II BGB), in: NZG 2010, S. 772–776

Pohl, Herbert: Krisen in Organisationen. Eine explorative Untersuchung mit Hilfe empirischer Fallstudien, zugl. Diss. (Mannheim 1977), Mannheim 1977 (zitiert: *Pohl*, Krisen)

Pöhlmann, Werner / Fölsing, Philipp: Das Steuerprivileg von Stiftungen im Insolvenzverfahren, in: ZInsO 2010, S. 612–614

Pölnitz, Götz Freiherr von: Vom Werden und Sinn des Stiftungswesens, in: Deutsches Stiftungswesen 1948–1966, hrsgg. v. Albert Karl Franz u.a., Tübingen 1968, S. 1–19 (zitiert: *v. Pölnitz*, in: Deutsches Stiftungswesen 1948–1966)

Prager, Martin / Jungclaus, Martin: Der Begriff der Zahlungsunfähigkeit und die sog. „Bugwellentheorie", in: Festschrift für Jobst Wellensiek zum 80. Geburtstag, hrsgg. v. Michael Flitsch u.a., München 2011, S. 101–117 (zitiert: *Prager/Jungclaus*, in: FS Wellensiek)

Preußner, Joachim: Risikomanagement im Schnittpunkt von Bankaufsichtsrecht und Gesellschaftsrecht. Zur Schrittmacherrolle des Aufsichtsrechts am Beispiel der Organisation des Risikomanagements in Kreditinstituten, in: NZG 2004, S. 57–61

Priester, Hans-Joachim: Nonprofit-GmbH – Satzungsgestaltung und Satzungsvollzug, in: GmbHR 1999, S. 149–157

Prütting, Hanns: Insolvenz von Vereinen und Stiftungen, in: Non Profit Law Yearbook 2002, hrsgg. v. Wolfgang Rainer Walz u.a., Köln u.a. 2003, S. 137–155 (zitiert: *Prütting*, in: Non Profit Law Yearbook 2002)

Prütting – Wegen – Weinreich: Bürgerliches Gesetzbuch. Kommentar, hrsgg. v. Hanns Prütting u.a., 15. Aufl., Köln 2020 (zitiert: PWW-BGB/*Bearbeiter*)

Pues, Lothar / Scheerbarth, Walter: Gemeinnützige Stiftungen im Zivil- und Steuerrecht, 3. Aufl., München 2008 (zitiert: *Pues/Scheerbarth*, Gemeinnützige Stiftungen)

Puhl, Thomas: Budgetflucht und Haushaltsverfassung, zugl. Habil.-Schr. (Heidelberg 1994/1995), Tübingen 1996 (zitiert: *Puhl*, Budgetflucht)

Rawert, Peter: Vom Umgang des öffentlichen Rechts mit der Stiftung des BGB, in: JöR 65 (2017), S. 179–212

Rawert, Peter: Die Stiftung auf Zeit – insbesondere die Verbrauchsstiftung – in der zivilrechtlichen Gestaltungspraxis, in: npoR 2014, S. 1–7

Rawert, Peter: Die Stiftungsersatzformen – GmbH, Verein, AG und unselbständige Stiftung, in: Die Stiftung – Jahreshefte zum Stiftungswesen 5 (2011), S. 27–53

Rawert, Peter: Grundrecht auf Stiftung?, in: Festschrift für Dieter Reuter zum 70. Geburtstag am 16. Oktober 2010, hrsgg. v. Michael Martinek u.a., Berlin/New York 2010, S. 1323–1338 (zitiert: *Rawert*, in: FS Reuter)

Rawert, Peter: Die juristische Person des Privatrechts als Stiftungsvorstand, in: Gründen und Stiften, Festschrift zum 70. Geburtstag des Jenaer Gründungsdekans und Stiftungsrechtlers Olaf Werner, hrsgg. v. Ingo Saenger u.a., Baden-Baden 2009, S. 119–128 (zitiert: *Rawert*, in: FS O. Werner)

Rawert, Peter: Kapitalerhöhung zu guten Zwecken, in: DNotZ 2008, S. 5–18

Rawert, Peter: Zivilrechtsfragen des Spendens, in: Non Profit Law Yearbook 2005, hrsgg. v. Wolfgang Rainer Walz u.a., Köln u.a. 2006, S. 165–183 (zitiert: *Rawert*, in: Non Profit Law Yearbook 2005)

Rawert, Peter: Stiftung und Unternehmen, in: Non Profit Law Yearbook 2003, hrsgg. v. Hein Kötz u.a., Köln u.a. 2004, S. 1–16 (zitiert: *Rawert*, in: Non Profit Law Yearbook 2003)

Rawert, Peter: Der Stiftungsbegriff und seine Merkmale – Stiftungszweck, Stiftungsvermögen, Stiftungsorganisation –, in: Stiftungsrecht in Europa. Stiftungsrecht und Stiftungsrechtsreform in Deutschland, den Mitgliedstaaten der Europäischen Union, der Schweiz, Liechtenstein und den USA, hrsgg. v. Klaus Jürgen Hopt und Dieter Reuter, Köln u.a. 2001, S. 109–137 (zitiert: *Rawert*, in: Stiftungsrecht in Europa)

Rawert, Peter: Die Genehmigungsfähigkeit der unternehmensverbundenen Stiftung, zugl. Diss. (Kiel 1989), Frankfurt am Main u.a. 1990 (zitiert: *Rawert*, Genehmigungsfähigkeit)

Rawert, Peter / Katschinski, Ralf: Stiftungserrichtung und Pflichtteilsergänzung, in: ZEV 1996, S. 161–166

Reichsgerichtsrätekommentar: Das Bürgerliche Gesetzbuch mit besonderer Berücksichtigung der Rechtsprechung des Reichsgerichts und des Bundesgerichtshofes, hrsgg. v. Mitgliedern des Bundesgerichtshofes, Band I (§§ 1–240), 12. Aufl., Berlin/New York 1982 (zitiert: RGRK-BGB/*Bearbeiter*)

Reicke, Siegfried: Stiftungsbegriff und Stiftungsrecht im Mittelalter, in: ZRG (GA) 53 (1933), S. 247–276

Reischl, Klaus: Insolvenzrecht, 4. Aufl., Heidelberg 2016 (zitiert: *Reischl*, Insolvenzrecht)

Rellermann, Klaus: „Teilweiser" Vorbehalt des Insolvenzverfahrens, in: Rpfleger 2002, S. 68–70

Reschke, Dennis Philipp: Untreue, Bankrott und Insolvenzverschleppung im eingetragenen Verein, zugl. Diss. (Konstanz 2014), Berlin 2015 (zitiert: *Reschke*, Insolvenzverschleppung)

Reuter, Dieter: Keine Vorstandshaftung für masseschmälernde Leistungen nach Eintritt der Insolvenzreife des Vereins?, in: NZG 2010, S. 808–812

Reuter, Dieter: Die privat gegründete kirchliche BGB-Stiftung im Spannungsfeld von staatlicher Verantwortung, Kirchenautonomie und Autonomie von Stifter und Stiftung, in: Zwischen Markt und Staat, Gedächtnisschrift für Rainer Walz, hrsgg. v. Helmut Kohl u.a., Köln/München 2008, S. 539–558 (zitiert: *Reuter*, in: GS Walz)

Reuter, Dieter: Wiederbelebung der Fideikommisse im Rechtskleid der privatnützigen Stiftung?, in: Gedächtnisschrift für Jörn Eckert, hrsgg. v. Andreas Hoyer u.a., Baden-Baden 2008, S. 677–693 (zitiert: *Reuter*, in: GS Eckert)

Reuter, Dieter: Stiftungsform, Stiftungsstruktur und Stiftungszweck. Zu neueren Thesen über die Gestaltungsfreiheit im Stiftungsrecht, in: AcP 207 (2007), S. 1–27

Reuter, Dieter: Grenzen der privatrechtlichen Einkommensstiftung der öffentlichen Hand, in: Recht und spontane Ordnung, Festschrift für Ernst-Joachim Mestmäcker zum achtzigsten Geburtstag, hrsgg. v. Christoph Engel und Wernhard Möschel, Baden-Baden 2006, S. 387–409 (zitiert: *Reuter*, in: FS Mestmäcker)

Reuter, Dieter: Stiftungsrechtliche Vorgaben für die Verwaltung des Stiftungsvermögens, in: NZG 2005, S. 649–654

Reuter, Dieter: Die Haftung des Stiftungsvorstands gegenüber der Stiftung, Dritten und dem Fiskus, in: Non Profit Law Yearbook 2002, hrsgg. v. Wolfgang Rainer Walz u.a., Köln u.a. 2003, S. 157–178 (zitiert: *Reuter*, in: Non Profit Law Yearbook 2002)

Reuter, Dieter: Stiftung und Staat, in: Stiftungsrecht in Europa. Stiftungsrecht und Stiftungsrechtsreform in Deutschland, den Mitgliedstaaten der Europäischen Union, der Schweiz, Liechtenstein und den USA, hrsgg. v. Klaus Jürgen Hopt und Dieter Reuter, Köln u.a. 2001, S. 139–158 (zitiert: *Reuter*, in: Stiftungsrecht in Europa)

Reuter, Dieter: Die Stiftungsabhängigkeit des Unternehmens – ein Mittel zur Lösung des Nachfolgeproblems?, in: GmbHR 1973, S. 241–250

Reuter, Dieter: Privatrechtliche Schranken der Perpetuierung von Unternehmen. Ein Beitrag zum Problem der Gestaltungsfreiheit im Recht der Unternehmensformen, zugl. Habil.-Schr. (Bielefeld 1972), Frankfurt am Main 1973 (zitiert: *Reuter*, Perpetuierung)

Richter, Andreas: Insolvenz von Stiftungen. Handlungspflichten und Haftungsregeln, in: S&S 3/2006, Rote Seiten

Richter, Andreas: Rechtsfähige Stiftung und Charitable Corporation. Überlegungen zur Reform des deutschen Stiftungsrechts auf der Grundlage einer historisch-rechtsvergleichenden Untersuchung der Entstehung des modernen deutschen und amerikanischen Stiftungsmodells, zugl. Diss. (Regensburg 2000), Berlin 2001 (zitiert: *Richter*, Stiftung)

Richter, Andreas / Sturm, Sebastian: Die Unternehmensstiftung nach der Stiftungsrechtsreform, in: ZErb 2006, S. 75–83

Richter, Andreas / Sturm, Sebastian: Stiftungsrechtsreform und Novellierung der Landesstiftungsgesetze, in: NZG 2005, S. 655–659

Riegger, Bodo / Spahlinger, Andreas: Die insolvenzrechtliche Fortführungsprognose – notwendige Klarstellungen für die Praxis, in: Festschrift für Jobst Wellensiek zum 80. Geburtstag, hrsgg. v. Michael Flitsch u.a., München 2011, S. 119–131 (zitiert: *Riegger/Spahlinger*, in: FS Wellensiek)

Riehmer, Klaus: Körperschaften als Stiftungsorganisationen. Eine Untersuchung stiftungsartiger Körperschaften in Deutschland, England und den USA, zugl. Diss. (Kiel 1992/1993), Baden-Baden 1993 (zitiert: *Riehmer*, Körperschaften)

Ries, Gerhard: Die Entlastung des Vorstandes der Stiftung und anderer Organmitglieder, in: S&S 6/2002, S. 20–22

Ries, Gerhard: Die Vertretung der Stiftung bei Ansprüchen der Stiftung gegen ihre Organe, in: S&S 3/2002, S. 14–16

Rieser, Ignaz: Frühwarnsysteme, in: Die Unternehmung 1978, S. 51–68

Riewald, Alfred: Die Gemeinnützigkeit im Steuerrecht, in: BB 1954, S. 385–388

Risch, Ben Michael: Konstanz und Wandel des Rechts der kirchlichen Stiftungen, in: ZSt 2006, S. 21–35

Rittner, Fritz: Die werdende juristische Person. Untersuchungen zum Gesellschafts- und Unternehmensrecht, Tübingen 1973 (zitiert: *Rittner*, Person)

Röcken, Michael: Insolvenz und Gemeinnützigkeit, in: ZStV 2010, S. 230–233

Rödel, Thomas: Rechtsfolgen einer verlustbringenden Anlage des Stiftungsvermögens in Aktien, in: NZG 2004, S. 754–759

Rödl, Helmut: Kreditrisiken und ihre Früherkennung. Ein Informationssystem zur Erhaltung des Unternehmens, Düsseldorf 1979 (zitiert: *Rödl*, Kreditrisiken)

Rodloff, Frank / Drabe, Kai: Die Verwaltung von Stiftungsvermögen durch Vorstand und Vermögensverwalter, in: ZIP 2013, S. 2284–2287

Rohrberg-Braun, Nina: Die unselbständige Stiftung in der Insolvenz, zugl. Diss. (Kiel 2015), Frankfurt am Main u.a. 2016 (zitiert: *Rohrberg-Braun*, Insolvenz)

Röhricht, Volker: Insolvenzrechtliche Aspekte im Gesellschaftsrecht, in: ZIP 2005, S. 505–516

Römer, Matthias: Die Eignung der GmbH als Rechtsform für Stiftungszwecke – eine Untersuchung anhand der unternehmensverbundenen gemeinnützigen Stiftungs-GmbH, zugl. Diss. (Gießen 1991), Gießen 1990 (zitiert: *Römer*, Stiftungs-GmbH)

Römer, Stephan: Stiftung und Stiftungstochter in der Krise, in: StiftungsBrief 2010, S. 23–27

Römermann, Volker (Hrsg.): Münchener Anwalts-Handbuch GmbH-Recht, 4. Aufl., München 2018 (zitiert: Römermann/*Bearbeiter*, MAH-GmbH)

Rösing, Wolfgang: Die Entlastung im Stiftungsrecht, zugl. Diss. (Hamburg 2012), Hamburg 2013 (zitiert: *Rösing*, Entlastung)

Roth, Gregor: Stellungnahme zum Referentenentwurf eines Gesetzes zur Verkürzung des Restschuldbefreiungsverfahrens, zur Stärkung der Gläubigerrechte und zur Insolvenzfestigkeit von Lizenzen – Geplante Ergänzung des § 15a InsO um einen Absatz 6, in: ZInsO 2012, S. 678–680

Roth, Gregor: Zur Haftung im Ehrenamt gemäß § 31a BGB, in: npoR 2010, S. 1–5

Roth, Gregor / Knof, Béla: Die Stiftung in Krise und Insolvenz, in: KTS 2009, S. 163–198

Roth, Günter Herrmann / Altmeppen, Holger: Gesetz betreffend die Gesellschaften mit beschränkter Haftung. Kommentar, 9. Aufl., München 2019 (zitiert: Roth/Altmeppen-GmbHG/*Bearbeiter*)

Roth, Jan: Insolvenz-Steuerrecht – Insolvenzrechtliche Implikationen im Steuerrecht, 2. Aufl., Köln 2016 (zitiert: *Roth*, Insolvenz-Steuerrecht)

Roth, Paul: Ueber Stiftungen, in: JherJb 1 (1857), S. 189–220

Röthel, Anne: Pflichtteil und Stiftungen: Generationengerechtigkeit versus Gemeinwohl?, in: ZEV 2006, S. 8–12

Röthel, Hans-Robert: Stiften für die Ewigkeit – ein Aphorismus aus der Vergangenheit?, in: S&S 4/2004, S. 21–23

Röthel, Hans-Robert: Vermögensverluste. Insolvenz von Stiftungen, in: Deutsche Stiftungen 3/2003, S. 48–49

Rugullis, Sven: Die Insolvenzantragspflicht beim Verein – Eine Interpretation des § 42 II BGB, in: NZI 2007, S. 323–327

Sachs, Michael (Hrsg.): Grundgesetz. Kommentar, 9. Aufl., München 2021 (zitiert: Sachs-GG/*Bearbeiter*)

Sachs, Michael: Kein Recht auf Stiftungsgenehmigung, in: Freiheit und Eigentum, Festschrift für Walter Leisner zum 70. Geburtstag, hrsgg. v. Josef Isensee und Helmut Lecheler, Berlin 1999, S. 955–971 (zitiert: *Sachs*, in: FS Leisner)

Saenger, Ingo: Stiftungskörperschaften – Anspruch und Wirklichkeit, in: Gründen und Stiften, Festschrift zum 70. Geburtstag des Jenaer Gründungsdekans und Stiftungsrechtlers Olaf Werner, hrsgg. v. Ingo Saenger u.a., Baden-Baden 2009, S. 165–178 (zitiert: *Saenger*, in: FS O. Werner)

Saenger, Ingo: Die Stiftung als Geldsammlerin für Pflichtteilsberechtigte, verarmte Schenker und Sozialkassen?, in: ZSt 2004, S. 183–190

Saenger, Ingo / Al-Wraikat, Nadja: Zivilrechtliche Neuregelungen aufgrund des Gesetzes zur Stärkung des Ehrenamtes, in: ZStV 2013, S. 128–132

Saenger, Ingo / Arndt, Ingo: Reform des Stiftungsrechts: Auswirkungen auf unternehmensverbundene und privatnützige Stiftungen, in: ZRP 2000, S. 13–19

Saenger, Ingo / Veltmann, Till: Reichweite und Haftung der Aufsicht über kirchliche Stiftungen – am Beispiel des neu gefassten StiftG NRW, in: ZSt 2006, S. 16–20

Saliger, Frank: Untreue bei Stiftungen, in: Non Profit Law Yearbook 2005, hrsgg. v. Wolfgang Rainer Walz u.a., Köln u.a. 2006, S. 209–228 (zitiert: *Saliger*, in: Non Profit Law Yearbook 2005)

Sandberg, Berit: Führungskräfte in Stiftungen zwischen Ehrenamt und Spitzengehalt. Die Vergütungsstudie 2014, Essen 2015 (zitiert: *Sandberg*, Führungskräfte)

Sandberg, Berit: Rechnungslegung von Stiftungen – Überlegungen zur Anwendung handelsrechtlicher Vorschriften, in: ZHR 164 (2000), S. 155–175

Sandberg, Berit / Magdeburg, Volker: Was leisten D&O-Versicherungen wirklich?, in: S&S 3/2006, S. 32–33

Sauer, Jörg / Schwarz, Stephanie: Gescheiterte Stiftung: Auswirkungen von Insolvenz und Liquidation, in: StiftungsBrief 2010, S. 228–232

Savigny, Friedrich Carl von: Das Obligationenrecht als Theil des heutigen Römischen Rechts, Zweiter Band, Berlin 1853 (zitiert: *v. Savigny*, Obligationenrecht II)

Savigny, Friedrich Carl von: System des heutigen Römischen Rechts, Zweiter Band, Berlin 1840 (zitiert: *v. Savigny*, System II)

Schäfer, Hagen: Kompetenzen der Organe und der Aufsicht in der Insolvenz einer Unternehmensstiftung. Die Führungsverantwortung in der abstrakten Handlungsorganisation einer privatrechtlichen selbständigen Unternehmensstiftung nach Eröffnung des Insolvenzverfahrens, zugl. Diss. (Halle 2008), Hamburg 2009 (zitiert: *Schäfer*, Kompetenzen)

Scharpf, Paul: Die Sorgfaltspflichten des Geschäftsführers einer GmbH, in: DB 1997, S. 737–743

Schauer, Dirk: Zulegung und Zusammenlegung von rechtsfähigen Stiftungen nach geltendem Recht, in: ZEV 2017, S. 613–617

Schauhoff, Stephan (Hrsg.): Handbuch der Gemeinnützigkeit. Verein, Stiftung, GmbH. Recht, Steuern, Personal, 3. Aufl., München 2010 (zitiert: Schauhoff/*Bearbeiter*, Gemeinnützigkeit)

Schauhoff, Stephan: Der zulässige Umfang wirtschaftlicher Betätigung von Stiftungen, in: Die Stiftung – Jahreshefte zum Stiftungswesen 3 (2009), S. 121–131

Schauhoff, Stephan: Verlust der Gemeinnützigkeit durch Verluste?, in: DStR 1998, S. 701–706

Schauhoff, Stephan / Kirchhain, Christian: Was bringt der neue AO-Anwendungserlass für gemeinnützige Körperschaften?, in: DStR 2012, S. 261–267

Schauhoff, Stephan / Kirchhain, Christian: Das Gesetz zur weiteren Stärkung des bürgerschaftlichen Engagements, in: DStR 2007, S. 1985–1992

Scherer, Stephan (Hrsg.): Münchener Anwalts-Handbuch Erbrecht, 5. Aufl., München 2018 (zitiert: Scherer/*Bearbeiter*, MAH-Erbrecht)

Schewe, Markus: Die Errichtung der rechtsfähigen Stiftung von Todes wegen, zugl. Diss. (Bochum 2003), Frankfurt am Main u.a. 2004 (zitiert: *Schewe*, Stiftung)

Schewe, Markus / Wixmerten, Gunnar: Haftungsbeschränkung für Stiftungsvorstände, in: Die Stiftung – Jahreshefte zum Stiftungswesen 4 (2010), S. 79–99

Schießl, Harald / Küpperfahrenberg, Jan: Steuerrechtliche Haftung der Vorstände von Vereinen und Verbänden – Risiko, Vermeidungsstrategie, Versicherbarkeit, in: DStR 2006, S. 445–450

Schiffer, Karl Jan (Hrsg.): Die Stiftung in der Beraterpraxis, 4. Aufl., Bonn 2016 (zitiert: Schiffer/*Bearbeiter*, Beraterpraxis)

Schiffer, Karl Jan: Stiftungen und Familie: Anmerkungen zu „Familienstiftungen", in: Festschrift für Sebastian Spiegelberger zum 70. Geburtstag, Vertragsgestaltung im Zivil- und Steuerrecht, hrsgg. v. Thomas Wachter, Bonn 2009, S. 1358–1369 (zitiert: *Schiffer*, in: FS Spiegelberger)

Schiffer, Karl Jan: Haftung und Corporate Governance bei Stiftungen, in: ZCG 2006, S. 143–147

Schiffer, Karl Jan: Die kirchliche Stiftung des Privatrechts unter besonderer Beachtung des neuen StiftG NRW, in: ZSt 2005, S. 199–203

Schiffer, Karl Jan: Aktuelles Beratungs-Know-how Gemeinnützigkeits- und Stiftungsrecht, in: DStR 2003, S. 14–18

Schiffer, Karl Jan: Fortsetzung der Diskussion zur unternehmensverbundenen Stiftung trotz des neuen Stiftungszivilrechts? – Ein Ruf aus der Praxis, in: ZSt 2003, S. 252–254

Schiffer, Karl Jan: Die unternehmensverbundene Stiftung ist im Gerede – Einige Anmerkungen und Klarstellungen zu Rawert, ZEV 1999, 294 –, in: ZEV 1999, S. 424–426

Schiffer, Karl Jan: Stiftungen im Ausland als Steuersparmodell?, in: S&S 5/1998, S. 22–23

Schiffer, Karl Jan / Pruns, Matthias: Vor ihrer staatlichen Anerkennung ist die rechtsfähige Stiftung ein Nichts!, in: GmbHR 2016, S. 742–745

Schiffer, Karl Jan / Pruns, Matthias: Höchstrichterlicher Abschied von der Vorstellung einer Vorstiftung, in: BB 2015, S. 1756–1759

Schiffer, Karl Jan / Schürmann, Christoph: Transparenzregister und Stiftungen – Normadressaten der Melde- und Eintragungspflichten, in: BB 2017, S. 2626–2631

Schiffer, Karl Jan / Sommer, Mario: Insolvenzgefahr für Stiftungen aus Sicht der Praxis. Die Stiftung und die Finanzkrise, in: NWB 2010, S. 3046–3052

Schiller, Theo: Stiftungen im gesellschaftlichen Prozeß. Ein politikwissenschaftlicher Beitrag zu Recht, Soziologie und Sozialgeschichte der Stiftungen in Deutschland, zugl. Diss. (Bonn 1968), Baden-Baden 1969 (zitiert: *Schiller*, Stiftungen im gesellschaftlichen Prozeß)

Schindler, Ambros: Vermögensanlage von Stiftungen im Zielkonflikt zwischen Rendite, Risiko und Erhaltung der Leistungskraft, in: DB 2003, S. 297–302

Schluck-Amend, Alexandra: Änderungen im Insolvenzrecht durch das COVID-19-Insolvenzaussetzungsgesetz, in: NZI 2020, S. 289–293

Schlüter, Andreas: Stiftung und Körperschaft – Körperschaften als Ersatzform der rechtsfähigen Stiftung, in: Non Profit Law Yearbook 2006, hrsgg. v. Wolfgang Rainer Walz u.a., Köln u.a. 2007, S. 75–95 (zitiert: *Schlüter*, in: Non Profit Law Yearbook 2006)

Schlüter, Andreas: Die Stiftung als Unternehmenseigentümerin, in: Stiftungen in Theorie, Recht und Praxis. Handbuch für ein modernes Stiftungswesen, hrsgg. v. Rupert Graf Strachwitz und Florian Mercker, Berlin 2005, S. 315–327 (zitiert: *Schlüter*, in: Stiftungen in Theorie, Recht und Praxis)

Schlüter, Andreas: Stiftungsrecht zwischen Privatautonomie und Gemeinwohlbindung. Ein Rechtsvergleich Deutschland, Frankreich, Italien, England, USA, zugl. Habil.-Schr. (Köln 2003), München 2004 (zitiert: *Schlüter*, Privatautonomie)

Schlüter, Andreas: Ersatzformen der Stiftung, in: Handbuch Stiftungen. Ziele – Projekte – Management – Rechtliche Gestaltung, hrsgg. v. d. Bertelsmann Stiftung, 2. Aufl., Wiesbaden 2003, S. 866–887 (zitiert: *Schlüter*, in: Bertelsmann Handbuch)

Schlüter, Andreas / Krüger, Doris: Die Gemeinde als Stifter – Ziele, Grenzen und Gestaltungsformen –, in: DVBl. 2003, S. 830–839

Schlüter, Andreas / Stolte, Stefan: Stiftungsrecht. Erscheinungsformen und Errichtung der Stiftung, Stiftungsaufsicht, Verwaltung des Stiftungsvermögens, Stiftungssteuerrecht, Rechnungslegung und Publizität, Internationales Stiftungsrecht, 3. Aufl., München 2016 (zitiert: *Schlüter/Stolte*, Stiftungsrecht)

Schmid, Karl: Stiftungen für das Seelenheil, in: Gedächtnis, das Gemeinschaft stiftet, hrsgg. v. Karl Schmid, München/Zürich 1985, S. 51–73 (zitiert: *Schmid*, in: Gedächtnis)

Schmidt, Karsten (Hrsg.): Insolvenzordnung. InsO mit EuInsVO, 19. Aufl., München 2016 (zitiert: K. Schmidt-InsO/*Bearbeiter*)

Schmidt, Karsten: Überschuldung und Unternehmensfortführung oder: per aspera ad astra, in: ZIP 2013, S. 485–493

Schmidt, Karsten: Keine Ordnungspflicht des Insolvenzverwalters? Die Verwaltungsrechtsprechung als staatliche Insolvenzbeihilfe für Umweltkosten, in: NJW 2010, S. 1489–1493

Schmidt, Karsten: Gesellschaftsrecht, 4. Aufl., Köln u.a. 2002 (zitiert: *K. Schmidt*, Gesellschaftsrecht)

Schmidt, Karsten: „Ersatzformen" der Stiftung – Unselbständige Stiftung, Treuhand und Stiftungskörperschaft –, in: Stiftungsrecht in Europa. Stiftungsrecht und Stiftungsrechtsreform in Deutschland, den Mitgliedstaaten der Europäischen Union, der Schweiz, Liechtenstein und den USA, hrsgg. v. Klaus Jürgen Hopt und Dieter Reuter, Köln u.a. 2001, S. 175–195 (zitiert: *K. Schmidt*, in: Stiftungsrecht in Europa)

Schmidt, Karsten: Konzessionssystem und Stiftungsrecht, in: Stiftungen in Deutschland und Europa, hrsgg. v. Axel Freiherr von Campenhausen u.a., Düsseldorf, 1998, S. 229–242 (zitiert: *K. Schmidt*, in: Stiftungen in Deutschland und Europa)

Schmidt, Karsten: Stiftungswesen – Stiftungsrecht – Stiftungspolitik, Bergisch Gladbach 1987 (zitiert: *K. Schmidt*, Stiftungswesen)

Schmidt, Karsten: Wohin steuert die Stiftungspraxis? – Eine rechtspolitische Skizze –, in: DB 1987, S. 261–263

Schmidt, Karsten: Institutionen eines künftigen Insolvenzrechts der Unternehmen. Ein Diskussionsbeitrag zum Ersten Bericht der Kommission für Insolvenzrecht, in: ZIP 1985, S. 713–724

Schmidt, Karsten / Uhlenbruck, Wilhelm (Hrsg.): Die GmbH in Krise, Sanierung und Insolvenz. Gesellschaftsrecht, Insolvenzrecht, Steuerrecht, Arbeitsrecht, Bankrecht und Organisation bei Krisenvermeidung, Krisenbewältigung und Abwicklung, 5. Aufl., Köln 2016 (zitiert: K. Schmidt/Uhlenbruck/*Bearbeiter*, GmbH)

Schmidt, Ludwig (Begr.): Einkommensteuergesetz, hrsgg. v. Heinrich Weber-Grellet, 40., völlig neubearbeitete Aufl., München 2021 (zitiert: L. Schmidt-EStG/*Bearbeiter*)

Schmidt, Oliver: Die Stiftung von Todes wegen im Errichtungsstadium: Gibt es die Vorstiftung?, in: ZEV 1998, S. 81–82

Schmidt, Wolf: Stiftungen als Innovationsagenturen und Wohltäter der Gesellschaft, in: Handbuch Stiftungen. Ziele – Projekte – Management – Rechtliche

Gestaltung, hrsgg. v. d. Bertelsmann Stiftung, 2. Aufl., Wiesbaden 2003, S. 87–125 (zitiert: *W. Schmidt*, in: Bertelsmann Handbuch)

Schmidt-Jortzig, Edzard: Stifterfreiheit – Bedingungen eines Grundrechts auf Stiftung, in: Stiftungen in Theorie, Recht und Praxis. Handbuch für ein modernes Stiftungswesen, hrsgg. v. Rupert Graf Strachwitz und Florian Mercker, Berlin 2005, S. 55–65 (zitiert: *Schmidt-Jortzig*, in: Stiftungen in Theorie, Recht und Praxis)

Schmittmann, Jens: Haftung der Organe von Non-Profit-Organisationen in Krise und Insolvenz (Teil 1), in: ZStV 2019, S. 91–96

Schmittmann, Jens: Haftung der Organe von Non-Profit-Organisationen in Krise und Insolvenz (Teil 2), in: ZStV 2019, S. 121–129

Schneider, Annette: Rechnungslegung, Prüfung und Besteuerung von Stiftungen, in: b&b 1999, S. 258–265

Schnitzler, Christiane: Die Herabsetzung der Geschäftsleitervergütung in der aktuellen Rechtsprechung, in: GmbHR 2016, S. 1026–1032

Scholtz, Rolf-Detlev: Wirtschaftlicher Geschäftsbetrieb, in: Ertragsbesteuerung. Zurechnung – Ermittlung – Gestaltung, Festschrift für Ludwig Schmidt zum 65. Geburtstag, hrsgg. v. Arndt Raupach und Adalbert Uelner, München 1993, S. 707–724 (zitiert: *Scholtz*, in: FS L. Schmidt)

Scholz, Franz (Begr.): Kommentar zum GmbH-Gesetz mit Anhang Konzernrecht, II. Band (§§ 35–52), 11. Aufl., Köln 2014 (zitiert: Scholz-GmbHG/*Bearbeiter*)

Scholz, Rupert / Langer, Stefan: Stiftung und Verfassung. Strukturprobleme des Stiftungsrechts am Beispiel der Stiftung Warentest, Berlin 1990 (zitiert: *Scholz/Langer*, Verfassung)

Schön, Wolfgang: Der Nießbrauch an Sachen. Gesetzliche Struktur und rechtsgeschäftliche Gestaltung, Köln 1992 (zitiert: *Schön*, Nießbrauch)

Schöpflin, Martin: Die strukturelle Änderung der Stiftung – Auflösung, Zusammenlegung, Satzungsänderung, Umwandlung in eine Verbrauchsstiftung, in: Die Stiftung – Jahreshefte zum Stiftungswesen 10 (2016), S. 53–78

Schotenroehr, Harald: Möglichkeiten der Eigenkapitalbildung bei steuerbegünstigten Körperschaften. Die Zuführung zur freien Rücklage nach § 62 Abs. 1 Nr. 3 AO, in: DStR 2013, S. 1161–1163

Schriever, Frank: Stiftungsfinanzierung im Niedrigzinsumfeld, in: npoR 2017, S. 111–113

Schröder, Rainer: Stiftungsaufsicht im Spannungsfeld von Privatautonomie und Staatskontrolle – ein Beitrag zum Verhältnis von Staat und Stiftung, in: DVBl. 2007, S. 207–216

Schuck, Frank: Die Doppelstiftung. Instrument zur Gestaltung der Unternehmensnachfolge, zugl. Diss. (Bochum 2009), Frankfurt am Main u.a. 2009 (zitiert: *Schuck*, Doppelstiftung)

Schülke, Thilo: Überwindung der Krise: Die Restrukturierung mit dem neuen StaRUG – ein Überblick, in: DStR 2021, S. 621–626

Schüller, Ludwig: Die Auswirkungen des KonTraG auf Stiftungen, in: S&S 3/2002, Rote Seiten

Schult, Bernd / Meining, Steffen: Betätigung deutscher gemeinnütziger Körperschaften im Ausland, in: FR 2005, S. 977–982

Schulte, Martin: Die kommunalen Stiftungen in den (novellierten) Landesstiftungsgesetzen, in: ZSt 2005, S. 160–165

Schulte, Martin: Die Mehrfachkontrolle von Stiftungen, in: DÖV 1996, S. 497–504

Schulte, Martin: Staat und Stiftung. Verfassungsrechtliche Grundlagen und Grenzen des Stiftungsrechts und der Stiftungsaufsicht, Heidelberg 1989 (zitiert: *Schulte*, Staat und Stiftung)

Schulz, Andreas: Aktuelle BFH-Rechtsprechung und Verwaltungsauffassung zum Gemeinnützigkeits- und Vereinsrecht, in: DStR 1999, S. 354–358

Schulz, Rita: Insolvenzanmeldung einer Stiftung in Sachsen-Anhalt, in: ZSt 2005, S. 137–139

Schulz, Wolf: Zur Verdrängung und Ersetzung der Gesellschaftsorgane durch den Konkursverwalter, in: KTS 1986, S. 389–418

Schulze, Reiner: Die Gegenwart des Vergangenen – Zu Stand und Aufgaben der Stiftungsrechtsgeschichte, in: Stiftungsrecht in Europa. Stiftungsrecht und Stiftungsrechtsreform in Deutschland, den Mitgliedstaaten der Europäischen Union, der Schweiz, Liechtenstein und den USA, hrsgg. v. Klaus Jürgen Hopt und Dieter Reuter, Köln u.a. 2001, S. 55–72 (zitiert: *Schulze*, in: Stiftungsrecht in Europa)

Schulze, Reiner: Stiftungsrecht, in: Handwörterbuch zur deutschen Rechtsgeschichte, hrsgg. v. Adalbert Erler u.a., Band 4, Berlin 1990, Sp. 1980–1990 (zitiert: *Schulze*, in: HRG IV)

Schulze, Reiner: Historischer Hintergrund des Stiftungsrechts, in: Deutsches Stiftungswesen 1977–1988, hrsgg. v. Rolf Hauer u.a., Augsburg/Bonn 1989, S. 29–59 (zitiert: *Schulze*, in: Deutsches Stiftungswesen 1977–1988)

Schüppen, Matthias / Schaub, Bernhard (Hrsg.): Münchener Anwalts-Handbuch Aktienrecht, 3. Aufl., München 2018 (zitiert: Schüppen/Schaub/*Bearbeiter*, MAH-Aktienrecht)

Schwake, Johannes: Zum Mindestkapital bei rechtsfähigen Stiftungen bürgerlichen Rechts, in: NZG 2008, S. 248–252

Schwake, Johannes: Kapital und Zweckerfüllung bei Unternehmensstiftungen, zugl. Diss. (Würzburg 2005), Hamburg 2008 (zitiert: *Schwake*, Unternehmensstiftungen)

Schwalme, Sebastian: Grundsätze ordnungsgemäßer Vermögensverwaltung bei Stiftungen. Vermögensausstattung, Bestandserhaltung, Kapitalanlage, zugl. Diss. (Berlin 2008), Berlin 2010 (zitiert: *Schwalme*, Vermögensverwaltung)

Schwarz, Günter Christian: Zur Zulässigkeit landesrechtlicher Vorschriften über die Familien- und Unternehmensstiftung, in: ZEV 2003, S. 306–313

Schwarz, Günter Christian: Zur Neuregelung des Stiftungsprivatrechts (Teil I), in: DStR 2002, S. 1718–1725

Schwarz, Günter Christian: Zur Neuregelung des Stiftungsprivatrechts (Teil II), in: DStR 2002, S. 1767–1773

Schwarz, Günter Christian: Die Stiftung als Instrument für die mittelständische Unternehmensnachfolge, in: BB 2001, S. 2381–2390

Schwinge, Erich: Die Stiftung im Errichtungsstadium, in: BB 1978, S. 527–528

Schwintek, Sebastian: Die Haftung von Organmitgliedern gegenüber der Stiftung für fehlerhafte Vermögensverwaltung und Ertragsverwendung, in: ZSt 2005, S. 108–116

Schwintek, Sebastian: Die Ausgliederung aus Stiftungsvermögen. Voraussetzungen und Grenzen nach Stiftungsrecht, in: S&S 3/2002, S. 19–23

Schwintek, Sebastian: Vorstandskontrolle in rechtsfähigen Stiftungen bürgerlichen Rechts. Eine Untersuchung zu Pflichten und Kontrolle von Leitungsorganen im Stiftungsrecht – insbesondere in Unternehmensträgerstiftungen, zugl. Diss. (Osnabrück 2001), Baden-Baden 2001 (zitiert: *Schwintek*, Vorstandskontrolle)

Schwintowski, Hans-Peter: Grundsätze ordnungsgemäßer Anlage von Stiftungsvermögen, in: Festschrift für Walther Hadding zum 70. Geburtstag am 8. Mai 2004, hrsgg. v. Franz Häuser u.a., Berlin 2004, S. 271–285 (zitiert: *Schwintowski*, in: FS Hadding)

Schwintowski, Hans-Peter: Die Stiftung als Konzernspitze?, in: NJW 1991, S. 2736–2742

Seefelder, Günter: Unternehmenssanierung. Krisenursachen, Außergerichtliche Unternehmenssanierung, Sanierung im Insolvenzverfahren, Arbeitsrecht, Steuerrecht, Haftungs- und Strafrechtsrisiken, 3. Aufl., Stuttgart 2012 (zitiert: *Seefelder*, Unternehmenssanierung)

Seer, Roman Matthias: Die steuerliche Behandlung des Forschungstransfers unter Berücksichtigung der gesetzlichen Neuregelungen ab 1.1.1997, in: DStR 1997, S. 436–442

Seer, Roman Matthias / Wolsztynski, Christian: Steuerrechtliche Gemeinnützigkeit der öffentlichen Hand. Eine Untersuchung zur Gemeinnützigkeit privatrechtlicher Körperschaften in staatlicher (Mit-)Trägerschaft, Berlin 2002 (zitiert: *Seer/Wolsztynski*, Steuerrechtliche Gemeinnützigkeit)

Seibel, Wolfgang: Dritter Sektor, in: Lexikon des Sozial- und Gesundheitswesens (A–F), hrsgg. v. Rudolph Bauer, 2. Aufl., München/Wien 1996, S. 455–460 (zitiert: *Seibel*, in: Lexikon des Sozial- und Gesundheitswesens)

Seifart, Werner: Vermögensverwaltung bei Stiftungen, in: BB 1987, S. 1889–1896

Seifart, Werner / Campenhausen, Axel Freiherr von (Hrsg.): Handbuch des Stiftungsrechts, 2. Aufl., München 1999 (zitiert: Seifart/v. Campenhausen/*Bearbeiter*, Handbuch)

Semler, Johannes / Stengel, Arndt (Hrsg.): Umwandlungsgesetz, 4. Aufl., München 2017 (zitiert: Semler/Stengel-UmwG/*Bearbeiter*)

Servatius, Wolfgang: Gläubigereinfluss durch Covenants. Hybride Finanzierungsinstrumente im Spannungsfeld von Fremd- und Eigenfinanzierung, zugl. Habil.-Schr. (München 2008), Tübingen 2008 (zitiert: *Servatius*, Gläubigereinfluss)

Seyboth, Friedrich: Die Haftung des Stifters und seines Erben bei Stiftungen unter Lebenden, zugl. Diss. (Erlangen 1936), Borna-Leipzig 1936 (zitiert: *Seyboth*, Haftung)

Seyfarth, Sabine: Die Geltungsberechtigung der staatlichen Stiftungsaufsicht über privatnützige Stiftungen und Stiftungen mit internen Kontrollmechanismen, in: ZSt 2008, S. 145–150

Siebeck, Detlef / Hesse, Jan Matthias: Die gemeinnützige Stiftung im Zweckerfüllungsnotstand, in: npoR 2018, S. 253–260

Siegmund-Schultze, Gerhard: Hospitalstiftungen zwischen Kirche und Stadt im nachkonstitutionellen Stiftungsrecht, in: Verantwortlichkeit und Freiheit. Die Verfassung als wertbestimmte Ordnung, Festschrift für Willi Geiger zum 80. Geburtstag, hrsgg. v. Hans Joachim Faller u.a., Tübingen 1989, S. 671–703 (zitiert: *Siegmund-Schultze*, in: FS Geiger)

Siems, Harald: Von den *piae causae* zu den Xenodochien, in: Itinera Fiduciae. Trust and Treuhand in Historical Perspective, hrsgg. v. Richard Helmholz und Reinhard Zimmermann, Berlin 1998, S. 57–83 (zitiert: *Siems*, in: Itinera Fiduciae)

Sikora, Karl: Die Fortbestehensprognose im Rahmen der Überschuldungsprüfung, in: ZInsO 2010, S. 1761–1775

Sinewe, Patrick / Frase, Henning: Die Praxis der steuerrechtlichen Konkurrentenklage, in: BB 2011, S. 1567–1571

Soergel, Hans Theodor (Begr.): Bürgerliches Gesetzbuch mit Einführungsgesetz und Nebengesetzen, Band 1, Allgemeiner Teil 1 (§§ 1–103), 13. Aufl., Stuttgart u.a. 2000 (zitiert: Soergel-BGB/*Bearbeiter*)

Sommer, Mario: Das Steuerprivileg von Stiftungen im Insolvenzverfahren, in: ZInsO 2014, S. 1642–1653

Sommer, Mario: Die Stiftung in der Krise und in der Insolvenz, in: ZInsO 2013, S. 1715–1721

Sonnleitner, Wolfgang (Hrsg.): Insolvenzsteuerrecht unter besonderer Berücksichtigung des Insolvenzplanverfahrens, München 2017 (zitiert: Sonnleitner/*Bearbeiter*, Insolvenzsteuerrecht)

Sorg, Martin: Die Familienstiftung. Wesen, Probleme, Gestaltungsvorschläge für die Praxis, Baden-Baden 1984 (zitiert: *Sorg*, Familienstiftung)

Spliedt, Jürgen: Ist die außergerichtliche Sanierung pleite? – Ein Vergleich zur Sanierung im Insolvenzverfahren, in: InsVZ 2010, S. 27–39

Staudinger, Julius von (Begr.): J. von Staudingers Kommentar zum Bürgerlichen Gesetzbuch mit Einführungsgesetz und Nebengesetzen,

Buch 1, Allgemeiner Teil, §§ 21–79 (Vereine), Berlin, Neubearbeitung 2019 (zitiert: Staudinger-BGB/*Bearbeiter*)

Buch 1, Allgemeiner Teil, §§ 80–89 (Stiftungsrecht), Berlin, Neubearbeitung 2017 (zitiert: Staudinger-BGB/*Bearbeiter*)

Erstes Buch, Allgemeiner Teil, §§ 21–103, Berlin, 13. Bearbeitung, 1995 (zitiert: Staudinger-BGB^{13}/*Bearbeiter*)

Stengel, Arndt: Stiftung und Personengesellschaft. Die Beteiligung einer Stiftung an einer Personengesellschaft des Handelsrechts, zugl. Diss. (Trier 1991), Baden-Baden 1993 (zitiert: *Stengel*, Personengesellschaft)

Stern, Klaus: Das Staatsrecht der Bundesrepublik Deutschland, Band III/1 (Allgemeine Lehren der Grundrechte. Grundlagen und Geschichte, nationaler und internationaler Grundrechtskonstitutionalismus, juristische Bedeutung der Grundrechte, Grundrechtsberechtigte, Grundrechtsverpflichtete), München 1988 (zitiert: *Stern*, Staatsrecht III/1)

Steuber, Elgin: Corporate Governance bei Stiftungen – eine Frage der Kontrolle oder der Moral?, in: DStR 2006, S. 1182–1188

Stingl, Michael: Vermögensverfall und Insolvenzverfahren im Stiftungswesen, zugl. Diss. (Bielefeld 2006), Bielefeld 2006 (zitiert: *Stingl*, Vermögensverfall)

Stintzing, Wolfgang: Ueber das Stiftungsgeschäft nach dem Bürgerlichen Gesetzbuch, in: AcP 88 (1898), S. 392–465

Stöber, Kurt / Otto, Dirk-Ulrich: Handbuch zum Vereinsrecht, 12. Aufl., Köln 2021 (zitiert: *Stöber/Otto*, Vereinsrecht)

Stöber, Michael: Die geplante Europäische Stiftung, in: DStR 2012, S. 804–808

Strachwitz, Rupert Graf: Sind Stiftungen ewig?, in: npoR 2016, S. 16–22

Strachwitz, Rupert Graf: Die Stiftung – ein Paradox? Zur Legitimation von Stiftungen in einer politischen Ordnung, Stuttgart 2010 (zitiert: *Graf Strachwitz*, Stiftung)

Strachwitz, Rupert Graf: Stiftungen – nutzen, führen und errichten: ein Handbuch, Frankfurt am Main / New York 1994 (zitiert: *Strachwitz*, Handbuch)

Streufert, Christine Mathilde: Strafrechtlicher Vermögensschutz in Stiftungen – eine grenzüberschreitende Betrachtung, zugl. Diss. (Bayreuth 2013/2014), Hamburg 2014 (zitiert: *Streufert*, Vermögensschutz)

Strickrodt, Georg: Stiftungsrecht. Geltende Vorschriften und rechtspolitische Vorschläge, Baden-Baden 1977 (zitiert: *Strickrodt*, Stiftungsrecht)

Strickrodt, Georg: Die Erscheinungsformen der Stiftungen des privaten und des öffentlichen Rechts, in: NJW 1962, S. 1480–1486

Stumpf, Christoph / Suerbaum, Joachim / Schulte, Martin / Pauli, Rudolf: Stiftungsrecht. Kommentar, 3. Aufl., München 2018 (zitiert: Stumpf/Suerbaum/Schulte/Pauli-Stiftungsrecht/*Bearbeiter*)

Stürner, Johannes: Die Haftung des Stiftungsvorstands bei der Vermögensverwaltung, in: DStR 2015, S. 1628–1634

Sudhoff, Heinrich (Begr.): Unternehmensnachfolge, 5. Aufl., München 2005 (zitiert: Sudhoff/*Bearbeiter*, Unternehmensnachfolge)

Suerbaum, Joachim: Stiftung und Aufsicht. Verfassungsrechtliche Grundlagen – einfachgesetzliche Ausgestaltung, in: Die Stiftung – Jahreshefte zum Stiftungswesen 2 (2008), S. 89–109

Suerbaum, Joachim: Prozessuale Probleme der Stiftungsaufsicht, in: NVwZ 2005, S. 160–163

Sydow, Gernot (Hrsg.): Europäische Datenschutzgrundverordnung. Handkommentar, 2. Aufl., Baden-Baden 2018 (zitiert: Sydow-DS-GVO/*Bearbeiter*)

Tehler, Alexander / Dittmer, Jana: Gibt es den Antragsgrund der drohenden Überschuldung? Entfaltet die geplante Rückänderung des Überschuldungsbegriffs eine derartige Vorwirkung?, in: ZInsO 2012, S. 2187–2193

Teufel, Klaus-Thomas: Zur Haftung bei falsch ausgestellten Spendenbescheinigungen bzw. zwickwidriger Mittelverwendung, in: FR 1993, S. 772–774

Thalmessinger, Fritz: Die rechtsfähige Stiftung des öffentlichen Rechts. Ein Beitrag zur Abgrenzung von der Stiftung des Privatrechts, zugl. Diss. (Tübingen 1934), Tübingen 1934 (zitiert: *Thalmessinger*, Stiftung des öffentlichen Rechts)

Theuffel-Werhahn, Berthold: Das Zinstief verändert die deutsche Stiftungslandschaft, in: ZStV 2016, S. 57–61

Thiel, Jochen: Die Neuordnung des Spendenrechts, in: DB 2000, S. 392–396

Thole, Christoph: Gesellschaftsrechtliche Maßnahmen in der Insolvenz, 2. überarbeitete Aufl., Köln 2015 (zitiert: *Thole*, Maßnahmen)

Thole, Larissa: Die Stiftung in Gründung, zugl. Diss. (Bonn 2009), Berlin 2009 (zitiert: *Thole*, Gründung)

Thomsen, Renate: Probleme „staatsnaher" Stiftungen unter besonderer Berücksichtigung ihrer Autonomie, zugl. Diss. (Hamburg 1992), Hamburg 1991 (zitiert: *Thomsen*, Autonomie)

Timmer, Karsten: Stiften in Deutschland. Die Ergebnisse der StifterStudie, Gütersloh 2005 (zitiert: *Timmer*, Stiften in Deutschland)

Tipke, Klaus / Lang, Joachim (Hrsg.): Steuerrecht, 24. neu bearbeitete Aufl., Köln 2021 (zitiert: Tipke/Lang/*Bearbeiter*, Steuerrecht)

Toepke, Utz-Peter: Staatsaufsicht über Stiftungen im deutschen und angloamerikanischen Recht, zugl. Diss. (Hamburg 1967), Hamburg 1967 (zitiert: *Toepke*, Staatsaufsicht)

Toepler, Stefan: Das gemeinnützige Stiftungswesen in der modernen demokratischen Gesellschaft. Ansätze zu einer ökonomischen Betrachtungsweise, zugl. Diss. (Berlin 1995), München 1996 (zitiert: *Toepler*, Stiftungswesen)

Tolksdorf, Georg: Stiftungsgeschäftliche Vermögensausstattung und Schenkung. Zur (analogen) Anwendung des Schenkungs-, Pflichtteils- und Anfechtungsrechts auf die Errichtung einer selbständigen Stiftung unter Lebenden, zugl. Diss. (Osnabrück 2005), Baden-Baden 2006 (zitiert: *Tolksdorf*, Schenkung)

Tonner, Martin / Krüger, Thomas: Bankrecht, 3. Aufl., Baden-Baden 2020 (zitiert: *Tonner/Krüger*, Bankrecht)

Trappe, Sebastian: Die Zustiftung im Zivil- und Steuerrecht, in: Die Stiftung – Jahreshefte zum Stiftungswesen 8 (2014), S. 63–73

Triepel, Heinrich: Die Reichsaufsicht. Untersuchungen zum Staatsrecht des Deutschen Reiches, Berlin 1917 (zitiert: *Triepel*, Reichsaufsicht)

Trips, Marco: Risikomanagement in der öffentlichen Verwaltung – Zur Möglichkeit der Einführung eines Risikomanagementsystems im öffentlichen Sektor, in: NVwZ 2003, S. 805–811

Trops, Fritz: Wirtschaftliche Unternehmen innerhalb einer Stiftung. Eine Übersicht über die möglichen Stiftungsstrukturen, in: AG 1970, S. 367–369

Trzaskalik, Christoph: Die steuerliche Förderung des Sports, in: StuW 1986, S. 219–231

Tuhr, Andreas von: Der Allgemeine Teil des Deutschen Bürgerlichen Rechts, Erster Band, Leipzig 1910 (zitiert: *v. Tuhr*, AT I)

Twehues, Margit: Örtliche Stiftungen in Nordrhein-Westfalen, 2. Aufl., Essen 1997 (zitiert: *Twehues*, Örtliche Stiftungen)

Twehues, Margit: Rechtsfragen kommunaler Stiftungen, zugl. Diss. (Münster 1996), Köln 1996 (zitiert: *Twehues*, Rechtsfragen)

Uhlenbruck, Wilhelm: Insolvenzordnung. Kommentar, hrsgg. v. Heribert Hirte und Heinz Vallender, Band 1, 15. Aufl., München 2019 (zitiert: Uhlenbruck-InsO/*Bearbeiter*)

Uhlenbruck, Wilhelm: Außergerichtliche Sanierung, in: Recht der Sanierungsfinanzierung, hrsgg. v. Kai-Oliver Knops u.a., Heidelberg 2005, S. 71–95 (zitiert: *Uhlenbruck*, in: Sanierungsfinanzierung)

Uhlenbruck, Wilhelm: Die Kündigung und Vergütung von Beratern, Vorständen und Geschäftsführern in der Unternehmensinsolvenz, in: BB 2003, S. 1185–1190

Uhlenbruck, Wilhelm: Gerichtliche oder außergerichtliche Sanierung? – Eine Schicksalsfrage notleidender Unternehmen, in: BB 2001, S. 1641–1648

Uhlenbruck, Wilhelm: Zur Forderung des Bundes Deutscher Rechtspfleger auf Vollübertragung des gerichtlichen Insolvenzverfahrens auf den Rechtspfleger, in: ZInsO 2001, S. 1129–1133

Uhlenbruck, Wilhelm: Probleme des Eröffnungsverfahrens nach dem Insolvenzrechts-Reformgesetz 1994, in: KTS 1994, S. 169–183

Uhlenbruck, Wilhelm: Die GmbH & Co. KG in Krise, Konkurs und Vergleich. Die rechtlichen und betriebswirtschaftlichen Zusammenhänge bei Insolvenz der KG und der GmbH, 2. Aufl., Köln 1988 (zitiert: *Uhlenbruck*, GmbH & Co. KG)

Uhlenbruck, Wilhelm: Die Pflichten des Geschäftsführers einer GmbH oder GmbH & Co. KG in der Krise des Unternehmens, in: BB 1985, S. 1277–1284

Uhlenbruck, Wilhelm: Gläubigerberatung in der Insolvenz. Ein Handbuch für die Praxis, Köln 1983 (zitiert: *Uhlenbruck*, Gläubigerberatung)

Ulmer, Peter / Habersack, Mathias / Löbbe, Marc (Hrsg.): Gesetz betreffend die Gesellschaften mit beschränkter Haftung (GmbHG). Großkommentar, Band III (§§ 53 bis 88 sowie EGGmbHG), 2. Aufl., Tübingen 2016 (zitiert: Ulmer/Habersack/Löbbe-GmbHG/*Bearbeiter*)

Ulrich, Peter / Fluri, Edgar: Management. Eine konzentrierte Einführung, 7., verbesserte Aufl., Bern u.a. 1995 (zitiert: *Ulrich/Fluri*, Management)

Unabhängige Sachverständigenkommission: Gutachten zur Prüfung des Gemeinnützigkeits- und Spendenrechts, BMF-Schriftenreihe, Heft 40, Bonn 1988 (zitiert: Unabhängige Sachverständigenkommission, Gutachten)

Unger, Sebastian: Steuerbegünstigung grenzüberschreitender Gemeinnützigkeit im Binnenmarkt – Vorgaben des Gemeinnützigkeits- und Spendenrechts im Lichte der unionalen Grundfreiheiten, in: DStZ 2010, S. 154–166

Unger, Sebastian: Mittelbeschaffung und Mittelverwendung gemeinnütziger Körperschaften, in: DStZ 2010, S. 141–148

Unger, Ulrike: Neue Haftungsbegrenzungen für ehrenamtlich tätige Vereins- und Stiftungsvorstände, in: NJW 2009, S. 3269–3273

Vallender, Heinz (Hrsg.): EuInsVO. Kommentar zur Verordnung (EU) 2015/848 über Insolvenzverfahren, Köln 2017 (zitiert: Vallender-EuInsVO/*Bearbeiter*)

Vallender, Heinz / Undritz, Sven-Holger (Hrsg.): Praxis des Insolvenzrechts, 2. Aufl., Bonn 2017 (zitiert: Vallender/Undritz/*Bearbeiter*, Praxis)

Veil, Rüdiger: Krisenbewältigung durch Gesellschaftsrecht. Verlust des halben Kapitals, Pflicht zu ordnungsgemäßer Liquidation und Unterkapitalisierung, in: ZGR 2006, S. 374–397

Vieregge, Henning von: Parteistiftungen. Zur Rolle der Konrad-Adenauer-, Friedrich-Ebert-, Friedrich-Naumann- und Hanns-Seidel-Stiftung im politischen System der Bundesrepublik Deutschland, zugl. Diss. (Bonn 1976), Baden-Baden 1977 (zitiert: *v. Vieregge*, Parteistiftungen)

Vogt, Benedikt: Publizität im Stiftungsrecht. Analyse der geltenden Rechtslage und Vorschläge für eine umfassende Reform der stiftungsrechtlichen Publizität, zugl. Diss. (Hamburg 2012), Hamburg 2013 (zitiert: *Vogt*, Publizität)

Volkholz, Torsten: Geltung und Reichweite der Privatautonomie bei der Errichtung von Stiftungen. Die Weiterentwicklung des Stiftungsrechts nach Neufassung der §§ 80 bis 88 BGB durch das Gesetz zur Modernisierung des Stiftungsrechts zum 1. September 2002, zugl. Diss. (Kiel 2007), Frankfurt am Main u.a. 2007 (zitiert: *Volkholz*, Privatautonomie)

Voll, Otto / Störle, Johann: Bayerisches Stiftungsgesetz. Kommentar, 3. Aufl., Stuttgart u.a. 1998 (zitiert: *Voll/Störle*, BayStiftG)

Wachter, Thomas: Kein Spendenabzug bei Zuwendungen an eine Vorstiftung, in: DStR 2009, S. 2469–2470

Wachter, Thomas: Steuerliche Behandlung von Stiftungen zwischen Errichtung und Anerkennung, in: ZEV 2003, S. 445–449

Wachter, Thomas: Rechtliche Fragen bei der Anlage von Stiftungsvermögen, in: S&S 6/2002, Rote Seiten

Wachter, Thomas: Stiftungen. Zivil- und Steuerrecht in der Praxis, Köln 2001 (zitiert: *Wachter*, Stiftungen)

Wagner, Franz Wilhelm / Walz, Wolfgang Rainer: Zweckerfüllung gemeinnütziger Stiftungen durch zeitnahe Mittelverwendung und Vermögenserhaltung. Eine ökonomische und rechtliche Analyse, Baden-Baden 1997 (zitiert: *Wagner/ Walz*, Mittelverwendung)

Wahrig, Gerhard (Begr.): Brockhaus-Wahrig. Deutsches Wörterbuch, hrsgg. v. Renate Wahrig-Burfeind, 9. Aufl., Gütersloh u.a. 2011 (zitiert: *Wahrig*, Deutsches Wörterbuch)

Wallenhorst, Rolf: Die neue Haftung bei Fehlverwendung von Spenden, in: DB 1991, S. 1410–1414

Wallenhorst, Rolf / Halaczinsky, Raymond (Hrsg.): Die Besteuerung gemeinnütziger und öffentlich-rechtlicher Körperschaften. Handbuch für Beratung und Praxis, 7. Aufl., München 2017 (zitiert: Wallenhorst/Halaczinsky/*Bearbeiter*, Besteuerung)

Waltenberger, Jochen: Die vorbehaltenen Geschäfte des § 18 Abs. 1 RPflG, in: Rpfleger 2015, S. 121–124

Walter, Oskar / Golpayegani, Isabel Nazari: Die kaufmännische Rechnungslegung bei rechtsfähigen Stiftungen des bürgerlichen Rechts, in: DStR 2000, S. 701–708

Walz, Wolfgang Rainer: Grundrecht oder Menschenrecht auf Anerkennung der gemeinwohlkonformen Allzweckstiftung?, in: ZSt 2004, S. 133–140

Walz, Wolfgang Rainer: Sinn und Zweck der partiellen Steuerpflicht für Erträge aus wirtschaftlichen Geschäftsbetrieben, in: Non Profit Law Yearbook 2001, hrsgg. v. Hein Kötz u.a., Köln u.a. 2002, S. 197–221 (zitiert: *Walz*, in: Non Profit Law Yearbook 2001)

Wank, Rolf: Die Auslegung von Gesetzen, 6. Aufl., München 2015 (zitiert: *Wank*, Auslegung)

Weber, Friedrich: Die Funktionsteilung zwischen Konkursverwalter und Gesellschaftsorgan im Konkurs der Kapitalgesellschaft, in: KTS 1970, S. 73–89

Weber, Melinda / Voigt de Oliveira, Sascha / Becker, Alexander: „Mission Investing" – Impulse für wirkungsvolles Stiftungsvermögen, in: npoR 2012, S. 115–121

Weber, Werner: Die Körperschaften, Anstalten und Stiftungen des öffentlichen Rechts. Eine Darstellung ihrer gegenwärtigen Ordnung, 2., erweiterte Aufl., München und Berlin 1943 (zitiert: *Weber*, Körperschaften)

Weidlich, Dietmar / Foppe, Manuel: Neues zur Haftung von Stiftungsorganen, in: ZStV 2014, S. 100–103

Weidlich, Dietmar / Huh, Yun: Null Zinsen = keine Erträge – Was können Stiftungen tun?, in: S&S 6/2019, S. 26–28

Weidlich, Dietmar / Huh, Yun: Zweckerfüllung und Vermögenserhaltung in Zeiten der Nullzinspolitik: Dauerstiftungen im Existenzkampf, in: ZStV 2020, S. 104–109

Weimar, Robert / Delp, Udo: Die Stiftung & Co. KG – ein dauerhafter Schutz gegen Bilanzeinsicht?, in: BB 1987, S. 1707–1710

Weitemeyer, Birgit: Die Entlastung im Aktienrecht – neueste Entwicklungen in Gesetzgebung und Rechtsprechung, in: ZGR 2005, S. 280–308

Weitemeyer, Birgit / Vogt, Benedikt: Verbesserte Transparenz und Non-Profit Governance Kodex für NPOs, in: NZG 2014, S. 12–16

Weitemeyer, Birgit / Wrede, Kathrin: Zeitgemäße Verwaltung des Stiftungsvermögens im zinslosen Umfeld, in: npoR 2017, S. 91–96

Werner, Almuth: Die Zustiftung. Eine rechtsdogmatische Untersuchung unter besonderer Berücksichtigung aufsichtsrechtlicher Genehmigungsvorbehalte und Anzeigepflichten, zugl. Diss. (Erlangen-Nürnberg 2001/2002), Baden-Baden 2003 (zitiert: *A. Werner*, Zustiftung)

Werner, Olaf: Outsourcing – Chancen, Risiken und Grenzen, in: ZStV 2010, S. 210–215

Werner, Olaf: Stiftungen und Pflichtteilsrecht – Rechtliche Überlegungen, in: ZSt 2005, S. 83–88

Werner, Olaf / Saenger, Ingo / Fischer, Christian (Hrsg.): Die Stiftung. Recht, Steuern, Wirtschaft, 2. Aufl., Baden-Baden 2019 (zitiert: Werner/Saenger// Fischer/*Bearbeiter*, Stiftung)

Werner, Rüdiger: Die Vorstiftung – zivil- und steuerrechtliche Aspekte, in: ZErb 2011, S. 237–243

Werner, Rüdiger: Die Haftung des Stiftungsvorstands, in: ZEV 2009, S. 366–371

Werner, Rüdiger: Stiftungen als Instrument der Unternehmens- und Vermögensnachfolge, in: ZEV 2006, S. 539–544

Wernicke, Thomas: Vorstandskontrolle in der Stiftung, in: ZEV 2003, S. 301–306

Westebbe, Achim: Die Stiftungstreuhand. Eine Untersuchung des Privatrechts der unselbständigen gemeinnützigen Stiftung mit rechtsvergleichenden Hinweisen auf den charitable trust, zugl. Diss. (Hamburg 1993), Baden-Baden 1993 (zitiert: *Westebbe*, Stiftungstreuhand)

Wiederhold, Johannes: Stiftung und Unternehmen im Spannungsverhältnis, zugl. Diss. (Mannheim 1971), Frankfurt am Main 1971 (zitiert: *Wiederhold*, Spannungsverhältnis)

Wigand, Klaus / Haase-Theobald, Cordula / Heuel, Markus / Stolte, Stefan: Stiftungen in der Praxis. Recht, Steuern, Beratung, 4., überarbeitete Aufl., Wiesbaden 2015 (zitiert: *Wigand/Haase-Theobald/Heuel/Stolte*, Stiftungen)

Wimmer, Richard: Die Haftung des GmbH-Geschäftsführers – Insbesondere im Fall der Zahlungsunfähigkeit und Überschuldung, in: NJW 1996, S. 2546–2551

Winheller, Stefan / Klein, Christoph: Spendenabzug für Zuwendungen ins EU-Ausland – ein Schritt nach vorne, zwei zurück, in: DStZ 2009, S. 193–196

Wischemeyer, Markus: Die Vorstandshaftung wegen Insolvenzverschleppung in der Insolvenz des Vereins, in: DZWIR 2005, S. 230–234

Witte, Eberhard: Die Unternehmenskrise – Anfang vom Ende oder Neubeginn?, in: Unternehmenskrisen – Ursachen, Frühwarnung, Bewältigung, hrsgg. v. Rudolf Bratschitsch und Wolfgang Schnellinger, Stuttgart 1981, S. 7–24 (zitiert: *Witte*, in: Unternehmenskrisen)

Wittig, Arne: Rangrücktritt – Antworten und offene Fragen nach dem Urteil des BGH vom 8.1.2001, in: NZI 2001, S. 169–176

Wittig, Arne: Financial Convenants im inländischen Kreditgeschäft, in: WM 1996, S. 1381–1391

Wochner, Georg: Die Stiftung in der Unternehmensnachfolge, in: Unternehmens- und Vermögensnachfolge, hrsgg. v. Walter Bayer und Elisabeth Koch, Baden-Baden 2009, S. 141–167 (zitiert: *Wochner*, in: Vermögensnachfolge)

Wochner, Georg: Der Stiftungs-Verein, in: Rpfleger 1999, S. 310–317

Wochner, Georg: Rechtsfähige Stiftungen – Grundlagen und aktuelle Reformbestrebungen, in: BB 1999, S. 1441–1449

Wochner, Georg: Die Stiftungs-GmbH, in: DStR 1998, S. 1835–1841

Wochner, Georg: Stiftungen und stiftungsähnliche Körperschaften als Instrumente dauerhafter Vermögensbindung, in: MittRhNotK 1994, S. 89–112

Wöhe, Günter: Einführung in die Allgemeine Betriebswirtschaftslehre, 25. Aufl., München 2013 (zitiert: *Wöhe*, Einführung)

Wolf, Manfred / Neuner, Jörg: Allgemeiner Teil des Bürgerlichen Rechts, 10. Aufl., München 2012 (zitiert: *Wolf/Neuner*, AT)

Wolff, Hans Julius / Bachof, Otto / Stober, Rolf / Kluth, Winfried: Verwaltungsrecht II. Ein Studienbuch, 7., neu bearbeitete Aufl., München 2010 (zitiert: *Wolff/Bachof/Stober/Kluth*, Verwaltungsrecht II)

Wübbelsmann, Stephan: Die Vergütung des Geschäftsführers – Ausstrahlung des VorstAG auf die GmbH?, in: GmbHR 2009, S. 988–991

Wuschek, Thomas: Der Überschuldungsbegriff, in: ZInsO 2011, S. 1734–1738

Zimmer, Annette / Priller, Eckhard / Anheier, Helmut Klaus: Der Nonprofit-Sektor in Deutschland, in: Handbuch der Nonprofit-Organisation. Strukturen und Management, hrsgg. v. Ruth Simsa u.a., 5., überarbeitete Aufl.,

Stuttgart 2013, S. 15–36 (zitiert: *Zimmer/Priller/Anheier*, in: Handbuch der Nonprofit-Organisation)

Zimmermann, Klaus / Arnsperger, Jan Philipp: Die Entwicklung des Stiftungsrechts 2013/2014, in: NJW 2015, S. 290–296

Zimmermann, Walter: Grundriss des Insolvenzrechts, 11. Aufl., Heidelberg 2018 (zitiert: *Zimmermann*, Grundriss)

Zipperer, Helmut: Nichterweislichkeit des Insolvenzgrundes oder Abweisung mangels Masse: zum Rechnen mit Unbekannten, in: NZI 2003, S. 590–593

Stichwortverzeichnis

Die Zahlenangaben verweisen jeweils auf ausgewählte Seitenangaben.

www.ingramcontent.com/pod-product-compliance
Ingram Content Group UK Ltd.
Pitfield, Milton Keynes, MK11 3LW, UK
UKHW021125041026
8980IPUK00026B/425

9 783631 867716